21世纪高等职业教育精品教材
人力资源管理专业

Renyuan Ceping Jishu

人员测评技术

（第五版）

刘葵　主编

东北财经大学出版社
Dongbei University of Finance & Economics Press

大连

图书在版编目（CIP）数据

人员测评技术/刘葵主编. —5版. —大连：东北财经大学出版社，2021.8

（21世纪高等职业教育精品教材·人力资源管理专业）

ISBN 978-7-5654-4236-0

Ⅰ．人… Ⅱ．刘… Ⅲ．人员测评-高等职业教育-教材 Ⅳ．C962

中国版本图书馆CIP数据核字（2021）第120307号

东北财经大学出版社出版

（大连市黑石礁尖山街217号　邮政编码　116025）

网　　址：http://www.dufep.cn

读者信箱：dufep@dufe.edu.cn

大连东泰彩印技术开发有限公司印刷　东北财经大学出版社发行

幅面尺寸：185mm×260mm　　　字数：404千字　　　印张：18

2021年8月第5版　　　　　　　2021年8月第1次印刷

责任编辑：郭海雷　张爱华　　　　　　　责任校对：齐　欣

封面设计：冀贵收　　　　　　　　　　　版式设计：钟福建

定价：40.00元

第五版前言

《人员测评技术》自首版问世以来，已经十多年了，深受广大读者的喜爱，被全国多所高职高专院校选为相关专业的教材，销售情况良好，市场认可度较高。根据出版社提供的修订建议，结合自己使用教材的经验、学生的评价及市场的反映情况，再次对本书进行了合理修订，力求新版的《人员测评技术》能够更好地满足广大读者学习的需求。

本次修订延续了上一版教材的体系和特色。教材的框架结构、内容体系经历较长时间验证是科学、合理的，实践性、可操作性也得到广泛认可。所以，本次修订只是对书中局部内容做了调整，努力在人员测评行业案例、测评资讯、教学资料等内容的时效性等方面进行更新和充实。修订的具体内容表现为以下几个方面：一是对前版中有关案例、内容等方面存在的纰漏和差错进行修订。通过修订，力求做到概念准确、表述正确、数字精确。二是对有关章节的案例分析、小思考等栏目进行调整更新。通过调整更新，力求激发学生学习兴趣，提高学生思维能力。三是对有关章节的内容进行调整、充实、删除，力求突出以能力为本位、突出职业技能的养成，让学生学习更加容易。四是对教材配套的多媒体教学课件进行修改完善。通过修改完善，力求做到教学便易、自学容易、分享简易。

本次教材修订工作主要由广州城市职业学院刘葵老师负责，教材保留了第一版蔡圣刚主编编写的部分内容，最后由刘葵统稿、定稿。

在本书的修订编写过程中，得到了东北财经大学出版社、学校同仁们、有关人士的支持与帮助，在此向他们表示衷心的感谢。另外，在修订过程中我们参阅了一定量国内专家、学者的著作，也参考了同行的相关教材和网络案例资料（或在书中列出，或在主要参考文献中列出），在此一并致谢。

由于编者水平有限，加上时间比较仓促，书中出现不妥、错误与疏漏之处在所难免，敬请同行专家和读者批评指正。

编　者

2021 年 6 月

目 录

第1章 导 论

▰▰▰➡ **学习目标** ▰▰▰

在学习完本章之后，你应该能够：

1. 了解人员测评的基本范畴；
2. 明确人员测评与现代企业管理之间的关系；
3. 熟知人员测评的理论基础和实践基础；
4. 掌握人员测评的概念、特点与基本内容。

▰▰▰➡ **引例** ▰▰▰

某中石化有限公司竞聘上岗素质测评

某中石化有限公司是华南地区最大的现代化石油化工企业之一，是广州地区最大的成品油流通企业和主要供应商，拥有雄厚的石油化工产品开发、生产、检验和营销的技术力量。自该公司分公司与省石化销售公司重组之后，机关管理人员严重超编，人员素质和岗位技能都参差不齐。公司领导为了激发队伍活力、优化队伍素质，达到"精简高效"的目的，决定通过竞聘上岗的方式对机关管理人员进行优化配置。经过公司领导研究决定，聘请某测评中心全面负责竞聘上岗的素质测评工作，希望借助第三方专业测评机构的服务，为人事任免决策提供客观、公正、科学的依据。某测评中心接到这一任务后，派出4名具有丰富项目实施经验的资深测评顾问组成项目小组负责本项目的具体实施，另外调派2名顾问助理为项目实施提供数据统计分析等协助。在项目实施过程中，某测评中心首先与公司的竞聘上岗领导小组成员进行深入的沟通。在进行了大量的访谈、调查与信息收集工作的基础上，根据项目的特点，与公司的竞聘上岗领导小组共同商定了具有可行性的实施方案，并遵照以下流程开展竞聘上岗工作：

1. 报名与资格审查。人力资源部通过公司内部OA系统公布竞聘职位，接受员工的自愿报名，通过资格审查后，成为竞聘上岗候选人，最终确定接受测评的候选人数为118人。

2. 建立胜任能力模型。通过对竞聘岗位进行岗位分析，并在与竞聘上岗领导小组成员进行充分沟通的基础上，专家顾问们运用德尔菲法建立起竞聘岗位的胜任能力模型，并确定了各维度的权重与测评标准等。

3. 综合素质测评。综合素质测评包括笔试、民主评议、心理测验、无领导小组讨论与半结构化面试等几个测试环节。

（1）笔试。笔试主要测试履行岗位职责所必备的基本知识，并注重能力测试与实务操作。

（2）民主评议。借鉴360度反馈评估方法，组织相关人员对竞聘上岗候选人进行民主评议，了解候选人平常的德才表现、工作态度以及工作绩效等。

（3）心理测验。应用中国国家人才测评网某人才测评系统进行心理素质测试，主要测试候选人的个性特征、行为风格、职业价值取向与职业倾向等。

（4）无领导小组讨论。将候选人分为17个小组，每组6~8人，围绕指定的主题展开小组讨论，主要测试候选人的影响力、沟通能力、团队合作精神、主动性等素质。

（5）半结构化面试。在本环节中，某测评中心在面试题库中精心挑选出285道有针对性的题目，主要测试候选人的沟通能力、应变能力和分析能力等素质。

4.提供人事决策建议。按照人岗匹配的原则，某测评中心在综合分析笔试成绩、民主评议结果、情境模拟测试得分、心理测验报告等的基础上，结合学历、职称等参考因素对每一个候选人都给出了一个可以量化的分值，以供公司竞聘上岗领导小组结合候选人的申报志愿择优录取。

图1-1为笔试测验现场；图1-2为公司竞聘人员网上测评现场。

图1-1　笔试测验现场

图1-2　公司竞聘人员网上测评现场

资料来源　寄海．中石化广州石油分公司竞聘上岗素质测评［EB/OL］．［2021-05-01］．https://www.doc88.com/p-214942293730.html？r=1.改编．

这一案例表明：近年来，人员测评越来越受到企业的重视。该公司为了科学地优化人员配置，特别聘请专业的某测评中心组织、设计、实施测评方案，为人事任免决策提供了客观、公正、科学的依据。

1.1　人员测评的基本范畴

人力资源是企业发展的第一要素，人力资源管理已成为企业获取竞争优势的最有力工具，企业管理者对人力资源管理的要求与日俱增。作为人力资源管理基础工作之一的人员测评，在企业人力资源管理与开发中起着承上启下的作用，被广泛地应用于企业的人力资源管理与开发工作中。

1.1.1　人员测评的概念、特点

1）人员测评的概念

要确切知道一个人的身高，拿尺子量一下即可；要确切知道一个人的体温，拿温度计量一下即可。同样，要想把握一个人的发展潜力、个性特点、行为风格等个人特征，我们则可通过人员测评来实现。

什么是人员测评？人员测评的概念包括对人员素质的测量和评定两个方面的含义。所谓人员素质测量，就是运用数学原理对人才素质状态及其功能行为进行定量描述，而人员素质评定则是根据数学描述来确定测量对象的价值判断。测量与评定既有区别又有联系：测量是定量分析，评定是定性分析；测量是客观描述，评定是主观判断。但测量和评定对象是同一个事物（个体的素质及绩效）的量和质的两个方面。测量是评定的基础和前提，评定是测量的归宿和目的。二者构成了有机统一的测评整体，从而对测评对象的认识更为客观、准确。

2）人员测评的特点

人员测评是一种特殊复杂的社会认知活动，其主体包括主持测评者和测评对象，他们在现实生活中有各种不同的活动方式，这就决定了人员测评不同于其他形式的测评活动。归纳起来，它主要有以下几方面的特点：

（1）人员测评是心理测量，不是物理测量。一般来讲，人员测评主要是对个体心理现象的测量，包括能力、兴趣、性格、气质及价值观等，这些是内在的、隐蔽的和无形的，因此相对于物理测量，心理测量就复杂、困难得多。

（2）人员测评是抽样测量，不是具体测量。从理论上讲，在人员测评实施时，涉猎的范围越广，收集的相关信息越充分、越全面，测评结果就越有效、越具体客观。但在实际操作中，这种理想状态不可能存在也不可能做到。任何一项测评，在有限时间内，不可能掌握被测评者素质的全部表征信息，只能本着"部分能够反映总体"的原理，对测评要素进行抽样，保证样本的足够多以及具有足够的代表性，从样本的测量结果来推断全部待测评内容的特征。

（3）人员测评是相对测量，不是绝对测量。从测评者主观愿望来讲，任何测评都力求尽量客观地反映被测评者素质的实际状况，但再严格的一项人员测评都不会不存在误差。这就是说，人员测评的准确性是相对的，不是绝对的。

（4）人员测评是间接测量，不是直接测量。人的素质是一种内在抽象的东西，是看不见、摸不着乃至说不清的，但素质并不神秘，它有一定的表现性，即素质可以通过人的行为表现出来，素质和行为之间存在一系列中介物。我们不能对素质本身进行直接测

量，但可以通过其表现的行为特征进行间接的推测和判断。由此可见，人员测评是间接测量，而不是直接测量。

1.1.2 人员测评的内容

1）知识技能测评

知识是以概念及其关系的方式存储和积累下来的经验系统，不同的岗位要求相应的知识。许多组织都对各类岗位制定一定的知识标准，并进行相应的测试。技能是以操作、动作活动的方式凝聚的经验系统，也是岗位要求的具体的操作活动。通过现场的操作可以进行技能测试。

2）能力测评

能力是指顺利完成某种行为活动的心理特征。观察力、注意力、记忆力、想象力、语言能力、思维能力等，都属于一般能力范畴。高级管理人员的计划能力、组织能力、协调能力、沟通能力等则属于管理能力范畴。能力测评是最早被用于人力资源测评的。能力测评对于人员的招聘和选拔具有很好的预测效度。能力测评工具主要有韦克斯勒智力量表、操作能力测验、托兰斯创造性思维测验等。

3）个性测评

有些工作更适合具有某种类型性格的人来承担；有些人更适合与具有某种个性特征的人共同工作。合理的人事安排可以带来更高的工作效率。把人员的情绪、气质、人格的测评应用到人员招聘与选拔的工作中，有利于提高选聘工作的有效性。

4）职业适应性测评

职业适应性测评主要从个体的需求、动机、兴趣等方面考查人与岗位工作之间的匹配关系。由于这类测评主要了解个体的生活目的、追求或愿望，反映个体对工作的期望，因此对于选拔人员、激励设计等方面很有参考价值。

5）综合素质测评

在现实工作中，有些岗位所要求的工作能力上的素质并不是某种单纯性的素质，而是多种素质的综合。例如，高级管理者常常需要具有计划、组织、预测、决策、沟通等综合管理能力，还需要具有对多方面管理业务的整合能力，包括对人、财、物、信息等多方面的控制和把握等。

1.1.3 人员测评的方法

人员测评的主要工作是通过各种方法对被测评者加以了解，从而为企业组织的人力资源管理决策提供参考和依据。经过长期的发展和适应不同情况的需要，形成了多种人员测评方法。

1）履历分析

履历分析是根据履历或档案中记载的事实，了解一个人的成长历程和工作业绩，从而对其背景有一定的了解。近年来这一方法越来越受到人力资源管理部门的重视，被广泛地用于人员选拔等人力资源管理活动中。使用个人履历资料，既可以用于初审个人简历，迅速排除明显不合格的人员，也可以根据与工作要求相关性的高低，事先确定履历中各项内容的权重，把申请人各项得分相加得出总分，根据总分确定选择决策。

履历分析对申请人今后的工作表现有一定的预测效果。这种方法用于人员测评的优点是较为客观，而且低成本，但存在几方面的问题，比如：履历填写的真实性问题；履历分析的预测效度随着时间的推移会越来越低；履历项目分数的设计是纯实证性的，除了统计数字外，缺乏合乎逻辑的解释原理。

2）纸笔考试

纸笔考试主要用于测量人的基本知识、专业知识、管理知识、相关知识以及综合分析能力、文字表达能力等素质及能力要素。它是一种最古老而又最基本的人员测评方法，至今仍是企业组织经常采用的选拔人才的重要方法。

纸笔考试在测定知识面和思维分析能力方面效度较高，而且成本低，可以大规模施测，成绩评定比较客观，往往作为人员选拔录用程序中的初期筛选工具。

3）心理测验

心理测验是通过观察人的具有代表性的行为，对于贯穿在人的行为活动中的心理特征，依据确定的原则进行推论和数量化分析的一种科学手段。心理测验是对胜任职务所需要的个性特点能够最好地描述并测量的工具，被广泛用于人员测评工作中。

（1）标准化心理测验。标准化心理测验一般有事前确定好的测验题目和答卷、详细的答题说明、客观的计分系统、解释系统、良好的常模，以及测验的信度、效度和项目分析数据等相关的资料。标准化心理测验具有使用方便、经济、客观等特点。通常用于人事测评的标准化心理测验主要包括：智力测验；能力倾向测验；人格测验；其他心理素质测验，如兴趣测验、价值观测验、态度测评等。

（2）投射心理测验。投射心理测验主要用于对人格、动机等内容的测量，要求被试对一些模棱两可或模糊不清、结构不明确的刺激做出描述或反应，通过对这些描述或反应的分析来推断被试内在的心理特点。

投射技术可以使被试不愿表现的个性特征、内在冲突和态度更容易地表达出来，因而在对人格结构、内容的深度分析上有独特的功能。但投射心理测验在计分和解释上相对缺乏客观标准，对测验结果的评价带有浓重的主观色彩，对主试和评分者的要求很高，一般的人事管理人员无法直接使用。

4）面试

面试是通过主试与被试双方面对面的观察、交谈，收集有关信息，从而了解被试的素质状况、能力特征以及动机的一种人事测量方法。可以说，面试是人事管理领域应用最普遍的一种测量形式，企业组织在招聘中几乎都会用到面试。面试按其形式的不同可以分为结构化面试、非结构化面试和半结构化面试。

（1）结构化面试。所谓结构化面试，就是首先根据对职位的分析，确定面试的测评要素，在每一个测评要素的维度上预先编制好面试题目并制定相应的评分标准，对被试的表现进行量化分析。不同的主试使用相同的评价尺度，对应聘同一岗位的不同被试使用相同的题目、提问方式、计分和评价标准，以保证评价的公平合理性。

（2）非结构化面试。非结构化面试则没有固定的面谈程序，提问的内容和顺序都取决于主试的兴趣和现场被试的回答，不同的被试所回答的问题可能不同。

（3）半结构化面试，亦称准结构化面试，是指只对面试的部分因素有统一要求的面试，如规定有统一的程序和评价标准，但面试题目可以根据被试而随意变化。

面试的特点是灵活，获得的信息丰富、完整和深入，但是具有主观性强、成本高、效率低等弱点。

5）情境模拟

情境模拟是通过设置一种逼真的管理系统或工作场景，让被试参与其中，按主试提出的要求，完成一个或一系列任务，在这个过程中，主试根据被试的表现或通过模拟提交的报告、总结材料为其打分，以此来预测被试在拟聘岗位上的实际工作能力和水平。情境模拟测验主要适用于管理人员和某些专业人员，其中运用最广泛的就是评价中心。评价中心在第二次世界大战后迅速发展起来，是人员测评的一种主要方法，并被认为是一种针对高级管理人员的最有效的测评方法。一次完整的评价通常需要两三天的时间，对个人的评价是在团体中进行的。所有被试组成一个小组，由一组测试人员（通常测试人员与被试的数量为1：2）对其进行包括心理测验、面试、多项情境模拟测验在内的一系列测评，测评结果是在多个测试人员系统观察的基础上综合得到的。它主要包括：

（1）公文筐测验。将实际工作中可能会接触的各类信件、便笺、指令等放在一个公文筐中，要求被试在一定时间内处理这些文件，相应地做出决定、撰写回信和报告、制订计划、组织和安排工作。这主要是考查被试的敏感性、工作独立性、组织与规划能力、合作精神、控制能力、分析能力、判断力和决策能力等。

（2）无领导小组讨论。安排一组互不相识的被试（通常为6~8人）组成一个临时任务小组，并不指定任务负责人，请大家就给定的任务进行自由讨论，并拿出小组决策意见。测试人员对每个被试在讨论中的表现进行观察，考查其在自信心、口头表达、组织协调、洞察力、说服力、责任心、灵活性、情绪控制、处理人际关系、团队精神等方面的能力和特点。

（3）管理游戏。以游戏或共同完成某种任务的方式，考查小组内每个被试的管理技巧、合作能力、团队精神等方面的素质。

（4）角色扮演。测试人员设置一系列尖锐的人际矛盾和人际冲突，要求被试扮演某一角色，模拟实际工作情境中的一些活动，去处理各种问题和矛盾。

情境模拟测验能够获得关于被试更加全面的信息，对将来的工作表现有更好的预测效果，但其缺点是对被试的观察和评价比较困难且费时。

严格来讲，评价中心是一种程序而不是一种具体的方法，是由多个测试人员，针对特定的目的与标准，使用多种主客观人员评价方法，对被试的各种能力进行评价，为组织选拔、提升、鉴别、发展和训练个人服务，是多种测评方法的有机结合。

评价中心具有较高的信度和效度，得出的结论质量较高，但与其他测评方法相比，评价中心需投入很大的人力、物力，且时间较长、操作难度大，对测试人员的要求很高。

在人员测评中，以上所介绍的心理测验、面试和评价中心是最科学、最核心的方法，也是被关注最多的。除此以外，胜任特质评价、360度考核、背景调查、情境访谈、成就记录等也是测评人才素质较为有效的方法。

1.2　人员测评的原则、作用与意义

1.2.1　人员测评的原则

人员测评不是建立在主观的、直觉的基础上，而是建立在比较客观的、量化的、科学的测量的基础上，因而评定的结果会更可靠、更有效。为了实现这一目标，在进行人员测评时，必须遵从以下原则：

1）普遍性与特殊性相结合

人员测评是针对一定岗位或职位的人员进行的，这就要求在设计测评要素和编制测评标准时，一方面要遵循测评的技术要求，另一方面要充分体现工作岗位或职位的特点与要求。认真做好工作分析，是合理选择测评要素、保证测评效度的重要基础。

2）测量与评定相结合

在人员测评中，定量的测量和定性的评定是一个有机的整体，测量是评定的基础，评定是测量的继续和深化。没有准确客观的测量，就不会有科学合理的评定；同样，离开了科学合理的评定，即使有准确客观的测量，也难以发挥有效的作用。

3）科学性与实用性相结合

在进行人员测评时，一方面应尽可能提高测评的科学性，另一方面应考虑现有的技术水平和测评条件，注重实用性。在实际测评工作中，应在这两者之间较好地谋求一种协调。

4）精确与模糊相结合

在人员测评中，有些测评要素是可以很精确地进行测评的，如机械推理能力；有些则是很难进行测评的，如口头表达能力和自我认识，这时就需要进行模糊测评。人员测评应该是在模糊之中求精确，在精确之中蕴涵模糊。能精确之处求精确，不能精确之处则模糊。精确测评与模糊测评相结合，应体现在测评要素的设计、标准的制定、方法的选择、信息的分析、评定与解释相结合的全过程中。

5）静态与动态相结合

在人员测评中，静态与动态相结合的原则首先表现在测评要素和测评标准的设计与编制上。静态测评是以相对统一的测评方法在特定的时空条件下进行测评，不考虑测评要素的动态变化性。动态测评则是从测评要素形成与发展的过程，以及前后发展的情况对其进行测评。静态测评与动态测评相结合还表现在测评方法的选择上。心理测验一般是静态的，而评价中心、面试与观察评定等方法具有动态性。在一次人员测评中，有的测评要素宜于用静态测评的方法进行，如专业知识、能力倾向等；有的测评要素则宜于用动态测评的方法进行，如决策能力、人际关系与合作等。

1.2.2　人员测评的作用

在整体性人力资源开发与管理中，人员测评是十分重要的中间环节和基础性工作，起着承上启下的作用。一方面，人员测评以科学的测评工具和程序，对应聘者的知识、能力及能力倾向、工作技能、发展潜力、个性特征、情绪状况等进行评定，对人才的质量和价值做出科学的、定量的鉴别与判定，为人才"商品"的价格确立和流通、使用

等，提供较为客观的依据。另一方面，人员测评也为个体择业及发展提供了科学的指南。通过测评，个体能更好地认识自己的素质、特长和潜在能力，有利于确立正确的人生观、价值观和生活方向，激发人们奋发向上的愿望和动机，从而使人们更加努力地学习和工作，挖掘自身潜力，改进前进中的不足，选择适合自己的工作岗位，避免择业的盲目性。

1）人员测评的基本功能

第一，鉴定功能。鉴定功能是人员测评的最直接的功能。鉴定是指对人的心理素质、能力素质、道德品质和工作绩效等做出鉴别和评定。由于人员测评综合采用了多种科学方法和技术，故能依据人员测评的目的和要求对被试进行更为客观与准确的鉴定，并将鉴定的结构以定量或定性的方式表示出来。

第二，预测功能。人员测评主要是为被试（个体或群体）将来在实际工作岗位和业绩上所能达到的程度的预测提供丰富而客观准确的有关其当前发展水平的信息。这些信息用来预测被试在将来某一段时间后的工作行为（或绩效）。

第三，诊断功能。当个人或组织发展到一定阶段后，就会出现发展缓慢或停滞不前，甚至出现倒退的现象。而人员测评的诊断功能就是指采用一定的人员测评技术和方法对被试相应要素进行客观评价，使组织和个人能够进行反省与自我检查，找出存在的问题，以便采取有针对性的措施加以改善，如优化组织结构、改善思维方式、更新知识和观念等，使组织和个人清除前进中的障碍，实现可持续发展。

第四，导向功能。所有人员测评都是有目的的，无论是测评者还是被测评者，都不是为测评而测评，而是要根据测评结果做出决策，如是否录用、是否晋升、是否给予奖励等，也即人员测评的结果总是与人们的某种利益或个人的成长发展相关，因此好的人员测评的结果总是人们所希望的。为了获得优良的结果，被测评者往往要针对测评的内容、标准，进行各种学习、训练，吸收新的知识，提高能力和技能，增强自身的素质和修养。测评实践表明，在测评过程中，哪种素质的权重或分值大，哪种素质就备受人们重视；哪种素质的权重小，哪种素质就会被人们轻视；哪种素质不测评，人们就会逐渐忽视它。

第五，激励功能。激励功能是指人员测评能够激励人们进取向上的愿望与动机，使人们自觉自愿地努力学习和工作，从而不断地提高个人的素质和工作能力。每个人都有自尊和进取的需要，希望自己在人员测评中取得好成绩、好结果，这就迫使人们发奋努力、不断进取。因此，人员测评是促使个体素质的培养与修养行为向着社会所需要的方向发展的强化手段。

2）人员测评在人力资源管理中的应用

随着理论的深化及技术的更新，人员测评在管理中的价值日益突出，人员测评的方法与技术渗透于人力资源管理的各个具体领域中。从工作分析开始，无论是招聘录用、选拔安置、培训开发，还是绩效考核和职业生涯规划等，都需要人员测评的支持。

第一，在招聘录用中的应用。当企业产生职位空缺，提出招聘需求时，能够通过人员测评设定恰当的测评体系，并通过多种科学方法对应聘者的知识、技能、个性特征、职业兴趣、动机等素质因素进行测量与评定，来了解应聘者具备的能力素质特点与职位的匹配程度，剔除不符合职位要求的应聘者，选择符合职位要求的应聘者。

第二，在选拔安置中的应用。通过人员测评，系统了解员工的能力素质，可以尽量保证将合适的人员安置到相应的职位上。

第三，在培训开发中的应用。使用人员测评考查现有员工的能力素质，将其与工作、职位对员工能力素质的要求进行比较，分析员工能力素质与职位要求之间存在的差距，这样就可以确定有针对性的培训需求，开发有针对性的培训课程，采取有针对性的培训方法，从而取得高效的培训效果。

第四，在绩效考核中的应用。以人员测评中构建的胜任素质模型作为绩效考核的参考指标，可以保证考核的科学性与客观性。

第五，在职业生涯规划中的应用。通过人员测评，可以了解每一个员工的能力素质水平、能力素质结构、职业兴趣、职业价值取向等各方面的情况，根据员工的这些信息可以为其设计合理的职业发展道路。

◆◆◆◆➡ **知识链接1-1**

人员测评在企业人力资源管理中的应用

• 应用的广度和深度

据统计，企业将人员测评应用在人力资源管理中最多的功能依次是"人员招聘和选拔"（67.4%）、"培训和开发"（53.0%）、"绩效考核"（43.6%）、"人力资源规划"（37.3%）等。而未应用人员测评的企业也认为今后最需要将人员测评应用在人力资源管理中的亦是这几项功能（如图1-3所示）。

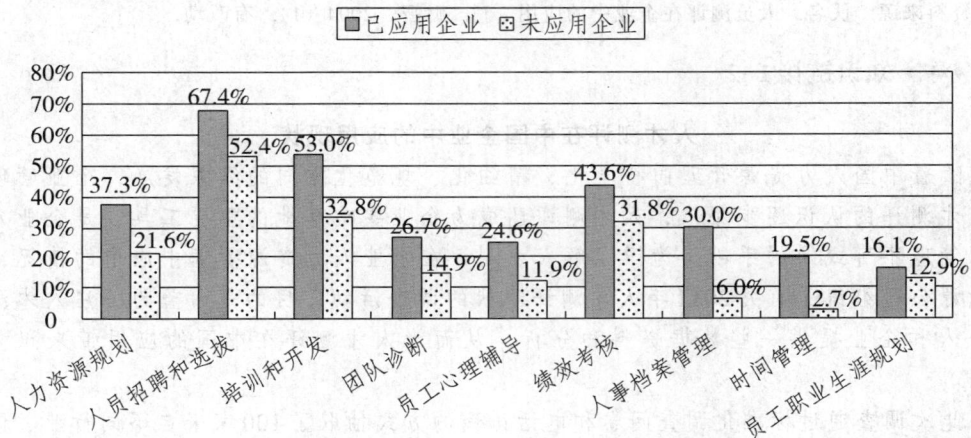

图1-3 人员测评在企业人力资源管理应用中涉及的功能

图1-4所示的调查结果反映出一个令人深思的现象：已应用人员测评的企业认为，在未来两年，人员测评在人力资源管理中需要深入应用的功能除上述4种较多的功能之外，对"员工职业生涯规划"（增加9.2%）、"员工心理辅导"（增加8.7%）和"团队诊

断"（增加 4.5%）的功能需求加强了。这显示出现代企业人力资源管理越来越关注"人"的问题，注重以人为本。

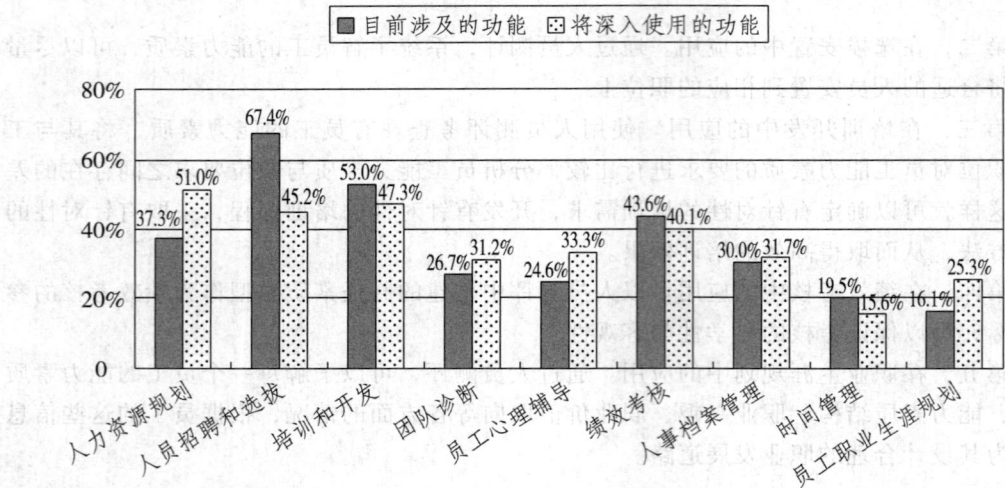

图1-4　人员测评在企业人力资源管理应用中目前涉及的功能和将深入使用的功能

•人员测评应用的价值回报

调查数据表明，在企业应用人员测评的价值回报因素方面，认可度较高的有："提高了人员招聘的有效性"（48.1%）、"提高了培训的针对性"（46.4%）、"提高了人员选拔的科学性"（45.5%）、"提高了人力资源的业务效率"（43.8%）、"有利于吸引和保留人才"（43.4%）。这充分显示出人员测评在企业人力资源管理中所发挥的重要作用和意义。

资料来源　佚名. 人员测评在企业中的应用［J］. 财智，2004（1）. 有改动.

◆◆◆◆➡ 知识链接1-2

人才测评在中国企业中的应用现状

随着中国人力资源管理向科学化、精细化、规范化方向的纵深发展，企业管理者对人才测评的认识逐步深入，人才测评已成为企业战略落地的重要工具，是企业人力资源管理不可或缺的手段。为了了解人才测评在企业人力资源管理中应用的情况，智鼎优源公司组织了有关 2011 年人才测评现状的调查活动，目的是希望为关注人才测评的个人和企业提供一些数据资料和分析，从而为人才测评在中国的应用带来积极的影响。

此次调查通过标准化调查问卷和电话访谈的方式抽取了 100 家来自不同行业、区域和规模的企业人力资源相关负责人，调查了他们对目前企业人才测评的现状及测评技术使用等方面的看法。从参与调查的企业来看，涉及的企业类型包括国有企业、民营企业、外资企业、合资企业 4 类；企业规模在 100~500 人的占 20%，500~1 000 人的占37.5%，1 000 人以上的占 42.5%。从调查的结果上，我们发现：

一、众多企业越来越重视人才测评

虽然在很多西方国家，使用包括智力能力测试和性格测验来选拔应聘者是很常见的事情，但采用此种方法进行招聘选拔的中国企业还不多，但很多企业已经意识到人才测评的重要性。参与本次调查的所有企业均认为人才测评重要，有32%的企业认为人才测评非常重要（如图1-5所示）。这说明，越来越多的企业重视人才，"人才"将是企业赢得竞争优势的关键。我们有理由相信，未来越来越多的企业将会利用更加科学的手段进行人才测评。

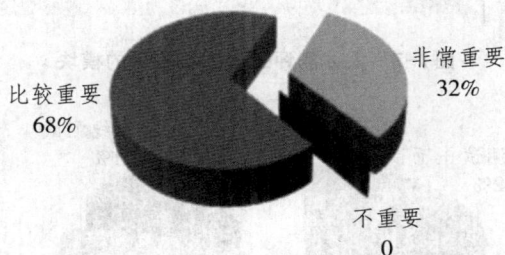

图1-5 人才测评的重要性

但我们要看到，在把人才测评方法用于人事决策方面，很多企业还存在顾虑。调查结果显示，目前不使用人才测评方法的企业最突出的3个原因为担心测评工具的质量、企业用于人才测评方面的预算有限、企业工作人员缺乏相关知识（如图1-6所示）。

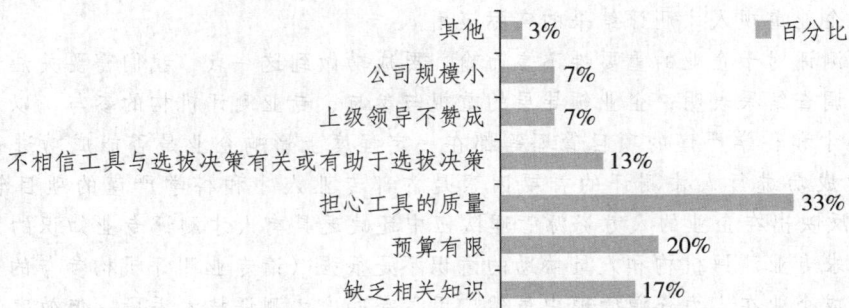

图1-6 不使用人才测评方法的主要原因

二、人才测评的应用领域越来越广泛，多种复杂测评工具的使用有待加强

人员招聘与选拔是人力资源管理的起点，直接关系到一个组织人力资源的质量。在本次调查中，57%的企业将人才测评工具用于招聘与选拔，29%的企业用于员工职业生涯规划，而用于团队诊断、绩效考核、培训与开发等方面的企业比例均为21%。企业已经将人才测评用于人才管理的很多方面，这是一个很好的局面（如图1-7所示）。另外，针对企业招聘与选拔时所采用不同测评工具的调查，简历、背景调查、电话面试、普通面试（非结构化面试）和外语水平测试是最常见的5种招聘评估手段。和国外的一些公司相比，那些能够更好地预测工作表现的测评方法（如结构化面试、一般认知能力测验、工作样本和人格问卷）在国内的一些企业中使用比例并不高。这可能与结构化面试、一般认知能力测验、工作样本和人格问卷等技术要求使用者具有一定专业能力有关

系（如图1-8所示）。

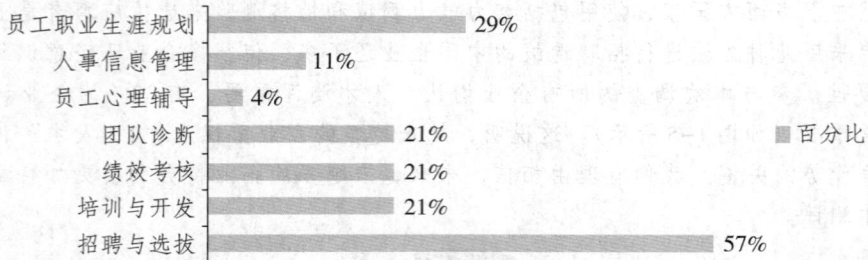

图1-7 人才测评工具主要应用的模块

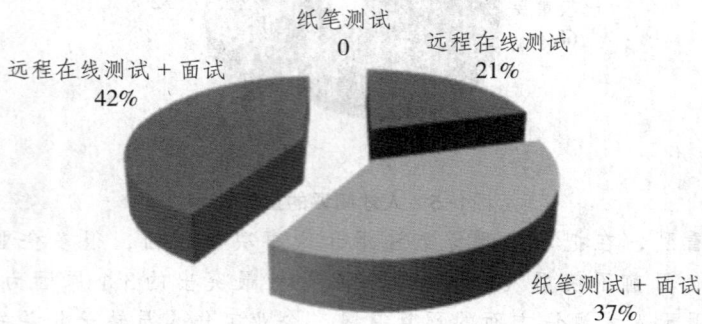

图1-8 实施人才测评，国内企业倾向使用的方式

三、企业重视人才测评结果的实际应用

人才测评对于企业的重要性不言而喻，要成功做到这一点，我们需要关注哪些方面呢？本次调查结果表明，企业领导层的重视与参与、专业测评机构的参与，以及企业内部专业人才和科学严谨的项目管理等都在一定程度上影响企业是否能成功进行人才测评。认为成功进行人才测评的首要因素是内部专业人才和科学严谨的项目管理的占34%，这反映出在企业的人力资源管理队伍中还缺乏具有人才测评专业知识的人员，同时企业寻求专业测评机构和人员协助的意识不是很强（请专业测评机构参与的占21%），这也会造成企业在人力资源管理中虽然应用了一些人才测评技术手段，但效率上可能会大打折扣（如图1-9所示）。

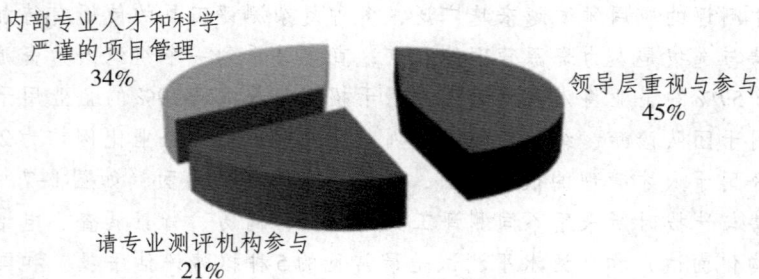

图1-9 成功进行人才测评的因素

尽管人们对人才测评的认识还不够深入，其应用和推广的空间还受到某些限制，但调查结果显示，越来越多的企业重视人才测评，并希望接受相关专业知识的培训。我们相信，人才测评的社会价值将会被越来越多的企业所接受。

资料来源 李小花. 2011年人才测评现状调查报告［EB/OL］.［2021-04-28］. http：//www.chinahrd.net/article/2011/10-20/15463-1.html.有改动.

◆◆◆➡ 案例分析1-1

小张工作5年了，曾在3家公司工作过，其中一家是上市公司，两家是民营企业，因此对这些企业存在的管理方面的问题都有些了解和体会，可从未发现像现在这家企业这样的情况：公司的员工（主要是中层及以下）对任何工作能拖就拖、能躲则躲，不分大小事均需老板跟在后面催，而且是三番五次，老板非常恼火，可是没有办法，不出活呀。绩效考核这一块做得很不到位。刚推出一个周报制度（为了解各员工的工作情况），员工私下很是反对，说搞形式，小张感觉公司有一种螃蟹文化现象，相互牵制，生产效率低下，不良风气蔓延。可是公司急于发展，市场前景非常好，如果管理方面动作太大，担心会造成人员流失。

案例分析1-1

分析提示

问题：如何解决小张所在公司面临的问题？

1.2.3 人员测评的意义

人员测评是采用科学的方法和先进的技术对被测对象做出科学的评价，为人力资源管理工作提供科学的依据。人员测评的目的在于通过测评，提高管理效率与质量，从而达到人与事的最佳配置。

1）人员测评是人力资源科学管理的基础

现代人力资源开发与管理的目的在于谋求人与事之间的恰当匹配，并调整人与事之间的相互关系，以促使员工负起责任，激发其对工作的兴趣，遵守纪律，建立自信，真正做到人适其事、事得其人、人尽其才、才尽其用。人员测评是通过采用心理测验和情境模拟等手段对被测人员的知识能力水平、个性特征等素质进行测量，可广泛且系统地收集每位被测人员的各种素质特征的信息资料，以求对其客观深入了解。在充分占有信息资料的基础上进行分析，客观、科学地评价每位被测人员，再根据岗位需求及组织特性进行综合评价，从而将最合适的人员安置到最适合的岗位。

2）人员测评是人力资源配置科学化的根本保证

人员配置是一项复杂的系统工程。现代企业内部分工细密，生产的各个环节、管理的各个岗位工作性质复杂，对人员的素质要求具有多样性。为使各类人员适应企业发展的需要，得到合理的配置，在人力资源配置工作中就要以人员测评为基础、以能位匹配为原则。一方面对组织机构确定的各类职位进行分析，明确担负这些工作所应具备的素质和所需要的知识与技能，以此为根据配备各类人员，即人员的结构和数量要与岗位和数量相适应，人员的素质和能力要与所担负的职责相匹配；另一方面，以人员测评结果为依据，全面了解每个人员的素质和特点，按照人员的能力水平及特长安排与其适应的工作岗位，使每个人既能胜任现有工作，又能充分发挥其内在的潜力，避免出现人才能力不足或能力过剩、造成人才浪费现象，这样才能保证企业的"人职系统"协调匹配、协调发展。

3）人员测评为企业人力资源开发提供可靠依据

低水平的人事管理对人力资源属于物化式管理，只是管理人员显性的信息，如人的性别、年龄、学历、工种等，往往看不出素质上的差异，人力资源不能被合理使用，容易造成人才的积压和浪费。人员测评能够将人员潜在的、深层的、属于个体特征的信息，包括人员的能力、智力、体力、心理素质等个体特征科学全面地评价出来，有助于人力资源的全面普查，为组织人员"素质"档案提供整体人力资源素质状况，企业组织依此而制订人力资源规划，有针对性地对员工进行培训、使用和管理。

1.3　人员测评的基础

1.3.1　人员测评的理论基础

人员测评技术是建立在以下五大基本原理的基础之上的。

1）人性假定原理

（1）经济人假定。经济人假定认为，个体经济活动的动力来源于改善自己经济状况的愿望，人的行为是为了追求本身的最大利益，工作是为了取得经济报酬；人生来就是懒惰的，总想尽量逃避工作，只有金钱和其他物质利益才能激励他们努力工作。因此，对经济人的管理方式是：工作重点是完成生产任务，提高劳动生产率，无须关心人的感情和愿望。组织应以金钱刺激员工的生产积极性。同时，对消极怠工者采取严厉的惩罚措施。用权力和控制手段来保护组织本身及引导员工为其工作。制定各种严格的工作规范，加强各种法规管理。管理是少数人的事，与广大员工无关。员工的责任就是干活，服从管理者的指挥。

（2）社会人假定。社会人假定认为，人们工作的动机不只在于经济利益，还在于社会需求，愿意在社会关系中寻求乐趣和意义，物质刺激对调动人的积极性只有次要意义，只有社会需要和尊重需要才是激发工作的动力。这种重视社会需要和尊重需要，而看轻物质利益和经济实惠的人即为"社会人"。

据此，管理人员对社会人的管理不应只注意完成生产任务，而应把注意的重点放在关心、满足人的需要上。管理人员不能只注意计划、组织、指挥和控制，还应该重视员工之间的关系，培养员工的归属感。提倡集体的奖励制度，不主张个人奖励。管理人员不应只限于制订计划、组织工序、检验产品等，还应在员工与上级之间起到联络沟通作用。他们既要听员工的意见和要求，了解员工的思想感情，又要向上级呼吁、反映，即让员工或下属能在不同程度上参与企业的决策。

（3）自我实现人假定。自我实现人假定是指人都需要发挥自己的潜力，表现自己的才能，实现自己的理想，只有充分发挥出自己的潜力，人才会感到满足。自我实现人假定是建立在人是勤奋的、有才能的、有潜力的基础上的。

自我实现人假定的基本观点为：一般人都是勤奋的，如果环境条件有利的话，人们工作起来就如同游戏或休息一样自然轻松。控制和惩罚不是实现组织目标的唯一方法。人们在执行任务中，能够自我指导和自我控制，而外在控制有可能对员工构成威胁。在正常情况下，一般人不仅会接受任务，而且会主动地承担责任。

据此，对自我实现人应改变管理工作的重点，应把注意力转移到工作环境上面，要创造适宜的工作环境和工作条件，使人们在此条件下充分发挥自己的能力和潜力，实现自我价值。

（4）复杂人假定。复杂人假定认为，人既不是单纯的"经济人"，也不是完全的"社会人"，更不是纯粹的"自我实现人"，而是因时、因地、因各种情况采取适当反应的复杂人。人的需要和动机不仅因人而异，而且一个人在不同的年龄、不同地点会有不同的表现，会随年龄的增长、知识的增加、环境的变化而变化。企业管理方式要根据企业所处的内外条件而随机应变，不存在什么一成不变的、普遍适用的"最好的"管理原则和方法。

2）岗位差异原理

岗位差异即不同岗位之间的差异，这些差异体现在工作性质、责任轻重、难易程度、所需资格条件等各个方面。随着社会化大生产的发展，社会分工越来越细，不同的工作岗位之间虽有千丝万缕的联系，但各自的工作内容、工作责任、工作范围及工作性质等是不尽相同的，岗位间存在着较大的差异，对员工的素质要求也就大相径庭。当员工的素质与岗位的要求相匹配时，员工可能在今后的工作中取得较大的成绩；否则，即使员工任劳任怨，也难以取得好的工作成绩。这就是说，岗位差异要求通过人员测评找到素质结构与岗位要求相符的员工。因此可以认为，岗位差异是人员测评产生的前提条件。

3）个体差异原理

个体素质是在遗传、环境和个体能动性三个因素共同作用下形成和发展的，显然个体之间存在着较大的差异。这种差异不仅表现在生理、性别与外貌上，而且更多地体现在心理上，包括个性倾向差异（如兴趣、爱好、需要、动机、信念、理想、世界观等方面的差异）和个性心理特征差异（如能力、气质与性格等方面的差异）。正是由于个体素质存在差异，不同素质的人适宜不同的岗位，才使人员测评具有重要性和可能性。如果个体之间不存在素质差异，那么人员测评将无法获得有意义的结果，人员测评最终将失去其存在价值。因此可以说，个体素质差异是人员测评存在的客观基础。

4）人岗匹配原理

个体差异是普遍存在的，每一个个体都有自己的个性特征，而每一种职业由于其工作性质、环境、条件、方式等的不同，对工作者的能力、知识、技能、性格、气质、心理素质等有不同的要求。测评的实质是寻求工作与人之间的最佳匹配。进行职业决策（如选拔、安置、职业指导）时，就要根据一个人的个性特征来选择与之相对应的职业种类，即进行人岗匹配。如果匹配得好，则个人的特征与职业环境协调一致，工作效率和职业成功的可能性就大为提高；反之，则工作效率和职业成功的可能性就很低。所以，对于组织和个体来说，进行恰当的人岗匹配具有非常重要的意义。因此可以说，人员测评作为量"人"的尺子，在人与岗之间架起了桥梁。

5）素质可测原理

人是社会的存在物，是物质的，其素质可以通过言语行为和非言语行为及对外部世界的反应表现出来。人的素质包含许多方面，这些方面可以划分为一些基本要素，这些要素通过社会活动表现出来。这些要素相互联系、相互区别、相互影响、相互制约，共同构成人的素质。我们可以通过要素分析测定人的素质。

1.3.2　人员测评的实践基础

古今中外，人对预测自己的未来一直保持很高的兴趣。

在我国春秋战国时期就已经出现预测命运的算命士，被奉为五经之首的儒家典籍《周易》，孕育出了各种各样的预测人生命运的方法，如面相术、骨相术、占星术、八字占卜法等。而对人员测评做得最好的是隋朝时开始的科举考试制度，反映出在官职选拔任用上的人员测评观念。科举考试的形式如同现在的学校考试，纸面出题，以笔作答，考试选拔出的佼佼者便能步入仕途。

无独有偶，古罗马人同样很相信面相术。而两千多年前，古希腊医生希波克拉底提出有名的气质体液说，认为，每个人身上都有血液、黏液、黄胆汁和黑胆汁4种体液。后来的古罗马医生盖伦将希波克拉底的体液说与人的心理特性联系起来，组成13种气质类型，后又被简化为4种气质类型，即流行于现在的多血质、胆汁质、黏液质和抑郁质。

在近代，随着社会的发展，尤其是西方心理学的发展，对人员测评的形成和发展产生了积极影响。1879年，德国心理学家冯特设立了世界上第一个心理学实验室，开始了对个体行为差异的研究，从而引发了旷日持久的心理测验运动。1884年，英国的高尔顿建立人体测量实验室，朝着定量分析的方向发展，体现了与古代预测方法本质不同的科学性。1905年，法国的心理学家比纳和医生西蒙成功地编制了比纳-西蒙智力量表，用来鉴别学习落后的儿童。其后又进行了修订，使之成为适合各年龄层的智力测验工具，广泛流传到各国，影响巨大。随后相应的心理测验工具也不断涌现，内容也不局限于智力测验，从人格、能力扩展到情绪、气质等方面，如1939年韦克斯勒发表的成人智力量表，1938年英国瑞文设计的瑞文推理测验，卡特尔的16种人格因素测验（16PF），1943年美国明尼苏达大学的心理学家哈塞维（S.R.Hathaway）和精神病学家麦金雷（J.C.Mckinley）发表的著名的明尼苏达多相人格测验（MMPI），以及现在流行很广的麦尔斯-布瑞格斯类型人格测验（MBTI）等。

真正将人员测评引入实用领域的是哥伦比亚大学的伍德沃斯教授，他受命设计了一种快速简易的方法，以辨别情绪易受控的新兵，伍德沃斯教授把人员测评从教育医疗领域转向了军事领域，如第二次世界大战时，美国将心理测验用于挑选空军飞行员，经测评选拔的飞行员合格率可以提高到50%，大大降低了培养成本。再后来，人员测评向社会管理等其他领域发展，如20世纪50年代美国电话电报公司建立了评价中心，对几百名管理人员候选人进行测试，随后将结果密封，8年后对直接提升经理者进行核对，结果有64%在预测之内。

现在人员测评技术已经在教育、医疗和社会管理等诸多领域中被广泛应用，特别是在企业管理中得到迅猛发展。美国1/3的小企业和2/3的大企业都采用人员测评技术，许多大企业都制定了适合自己企业的人员测评程序和工具，客观、科学的测量方法成为人才选拔和评定的主要手段。随着心理学的发展和丰富，人员测评的信度和效度有了很大的提高，人员测评的理论和方法也日臻成熟与完善。

◆◆◆◆➡ 知识链接1-3

个人素质测评报告

林×于某重点大学本科毕业后，供职于某大型公司的财务部，薪水高、福利好、人际关系也不错。然而，工作多年以后，林×觉得越干越没劲，再也没有了刚工作时的成就感。看着身边的朋友一个个办起了自己的公司，林×也有点心动了。但是还下不了决心，担心自己的能力与性格不适合自己做老板，到时候，如果公司没办好，这份待遇好的工作也辞了，那才是竹篮打水一场空呢！犹豫之际，林×听朋友介绍来到了市人才素质测评考试中心，进行了素质测评。两个半小时的笔试过后，林×的"个人素质测评报告"出来了：

姓名：林× 年龄：27 准考号：×××××××

1.您的一般认知智慧商数为110分（人才群体平均分为100分，高于120分的仅占10%）。您的一般认知能力处于中上等水平。与同龄人相比，您的逻辑推理能力、思维的独创性、适应力和学习能力较强。一般认知智慧商数反映基本认知加工过程（识别、分析、综合、判断、推理等）的速度和质量。因为基本认知操作过程几乎贯穿于所有的工作之中，因此一般认知能力测验对许多工作的业绩都有很高的、长时间的预测力。

2.您的情感和社会交往智慧商数为111分（人才群体平均分为100分，高于120分的仅占10%）。您的情感和社会交往智慧商数处于中上等水平（见表1-1），这表明您的社会成熟程度和心理健康程度处于中上等水平。

表1-1 　　　　　情感和社会交往智慧商数情况

	1	2	3	4	5	6	7	8	9	10
情绪稳定性	★	★	★	★	★	★				
进取心	★	★	★	★	★	★				
社会交往	★	★	★	★	★	★	★	★		
自我力量感	★	★	★	★	★	★				
自信心	★	★	★	★						

情绪稳定性中等：情绪基本稳定。

进取心中等：有一定的进取心。

社会交往中上等：善于交往。

自我力量感中等：有自强自立意识。

自信心中等：有自信心。

3.行为风格（见表1-2）。

表1-2　　　　　　　　　　　　　　　　　　　　行为风格

	5	4	3	2	1	1	2	3	4	5	
务　实						★					创　意
逻　辑						★					情　感
外　向				★	★						内　向
有　序					★						灵　活
A　型			★	★	★						B　型

稍偏创意：喜欢想象推测，有创新倾向。

稍偏情感：喜欢人际和谐与关怀。

外向明显：合群轻松，喜欢交往。

稍偏有序：喜欢秩序，严谨守约。

A型人格明显：有强烈的时间紧迫感。

总结：林×的一般认知能力水平中上等，具备成功者的智力基础。社会成熟程度中上等；情绪基本稳定，心态平和；讲究人际交往策略，乐群，善于与他人交往；内心有成就事业和施展才能的愿望，有进取心、事业心和敬业精神；自信心一般，在实际工作中积极主动。从行为风格上看，关心思想性的问题，喜欢新的、开放的问题；关心他人，看重他人对自己的评价，也期盼他人关怀和关注自己；外向，乐群，喜欢与人交往，喜欢新事情；喜欢制订长时间的工作计划，有强烈的时间紧迫感。因此，林×适于做开发性和创意性的工作，如策略管理、规划、工作程序设计和人力资源管理等。

看到如上的报告结果，经过与咨询专家一个小时的面对面咨询，林×彻底了解了自己的实际能力，也知道了自己并不适合做财务工作，所以工作才越干越没劲。于是林×下定决心开办自己的公司。

资料来源　佚名.人才素质测评报告［EB/OL］.［2018-04-21］.http://www.bjrc.com/pingce/gral_01.asp.有改动.

情境模拟1-1

　　场景：人员测评作用大比拼。

　　操作：（1）将全班同学分成若干组，每组6~8人；

　　（2）每组每个成员就自己的日常了解列出人员测评的8~10点作用；

　　（3）每组就人员测评的作用总结出5点，并选出一个代表参加下一轮的比拼；

　　（4）老师组织每组代表进行第二次比拼。

　　要求：（1）计分：每个同学（或代表）都尽量使得自己列出的人员测评的作用被选用，被选中越多，得分越高；

　　（2）每个同学都要观察整个过程中各个同学的表现。

　　分析：本情境模拟一方面可以加深同学们对人员测评的理解，另一方面可以粗略体验无领导小组讨论的过程。

■■■■▶ 知识掌握 ■■■■

1. 什么是人员测评技术？它有哪些特点？

2. 人员测评的主要内容有哪些？

3. 人员测评的常用方法有哪些？

4. 在进行人员测评时，必须遵从哪些原则？

5. 怎样看待人员测评与选拔在企业中的应用与作用？

6. 人员测评技术是建立在哪些理论基础之上的？

■■■■▶ 知识应用 ■■■■

□ 案例分析

A保险公司是中国北方第一家合资寿险公司，拥有设施先进的办公场所、实力雄厚的后援支持、高素质的管理人员和代理人队伍、现代化的科学培训体系，以及专业化的经营服务理念。随着业务的发展、保险代理人规模的不断扩大，加之行业内人员流动率高达45%，在公司所有的招募工作中，招聘保险代理人成为最繁重、折旧最快、成本最高的任务。基于这种行业现状，该保险公司通过多方对比考查，决定采用国内某知名人才测评机构研发的招聘选拔系统进行招聘。这个招聘选拔系统专门针对中、低层人员的招聘而开发，是根据职位要求的不同，细分了包括销售、财务等在内的12大职类测试模板，系统根据每个职类的具体要求给出职位标准，可以通过比对应聘者和特定职位标准，给出应聘者与职位的精确匹配度。这适用于大量招聘。

由于保险行业具有一定行业特殊性，所以该保险公司提出新的需求：希望能够由人才测评机构的专家辅助建立自己公司的代理人招聘标准。于是人才测评机构组织研发中心的项目组人员，分别对该保险公司高绩效员工和绩效一般的员工各5名进行深入的访谈，经过分析从访谈事件中提取出对于"代理人"这个职位最核心的胜任能力模型，同时确立了在"代理人"这个职位上，影响其绩效的13项素质特征，包括演绎推理、沟通技巧、乐群性、人际交往技巧、社会适应能力、进取心、责任心、成功愿望、挫折承受能力、创新意识、灵活性、目标意识和计划性。当确立了需要考查的素质后，由该保险公司和测评顾问组织绩优员工共5名参加测评，最后通过分析本公司员工测试的结果形成该保险公司个性化的用人标准。用人标准形成后，该保险公司开始将人才测评作为所有应聘者进入公司前必需的一个环节。应聘者做完测评后，系统会自动和该保险公司个性化的用人标准对比，得出匹配系数。匹配系数越高，就越适合代理人职位，人力资源部门会根据情况邀约匹配度较高的应聘者进行下一轮面试，同时测评的结果会记入个人资料存档。

问题：A保险公司为什么要请有关测评机构对应聘"代理人"职位的人员进行测评？人员测评的功能与用途是什么？

案例分析

分析提示

□ 实践训练

某食品公司成立于20世纪80年代，经过几十年的改革与发展，该公司已经具备参与国内外市场竞争的实力，并于2019年在美国上市。在上市前夕，公司领导意识到企业经营改革和效益的提高需要一批高素质、专业化的经营管理人才。为了适应公司人力资源规划的需要，HR部万经理决定通过招聘、培训、考核等方式来选拔、开发公司的后备管理队伍。招聘、培训、考核等都需要进行人才测评，然而万经理对人才测评十分茫然。

　　问题：（1）如何通过人才测评甄选优秀的、高素质的管理人员？

　　（2）人员测评如何体现其科学性？

　　（3）人员测评在人力资源管理中起到哪些作用？

第2章 人员测评内容的确定

■■■■➡ 学习目标 ■■■■

在学习完本章之后，你应该能够：

1. 了解人员测评内容确定的原则；
2. 明确人员测评内容确定的依据；
3. 熟知人员测评内容的确定应注意的问题；
4. 掌握人员测评内容确定的步骤和方法。

■■■■➡ 引例 ■■■■

如何确定人员测评的目的和内容

某化工集团股份有限公司地处内陆城市，公司生产区和办公所在地依山傍水、风景秀丽，环境十分优美。公司经过多年创业，已初具一定的经济规模，现拥有多家子公司，总资产上百亿，是一家集染料、化工中间体、生物制药以及化肥、颜料、化机制造、包装、运输、宾馆酒店、物业开发、进出口贸易于一体的综合性集团公司，被国家认定为中国重点高新技术企业、中国化工产品出口生产基地、中国石油和化工百强企业、该省大型重点骨干企业，还建立了博士后科研工作站。现因公司发展，同时为实施人才强企战略，决定招聘若干生产工艺工程师。负责此次招聘的人力资源部王经理马上组织工作小组，制订招聘方案。由生产部经理、工艺总工程师、人力资源部招聘主管组成的测评小组成员把这次招聘工作的重点放在了招聘人员素质测评上。

一、测评的前期准备工作

生产工艺工程师岗位的工作分析是人员测评的基础，招聘工作小组成员在对该岗位进行了大量深入调查研究之后，得出了工作分析结果（见表2-1）。

通过分析生产工艺工程师的主要职责，得出生产工艺工程师需具备以下技能标准：对化工原料、溶剂的性质有较深的认识；在化工涂料异常问题的处理方面有丰富的现场实践经验；能按产品生产要求编制关键工序作业指导书；具备一定的工艺改进和创新能力。根据分析结果，他们初步打算从通用素质、专业能力两个方面来实施测评。

表2-1   **生产工艺工程师岗位工作分析**

主要职责	具体内容
设计工艺方案	1.根据产品要求，负责新产品工艺方案和工艺流程的设计工作，包括工序安排、工艺装配、工艺标准等内容 2.负责已投产产品的二次开发和工艺准备工作，使工厂生产产出量处于最佳状态
编制文件	1.编制工艺手册、质量控制点指导书、关键工序作业指导书等工艺文件 2.制定工位表、检查计划、生产概况等有关生产文件
制作工艺卡	制作生产和装配工艺卡，确定装配线和装配工位，分析解决现场工艺问题
培训监督	1.培训、指导车间员工熟练掌握生产工序和工艺要求 2.监督各厂、各车间的生产工艺流程、方法，执行工艺纪律
更新与维修	1.负责对企业产品进行新材料、新工艺、新技术的研究和应用工作 2.制订定期的维修计划
客户支持	参与客户对产品的认可工作，应客户要求进行工装模具修改工作
与其他部门协作	1.与产品开发部门协作，参与新产品的设计开发，对准备工作和修改工作实行管理 2.与质量部门密切合作，分析解决生产加工中的工艺问题

二、建立测评指标体系

1.收集测评要素及内容。通过分析生产工艺工程师的职位说明书及相关资料，运用不同的方法从通用素质和专业能力两个方面来收集生产工艺工程师素质测评的要素（见表2-2）。

表2-2   **生产工艺工程师素质测评的要素**

通用素质	·体质、体力、精力 ·独立性、主动性、责任感、团队合作意识、职业适应性、价值观 ·智力水平、思维反应水平、创造能力、沟通能力 ·……
专业能力	·化工制造工艺知识、化工产品生产知识、工艺设计技能 ·机械思维能力、操作能力 ·AutoCAD、办公软件操作能力 ·……

2.归纳、整合、确定测评要素。分析上述要素的内容及含义，将可以归为一类的尽量归类、整合，确定需要测评的要素，并进行简明的定义。

3.确定测评要素的重要性。采用调查表的形式让测评小组按每个要素的重要程度给其打分。表2-3为生产工艺工程师素质测评要素重要程度调查表。

表2-3 　　　　　　　生产工艺工程师素质测评要素重要程度调查表

测评要素		简明定义	重要程度打分
测评维度	测评内容		
专业能力	专业知识	1.对化工制造工艺的掌握和运用程度，对相关专业知识的了解程度 2.运用专业知识制订工艺方案和改进生产工艺的能力	
	专业技能	工艺操作与设计水平、AutoCAD操作水平	
通用素质	独立工作能力	独立性的强弱，需要指导、检查的频次	
	主动学习能力	为提高本职位的胜任水平，主动学习和努力的程度	
	创新能力	创造或引入新思维、新方法对化工制造工艺的改进能力	
	沟通能力	1.就产品制造工艺问题与相关人员进行沟通的能力 2.对车间工人执行工艺情况进行指导和监督的能力	
	职业适应能力	测评对象的性格是否适合做工艺流程类工作	

4.对测评要素进行分级定义。根据生产工艺工程师素质测评要素重要程度调查表中的简明定义，对各个要素进行分级定义，并附上每一级相应的得分，为测评评分提供评分标准（见表2-4）。

表2-4 　　　　　　　生产工艺工程师素质测评指标体系

测评要素及权重			测评标准（测评打分时用）	测评标度
测评内容	得分	权重（%）	测评标志（分级定义）	（分）
专业知识		14	一般了解工艺流程知识，对于相关的学科知识知之甚少	1~4
			基本掌握工艺流程知识，一般性地了解相关的学科知识	5~7
			通晓工艺流程知识，掌握与本专业有关的多学科知识	8~10
专业技能		16	不能独立设计生产工艺方案	1~4
			能够独立设计小批量生产工艺方案	5~7
			能够独立承担企业生产工艺方案的设计工作	8~10
独立工作能力		16	独立工作能力较差，经常需要帮助和指导	1~4
			基本能按岗位要求工作，偶尔需要不定期检查指导	5~7
			独立工作能力强，完成本岗位工作一般不需要指导	8~10
主动学习能力		18	不能从本职工作的角度补充知识，影响任务的完成	1~4
			能够按照本职工作的要求自觉学习，工作技能不断提高	5~7
			自学能力强，主动学习，工作技能提高很明显	8~10
创新能力		12	在工作中无创新表现	1~4
			尝试引入新方法提高生产过程中的工艺水平	5~7
			能建设性地创造新方法，持续改进工艺水平，熟练掌握相关技术并加以改进	8~10

测评要素及权重			测评标准（测评打分时用）	
测评内容	得分	权重（%）	测评标志（分级定义）	测评标度（分）
沟通能力		12	沟通能力较弱，需要在上级的帮助下完成相关沟通工作	1~4
			沟通能力一般，偶尔需要指导才能完成沟通工作	5~7
			对内、对外的沟通协调能力很强	8~10
职业适应能力		12	"现实型"得分偏低，适应程度较低	1~4
			"现实型"得分中等，适应程度一般	5~7
			"现实型"得分较高，适应程度较强	8~10
总分		100		

5. 选择测评方法。根据上述需要测评的要素，选择合适的测评方法，具体见表2-5。

表2-5　　　　　　　　　　　**生产工艺工程师素质测评方法**

测评维度	测评内容	测评方法（测评工具）
专业能力	专业知识	成就测试（专业知识考试试卷）
	专业技能	成就测试（专业知识考试试卷）、面谈（面谈提纲与评分表）
通用素质	独立工作能力	心理测验（卡特尔16种人格因素测验量表）
	主动学习能力	心理测验（卡特尔16种人格因素测验量表）
	创新能力	心理测验（卡特尔16种人格因素测验量表）
	沟通能力	面谈（面谈提纲与评分表）
	职业适应能力	心理测验（霍兰德职业兴趣与价值观测评量表）

三、组织实施素质测评

素质测评的具体步骤为：

1. 测评前的准备工作

（1）测评小组成员王经理意识到，本次测评小组的成员都没有参与过人员素质测评工作，需要对所有成员进行集中培训，培训的内容包括测评的相关事宜及实施测评过程中的注意事项。

（2）安排测评场地、时间。王经理根据测评方法的需要，将成就测试、心理测验的场地选在有计算机及相关设备的机房，而面谈则选在会议室里进行。

（3）准备测评所需的其他材料。

2.实施测评阶段

从上述测评方法可以看出，此次测评需要分成两部分进行。成就测试、心理测验为第一部分，面谈为第二部分。

实施第一部分测评时，王经理负责主持测评的具体实施，宣读指导语和注意事项，维持测评现场纪律，控制测评时间。

实施结构化面谈时，王经理为主试官，其他成员观察并记录面谈对象的回答，为评分提供原始材料。若条件允许，可事先准备一台摄像机，将整个面谈过程录下来，以便评分时研究和分析。

3.评分阶段

由于成就测试、心理测验的成绩通过计算机来打分，所以评分工作主要集中在面谈评分上。测评小组成员先用表2-4独立评分，然后由王经理主持讨论评分理由直至得出最终的分数。

经过缜密的测评，王经理为公司招聘人员提供了识别判断人员的科学依据，为公司招聘到高质量、合适的人才打下了扎实的基础。

资料来源　佚名．如何确定人员测评的目的和内容［EB/OL］．［2018-06-28］．http：//blog.163.com/xiejiajie@126/blog/static/306073422008528045394/.有改动.

这一案例表明：在进行人员测评时，首先应该充分进行深入的调查研究，尽可能多地了解关于测评目标的背景信息，确定测评的内容；然后根据测评的内容制定测评要素体系，选择合适的测评方法，制定测评程序，精心组织实施测评；最后综合、分析测评的结果，给出测评报告，为公司科学选择与安置人员提供依据。

2.1　人员测评内容、目标、指标和量化的主要形式

在测评与选拔标准体系中，一般根据测评目的来规定测评内容，在测评内容下设置测评目标，在测评目标下设测评指标。

1）测评内容

任何一种测评都是有明确目的的，任何测评目的的实现，都离不开具体的测评内容。测评内容的正确选择与规定，是实现测评目的的重要手段。

测评内容在这里是指测评所指向的具体对象与范围，具有相对性。例如，干部素质测评中的"德"与"才"，面试中的"仪表""口才""科研能力与水平"，测评中规定的"近5年以来发表的研究成果"，公务员录用考试中的"数学""语文""英语"等。相对"数学能力与数学知识"来说，相关考试用书上所列具体章、节、目则是测评内容。

测评内容的确定步骤一般是先分析被测评对象的结构，找出所有值得测评的因素，然后根据测评目的与职位要求进行筛选。内容分析最好借助于内容分析表进行。内容分析表的设计，纵向可以列出测评客体的结构因素，横向可以列出每个结构因素的不同层次或不同方面，在中间表体内则可以具体列出测评的内容点。表2-6、表2-7列示了两种测评内容分析表。

表2-6 　　　　　　　　　　个体测评内容分析表

	知识	能力	思维形式	操作行为	日常表现	绩效表现
德						
智						
体						

表2-7 　　　　　　　　　　岗位知识测评内容分析表

	记忆	理解	评价与运用
基础知识			
专业知识			
相关知识			

2）测评目标

测评目标是对测评内容筛选综合后的产物。有的测评目标是测评内容点的直接筛选结果，而有的则是测评内容点的综合。测评目标是素质测评中直接指向的内容点。例如，"品德"中的"诚实""正直""谦虚"，"管理能力"中的"号召能力""协调能力""决策能力"，"知识"中的"基础知识""专业知识"等。显然，素质测评内容与测评目标具有相对性和转换性。"管理能力"在这里是作为测评内容，而它相对"才能"来说又可能是一个测评目标。测评目标的确定主要依据测评的目的与工作职位的要求。不同的测评目的决定着有不同的测评目标，但相同的测评目的却不一定有相同的测评目标。同一测评目的依据不同的工作职位的要求可以有不同的测评目标。

测评目标是测评内容点的一种代表。这种代表的选择要通过定性、定量的方法来实现，不能任意指定。一般采取德尔菲咨询、问卷调查与层次分析、多元分析相结合的方法进行选择，效果会好些。

3）测评指标

测评指标是人员测评目标操作化的表现形式。例如，"诚实"是一个测评目标，当我们制定测评指标时，就必须考虑"怎么样的表现才是诚实的，怎么样的表现是不诚实的"。

测评指标的编制包括对测评目标内涵与外延的分析，包括对揭示目标内涵与外延标志的寻找。一个测评目标可能要用几个指标来揭示，几个目标也可能共用一个指标。

例如，纪律性这一目标的测评指标，可以从以下不同的方面来拟定：工作中的计划性与规律性，迟到早退的次数，请假的次数等。因此对纪律性的测评，可以选上述某一指标作为代表，并以每个人在该指标上的得分多少为依据测评他的纪律性，也可以选择几个指标为代表，以每个人在这几个指标上的总分为依据测评他的纪律性。

测评内容、测评目标与测评指标共同构成了测评与选拔标准体系的纵向结构，因此测评内容、测评目标与测评指标是测评与选拔标准体系的不同层次。测评内容是测评所指向的具体对象与范围，测评目标是对测评内容的明确规定，测评指标则是对测评目标的具体分解。

　　根据不同的测评目的确定具体的测评内容是人员测评的第一步。在选拔过程中，这一步最为关键。错误的测评内容将导致甄选决策的失败。测评内容应根据所选拔岗位的任职素质要求，以工作分析为依据，针对不同职务、不同岗位、不同企业特征以及某些特殊需求来确定。

　　对于以诊断、评价等为目的的人员测评，确定测评的内容就相对简单。可以根据诊断、评价的内容来确定测评内容。例如，要想了解员工偏好哪种工作，可以对员工的职业兴趣进行测评；要想确定是否要对管理人员的沟通技能进行培训，可以测量他们的沟通技能，为培训计划提供依据。

◆◆◆◆➡ 知识链接2-1

　　根据人员素质的构成，我们把各类素质测评的要素指标分为：

•身体素质

健康（有无家族遗传疾病、体质）；

体力（耐力、爆发力、速度）；

精力（疲劳感、活力）；

肌体灵敏性（手臂肌肉运动的灵活性、手眼配合的灵巧性等）；

感知能力（视力、听力、味觉、直觉等能力）。

•品德素质

职业道德（法律规范、职业要求、职业纪律）；

社会道德（尊老爱幼、爱护公共财物、遵守社会公德）；

政治道德（权力意识、公仆意识、民主意识）。

•心理素质

价值观、兴趣、追求、注意力、气质、性格等。

•智能素质

科学智能素质（专业能力，即反映专业、学科特点的能力，以及非专业能力，如智力、创造力）；

社会智能素质（社会活动能力、社会适应能力、与人沟通能力、团队协作精神等）。

4）测评量化的主要形式

（1）一次量化与二次量化。

一次量化与二次量化中的"一"与"二"可做两种解释。

首先，当"一"与"二"做序数词解释时：一次量化是指对素质测评的对象进行直接的定量刻画。例如，违纪次数、出勤频数、身高、体重、产品数量等。一次量化的对象一般具有明显的数量关系，量化后的数据直接提示了素质测评对象的实际特征，具有实质意义，因而也可称之为实质量化。二次量化即对素质测评的对象进行间接的定量刻画，即先定性描述后再定量刻画的量化形式。例如，对工人降低生产成本的行为，先依据"成本意识"测评标准，用"强烈"、"一般"和"淡漠"三个词进行定性描述，然后用"3"表示"强烈"、"2"表示"一般"、"1"表示"淡漠"。这样，对工人的"成本意识"测评就实现了量化。这种量化就是所说的二次量化。

其次，当"一"和"二"做基数词解释时：一次量化是指素质测评的量化过程可以一次性完成。素质测评的最后结果可以由原始的测评数据直接综合与转换。例如，面试评分中的量化往往是一次量化，面试的结果直接由主试的评分相加平均得到。二次量化则不然，它是指整个素质测评的量化过程要分两次计量才能完成。例如，模糊数学中的综合评判法，在模糊数学综合评判中，欲对某个素质进行评判，它不是将该素质直接评判为优、良、中或差，而是先将该素质分解为一组分素质，赋予每个分素质一定的权重，完成第一次量化，即纵向量化；然后对各个分素质进行评判打分，完成第二次量化，即横向量化，例如，"5""4""3""2""1"分别赋予"很好""较好""一般""较差""很差"。

（2）类别量化与模糊量化。

类别量化与模糊量化都可以看作二次量化。

所谓类别量化，就是把素质测评对象划分到事先确定的几个类别中去，然后给每个类别赋予不同的数字。例如，把职员划分为管理型、技术型与非技术型三种，然后给"管理型"赋予数字"3"，给"技术型"赋予数字"2"，给"非技术型"赋予数字"1"。这种素质测评类别量化的特点是，每个测评对象属于且仅属于一个类别，不能同时属于两个以上的类别。量化在这里是一种符号性的形式量化，"分数"在这里只起符号作用，无大小之分。

模糊量化则要求把素质测评对象同时划分到事先确定的每个类别中去，根据该对象的隶属程度分别赋值。例如，可以把管理者的风格划分为"民主型""专制型""中介型"，每一种都可以拟定一些具体标准。一个管理者的所有行为，可能有些符合"民主型"，有些符合"专制型"或"中介型"。按三者的程度，分别打分，例如给"民主型"赋值0.6，其他两种类型各赋值0.2。这种素质测评模糊量化的特点是，每个测评对象是那些分类界限无法明确，或测评者认识模糊和无法把握的素质特征。类别量化的测评对象则是那些界限明确且测评者能完全把握的素质特征。

（3）顺序量化、等距量化与比例量化。

在同一类别中，常常需要对其中的诸素质测评对象进行深层次的量化，这就是顺序量化、等距量化与比例量化，它们也都可以看作二次量化。顺序量化一般是先依据某一素质特征或标准，将所有的素质测评对象两两比较排成序列，然后给每个测评对象一一赋予相应顺序数值。例如，按生产优质品数量，把全车间工人的生产效果顺序赋予数值"1"（第一名）、"2"（第二名）……就是一种顺序量化。等距量化则比顺序量化更进一步，它不但要求素质测评对象的排列有强弱、大小、先后的顺序关系，而且要求任何两个素质测评对象间的差异相等，然后在此基础上才给每个测评对象一一赋值。例如，对公司的主要领导干部的能力实行量化测评，从第一个开始依照间隔一个难度等级赋值，排列第一位的赋值"1"，与第一位相差一个难度等级的人赋值"2"，与第一位相差2个难度等级的人赋值"3"，以此类推。等距量化可以使素质测评对象进行差距大小的比较。比例量化又比等距量化更进一步，不但要求素质测评的排列有顺序等距关系，而且要存在倍数关系。假设排在第二位的人的能力是第一位的2倍，则排在第三位的是第一位的3倍，排在第四位的是第一位的4倍，以此类推，然后在此基础上给每个测评对象赋值。

（4）当量量化（权重）。

在素质测评的量化过程中，常会遇到对于不同类别（或者说不同质）的对象如何综合的问题。类别量化仅起到了给测评对象"数值"分类的作用，并没有解决其量化的综合问题，因此类别量化之后常常需要再做当量量化。所谓当量量化，就是先选择某一中介变量，把诸种不同类别或不同质的素质测评对象进行统一性的转化，对它们进行类似同类或同质的量化。例如，对各项测评指标的纵向加权，实际上就可以看作一种当量量化。当量量化实际上也是近似的等值技术。当量量化常常是一种主观量化形式，其作用是使不同类别或不同质的素质测评对象量化，能够相互比较和进行数值综合。

2.2　人员测评内容确定的原则

1）针对性原则

在对不同类别被测人员进行测评时，测评指标体系中的各项指标应有所不同，要根据各类人员的具体特点来进行指标设计。在设计评价标准时，应首先对各岗位进行工作分析，确定它对人员素质在心理、道德、智力、能力、绩效和体能等方面的基本要求，然后进行调查研究，归纳提炼出评价标准。对于不同类型的人进行测评其指标是不同的，即使有些指标相同，其内容也是不一样的，或者其权重设置也是不一样的。

2）先进性原则

在确定人员测评的内容时应充分考虑市场经济和知识经济对人员素质的新要求，在设计方法和手段上要借鉴国内外人事测评指标设计的先进经验，开发出具有自己特色的测评内容体系。

3）完备性原则

完备性指的是处于同一个测评指标体系中的各种标准相互配合，在总体上能够全面地反映工作岗位所需要具备的素质及功能的主要特征，使整个测评对象包含在评价标准体系内容之中。例如，反映被测人员综合分析能力的具体指标可以多种多样，其中严密性、精确性、理解力和逻辑性四个指标构成的指标体系，就能满足指标设计中完备性原则，既做到使指标的个数尽可能少，又能很好地反映被测人员的综合分析能力。

4）与测评对象同质原则

人员测评的内容是衡量测评对象素质的标准。这就需要测评的内容与标志特征同所测评的对象特征相一致。例如，尺子能有效地度量物体的长度，是因为它本身有长度的特征；秤能有效地衡量物体的重量，是因为秤砣到支点的作用力与物体的重力相同，反映了"力"的特征。同质性原则是人员测评效度的保证。

5）定性与定量相结合的原则

在进行测评内容的设计时，能用数量标准进行测评的应尽量用数量加以描述，最大限度地提高测评的精度，而对那些适用于定性描述的素质，其定性评价标准要与其他定量测评标准结合使用。

6）可操作性原则

可操作性即指设立的测评内容应该可以辨别、可以比较、可以测评，也就是说，测评标准所展示的标志可以被直接观察、计算或能通过一定的方法辨别、把握和计量。因此，在进行测评内容的设计时，要充分考虑可操作性，测评标准的措辞应当通俗易懂，避免意义含糊不清；测评标准的内容和形式，应当尽量简化，突出重点。例如，"工作经验"本身是一个难以直接考评的指标，把它用"工作实际年限"来体现时，则就成了一个可以直接考评的指标。

7）独立性原则

设立的测评内容在同一层次上应该相互独立，没有交叉。一般来说，企业经营管理的测评指标体系由多个层次构成，独立性原则要求同一层级上的 A 指标与 B 指标不能存在重叠和因果关系，即 $A\cap B=0$。

8）结构性原则

所设立的测评内容在总体上要有条件、过程与结果三个方面的指标。因为人员测评系统是一个复杂的系统，测评时只从一个方面进行往往难以奏效。因此，在员工素质测评中既要有对所取得效率效果的考评的指标，又要有对职责任务完成情况考评的指标，还要有对素质条件考评的指标。

2.3　人员测评内容确定的依据

1）确定人员测评内容要以测评目的与应聘岗位任职条件为依据

确定人员测评的内容，首先要了解测评的目的，不同的测评目的其选择的范围是不同的，如考核性测评的内容一般范围越广泛越好，诊断性测评的内容一般要求精细和具有针对性，区分性测评则要求选择那些变异较大的问题作为测评内容。

其次，要识别和录用最适合的应聘者，还要了解每一个招聘职位任职条件，即胜任某项工作所必需的知识、技能和能力。有了这些依据，一方面，公司可以据此选择或开发恰当的挑选工具，如面试的问题提纲和心理测验等，以获取应聘者相关知识、技能和能力的水平，并最终对应聘者进行评审和筛选；另一方面，应聘者根据详细的工作描述，与自身条件和发展要求相对照，他就能够做出是否接受该工作的选择，从而在招聘环节就为公司降低了人员不稳定的可能性，在一定程度上降低了公司未来的员工流动率。

2）构建科学的测评内容和测评标准要以测评对象的特点为依据

人员测评的内容可依据人才成长的不同阶段划分不同的内容。在中学教育与大学教育阶段，主要测评思想道德素质（如思想观念、道德行为）、文化科学素质（如学习态度、智能发展）、体育卫生素质（如体质发育、体卫习惯）、美育素质（如美学知识、审美能力）、劳动技能素质（如劳动态度等）、个性心理素质（如个性发展、心理品质、意志品格）等。在工作阶段，要与特定的职位要求、岗位规范密切联系，如管理人员测评的内容主要是思想素质（如世界观、人生观、责任感）、智能素质（包括科学智能素质，如专业能力、非专业能力、创造能力，以及社会智能素质，如适应能力、与人沟通能力）、组织领导素质（如决策能力、组织指挥能力、协调控制能力、激励能力、应变能力）、心理素质（如意志、情感、兴趣、气质性格、个性）等。

3）掌握不同年龄档次的人的心理特征是客观评价不同年龄人员素质的基本要求

对人员测评，除了上述对人的素质进行分类以外，还需要对不同年龄人员的心理特征差别进行分析。根据心理学家迈尔斯研究的结果，各个年龄段的不同能力的平均水平是有差异的。

青年人的心理特征是：富有理想、向往未来，思维比较活跃、易于接受新事物，较少地考虑困难，顾虑少，求胜心切，可塑性大，情绪不够稳定。

中年人的心理特征是：头脑清晰、考虑问题比较周密，性格趋于沉稳、慎重和深思熟虑，比较多地考虑困难，讲求实际，情绪稳定，善于忍耐。

老年人的心理特征是：冷静、沉着，不动声色。不过随着肌体的衰老，心理上会出现一些消极的情绪，如失落、抑郁、易怒、悲哀、消极等。

掌握这些特点，有利于在测评中剔除某种心理模式，即按同一心理模式来要求老年人、中年人和青年人，把青年人的活跃、情绪不稳定看作不成熟、不牢靠，把中年人的沉稳说成缺乏闯劲等，这种情况尤其在面试中容易发生。只有掌握人的心理特征与年龄、经历的关系，才不至于抽象地按同一模式去衡量不同的人。

4）设计合理的测评内容，还要考虑职位的差异

一般来说，技术人员以测试科学智能素质为主，管理人员以测试科学智能素质与社会智能素质为主，执行人员以测试专业能力与社会智能素质为主，后勤人员以测试品德素质与心理素质为主，行政人员以测试社会智能素质与心理素质为主。

总之，不同的工作性质对人员素质有不同的要求，其测评要素及各要素在测评中所占的比重也相应有所差异。

5）制定合理的人员测评标准是客观、公正地评价人员素质的依据

人员测评标准等级确定的要求是：

一是等级性。进行人员测评，一般用 A、B、C、D、E 或优、良、中、差等表示测评等级，每一等级都相应赋予一定的分值，或给予确切、不易引起歧义的评语进行说明、定义。

二是确定性。确定性是指每一等级都有特定的术语、数字或制度，使每个等级相互区别。数字与制度较直接、形象，不易造成各等级间的混淆，在术语中不要使用模糊词汇。

三是科学性。科学性就是既要体现时代精神、站在时代的高峰，又要体现本单位的具体情况、具体特点，使标准制定得既不能过高以至于脱离实际，又不能制定得过低而失去鉴别人才的作用。

四是层次性。测评标准依不同的适用范围而有不同的层次。例如，技术人员、机关或行政人员、基层人员的测评标准一定要反映该层次的特殊情况。

2.4　人员测评内容确定应注意的问题

适用于一个企业的人员测评内容不一定适用于其他企业，要想设计一套适合企业需要的测评内容，需要注意以下几点：

1）依据测评对象设计测评方案

基于绩效考评的测评方案只适合对在岗员工的测评，对于新员工而言，根本就没有绩效记录，所以这时候设计测评方案应以学历、工作经历、面试、情境模拟等方法为主。

2）依据测评目的设计测评方案

对于希望对多数员工进行测评，以优化人员配置的测评目的而言，基于岗位职责的绩效考核可以提供有力的数据；然而，对于希望对少数员工进行测评，以从中选拔出一个或几个员工予以提升的测评目的而言，绩效考核就不一定有效，因为参与测评的少数员工可能都是在各自岗位上表现突出的，这时如果仅从绩效考核入手，很难测出他们之间的差别，而需要用心理测验、情境模拟、评价中心等方法。

3）人员测评的经济性分析

实施人员测评是需要成本的，测评方法的选择也是基于一定成本的基础之上的，因此只有在重要岗位选聘时，才适宜采用一些高成本的测评方法。

4）人员测评要素和标准的制定要与具体的工作性质、职位特点挂钩

也就是说，用于测评机关人员的素质标准，不能直接用于企业人员；用于测评技术人员的素质标准，不能直接用于测评行政人员。反之亦然。

5）人员测评内容的设计要具有可比性

要使测评要素、等级标准各自相互区别开，使其具有代表性地反映现实中的职位特点。例如，测评组织管理能力、领导能力、控制能力等要素，其意义颇有大同小异之嫌，因而可比性就很低。再如，优秀（工作认真踏实，实事求是）、良好（工作较认真踏实，实事求是），这种等级标准的可比性也很低。在测评标准中所使用的说明标准等级的术语要明确、实际、典型。

6）人员测评内容的设计应采用定性与定量相结合的方法

定性测评的内涵要具有确定性，定量测评的各要素在要素体系中所占的比重要合理化。

2.5 人员测评内容确定的步骤和方法

2.5.1 人员测评内容确定的步骤

人员测评内容的设计与建构是一个系统工程，必须对它有一个全面的了解。

1）明确测评的客体与目的

人员测评标准体系的制定，首先必须以一定的测评客体为对象，以一定的测评目的为根据。测评客体的特点不同，测评标准体系就不同，即使同一测评客体，若测评目的不同，则所制定的标准体系也不尽相同。例如，对教师的测评标准显然不同于对厂长经理的测评标准，选拔性测评标准体系显然要区别于配置性素质测评标准体系。

2）测评指标体系的设计

当我们根据人员测评的客体特征与测评目的确定了测评内容之后，需要将测评内容标准化，把它们变成可操作性的测评项目。

（1）工作分析。工作分析是对各项职务的性质、任务、责任、环境以及工作人员的条

件进行系统分析。工作分析主要包括人员和事务两个方面的内容。有关工作人员的分析包括应当具备的职业道德和条件、智能条件和知识水平、工作经验、资历等。有关事务的分析包括工作性质、工作程序、工作服务同相关工作的关系等。通过工作分析，确定职位或岗位对人员的素质要求，以便为指标要素的设计提供依据。因此，工作分析是测评要素设计的起点。在工作分析的基础上可以产生各类人员素质与功能模型。

（2）理论构思。在工作分析的基础上产生的各类人员素质与功能模型，仅是测评要素和要素体系的雏形，还必须从有关学科的意义上进行理论指导，使之具有严密性、简明性、准确性和原则性。

（3）要素调查与评判。在工作分析和理论推演的基础上对各类人员测评要素体系雏形进行调查或请专家进行评判，使指标体系结构更加完善，更具实用性和操作性。每一个测评指标都必须认真分析研究，界定其内涵与外延，并给以清楚、准确的表述，使测评者、被测评者以及第三者均能明确测评指标的含义。指标的表述特别要注意保证不要引起测评者产生不同的理解并由此对标准掌握不一而产生误差。此外，还要分析测评指标体系的整个内涵，把那些内容上有重复的指标删除掉。同时根据方便可测性的要求，反复斟酌，用较简便可测的指标去代替看似精确但可测性较差的指标。

如何筛选那些优良的素质测评指标呢？一般是依据下列两个方面逐个核检指标：一是这个测评指标是否具有实际价值；二是这个测评指标是否切实可行。

（4）测评指标权重的确定与计量。各个测评指标相对于不同的测评对象来说，会有不同的地位和作用，因此要根据各测评指标对测评对象反映的不同程度而恰当地分配与确定不同的权重。但如果仅有一个权数，而没有对每一个指标规定一个统一的计量办法，则测评者的测评结果会有很大差异。

所谓权重，是指测评指标在测评指标体系中的重要性或测评指标在总分中所应占的比重。一般的加权是根据不同的测评主体、不同的测评目的、不同的测评对象、不同的测评时期和不同的测评角度而指派不同的数值。

任何一个测评指标的计量，均由两个因素决定：一是计量等级及其对应的分数；二是计量的规则和标准。

在计量等级及其对应的分数方面，为了使测评的结果规范化、统一化和记分简单化，便于电脑处理，对于测评指标体系中的每一个指标，可采取统一的分等计分法，即每一个测评指标都分为一至五等，一等代表最好的水平，二等代表较好的水平，三等代表一般水平，四等代表较差的水平，五等代表最差的水平，分别对应分数5、4、3、2、1分。

在计量的规则或标准方面，一般因具体的情况不同而不同，常见的有客观性测评指标和主观性测评指标两种情况。像出勤率、犯错误的次数等具有客观性的数据与结果可采取客观性的计量方法来计量。而在人员测评中，大部分的测评指标没有客观性的数据与结果，是主观性指标，则要求测评者在调查研究的基础上进行定性分析，然后根据自己以往的经验和当前的实际来确定测评对象在该指标上的等级水平，并给以相应的分数。在这种情况下，我们一般借助于模糊数学的方法进行模糊计量。

（5）预试检验修订。测评要素初步设计出来后，必须与测评标准体系和计量体系相匹配，在小范围内试验，这叫量表预试。量表预试后应注重对要素进行分析、论证、检验并不断修订，或增减或合并，进一步充实和完善，最后形成一个客观、准确、可行的测评指标体系，以保证大规模测评的可靠性和有效性。

上述五道程序循序渐进，环环相扣，并各具特有的功能。工作分析是基础环节，理论构思是科学依据，调查与评判使指标要素更具合理性与实用性，权重的确定与计量使测评指标更能恰当反映测评对象的不同地位和作用，预试检验修订是实践检验。

◆◆◆◆➡ **案例分析2-1**

A公司是我国中部省份的一家房地产开发公司。近年来，随着当地经济的迅速增长，房产需求强劲，公司有了飞速的发展，规模持续扩大，逐步发展成为一家中型房地产开发公司。随着公司的发展和壮大，员工人数大量增加，众多的组织和人力资源管理问题逐渐凸显出来。

公司现有的组织机构是基于创业时的公司规划，随着业务扩张的需要逐渐扩充而形成的，在运行的过程中，组织机构与业务上的矛盾已经逐渐凸显出来。部门之间、职位之间的职责与权限缺乏明确的界定，扯皮推诿的现象不断发生。有的部门抱怨事情太多、人手不够，任务不能按时、按质、按量完成；有的部门却又人员冗杂，人浮于事，效率低下。

公司在人员招聘方面，用人部门给出的招聘标准往往含糊，招聘主管无法准确地加以理解，使得招来的人大多差强人意。同时，目前的许多岗位不能做到人事匹配，员工的能力不能得以充分发挥，严重挫伤了士气，并影响了工作的效果。公司员工的晋升以前由总经理直接做出，现在公司规模大了，总经理已经几乎没有时间来与基层员工和部门主管打交道，基层员工和部门主管的晋升只能根据部门经理的意见来做出。而在晋升中，上级和下属之间的私人感情成了决定性的因素，有才干的人往往并不能获得晋升，因此许多优秀的员工由于看不到自己未来的前途而另谋高就。

面对这样严峻的形势，人力资源部开始着手进行人力资源管理的变革，变革首先从进行工作分析、确定职位价值开始。工作分析究竟如何开展、如何抓住工作分析过程中的关键点，为公司本次变革提供有效的信息支持和基础保证，是摆在A公司面前的重要课题。

案例分析2-1

分析提示

问题：该公司为什么决定从工作分析入手来实施变革？这样的决定正确吗？为什么？

2.5.2 人员测评内容确定的方法

确定人员测评内容的基本方法有以下4种：

1）个案研究法

对某一个体、群体或某一组织在较长时间里连续进行调查研究，期望从典型个案中推导普遍规律的研究方法称为个案研究法。例如，根据测评的目的、对象，选择若干个具有典型代表性的人物或事件为调研对象，通过对他们的系统观察、访谈，并通过对他们所从事职业的工作分析，来确定测评要素。

常见的个案研究法有典型人物（或事件）研究与资料研究两大类。典型人物研究是以典型人物的工作情境、行为表现、工作绩效为直接对象，通过对他们的系统观察、分析研究来归纳总结出他们所代表群体的评定要素。资料研究是以表现典型人物或事件的文字资料为研究对象，通过对这些资料的总结、对比、分析，归纳出测评要素。

因为个案是现实生活中的典型，具有真实、可信等特点，所以由此产生的测评内容既有针对性，又有较为全面的整体构思，但也有不足，就是研究周期长，研究结果具有描述性，容易受研究者的经验、知识、能力等个人因素的影响。

2）专题访谈法

研究者通过面对面的谈话，用口头信息沟通的途径直接获取有关测评内容的研究方法称为专题访谈法。例如，通过与领导者、人事干部、某职务人员等进行多人次的广泛交谈，交谈内容围绕下述两个问题展开：①你认为具备什么条件的人最适合担任××职务？②××职务的工作成效检验的主要指标是什么？研究者通过分析汇总访谈所得的资料，可以获取许多极其宝贵的资料。

专题访谈法有个别访谈法和群体访谈法两种。个别访谈轻松、随便、活跃，可快速获取信息。群体访谈以座谈会的形式进行，具有集思广益、团结民主等优点。两种形式的采用也可有机结合，有助于测评内容的确定。

专题访谈法具有简单、易行、研究内容集中、便于迅速取得第一手资料等优点，因而在实践中被广泛运用，但专题访谈法无统一规范，信息的获取与加工都要受到研究者个人因素的影响。

3）问卷调查法

运用内容明确、表达正确的问卷量表，让被调查者根据个人的知识与经验，自行选择答案的研究方法称为问卷调查法。例如，研究者通过访谈法把评价某职务人员的评定要素归纳为40个要素，为了筛选要素或为了寻求关键要素，可以用问题或表格的形式进行问卷式的民意调查。

问卷形式按答案的标准化程度可以分为开放式问卷和封闭式问卷两种。开放式问卷无标准化答案和回答程序，被调查者可以根据自己的真实想法自由回答。封闭式问卷意味着有标准的答题方式，常见的封闭式问卷有是非法、选择法、等级排列法3种：是非法要求被调查者对问卷中的每一个问题做出"是"或"否"的回答；选择法要求被调查者从并列的几种假设提问中选择一项或几项；等级排列法要求被调查者对多种可供选择的方案，按其重要程度排列出名次。

一般而言，开放式问卷可以广泛了解民意，大量收集信息，适合于测评内容选择的初级阶段运用。封闭式问卷答案规范，便于统计分析，适合于测评内容的分析判断及内容体系的总体规划。

4）经验总结法

众多专家通过经验总结，提炼出有规律性内容的研究方法，称为经验总结法。

常用的经验总结法有个人总结法和集体总结法两种。个人总结法是请人事专家或组织人事干部回顾自己过去的工作，通过分析最成功或最不成功的人事决策来总结经验，并在此基础上提出人员测评内容的要素目录。集体总结法是请若干人事专家或组织人事干部（6~10人）集体回顾过去的工作，分析杰出人才和庸碌之辈的差异，列出长期以来传统考核人员素质的常用指标，并在此基础上提出测评内容。

经验总结法不仅可以迅速取得有关测评内容的信息，而且有助于人事专家或组织人事干部的自我发展与自我完善，是一种很有发展前途的方法。

情境模拟2-1

某医药公司招聘

场景：某医药公司拟招聘3名大区销售经理及2名行政助理，要设计一套招聘方案。

操作：根据岗位要求对应聘者的基本能力、行为风格、人格特质等综合素质进行测评。

考核维度：

（1）对于应聘行政助理的人员，主要考察以下维度：亲和力、沟通能力、语言表达能力、组织协调能力、团队意识与团队协作能力、执行能力、学习能力、公文处理能力、英文读写能力。

（2）对于应聘大区销售经理的人员，主要考察以下维度：亲和力、沟通能力、语言表达能力、组织协调能力、团队意识与团队协作能力、计划能力、决策能力、说服和影响力、快速学习能力、系统思维能力与分析能力、应变能力、成熟度、市场洞察能力、人际关系能力、适应能力和心理承受能力、行业经验。

甄选技术：

（1）行政助理：结构化面试。

（2）大区销售经理：半结构化面试。

（3）心理测验

（4）评价中心：

对行政助理：采用无领导小组讨论、情境模拟、公文筐测验等。

对大区销售经理：采用无领导小组讨论、情境模拟、公文筐测验、管理游戏等。

测量方式：

（1）心理测验需要比较严格地控制答题时间和情境，故采取团体纸笔测验的形式。

（2）评价中心则根据不同需求分别在工作情境和非工作情境下进行，由测评专家小组现场测评。

（3）面试由3名测评专家组成的测评小组对应聘者逐一进行面试，每名应聘者面试时间为30分钟。

小结：每位人员根据自己在活动中所扮演的角色，谈谈自己的心得体会与对招聘各个环节的理解，并说明在本次招聘中运用了哪些人员测评技术、学到了什么知识。

◢▶ 知识掌握 ◣◣

1.人员测评内容、目标与指标相互间有什么区别与联系?

2.人员测评内容主要是依据哪些原则来确定的?

3.如何看待人员测评内容确定的依据? 提出你的建设性意见。

4.测评指标体系的设计包括哪些环节?

5.确定人员测评内容的方法有哪些?

◢▶ 知识应用 ◣◣

□ 案例分析

某部门属于政府的专业经济管理部门,为适应政府机构改革的需要,2020年在本系统内采用评价中心技术公开选拔3名副司(局)长。这一新举措刚刚在新闻媒体上公布,就立刻引起了社会各界的极大兴趣和关注。经严格的资格审查,确定了30名候选人员,与选考职位的比例为10:1,他们中有地方局长、研究所所长、大学教授、博士和博士后。

根据人员素质测评的原理和该专业经济管理部门的实际情况,该部门和有关部门对空缺的3名副司(局)长的职位和工作进行深入调查分析,确定测评内容以共性要求为基础,强调综合素质和发展潜力,兼顾特殊要求,做到公平性和针对性统一,"以用为考"和保证质量。测评方法突出系统性、综合性,应用国际上高级管理人员测评中通用的、被公认为是最有效的评价中心技术,全面系统地模拟副司(局)长的典型工作环境,给应试人员搭台展示自己的素质和能力,给考官们提供工具,使之全面、深刻、客观地了解和评价应试人员。结合系统实际的评价中心技术包括公共基础笔试、专业考试、无领导小组讨论、公文筐测验、结构化面试、工作汇报情境模拟、管理角色自我认知、考核等层次和环节,最终综合择优。

测评分两个阶段进行。第一阶段主要进行笔试和无领导小组讨论,6天时间安排两场知识性笔试、一场心理测验、4组无领导小组讨论、两场公文筐测验、30人次的结构化面试和工作汇报情境模拟。

第一阶段结束后,每位应试人员都要有全面的分数报告、能力剖析图及管理风格的描述,表明各位应试人员的素质能力情况和应试人员之间的相对差距,经部门领导决策淘汰了15人,选出15人进入第二阶段。

第二阶段主要是考核,综合择优选拔。该部门组织两个考核组,对15人都进行广泛深入的考核,按要求形成考核组考核材料,综合择优后拟定了3位人选,按管理权限报有关部门审批。

从测评的最终效果看,应试人员的测评数据与考核结论不谋而合,相互补充和印证,充分说明评价中心的系统测评具有很高的实证效度,为领导和任命机关人员提供了翔实、科学的依据。对此,应试人员认为,这样的选拔测评内容结构合理,方法程序合理,结果公正,不仅重知识、表现,而且重潜力、发展,为应试人员提供了检验自己素质能力的机会,为基层干部提供了崭露头角的机会,这是考察干部的一个新路子、新方

案例分析

分析提示

法，是以往见过的其他考试无法相比的。该部门领导认为，这种测评方法不是简单的考试，而是全面深入了解管理干部能力的好办法。上级部门建议认真总结，推广这样的好办法，发展科学有效的管理干部选拔技术。

　　问题：该部门高级公务员选拔测评内容和测评方法确定的依据是什么？

□ **实践训练**

　　某出版集团经中共中央宣传部、国家新闻出版总署批准，于1999年12月22日挂牌成立。集团以图书、报刊、音像制品、电子出版物的出版、印刷、发行、版权贸易等为主业，并涉足教育、旅游、留学移民中介、房地产开发、物业管理等领域。若干年后，集团被确定为全国文化体制改革试点单位和该省文化产业重点扶持的七大龙头企业之一。集团现有成员单位23家，总资产达到33亿元，净资产达到21.5亿元，年出版图书近3 800种。现因人事变动，急需招聘人力资源部总监一名。

　　要求：（1）请你对人力资源部总监进行工作分析，确定需要测评的内容。

　　（2）编写需要发布的招聘信息，如岗位职责、任职资格等。

　　（3）组织实施测评活动。

第3章 心理测验

在学习完本章之后，你应该能够：

1. 了解心理测验的含义、特点；
2. 明确问卷设计的原则；
3. 熟知心理测验的实施程序；
4. 掌握问卷的编制程序，以及投射法操作步骤。

引例

心理测验在招聘中的应用

2019年上半年，在连续数周内，H网络公司需要招聘几十名电话销售人员。此次招聘经过了4轮严格的招聘程序，即先由招聘主管进行初次面试，随后由销售主管进行情境模拟面试，再由销售总监进行面试，最后一轮则是由总经理把关。此次招聘可以说公司相关各级管理者花费了不少的精力，招聘工作也顺利完成，所需的人员如期到位。但在后来的试用期考核中，HR和一线经理却发现，很多候选人根本不能有效解决工作中遇到的困难，更有意思的是不少在面试中表现良好的候选人，面对实际的工作困难和压力却往往特别不适应，与招聘时的预期大相径庭。最后，很多人不是主动离职就是被劝退。面对这样的结果，H网络公司招聘主管陷入了沉思：如何提升招聘工作的有效性？来年公司又要招聘若干名电话销售人员。这次公司请来了某知名网站人才研究中心协助完成其招聘工作。网站测评专家接手任务之后深入实地进行分析研究，他们认为要找到高绩效的员工，必须了解高绩效员工与一般员工的差别，以此提取招聘依据。而了解高绩效员工与一般员工的差别，网站测评专家认为心理测验是最有效的工具，为此他们团队对H网络公司进行了全面调查研究，选取了公司高绩效员工和一般员工各数十名，分别提取他们过去的工作绩效数据，并对他们用卡特尔16种人格因素测验量表进行测验。结果见表3-1、表3-2和图3-1。

从数据和对比图可以看出，高绩效员工的特征是聪慧性强、乐群性高、稳定性高、支配性高，而怀疑性、忧虑性、变革性、独立性、自律性和紧张性低。经过测评，H网络公司招聘主管对电话销售人员的特质心里面有了一个清晰了解，为科学选拔人员打下了扎实的基础。

表3-1　　　　　　　　　　　　　　　　　　高绩效员工的测评数据

2019年上半年平均完成率	社会愿望						16PF						
	争取成功	权利愿望	亲和愿望	回避失败	风险决策	社会称许性	乐群性	聪慧性	稳定性	支配性	活跃性	规范性	敢为性
211.8%	80	73	55	52	71	22	9	7	7	8	10	6	8
179.5%	77	64	61	41	54	27	9	8	9	9	9	6	10
179.1%	71	58	48	50	58	24	9	7	7	8	6	6	6
169.5%	69	59	48	56	56	26	7	8	6	8	7	4	6
169.4%	72	52	48	44	66	26	6	8	7	8	8	5	7
165.0%	72	58	48	49	49	26	6	8	6	7	6	4	6

表3-2　　　　　　　　　　　　　　　　　　一般员工的测评数据

2019年上半年平均完成率	社会愿望						16PF						
	争取成功	权利愿望	亲和愿望	回避失败	风险决策	社会称许性	乐群性	聪慧性	稳定性	支配性	活跃性	规范性	敢为性
79.1%	75	71	57	37	67	26	7	6	7	8	8	6	8
76.7%	67	63	57	44	72	23	8	6	7	7	9	4	7
75.4%	63	53	55	40	53	26	6	8	6	8	7	7	6
74.8%	85	64	59	29	73	31	5	8	8	6	8	5	8
73.9%	63	63	54	42	55	29	8	8	5	6	8	2	8
71.6%	78	64	60	36	63	29	8	7	7	7	7	6	8

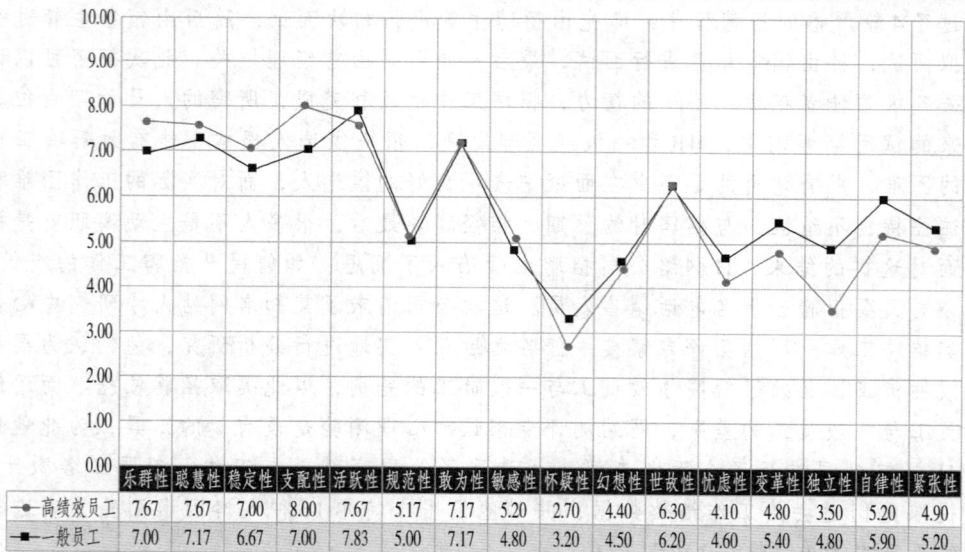

	乐群性	聪慧性	稳定性	支配性	活跃性	规范性	敢为性	敏感性	怀疑性	幻想性	世故性	忧虑性	变革性	独立性	自律性	紧张性
高绩效员工	7.67	7.67	7.00	8.00	7.67	5.17	7.17	5.20	2.70	4.40	6.30	4.10	4.80	3.50	5.20	4.90
一般员工	7.00	7.17	6.67	7.00	7.83	5.00	7.17	4.80	3.20	4.50	6.20	4.60	5.40	4.80	5.90	5.20

图3-1　高绩效员工与一般员工16PF测评数据表和图

资料来源　张桢宁. 高效招聘背后的心理测评——电话销售人员招聘中的心理学应用 [J]. 人力资源，2009（6）. 改编.

这一案例表明：用人单位招聘录用人员时可以借用一些心理测验工具，帮助用人单位判断应聘人员是否符合岗位要求。在案例中，该公司采用了卡特尔16种人格因素测验量表来帮助用人单位识别各应聘人员具备什么样特质，哪位更适合从事电话销售工作。

3.1 心理测验概述

3.1.1 心理测验的定义和特点

心理测验是目前人员测评当中普遍运用的方法之一。它起源于实验心理学中个别差异研究的需要。1917年，美国 M.R.叶克斯、推孟等人最先把智力测验应用于军队挑选士兵，并创造了"团体心理测验"，目的在于防止智商低和不合格的人进入军队，并让智力优秀者进入技术性较高的军种。当时他们所设计的智力测验即后人所熟知的"军队甲种量表"（"军队 A 量表"），对于看不懂英语的则另有非文字的"军队乙种量表"（"军队 B 量表"）。第二次世界大战时期有专门的陆军智力测验（AGT）和海军智力测验（NGT）。多种能力倾向心理测验在第二次世界大战后被编制出来。在此基础上，心理测验逐渐发展起来并在教育、企业中得到应用。

1）心理测验的定义

心理测验是人员测评的主要工具。它是向被试呈现一系列典型情境，要求被试对这些情境做出反应，然后对心理测验的结果加以分析，找出人与人之间在心理和行为上的差异。

美国心理学家阿纳斯塔西对心理测验的定义为：心理测验实质上是行为样本的客观化和标准化的测量。

通俗地说，心理测验就是依据一定的心理学理论和测量技术，遵循一定的操作程序，对人的行为进行量化，从而对其能力、个性等心理特征做出推断。

2）心理测验的特点

（1）心理测验是代表性测评。心理测验不是对每个个体心理的各方面进行全面观测，而往往是测查少数经过科学选择的代表性样本行为来推断个体的总体心理特征。

（2）心理测验是间接性测评。心理测验对象是个体的个性特征，如性格、能力、兴趣等，由于这些是主观的个性特征，其差异无法直接测量，只能通过外在行为推断心理活动。

（3）心理测验是相对性测评。在对人的行为进行比较时，没有绝对标准，亦没有绝对零点，只有一个连续的行为序列。在许多情况下，心理测验就是通过测定一个人在此行为序列上的相对位置，而由此推断出其相应的能力水平和性格特征。

（4）心理测验是标准化测验。心理测验的工具都要求具有较高的信度、效度和完整的常模资料。在实施测验时，测验的程序、方法、环境及记分方法等都要求做出严格的规定。

心理测验为人员的甄选提供了理论指导和技术支持，使人员甄选从经验测评走向规范的科学测评。随着我国人事制度改革的推进，心理测验在国家公务员录用考试、领导干部的选拔、企事业单位招聘选拔人员及个人求职等中都得到了有效的应用。

3.1.2 心理测验的组成

心理测验是规范化的测验，主要内容包括：

1）测验题目

测验题目必须是从相关的大量题目中经过比较和筛选所确定的，必须能够根据心理测验的要求，测查所需要测查的个人特征，同时必须保证心理测验题目在相当时间内的稳定性。

2）施测方法

施测方法必须经过严格的标准化，包括测验材料（问卷、答题纸等）、物理环境（照明、间距等）、主试的指导等都基本一致，以尽量保证平衡掉一些可能对心理测验结果产生影响的无关因素。

3）记分方法

心理测验的记分方法应该从心理测验的原理出发，根据心理测验的常模，确定统一、规范的记分方法，以保证心理测验结果的可比性和一致性。

4）技术指标

心理测验必须有客观、真实的技术指标，包括信度、效度、区分度等，技术指标在很大程度上决定了心理测验的质量和效果。在国外，没有提供技术指标的心理测验是不能使用的。

5）结果解释

心理测验必须提供对有关数据结果的解释方法，同时必须根据心理测验的常模，保证心理测验解释方法的规范性和一致性。

3.1.3 心理测验的种类及内容

心理测验是测查个体的个性差异的工具，分类的标准不同，类型也不同。常见的分类方法如下：

1）按测验功能分类

按测验功能分类，主要包括人格测验、能力测验、动机测验、成就测验。

（1）人格测验。人格测验主要用于测量个体性格、气质等方面的个性心理特征。常用的测验方法有自陈量表和投射技术。自陈量表是要求被试在一系列描述某一行为特征的陈述句或问题中做出符合自己情况的回答。最常用的自陈量表是卡特尔16种人格因素测验问卷。投射技术是指给被试一些意义不明确的刺激图形，让其在完全不受约束的情形下自由反应，从而把内在的动机、需要、态度等投射出来，应用较多的是主题统觉测验和罗夏墨迹测验。

（2）能力测验。能力是直接影响活动效率，使活动、任务得以顺利进行的心理特征。能力测验的目的在于通过能力测验来预测未来被试在某一领域中的发展潜能。能力测验可以划为智力测验和能力倾向测验。智力测验是对个体一般能力进行的测定，其结果能为更好地预测被试在职业领域中成就的高低提供依据。目前，最具有影响、权威性的智力测验主要是比纳-西蒙智力量表、韦氏智力量表、瑞文标准推理测验。能力倾向测验主要在于测定个体在某方面的潜能，用于预测个体在接受适当的培训后，从事某种工作可能获得的成就大小。目前，应用较多的能力倾向测验有一般能力倾向测验、机械能力测验等。

（3）动机测验。动机测验主要是从个体的需求、动机、兴趣等方面进行测验，来考察人与工作岗位之间的匹配关系。常见的动机测验有管理动机测验和职业兴趣测验。

（4）成就测验。成就测验主要用于测量个人（或团体）经过某种正式教育或训练之后对知识和技能掌握的程度。因为所测得的主要是学习成就，所以称作成就测验，最常见的是学校中的学科测验。无论成就测验还是能力测验（包括能力倾向测验），所测得的都是个人在其先天条件下经由后天学习的结果。不过成就测验多是测量有计划的或比较确定的情境（如学校）中学习的结果，而能力测验，特别是能力倾向测验则是测量较少控制的或不大确定的情境中学习的结果，也就是在个人生活中经验累积的结果。

2）按测验对象分类

按测验对象分类，主要包括个别测验、团体测验。

（1）个别测验。个别测验每次仅以一位被试为对象，通常是由一位主试与一位被试在面对面的情形下进行的。此类测验的优点在于主试对被试的行为反应有较多的观察与控制机会，尤其对某些人（如幼儿及文盲）不能使用文字而只能由主试记录其反应时，就非采用面对面的个别测验不可。个别测验的主要缺点是不能在短时间内经由测验收集到大量的资料，而且个别测验手续复杂，主试需要较高的训练与素养，一般人不易掌握。

（2）团体测验。团体测验是在同一时间内由一位主试（必要时可配几名助手）对多数人施测。团体测验的优点主要在于可以在短时间内收集到大量资料，因此在教育上被广泛采用。团体测验的缺点是被试的行为不易控制，容易产生测量误差。

3）按测验方式分类

按测验方式分类，主要包括纸笔测验、操作测验、口头测验、电脑测验。

（1）纸笔测验。纸笔测验所用的是文字或图形材料，实施方便，团体测验多采用此种方式。文字材料易受被试文化程度的影响，因而对不同教育背景下的人使用时，其有效性将降低，甚至无法使用。

（2）操作测验。操作测验项目多属于对图片、实物、工具、模型的辨认和操作，无须使用文字作答，所以不受文化因素的限制。操作测验的缺点是大多不宜团体实施，要花费大量的时间。

（3）口头测验。口头测验项目为言语材料，主试口头提问，被试口头作答。

（4）电脑测验。电脑测验项目可为文字或图形，在电脑上显示，被试按键作答。

4）按测验目的分类

按测验目的分类，主要包括描述性测验、诊断性测验、预示性测验。

（1）描述性测验，目的在于对个人或团体的能力、性格、兴趣、知识水平等进行描述。

（2）诊断性测验，目的在于对个人或团体的某种行为问题进行诊断。

（3）预示性测验，目的在于通过测验分数预示一个人或团队将来的表现和所能达到的水平。

5）按测验应用分类

按测验应用分类，主要包括教育测验、职业测验、临床测验。

（1）教育测验。教育部门是测验应用最广的领域，许多能力和人格测验都可在学校中应用，但用得最多的是成就测验，平时说的教育测验，主要指后者。

（2）职业测验，主要用于人员选拔和职业指导，可以是能力和成就测验，也可以是人格测验。

（3）临床测验，主要用于医务部门。除感觉运动和神经心理测验外，许多能力和人格测验也可用来检查智力障碍或精神疾病，为临床诊断和心理治疗工作服务。

以上几种分类都是相对的，从不同的角度进行分类，同一个测验可以归为不同的类别。

3.1.4　心理测验的实施程序

由于心理测验的目的并不完全相同，组织实施的具体任务和要求也有差异。

1）根据测评计划，制定心理测验实施细则

由于测评计划是一个总体性、原则性的计划，再加上从计划到实施有较长的间隔时间，其间会有一些变化，所以有许多具体的、细节性内容不可能在测评计划中一一列出。心理测验实施细则应提出具体的任务分工、时间安排及可操作的标准要求等，便于实施时掌握、操作运用。制定心理测验实施细则一定要以测评计划为依据，同时要考虑具体情况的变化等实际因素，力争做到细致、严密、简便明了，以便于操作。

2）做好测评前的准备

测评准备包括测评材料、工具、场地、人员、经费等的准备。测评场地的选择、布置要适合测评方法的要求以及不同测评对象的特点，要求光线明亮、通风性好、安静。人员的准备主要是确立测评对象和测评员，并将要求等通知到人，做好宣传动员工作。经费的准备是指根据预算筹措足够的测评经费，以保证测评活动的圆满完成。

3）人员培训

人员培训包括三方面的人员，即测评对象、测评员和管理人员。培训的目标是要提高他们对测评意义的认识，明确各自任务、职责和要求，对这三方面人员的培训应分别进行，直到他们都达到了培训的目标，才能进行正式测评；否则，难以达到预期的测评目的。

4）组织参与测评的人员

由于现代人员测评方法多样，有个别测评，也有团体测评，测评场地也不一定固定在某一特定地方，为了使测评活动能够有步骤、按计划顺利进行，就要对参与测评的人员进行合理的组织、安排，使各个环节之间衔接良好。

5）实施测评

实施测评是指进行具体的心理测验、笔试、机试、情境模拟或评定等。在进行这些具体的测评活动时，必须按这些活动自身的规律和要求进行。

6）管理测评工具、器材和资料等物品

对测评工具、器材和资料等物品进行科学的管理与维护是组织实施阶段的重要任务之一，其中包括一些阶段性的测评数据和结果。安全、保密是对测评工具、资料、结果及器材等管理的基本要求。

3.1.5 心理测验的注意事项

1）心理测验的文化差异

心理测验的量表和一些心理测验软件绝大部分是从国外引进的，心理测验肯定受国外的文化影响。我们要引进国外成熟的心理测验，必须采用科学的测验编制方法，重新修订，使得心理测验量表、软件具有较高的信度和效度，以及建立我国自己的常模，这样才能使测验有较高的使用价值。

2）信度和效度

信度是衡量测验结果是否稳定、可靠的指标，即测验结果是否反映了被试的稳定的、可靠的真实特征，主要表现在：重测信度高，则表示被试在不同时间所测结果一致性高；同质性信度高，则表示同一测验内部各题目所测的是同一种行为或行为特征；评分者信度高，则表示不同评分者对同一测验结果的评分一致。

效度是衡量测验有效性的指标。证明测验效度的方法主要有结果效度、内容效度和效标关联效度。

3）标准化

标准化是指测验编制、施测、评分和分数解释必须遵循严格的、统一的科学程序，以保证所有被试的公平性。使用心理测验方法的标准化，就是使用尽量标准化的量表，执行标准化的实施程序，使用标准化的指导语，进行标准化的评分和分数解释，这样才能获得一个比较准确的测验结果。

4）要对实施心理测验的人员进行专门的训练

由于心理测验的技术性强，而且涉及被试的个人隐私问题，因此在如何实施、如何下结论、在什么范围使用等方面都有严格规定，如果不懂心理测验的程序和道德规范，就会出现不科学使用甚至滥用心理测验及其结果的现象。

3.2 问卷法

3.2.1 问卷法的定义和问卷的结构

1）问卷法的定义

问卷法是指通过书面形式，以严格设计的问题或表格，向研究对象收集资料和数据的方法。调查者将事先设计好的问卷交给被调查者，让其在规定的时间内回答完毕，然后由调查者收回，进行汇总、统计分析，以取得所需的调查资料。问卷法既可作为独立的收集研究资料的方法，也可作为辅助研究方法。根据调查目的设计好问卷是搞好问卷调查的关键。

2）问卷的结构

一份问卷通常包括两大内容：指导语和问题。

（1）指导语。指导语即为问卷的开始部分，即开场白，主要说明调查的目的、意义、选择方法以及填答说明等。它较大程度地决定着被调查者是否能认真地回答，因此必须给予足够的重视。

（2）正文（或问题）。这是问卷的主体，也是问卷设计的主要内容，问题包括题目、选项（或称可供选择的答案）等。

（3）结束语。有的问卷后面还有结束语，一般放在问卷的最后面，用来简短地对被调查者的合作表示感谢，也可征询一下被调查者对问卷设计和问卷调查本身的看法与感受。

3.2.2　问卷的类型

问卷是由一个个具体的问题构成的，如何设计问题是问卷设计的中心。根据问题设计的方式不同，问卷可分为三种类型。

1）封闭式问卷

封闭式问卷是指不仅要提问，而且要列出可供选择的答案，限制回答的方向和数量，让被调查者选择所赞同的答案的问卷。封闭式有以下几种主要形式：

（1）肯否式，或称正误式，列出的答案只有两个：正、误（对、错）。例如，

你是否做作业之前先复习？是（　　　）否（　　　）

（2）选择式，也称菜单式，即每一个问题列出多项答案，让被调查者选择，选择的数量可以限制（如仅选择最合适的），也可以不限制（如可多选）。例如，

［单选］你对学校的环境（　　　）。

A.很满意　　　　　　B.比较满意　　　　　　C.不太满意　　　　　　D.很不满意

（3）排序式，形式上与选择式相似，但不是让被调查者在答案中进行选择，而是将答案排成顺序。例如，

请将下列课程按照你喜欢的程度排序，最喜欢的在（　　　）内写1，其次的写2，以此类推。

语文（　　　）数学（　　　）英语（　　　）美术（　　　）体育（　　　）音乐（　　　）

综合实践（　　　）品德与社会（　　　）信息技术（　　　）

（4）等级式，即提出问题，让被调查者回答其程度。根据表示程度的方式不同可分为数字式、线段式和文字式。例如，

你对校园食堂的卫生状况满意吗？

5	4	3	2	1
很满意				很不满意

（5）定距式，就是指选择答案不是一个点，而是一个区间。

2）开放式问卷

开放式问卷是指在问卷上只提出问题，不列出答案，由被调查者自由回答。题型可以是填空式的，也可以是问答式的。

开放式问卷的用处：一是用于对较深层次问题的研究。二是经常用于探索性、预备性研究。在研究初期，当研究者不清楚研究结果或打算预测回答结果时用。例如，想了解"实施新课程的困难或障碍是什么"，当研究者只能列举出经费不足、师资水平不高、领导不重视等有限答案时，就应采取开放式问卷，以得到尽可能多的比较全面的答案。

3）半封闭式问卷

半封闭式问卷也叫综合式问卷。半封闭式问卷兼有封闭式问卷与开放式问卷的特点，也就是说既列出答案，又留有被调查者自由回答的余地。半封闭式有以下两种形式：

（1）在选择答案中增加"其他"选择项。

（2）在列出的答案后加上了解动机、理由类问题。这类题目可以了解被调查者回答的原因与动机，弥补封闭式问卷的不足。例如，

你在学习中碰到困难时，首先请教（　　　）。

A.老师　　　　　　B.同学　　　　　　C.父母亲　　　　　　D.其他＿＿＿＿＿＿＿

◆◆◆◆➡ 案例分析 3-1

人力资源管理满意度调查问卷

尊敬的员工：您好！

员工是公司发展的最大财富，公司鼓励员工并充分重视您对公司人力资源管理做出的客观评价。本问卷旨在深入全面地了解公司现有的人力资源管理系统及其各主要环节的运行状况，进一步完善人力资源管理工作。您的意见和建议对于公司人力资源管理工作的持续发展至关重要，请您根据实际情况认真回答，所有答卷匿名填写，内容将被严格保密。衷心感谢您的积极支持和参与。

※ 答题说明：在您认为合适的选项对应的□内划"√"，或者在相应横线上写下相关内容。

一、个人基本情况

1.性别：□男　　　　　　□女

2.职级：□高管　　　□中高管　　　□中层　　　□主管　　　□员工

3.司龄：□1年以内　　□1～3年　　　□3～5年　　　□5年以上

4.学历：□专科以下　　□专科　　　　□本科　　　　□硕士

5.2019 年 11 月 30 日前您的所在系统：

• 战略与供应链系统（资金流管理部、供应链服务部、战略管理部、办公室、财务部、人力资源部）

• 煤炭交易系统（北方区交易部、南方区交易部、国际交易部、交易产品部、交易运营部）

• 市场、品牌与信息系统（市场部、品牌管理部、信息产品部、数据服务部、资讯服务部、系统管理部）

二、管理方面

1.您了解公司的发展前景吗?

• 非常了解　　　　　□比较了解　　　　　□模糊　　　　　□不了解

2.您对2019年度公司战略目标是否清晰?

• 非常清楚　　　　　□比较清楚　　　　　□模糊　　　　　□不清楚

3.您清楚您的岗位职责吗?

□非常清楚　　　　　□比较清楚　　　　　□模糊　　　　　□不清楚

4.您清楚各项工作的要求吗?

□非常清楚　　　　　□比较清楚　　　　　□模糊　　　　　□不清楚

5.工作中,您有机会做擅长的事吗?

□经常有机会　　　　□还可以　　　　　□偶尔有机会　　　□几乎没有机会

6.工作中,您能得到学习和成长吗?

□非常多　　　　　　□比较多　　　　　□很少　　　　　□没有

7.您觉得自己的经历和能力与现在的职位:

□很有挑战性　　　　□有一定的挑战性　　　　　　　　　□正合适

□有点力不从心　　　□不合适

8.如果要完成岗位职责,达到规定要求,目前欠缺的是?

□工作权力　　　　　□必要的工作任务　　　　□硬件支持(材料或设备)

□个人能力提高　　　□其他

9.您是否觉得自己的工作能力被认可、重视?

□非常被认可、重视　　　　　　　　□比较被认可、重视

□基本被认可、重视　　　　　　　　□没有感受到

10.您的直接领导多大频次与您沟通需改进的方向或指示不足?

□半年左右　　　□季度　　　□月度　　　□每周　　　□几乎没有

11.目前的工作,给您的压力:

□非常大　　　　　　□比较大　　　　　□可以接受　　　□几乎没有

12.您的直接领导和同事关心您的工作感受吗?

□非常关心　　　　　□比较关心　　　　□偶尔关心　　　□几乎不关心

13.您在单位是否有至少一个最好的朋友?

□总是有　　　　　　□经常有　　　　　□有时有　　　　□没有

14.您对公司人事制度、操作流程的了解情况是?

□了解很清楚,且从没有犯过错　　　□比较了解,会避免违反制度

□了解程度不深,偶尔会违反　　　　□不了解,不知道有没有违反

三、职业发展方面

1.您是否同意"公司注重员工的选拔与培养"的讲法?

□非常赞同　　　　　□同意　　　　　□中立　　　　　□不同意

2.您认为公司内部调动及晋升的组织流程是否清晰?

□非常清晰　　　　　□比较清晰　　　　□模糊　　　　　□不清晰

3.您认为公司晋升工作在哪方面需要提高？（单选）

☐ 流程完善 　　☐ 流程公开 　　☐ 调整前深度沟通 ☐ 考察严密

4.如果公司某些员工工作表现的确很差，您认为引入惩罚机制是否必要？

☐ 非常必要 　　☐ 没必要 　　☐ 说不准

5.您认为公司给您提供的个人发展与成长的机会是否充分？

☐ 非常充分 　　　　　　　　☐ 比较充分

☐ 不太充分 　　　　　　　　☐ 很不充分，没有任何发展可言

6.您是否希望接受对您难度更大、责任更大、压力更大的工作挑战？

☐ 希望且有信心 ☐ 希望但没信心 ☐ 不希望 ☐ 无所谓

7.您是否希望公司为员工提供职业生涯规划？

☐ 非常希望 　☐ 希望 　☐ 中立 　　　☐ 不希望

四、培训方面

1.您对公司组织培训的必要性如何看待？

☐ 很有必要 　　☐ 没有必要 　　☐ 说不准，视情况而定

2.您认为培训中学到的知识对实际工作帮助大吗？

☐ 比较大 　　☐ 一般 　　☐ 有些作用 　　☐ 没什么作用

3.您参加培训的频率为？

☐ 一年多次 　　☐ 一年两次 　　☐ 一年一次

4.2019 年度培训中，您最满意的培训是？

☐ 新员工培训 ☐ 平衡计分卡培训 ☐PPT 系列培训 ☐MBTI职业性格培训

5.您迫切需要哪些方面的培训（单选）？

☐ 新员工培训（公司文化/规章制度等） ☐ 管理技能培训 ☐ 销售技能培训

☐ 组织协调/沟通方面的培训 　　☐ 具体工作中所需特殊技能培训

五、薪酬与激励方面

1.与您在外单位的同学、朋友相比，您对目前的收入水平满意吗？

☐ 非常满意 　☐ 基本满意 　☐ 不太满意 　　☐ 很不满意

2.与公司其他人相比，您对目前的收入水平满意吗？

☐ 非常满意 　☐ 基本满意 　☐ 不太满意 　　☐ 很不满意

3.与您的工作付出相比，您对目前收入水平满意吗？

☐ 非常满意 　☐ 基本满意 　☐ 不太满意 　　☐ 很不满意

4.您认为工作努力一点/松懈一点对您的收入（或年底发的奖金）有影响吗？

☐ 影响很大 　☐ 影响比较大 　☐ 影响不大 　　☐ 没有影响

5.您是否充分理解绩效考核的相关内容？

☐ 非常理解 　☐ 基本理解 　☐ 不理解 　　　☐ 非常不理解

6.绩效管理是否可以激励您更努力工作？

☐ 非常激励 　☐ 比较激励 　☐ 不太激励 　　☐ 没有任何激励

7.您对公司目前的福利政策（节日礼品、生日礼物、健康体检、带薪假期、社会养老/失业保险）是否满意？

☐ 非常满意   ☐ 基本满意   ☐ 不太满意
☐ 很不满意，原因是＿＿＿＿＿＿＿＿＿＿＿＿＿

8. 公司是否有人鼓励您的发展？

☐ 很多   ☐ 有   ☐ 没有   ☐ 根本不会有人鼓励

9. 在过去的 6 个月内，公司是否有人跟您谈及工作的进步？

☐ 很多   ☐ 有   ☐ 没有   ☐ 根本不会有人谈及

10. 在过去的两周内，您是否因为工作出色而受到表扬？

☐ 表扬多次   ☐ 有表扬   ☐ 没有表扬   ☐ 根本不会受到表扬

11. 您认为下列哪 3 种方式最能够更好地提高您的积极性和创造性？

☐ 及时对工作成绩给予奖励和评价   ☐ 保障性收入（薪酬、年终奖）提高
☐ 福利改善，例如公积金、节假日福利等   ☐ 挑战性的工作
☐ 培训机会   ☐ 领导认可   ☐ 职位晋升

如果有希望得到解释的想法、令人关注的问题或对工作的建议，请填写在下处：
＿＿＿＿＿＿＿＿＿＿＿＿＿＿＿＿＿＿＿＿＿＿＿＿＿＿＿＿＿＿＿＿＿＿＿＿＿
＿＿＿＿＿＿＿＿＿＿＿＿＿＿＿＿＿＿＿＿＿＿＿。

———— 再次感谢您的合作与支持！ ————

案例分析 3-1

分析提示

资料来源　佚名. 人力资源管理满意度调查问卷［EB/OL］.［2018-12-16］. http: //wenku.baidu.com/view/027580d376. 改编.

问题：你认为该公司有关人力资源管理工作方面的调查问卷是什么类型的问卷？

3.2.3　问卷题目设计的原则

1）合理性

合理性指的是问卷必须紧密与调查主题相关。除了少数几个要求提供背景或人口统计信息的题目（如询问性别、年龄、工作年限、职称之类的题目）外，其余的题目要与研究的问题、假设直接相关，违背了这一点，再精美的问卷都是无益的。

2）明确性

所谓明确性，事实上是问题设置的规范性。这一原则具体是指：命题是否准确；提问是否清晰明确、便于回答；被调查者是否能够对问题做出明确的回答等。

3）逻辑性

问卷的设计要有整体感，这种整体感即是问题与问题之间要具有逻辑性，独立的问题本身也不能出现逻辑上的谬误。逻辑性的要求是与问卷的条理性、程序性分不开的。

4）普遍性

问卷题目的设置要具有普遍意义，应该说，这是问卷设计的一个基本要求，但我们仍然能够在问卷中发现这类带有一定常识性的错误。这类错误不仅不利于调查成果的整理分析，而且会使被调查者轻视调查者的水平。

5）非诱导性

非诱导性指的是问题要设置在中性位置、不参与提示或主观臆断，完全将被调查者的独立性与客观性摆在问卷操作的限制条件的位置上。在问卷调查中，因为有充分的时

间做提前准备，这种错误大大地减少了。

6）便于整理、分析

成功的问卷设计除了要考虑紧密结合调查主题与方便信息收集外，还要考虑调查结果的容易得出和调查结果的说服力，这就需要考虑问卷在调查后的整理与分析工作。首先，调查指标要能够累加和便于累加；其次，指标的累计与相对数的计算要有意义；最后，能够通过数据清楚明了地说明所要调查的问题。

3.2.4 问卷的设计要求

在设计问卷时，设计者应该注意遵循以下基本要求：

（1）问卷不宜过长，问题不能过多，一般控制在20分钟左右回答完毕；

（2）能够得到被调查者的密切合作，充分考虑被调查者的身份背景，不要设计一些对方不感兴趣的问题；

（3）要有利于使被调查者做出真实的选择，因此答案切忌模棱两可，使对方难以选择；

（4）不能使用专业术语，也不能将两个问题合并为一个，以至于得不到明确的答案；

（5）问题的排列顺序要合理，一般先提出概括性的问题，然后逐步启发被调查者，做到循序渐进；

（6）将比较难回答的问题和涉及被调查者个人隐私的问题放在最后；

（7）提问不能有任何暗示，措辞要恰当；

（8）为了有利于数据统计和处理，调查问卷最好能直接被计算机读入，以节省时间，提高统计的准确性。

3.2.5 问卷的编制程序

1）明确调查目的，确定研究范围

首先要明确调查目的，再根据调查目的确定提出哪些问题、测量哪些变量。对于一些复杂的、抽象的概念，有必要根据调查的目的和对象对其含义加以操作化，以确定研究的内容与范围。

2）构建问卷框架

问卷设计要建构整体的框架，并在建立框架的基础上，进一步将大问题分解，提出具体的问题。

（1）分解中心概念，构建问卷框架。例如，有的学者研究教师职业倦怠问题时，把职业倦怠分解为情绪衰竭、去个性化和自我成就感三个方面，就是将中心概念分解。

（2）以理论为根据，构建问卷框架。

（3）设计一些开放性问题，做试探性的小规模调查，根据调查的信息来修正构建问卷框架。例如，有的学者编修"青少年社会适应力量表"时，进行了开放性问卷调查，并对调查结果加以分析归纳，得到独立生活、人际交往、学习、工作（职业）、应激反应和挫折六大方面，编制量表时就以这六个方面为框架。

3）进一步分解问题，提出具体的问题

建构问卷框架之后，就要进行框架的细化，有针对性地提出具体的问题。例如，有的学者在编制"青少年社会适应力量表"时，在确定了量表的框架后，对六大方面进行分解：独立生活分解为生活自理、钱物管理、生活自立；人际交往分解为与父母、与老师、与同学和与其他人的交往；学习分解为学习方法和能力、学习态度和考试；职业分解为职业素养、职业技能和职业期望；应激反应分解为灵活变通、生理、心理能量；挫折分解为目标未达成的反应、需要不能满足的反应、应对挫折的策略。然后，针对分解的问题，设计具体的题目。

4）广泛征求意见，修订题目

将编修好的各个维度的题目合并在一起，给出每一个维度的含义，然后请有关人员对问卷的初稿进行评定。有关人员主要评估各个题目与理论框架的符合程度。

5）试测

试测是为了对问卷的质量进行考查：一是考查问卷的信度和效度；二是进一步发现问卷的具体缺陷，如难度、分量、顺序是否合适，题目的内容是否合理，语言的表述是否确切等。

6）根据试测结果，再次修订问卷

根据试测结果选择问卷题目。通过对题目进行相关分析，对问卷结构进行因素分析，保留高相关、高负荷的题目，剔除低相关、低负荷的题目。

7）正式施测

将修订好的问卷实施于选定的被调查者，收集统计分析数据，得出相应的结果。

3.3　投射法

"投射"一词在心理学上是指个人将自己的思想、态度、愿望、情绪、性格等个性特征，不自觉地反映于外界事物或者他人的一种心理作用，也就是个人的人格结构对感知、组织以及解释环境的方式发生影响的过程。投射法起源于临床心理学和精神病治疗案例，是一种间接搜集有关个人态度及人格结构方面资料的技术。它运用模棱两可的刺激物作用于被试，使他在不知道测验的目的，也不知道自己的回答会暴露什么的条件下，从而不知不觉地将其内在的态度、品质和行为方式投射出来。

投射法的理论根据是被试在模糊不清的刺激面前的反应行为很少受到认识方面因素的影响，加上可以自由反应，不受什么约束，因此在这种情况下，潜藏于被试心底深层的东西，必然会活跃起来，并主导个体的反应行为。

第一，人们对于外界刺激的反应都有其原因而且是可以预测的，不是偶然发生的。

第二，这些反应固然决定于当时的刺激或者情境，但是个人本身当时的心理结构、过去的经验、对将来的期望，也就是他整个的人格结构，对当时的知觉与反应的性质和方向，都会产生很大的影响。

第三，人格结构的大部分处于潜意识中，个人无法凭借其意识说明自己，而个人面对一种不明确的刺激情境时，却常常可以使隐藏在潜意识中的欲望、需求、动机冲突等"泄露"出来，即把一个反映他的人格特点的结构加到刺激上去。如果知道了一个人如何对那些意义不明确的刺激情境进行解释和组织，就能够推论出有关个体人格结构的一些问题。

◆◆◆◆➡ 知识链接3-1

罗夏墨迹测验

　　罗夏墨迹测验是瑞士精神科医生 H.罗夏于 1921 年首创的一种测验。这种测验的材料是，将墨水涂在纸上，折叠而成对称的浓淡不一的墨水污渍图，所以它被称为墨渍（或墨迹）测验，又称罗夏测验。测验材料共有 10 幅图，其中有 5 幅水墨图、2 幅水墨加红色图、3 幅彩色图。罗夏墨迹测验适用于成人和儿童，主要用作性格测验，也可用来观察智力，临床上用作诊断测验和发现病人内心冲突的内容。

　　罗夏墨迹测验的实施过程包括自由联想和询问两个阶段。在自由联想阶段，让被试看图后回答所看出的东西，对每一图可做多个回答，直到回答不出新东西时才换下一图。在询问阶段，要询问的是回答所指图片中什么部位和决定回答的因素。例如，被试将图例看成蝙蝠（如图 3-2 所示），询问时则要问其所指的是什么部分，以及是什么因素使他看成蝙蝠。罗夏墨迹测验还要求对自由联想和询问的结果做出分析。其分析的方式很多，但在各种分析系统中所共有的也是最基本的分析变量有：（1）回答总数。（2）回答时间，又分为总时间和每幅图的第一个回答时间。（3）W、D、d 为回答所指墨迹图的部位。W 表示整图，D 表示图中的某一大部分，d 表示图中的细小部分。（4）F、C、M、Y 为决定回答的因素。F 是图的形状，C 是图的色彩，M 是将图形看成有运动，Y 是墨色的浓淡。（5）A、H 以及 Obj 为联想的内容。A 联想的是动物，H 是人，Obj 是物。（6）P、Orig 为反应的创意性。P 为大多数人的共同回答，Orig 表示个人独出心裁的回答。

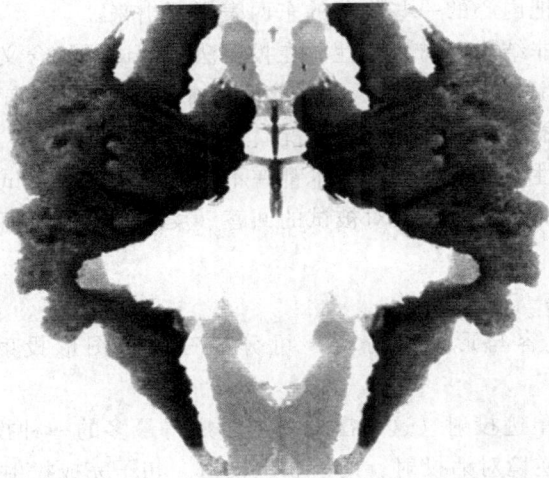

图3-2　罗夏墨迹图样例之一

　　罗夏墨迹测验已有一些修订本，其中有名的是 W.H.霍尔茨曼的墨迹测验（HIT）。霍尔茨曼 1961 年出版了 A 式和 B 式两套 HIT，各包括 45 幅图，其中有些图不呈对称性。该测验与罗夏墨迹测验最不相同的是每图只做一次回答。由于霍尔茨曼将测验标准化了，所以比罗夏墨迹测验更容易解释。

罗夏墨迹图样例之二如图3-3所示。

图3-3　罗夏墨迹图样例之二

心理投射测验依据测验目的的不同，测验材料的不同，测验的编制、实施和对结果的解释方法的不同，以及被试的反应方式的不同等，有着不同的分类。著名的投射测验有罗夏墨迹测验、主题统觉测验（TAT）、句子完成测验（SCT）、画像测验、玩偶测验等。

1）投射法的特点

（1）测评目的的隐蔽性。被试所意识到的是对图形、故事或句子等刺激的反应，但实际上他的反应行为把内心的一些隐蔽的东西表现了出来。

（2）测评内容的非结构性与开放性。在投射法中，试题的含义是模糊不清、似是而非的，不像一般的测评方法中的试题那样含义非常明确。一般来说，试题的结构性越弱，限制越少，就越能引发被试的内心情况。

（3）反应的自由性。一般的测评技术都在不同的程度上对被试的回答（反应）进行了这样那样的限制，而投射法一般对被试的回答（反应）不做任何的限制，完全是自由性的反应。

2）投射法的种类

（1）按刺激的内容与形式来分类，可分为三种：图形投射、语言投射、动作投射。

在图形投射中有墨迹投射（这是出现最早、用得最多的一种投射法）、主题统觉图投射；语言投射中有逆境对话投射、词语联想投射、句子完成投射、创作投射、故事投射；动作投射中有音乐投射、玩具投射、游戏投射（如捏面团、泥团）。

（2）按投射的具体方式来分类，可分为六种：联想投射、构造投射、完成投射、选择排列投射、表演投射和他人动机态度描述投射。

第一，联想投射。在这种投射中，被试看过"试题"或接受刺激后，要求其说出他的第一感想，即测验最先引起的联想。

第二，构造投射。在这种投射中，当被试看过或听过有关的试题后，立即要他编造或创造出一些东西，如故事、诗歌、论文、图形等，从中获取有关测评的信息。

第三，完成投射。这种投射一般要求被试补充完成试题的残缺部分。句子完成投射有点类似填空题，但题目限制很少。它要求被试用自己的话将句子补充完整，从所补充的词语中即可获取有关测评的信息。

第四，选择排列投射。在这种投射中，一般要求被试对投射物进行挑选、归类或排列。例如，给儿童一些玩具，叫他自由排列、归类，然后从其行为中获取有关测评信息。

第五，表演投射。在这种投射中，一般让被试自由地扮演某种戏剧的角色，或者让被试自由自在地做某种游戏，在其扮演角色或者自由游戏过程中，就容易将内在感情表露出来，因此可以从中获取有关测评信息。

第六，他人动机态度描述投射。在这种投射中，一般要求被试描述他人的动机和态度，从而理解其动机与态度，因为人们通常会把自己所喜欢的但又是社会反对的东西说成是他人喜欢的东西。

3）投射法的操作步骤

投射法的主要操作步骤是：

（1）给被试以刺激物（如墨迹图片、玩偶、图画），此物无固定意义与结构，能引起多种反应（如墨迹可想象为不同的东西，图画可表现出许多故事等）。

（2）了解被试的反应，着重于他对刺激物总的感觉，让其讲出或用行为表示出来（如他认为墨迹像何物，或按图画编个故事等）。

（3）对反应记分。如对墨迹的反应按其所利用墨迹的部位（整体、局部、空白等），反应时的主要依据（外形、色彩、人的动作、阴影），以及反应内容（人、动物、器具、景物、抽象概念、艺术等）进行记分。

（4）解释被试的态度、人格结构、人际交往方式（如社会取向、内倾-外倾、智能特征和水平等）。这种解释不是对被试的反应进行直接推断，而是基于心理学与社会心理学的理论做出的。

虽然投射法在个性测评中很有价值，但这种技术的实施与解释都要求训练有素的专业人员才能胜任，而且编制起来相当不容易。一般情况下，被试的反应及主试的解释都具有很大的随意性，信度与效度也难以检验，因此它只能是一种辅助性的测评手段。

4）投射法的注意事项

投射法由于其对被试心理观察的非直接性，能有效减少被试的社会掩饰心理，因而使内容较为真实可信，但是在使用投射法要注意以下问题：

首先，投射法内容涉及被试内心机密，因而主试应该对谈话内容绝对保密，不然后果不堪设想；

其次，投射法判断的主观性较强，往往会受主试自身经验、阅历的影响，因而其只能作为其他方法的一种辅助，结果仅供参考；

再次，投射法要求主试有一定的场面控制能力，要亲和可信，否则被试会觉得滑稽可笑；

最后，在编故事法和空椅子技术中，如果被试过于投入，有可能引发其内心的心理情结，造成场面失控，因而要谨慎使用。

◆◆◆◆➡ 知识链接3-2

主题统觉测验

主题统觉测验常简称TAT，是由莫瑞（H.A.Murray）和摩根（C.D.Morgan）于1935年在美国哈佛大学编制的另一个人格投射测验。主题统觉测验包括30张内容模棱两可的图片和一张空白卡片。图片内容多为人物，以及部分景物。主题统觉测验认为，个体面对图画情境所陈述的内容与其生活经验有着密切的关系。内容当中，有一部分内容固然受当时知觉的影响，但其想象部分包含着个人意识以及潜意识的反应。也就是说，个体在陈述内容时，常常不自觉地将隐藏在内心的冲突和欲望融入故事情节中，借助于故事中人物的行为宣泄出来，即把个人的内心世界投射于故事中。主试通过对被试陈述内容的分析了解其需求。

主题统觉测验实际应用时，主试按被试的年龄、性别从30张黑白图片中选取20张图片，让被试根据图片自由陈述图片所代表的故事。测验中不对被试所编故事的内容进行任何限制，但可事先提示被试故事必须涉及图示情境、意义、背景、演变及其个人感想几方面。对被试所编故事进行的分析是以被试在每个故事中涉及的主题（theme）为核心的，这在莫瑞的人格理论中是被假定反映着个体深层需要、欲望、矛盾、恐惧等状态的。该测验的目的在于通过被试的自由陈述将其内心的情绪自然投注于故事，从而寻找出个人生活经验、意识、潜意识与其当前心理状态的关系。TAT的施测与分析对主试有较高的要求，一般需经严格培训后才可使用。主题统觉测验图片样例如图3-4所示。

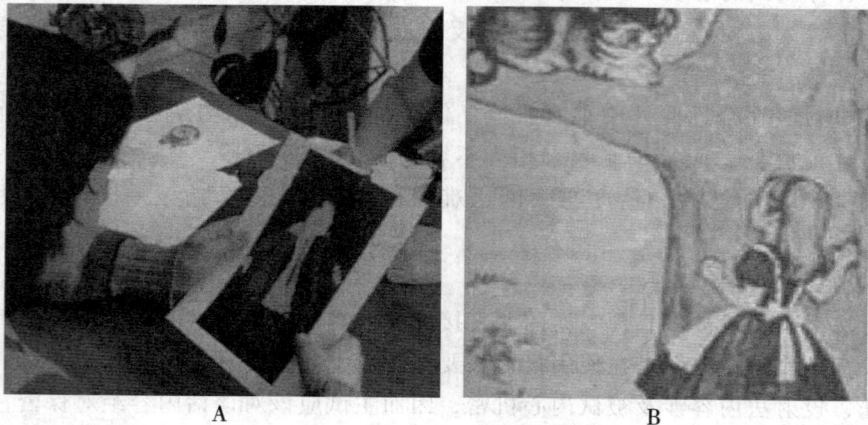

图3-4　主题统觉测验图片样例

情境模拟 3-1

场景：假设某校人力资源管理专业毕业的学生就业于一家公司，请根据所学的专业知识设计一份员工薪酬满意度调查问卷。

操作：（1）分组：全班人员分成若干组，一部分是调查者，另一部分是被调查者，调查者运用自己设计的调查问卷进行模拟调查。

（2）操作要求：

调查者：①明确调查目的，确定被调查者；②设计调查问卷；③做好相关准备工作。

被调查者：①了解调查目的；②做好被调查的准备工作；③了解调查的程序、步骤及其注意事项；④答好调查问卷。

（3）问卷设计的基本思路：要了解员工对公司薪酬满意度的情况，可以从以下方面入手：①目前员工对公司薪酬水平、薪酬制度的满意情况；②薪酬结构是否合理；③薪酬是否具有竞争力（公平性问题）；④薪酬的支付情况；⑤福利构成的满意情况等。了解这些情况，会为公司下一步薪酬工作的改善提供有价值的信息。

小结：根据自己在模拟调查活动中所扮演的角色，谈谈自己的心得体会，如学到了什么知识？得到了什么技能？受到了哪些启发？

样例：

员工薪酬满意度调查问卷

本次问卷调查的目的在于了解员工对企业薪酬制度的意见和想法，以便促进公司薪酬管理的科学化、合理化。您的认真配合是对我们工作莫大的支持和鼓励，我们将以加倍努力的工作来感谢您对我们的帮助。同时，对您提供的一切信息，我们会信守承诺，绝不外泄！

调查问卷说明：

（1）本问卷共有××个问题，问题主要采用单项选择的方式，简明扼要并易于回答。

（2）本问卷的密级为A级，您的任何答题情况和个人信息都将严格受到保密，不会泄露给他人，所以您可以放心作答。

（3）当您有超过50%的题目不作答时，本问卷将作无效处理；所有选择题均只能选择一个答案，否则该题答案视为作废。

（4）您的选择没有对错之分，我们只想比较每个员工对该问题观点的差异；请您按实际情况如实作答，无须询问他人，否则将影响调查结果。

（5）本问卷每人限答一份，多填无效。

（6）本问卷是以匿名的方式进行调查，调查的结果用于改进公司的薪酬制度。

一、员工基本信息

职位：   进入公司时间：

二、调查问题

1.努力付出与工资回报两者公平性的感受是（   ）。

A.完全公平   B.基本公平   C.不确定

D.不公平   E.非常不公平

2.以自己的资历，您对自己的工资收入（   ）。

A.非常满意   B.较满意   C.不确定

D.不满意   E.非常不满意

3.领到工资时，您的感受是（   ）。

A.非常愉快   B.比较开心   C.不确定

D.有些失落   E.心情非常糟糕

4.您的努力工作在工资中有明显的回报吗？（   ）

A.一定有   B.可能有   C.不确定

D.没有   E.完全没有

5.和其他同职位的人相比，您觉得自己的工资（   ）。

A.远低于市场平均水平   B.略低于市场平均水平

C.基本一致   D.略高于市场平均水平

E.高出市场平均薪酬水平的30%左右

6.您觉得您的薪酬水平比与您同职位的老员工（   ）。

A.偏低   B.基本相称   C.偏高

7.您觉得工资各个组成部分的比例设置（   ）。

A.非常不合理   B.不太合理   C.不确定是否合理

D.基本合理   E.非常合理

若选择A或者B，请予以说明。

说明：

8.您对自己薪酬涨幅的评价是（   ）。

A.非常不满意   B.不太满意   C.一般

D.基本满意   E.非常满意

……

资料来源 佚名.员工满意度调查样例［EB/OL］.［2018-12-31］. http：//wenku.
chochina.com/view/2011/1231/8075.html.节选.

▌▌▌▌➡ **知识掌握** ▌▌▌▌

1.心理测验的定义是什么？心理测验有何特点？

2.心理测验的种类及内容有哪些？

3.请说明心理测验的实施程序。

4.简述问卷的组成结构和问卷的种类。

5.问卷的编制程序包括哪些具体步骤？

6.什么是投射法？投射法有何特点？

7.试说明投射法的操作步骤。

▰▰▰▶ 知识应用 ▰▰▰▰

☐ **案例分析**

某调查公司受当地一家能源企业的委托，对其员工工作满意度进行调查。问卷由调查公司设计（由于篇幅有限，问卷样本省略），在组织实施完成调查之后，调查公司回收问卷进行统计及评估分析，以了解能源企业员工工作满意度状况，同时进一步为能源企业如何提高员工工作满意度提出了参考策略，并做了相关的具体建议。调查时间从2019年10月8日开始，持续了整整1个月。共计发放该问卷640份，收回有效问卷510份，回收比率达到79.7%。其中问卷部分能源企业员工工作满意度的调查结果如下：

（1）工作环境方面的调查结果（如图3-5所示）。

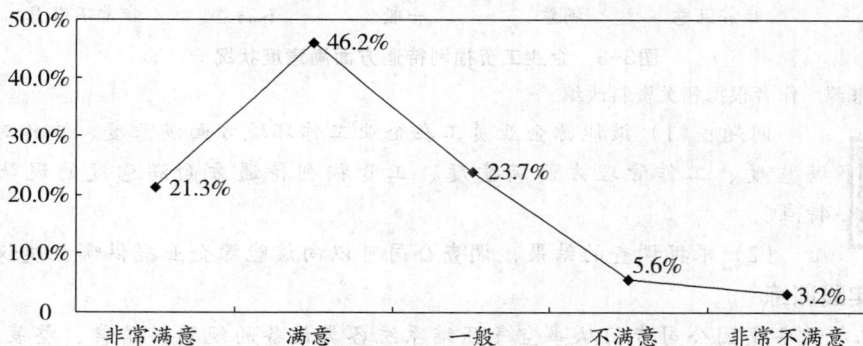

图3-5 企业工作环境方面满意度状况

（2）工作时间方面的调查结果（如图3-6所示）。

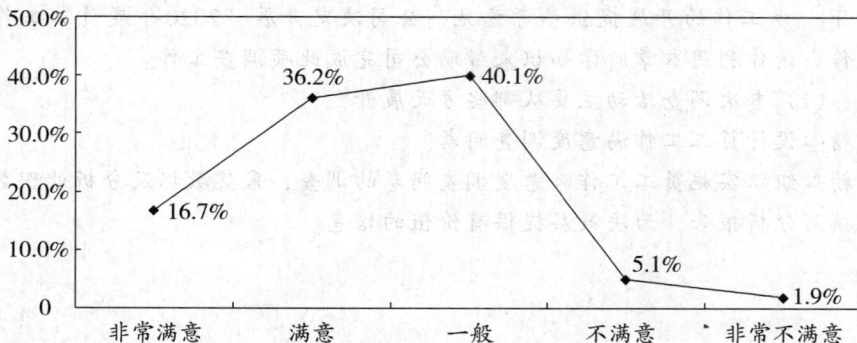

图3-6 企业工作时间方面满意度状况

（3）工作管理方面的调查结果（如图3-7所示）。

（4）工资福利待遇方面的调查结果（如图3-8所示）。

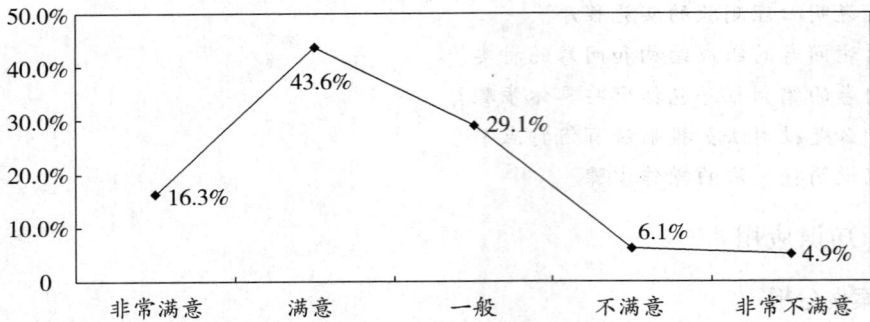

图3-7　企业工作管理方面满意度状况

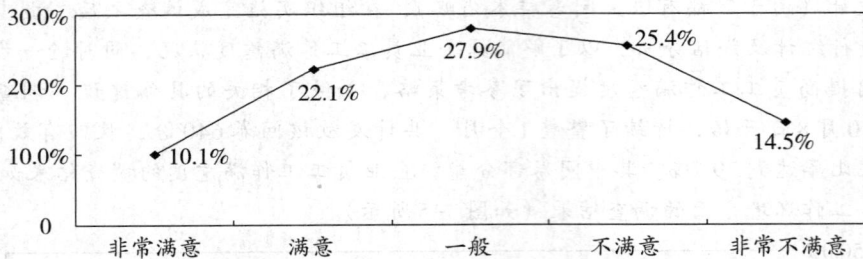

图3-8　企业工资福利待遇方面满意度状况

资料来源　作者根据相关资料改编.

问题：（1）该能源企业员工在企业工作环境方面满意度、工作时间方面满意度、工作管理方面满意度、工资福利待遇方面满意度的现状有什么特点？

（2）根据调查的结果，调查公司可以向该能源企业提供哪些建议？

□ 实践训练

某机电设备集团公司专门从事空气压缩系统各类设备的规划、销售、整装、维护。公司产品齐全，配备件充足，网络密集，服务快捷。公司自成立以来，业务不断发展扩大。为了更全面地了解公司目前存在的一些管理问题，帮助公司决策层掌握公司真实的信息，为下一步工作的开展提供参考意见，公司决定开展"2020年度员工工作满意度调查"工作。请你利用本章所学知识来帮助公司完成此项调查工作。

要求：（1）本次调查活动主要从哪些方面展开？

（2）精心设计员工工作满意度调查问卷。

（3）精心组织实施员工工作满意度调查问卷的调查，采集数据及分析处理数据。

（4）撰写分析报告，为决策层提供有价值的信息。

第4章 面　试

▰▰▰➡ 学习目标 ▰▰▰▰

在学习完本章之后，你应该能够：

1.了解面试的概念、面试的分类；

2.明确面试的作用和面试考核的内容；

3.熟知面试前应该准备的内容；

4.掌握面试实施中所使用的各种面试技巧，并能对面试结果进行处理。

▰▰▰➡ 引例 ▰▰▰▰

某会计师事务所IAS职位的招聘面试

某会计师事务所是四大国际会计师事务所之一，主要服务领域包括审计、税务等。它的招聘体系非常规范，每年的9月份，事务所会召开一个统一的招聘会议，专门讨论本年度的招聘事宜，分别确定招聘的时间、测试材料等具体事项。虽然招聘的测试程序有5个，但事务所为每次的测试都确定了明确的时间——什么时间进行第一次面试、什么时间进行外语考试、什么时间会宣布应聘结果等。应试者按照事务所网站的要求填好电子表格，发到事务所网站上，是第一关。应试者的第二道关是英语关。应试者的第三、四、五、六道关就是面试关，是判断应试者是否符合岗位的关键阶段，主要分为4轮：第一轮是初试，一位面试专员对一个应试者面试。见面寒暄之后，便开始全程英语交流。面试的主要问题都是常规性的基本问题，如：简单的自我介绍、你的强势和弱势、你觉得亟待学习的是什么、未来5年你如何看待自己的发展、如何设定职业发展目标等。第一轮面试比较简单，但有可能涉及些专业问题，比方说，面试专员会问在你的概念里HR管理到底是做什么的。面试时间大概30分钟。第二轮是群体评价。整个群体评价的时间约4小时，这是事务所招聘流程中最有特色的地方。它由3个部分组成：第一部分互相介绍。事务所把通过第一轮面试的应试者以10个人或12个人为一组，让这10个人或12个人分别找一个自己不认识的人两两搭配，用10分钟的时间相互介绍，然后用3分钟的时间向所有小组成员介绍自己的同伴，面试考官则在一旁观察，看每一个人的表现，并且给他们评分。所有的讨论都要用英语来完成。第二部分是主题讨论。面试考官会给应试者几个选题让他们挑选，给大约10分钟的准备时间，然后是3分钟的时间面对所有人员做陈述。第三部分是案例解决。面试考官给应试者一个案例，让小组的

10个或12个成员共同来解决。每一个应试者都会得到一张纸条，上面是面试考官提供的几条相关信息——这些信息是各不相同的，可能是有用信息，也可能是无用信息，需要应试者自己来判断。10个或12个成员不能相互交换纸条，只能向别人提供自己手上的信息。第三轮是一对二面试。这轮面试还是一个案例分析，由两个HR管理人员的高级经理面试。应试者先在准备室自己准备20分钟，然后应试者有20分钟的时间做陈述，然后接受他俩的提问。第四轮是最后一次的面试，是事务所的合伙人来做面试考官的。这轮面试不会再去考核应试者的英语能力或专业能力，而是更加看重他们的素质，第四轮面试时间大约15分钟。

资料来源　佚名. 普华永道（PWC）. 面试［EB/OL］.［2021-03-07］. http：//www.fenzhi.com/gsm57302.html.改编.

本案例表明：面试是收集应试者信息的重要手段。事务所根据多轮面试过程中收集的信息，对应试者从各个方面做出评定并最终做出录用决策。

4.1　面试概述

4.1.1　面试的定义与特点

1）定义

面试是指一种经过组织者精心设计，在特定场景下，以面试考官对应试者的面对面交谈与观察为主要手段，由表及里测评应试者的知识、能力、经验等有关素质的一种考试活动。

2）特点

第一，面试是经过精心设计的。面试是事先有计划、有目的地经过设计的面谈。它不像日常生活中的聊天，日常的交谈比较随意，想到什么就可以聊什么。面试是面试考官经过精心设计来考察应试者的各方面能力。

第二，面试发生在特定场景下。它不像日常的观察、考察，日常的观察、考察虽然也少不了面对面的观察与交谈，但那是在自然场景下进行的，面试的场景是面试考官事先设定的。

第三，面试采用面对面观察、交谈等双向沟通方式。它不同于口试，口试集中在对应试者的知识技能等口头语言的测评，而面试不仅可以测评应试者的口头语言，还可以通过双向沟通对其非口头语言行为进行综合观察。

第四，面试是对知识、能力、经验等综合素质的测评。它不同于操作测试，操作测试集中在对应试者操作能力方面的测试，而面试集中在对综合能力和素质的测试。

4.1.2　面试的作用

企业人员测评最常采用的两种方式就是面试与笔试。相对于笔试来说，面试有着独特的作用，主要体现在以下几方面：

第一，可以考察到笔试人员甄选手段难以考查到的内容，收集到多方面信息。笔试是以文字为媒介，考查一个人的知识水平素质能力，但很多素质特征很难通过文字表现出来。面试不仅可以收集到应试者的语言信息，还可以了解到有关应试者的非语言信息，如仪表风度、口才、反应的敏捷性等。有些素质特征虽然可以通过文字形式来表达，但因为应试者的掩饰行为或其他原因没能表达，可以通过面试来考察。例如，对某些应试者特质，应试者往往不愿表露，对这些不愿表露的东西，在文字性的笔试、问卷等测试中，可以做到天衣无缝，但在面对面、眼对眼的面试中，就很难做到了，因为从应试者的身体语言、表情等方面可以捕捉到，不太容易掩饰掉。

第二，面试具有较大的弹性，可以根据实际需要收集到所需的信息。面试可以综合考察应试者的知识、能力、工作经验及其他素质特征。在面试中，面试考官和应试者之间是一种双向沟通过程，但面试的主动权还是掌握在面试考官手里，面试测评时面试考官要专即专、要广即广、要深即深、要浅即浅，具有很大的弹性和灵活性。笔试和心理测验等在这方面均不如面试。

第三，面试可以弥补笔试的失误，可以有效地避免高分低能者和冒名顶替者。

有些应试者在笔试过程中没发挥好，如果仅以笔试成绩作为录用依据，那么这些应试者就没有机会被录用了，但如果辅之以面试形式，就给了这些应试者再次表现的机会。在招聘选拔中，常常会发现，有些应试者虽然笔试成绩不算很高，但在面试中对答如流，表现极佳，显示出了很大的发展潜力，从而成为理想人选。而有些应试者笔试成绩很高，但面试时言语木讷，对所提问题的回答观点幼稚、没有深度；有些应试者则只能背书本知识，分析问题和解决问题的能力很差。笔试还存在一定局限性，笔试中难免有高分低能者甚至冒名顶替者，笔试只能成为选拔的一种方式，但不能成为唯一的方式，面试可以很好地弥补笔试的不足。

第四，面试可以测评应试者的多方面素质。从理论上讲，面试只要精心设计、时间充足、手段得当，就可以准确地测评出应试者的多方面素质。如果说心理测验中的许多问卷是测评应试者的智力、心理、品德等的有效手段，那么把这些心理测验中的问题以口头问答的形式表现出来，往往会收到与笔试不同的效果。由于信息量利用的高频率，其测评质量会更高。如果在面试中引入无领导小组讨论、角色扮演、管理游戏等情境模拟的人员甄选手段，还可考察应试者的组织能力、领导能力等；如果引入工作演示的方法，还可直接考察一些应试者的实际工作能力。甚至，就应试者的身体状况，通过面试也可获取大量信息。

4.1.3　面试测评的主要内容

虽然从理论上讲，面试可以测评应试者几乎任何一种素质，但由于人员甄选除面试外还有其他许多有效的方法，并且每种甄选方法都有其长处和短处，扬长避短综合运用，会事半功倍。因此，我们并不是以面试去测评所有的素质，而是有选择地用面试去测评它最能测评的内容。以下是面试经常测评的几个维度：

1）仪表风度

这是指应试者的体型、外貌、气色、衣着举止、精神状态等。像国家公务员、教师、公关人员、部门经理等职位，对仪表风度的要求比较高。研究表明，仪表端庄、衣着整洁、举止文明的人，一般做事有规律，注意自我约束，责任心强。但并不是每个岗位都对仪表风度有高要求的，像一些技术研发人员，常年从事技术研发工作，对其考察的重点是技术研发能力，而仪表风度则不应太重视。

2）专业知识

在面试中，了解应试者掌握专业知识的深度和广度，判断其专业知识是否符合所要录用职位的要求，以作为对专业知识笔试的补充。面试对专业知识的考察更具灵活性和深度，所提问题也更接近空缺岗位对专业知识的需求。笔试一般考的是专业基础知识，在面试中可以根据具体工作需求，询问工作实际需求的理论知识及其应用，这可以考察应试者在专业知识方面的功底。

3）工作实践经验

一般根据查阅应试者个人简历和求职登记表的内容，做些相关的提问，查询应试者有关背景及过去工作的情况，以补充、证实其所具有的实践经验。通过工作经历与实践经验的了解，可以考察应试者的责任感、主动性、思维力、口头表达能力及遇事的理智情况等，并且通过过去的实践经验，可以了解应试者在某岗位上所具备的工作经验，分析其工作的稳定性和职业生涯规划的大致方向等。

4）口头表达能力

在面试中，要考察应试者是否能够将自己的思想、观点、意见和建议顺畅地用语言表达出来，考察的具体内容包括表达的逻辑性、准确性、感染力、音质、音色、音量、音调等。一般口头表达能力较好的人容易让面试考官产生晕轮效应，认为会说的就肯定会做，口头表达能力强的人工作能力也会强。但其实这是一种误区，我们应该根据工作岗位的实际需要，考察该岗位需具备的相关素质，要善于从其表达中挖掘出其所言的虚实，要做全面的考核，不可掉以轻心。

5）综合分析能力

在面试中，要考察应试者是否能对面试考官所提出的问题通过分析抓住本质，并且说理透彻、分析全面、条理清晰。

6）反应与应变能力

反应与应变能力主要看应试者对面试考官所提的问题理解得是否准确贴切，回答得是否迅速，对于突发问题的反应是否机智敏捷、回答恰当，对于意外事项的处理是否得当、妥当等。但是这方面的考察，会受应试者的经验的影响，如果设置的情境是应试者所熟悉的，那么他的回答可能会比较好，而对于他完全陌生的情境，可能就会无从下手；并且应试者的回答会受面试经验的影响，缺乏面试经验的应试者可能由于情境的压力或紧张而发挥失常，而面试经验较丰富的应试者可能会自由发挥。所以，这方面能力的考察只能作为参考。

7）人际交往能力

在面试中，通过询问应试者经常参与哪些社会活动、希望同哪些类型的人打交道、在各种社交场合所扮演的角色等，可以了解应试者的人际交往倾向和与人相处的技巧。一般外向的人会比较热衷于人际交往，而内向的人会比较倾向于关注自己的世界。但是喜欢交际与擅长交际是不同的，在面试中，如果岗位要求具有较高的人际交往能力，那么我们要重点考察的就是其是否善于人际交往而不是其是否热衷于人际交往。

8）自我控制能力和情绪稳定性

自我控制能力对于国家公务员及许多其他类型的工作人员（如企业的管理人员）显得尤为重要。一方面，在遇到上级批评指责、工作压力或是个人利益受到冲击时，能够克制、容忍、理智地对待，不致因情绪波动而影响工作；另一方面，工作要有耐心和韧性。这方面素质的考察可以通过在过去类似情境中应试者的反应方式来考察。

9）工作态度

在面试中，通过了解应试者对过去学习、工作的态度，来推测其在拟应聘职位可能的态度。在过去学习或工作中态度不认真，做什么、做好做坏无所谓的人，在新的工作岗位也很难说会勤勤恳恳、认真负责。

10）上进心、进取心

上进心、进取心强烈的人，一般都确立有事业上的奋斗目标，并为之积极努力，一般这种人都会有明确的职业生涯规划，努力把现有工作做好，不安于现状，工作中常有创新。上进心不强的人，一般都安于现状，无所事事，不求有功但求无过，因此对什么事都不热心。

11）求职动机

在面试中，通过了解应试者为何希望来本单位工作、对哪类工作最感兴趣、在工作中追求什么等，来判断本单位所能提供的职位和工作条件能否满足其工作要求和期望。一般一个人的需要是其工作的动力，如果企业不能提供给应试者所需要的东西，就将很难留住该应试者。

此外，面试考官还会向应试者介绍本单位及拟聘职位的情况与要求，讨论有关薪水、福利等应试者关心的问题，以及回答应试者可能要问到的其他一些问题等。

4.2　面试的种类

4.2.1　按照面试的标准化程度分类

所谓标准化，就是指一致性。按照面试的标准化程度分类，可以分为以下三类：

1）非结构化面试

非结构化面试就是完全依据面试考官的个人经验进行的面试，对每一个应试者所提的问题和评分的标准都不必相同，关注的点和考察的内容也不尽相同。传统的面试大多是非结构化面试，此类面试颇类似于人们日常非正式的交谈，比较随意。

非结构化面试的特点有：

第一，没有标准化的面试问题。标准化问题在面试之前没有议定，面试考官根据现场状况临时发挥，所问问题可能与工作无关或对不同应试者所问问题不一致。

第二，没有标准化的面试程序。对面试的全过程没有事先设计好，面试的进程由面试考官随机控制。

第三，没有标准化的面试结果处理系统。面试问题的答案没有事先定好评分标准，面试结果处理靠的是面试考官的主观综合印象。

非结构化面试的缺点是：

第一，评价标准不一致。用不同的问题比较两个应试者，这就好像比较苹果和橘子，没有放在同一个天平上来比较，这就容易产生选拔的不公平性。

第二，面试收集的信息不全面。由于面试缺乏结构化的程序，面试考官在面试前期，一般在1~4分钟内对应试者做出评价；其余的时间只是在寻找信息来验证这种早期印象。并且在面试过程中，面试考官经常花更多的时间来说教而不是来倾听。这就导致面试中收集的信息不够充足或不够全面。

第三，选拔依据的标准容易跟工作所需的标准无关。由于事先没有确定一个胜任的行为标准，面试考官为一个职位选拔时，会对不同的应试者进行比较，而不是跟职位所需要的标准比较。选拔标准容易受应试者的平均水平的影响，选出的人也容易跟工作所需不符。

第四，不同的面试考官之间的评价常出现不一致。各个面试考官之间标准的宽松或严格会影响他们做出不同的判断。标准严格的面试考官可能只注意到应试者可能会对预期工作产生消极影响的品质，而标准较宽松的面试考官可能比较关注应试者的一些相关积极品质。这种差异可能会导致他们在评定同一批应试者时产生矛盾，甚至有时候对同一个应试者产生截然相反的判断。

第五，容易出现晕轮效应。晕轮效应是指对一个人多方面特质的评价往往受其某一特质高分印象的影响而普遍偏高，因某一评价低分印象的影响而普遍偏低。在面试中，表达能力与外表是常常产生晕轮效应的特质。如果一个人的外表出色，即便在某些品质信息缺失的情况下，也常常被认为是聪明的、善于外交的和令人喜爱的。而如果一个人的表达能力较差，往往会被认为其他方面的能力也是比较差的。这种泛化显然会歪曲面试考官对应试者在工作上取得成功的潜能所做出的评价。

由于以上的不足，导致传统的非结构化面试的预测准确性较差，因此才产生了结构化面试。

◆◆◆◆➤ 知识链接4-1

如何提高非结构化面试的有效性

非结构化面试是没有既定的模式、框架和程序的，面试考官可以"随意"向应试者提出问题，所提问题的内容和顺序都取决于面试考官本身的兴趣与现场应试者的回答。虽然这种方式给双方谈话以充分的自由，而且面试考官可以针对应试者的特点进行有区别的提问，但这种方式有一些问题，如易受面试考官主观因素的影响，面试结果无法量化以及同其他应试者的评价结果进行横向比较会比较困难等，因此为了使这项技巧性非常强的人员甄选技术更好地发挥作用，需要做好以下工作：

第一，非结构化面试的内容必须事先定一个主题，以供提问参照，避免面试偏离岗位的任职资格要求。虽然不同的工作岗位，其工作性质、职责范围、任职资格要求等有很大差异，面试时考察内容与考察形式都不便做统一规定，但是面试考官提的问题及考察角度都应该是紧紧围绕岗位任职资格要求，不能偏离这个主题。

第二，面试考官既要有的放矢，又要灵活应对。由于面试内容可能因应试者的经历、背景等情况的不同而无法统一,所以面试考官可以根据任职资格要求就应试者回答问题的情况,有针对性地顺势追问,既有的放矢,又因人而异、灵活应变。既要让应试者表现自己的水平,又不能完全让应试者海阔天空自由发挥,应该在恰当的控制下,灵活引导面试主题内容。

2)结构化面试

所谓结构化面试,是指面试前先设定面试的问题、程序、方法和评分标准,在面试过程中,面试考官必须根据事先拟定好的面试题逐题对应试者提问,不能随意变动题,应试者也必须针对问题进行回答,对各个测评要素的判断也必须按评分标准合成。

结构化面试有以下几个特点:

第一,以工作分析为基础确定测评要素(即考察点)。结构化面试的目的是要将更适合招聘岗位的应试者选拔出来,因此在面试中,对应试者的考察点必须是能够胜任该工作的关键素质。而工作分析就是通过对工作岗位的分析,归纳出能够胜任工作的关键素质。

第二,面试测评要素结构化。对所招聘岗位进行工作分析后,根据有关岗位文件确定测评要素,并对各要素赋予相应的权重。同时,在每一道面试题目后,给出该题测评要素(或考察点)以及答案要点,供面试考官评分时参考。

第三,面试程序结构化。在结构化面试中,不仅题目对应聘同一职位的所有应试者相同,而且面试的导入语、面试时间、提问顺序、面试的实施过程都是相同的。这就使得所有的应试者在几乎完全相同的条件下进行面试,保证了面试过程的公正、公平。

第四,评价标准结构化。针对每一测评要素,结构化面试都有规范的、可操作的评价标准。突出表现在每个要素都有严格的操作定义和观察要点,并且规定了每个评分登记(如优秀、良好、一般、较差)所对应的行为评价标准,从而使每位面试考官对应试者的评价有统一的标准。评价标准中还规定了各测评要素的权重,使面试考官知道什么要素是主要的、关键的,什么要素是次要的、附属的。应试者的面试成绩最终是经过科学方法统计出来的(即对每个要素去掉众多面试考官中的最高分和最低分,然后得出算数平均分,再根据权重合成总分)。

第五,面试考官组成结构化。在结构化面试中,面试考官的人数必须在2人以上,通常有7~9位面试考官。面试考官的组成是根据招聘岗位的需要按专业、职务甚至年龄、性别等,按一定比例进行科学配置。其中设主考官一位,一般由主考官负责向应试者提问并把握整个面试过程。

结构化面试比较适合规模较大、组织规范性较强的录用面试。结构化面试具有较高的预测效度,现在通行的公务员测试以及众多知名企业在招聘人员时多采用结构化面试的方式。但是,结构化面试有其自身的优点和缺点。

结构化面试的优点是:

第一,公平度高。对于每个应试者而言,考核试题相同,评价标准相同,面试考官相同,答题顺序相同,因此更为公平、公正、公开。

第二,选拔准确。结构化面试的试题不是简单地要应试者回答一个知识性的问题,而是通过应试者的回答展现其是否具有某种技能和素质,其反映的不是应试者"会不会"的问题，而是"有没有"或"能不能"的问题。并且结构化面试选出来的人，都是测评要素上得分比较高的应试者，而测评要素是根据具体岗位而设置的，因此选拔出来的人在素质和能力上都比较符合该岗位需求。

结构化面试的缺点是：

第一，形式不够灵活。结构化面试对面试内容规定较死，缺乏灵活性和变化性。如果面试考官缺乏面试经验，很容易导致面试考官照本宣科提问、应试者机械回答的沉闷局面。

第二，比较容易给应试者带来心理压力，而发挥失常。应试者面对7~9位面试考官组成的面试小组，回答一些事先没有准备的问题，难免会有心理压力，导致紧张，若应对不当，有可能不能充分展示其真实才能。

3）半结构化面试

半结构化面试，亦称准结构化面试，是指只对面试的部分因素有统一要求的面试，如规定有统一的程序和评价标准，但面试题目可以根据面试对象而随意变化。比如，需要针对胜任能力模型设计出评价标准和对应的面试题目，但又不像结构化面试那么刻板，不必严格按顺序提问，强调随时追问，但是整个面试的标准化程序都要走一遍，不会出现遗漏了某一个方面没有进行考察的情况。这是介于非结构化面试和结构化面试之间的一种形式，它结合两者的优点，有效避免了单一方法上的不足。在竞聘上岗的过程中，准结构化面试是采用得比较多的一种面试形式。

◆◆◆◆◆➡ 知识链接4-2

销售经理结构化面试样例

某集团控股公司在广州开发区新上一个项目，于5月上旬投产，需要于4月底前招聘一批管理人员和生产人员。其中销售经理职位由集团安排给其控股的广州某公司人力资源部完成。广州某公司人力资源部接到任务后，马上进行分析应聘岗位对应聘者的素质要求、确定录用标准、选择合适的招聘渠道发布招聘信息等工作。通过初步筛选，选出15名应聘者，那么如何从中挑选出1名符合录用标准的应聘者呢？人力资源部经理通过比较分析，综合考虑测评的效度、公平程度、实用性和成本因素，最终采取了结构化面试方法，即是对这15名应聘者，用同样的指导语、按同样的顺序、问同样的问题、按同样的标准评分，进行面试。通过两天紧张而有序的结构化面试后，终于从15名应聘者中甄选出3名初试合格者，再辅助于其他人才测评手段，又从3名应聘者中选出1名合格者，其他2名进入公司储备人才库。

录用的销售经理从公司半年多的销售业绩来看，不仅打开了公司新上项目的营销局面，并且根据按单生产现已达70%以上，取得了良好的业绩。实践证明，这次招聘是成功的，所采用的结构化面试方法是正确的，为集团的发展做出了相应的贡献，也体现了广州某公司人力资源部的价值。

下面就以这次销售经理招聘过程中所采取的结构化面试的应用及实践情况进行介绍。

首先，收集信息，综合分析后制定了这次销售经理的岗位任职资格条件（见表

4-1)。

表4-1 销售经理的岗位任职资格条件

基本条件	年龄	28岁到40岁
	性别	男
	健康状况	身体健康，能适应经常出差
所受教育	最佳学历	本科及以上
	最低学历	大专
	专业要求	市场营销、企业管理、市场策划等相关专业
	计算机水平	熟练使用各种办公软件
业务知识	市场分析	根据国家政策和行业发展特征，准确定位企业产品的销售政策、营销手段和措施、目标市场
	产品管理	了解本企业产品的特性、品牌建立和维护
	价格管理	根据竞争对手、替代产品的价格信息，管理企业产品的市场价格
工作经验		在同等职位工作3年以上，有外资企业、同行业大中型企业市场营销工作经验优先
能力和素质要求	领导能力	具有较强的通过激励、授权等方式领导下属的能力
	计划执行能力	具有制订可行的计划、方案并能付诸实施的能力
	判断和决策能力	对市场有较高的敏感度并能及时做出准确判断和决策
	目标管理能力	制定明确的目标，并且将总目标细分为多个目标，能从整体把控、纠正偏差
	开拓能力	具有积极开拓市场、发现潜在商机的能力
	客户服务意识	认识到客户的价值和重要性，能够灵活运用多种技巧解决客户所提出的问题并提供让客户满意的服务
	沟通能力	具有与客户、媒体及其他相关部门的沟通和协调的能力
	职业素养	主动性强、认同公司价值观和销售管理政策、自律、成功动机强烈、心理承受力强、良好的职业操守等
个性特征	影响力	具有较强的影响与改变他人心理和行为的能力
	富有激情	具有很强的调动下属工作积极性的热情

其次，把握重点，设计结构化面试题目及实施步骤。在确定应聘者的胜任素质要求和录用标准以后，针对需要测评的维度进行结构化面试题目设计。设计好结构化面试题目后，又按胜任素质要求分5个等级赋予每项考核项目不同的分数，设计出面试评价表

（表省略）。在设计好结构化面试题目及面试评价表后，为了使面试更有效，还要对这次结构化面试的实施步骤在面试前进行精心设计（见表4-2）。

表4-2   结构化面试实施步骤情况

序号	结构化面试实施步骤	主要工作和作用	所占时间
1	建立融洽关系阶段	帮助应聘者放松心情，建立融洽的面试气氛，提一些随意的不针对工作的相关话题。如：您今天过来交通还方便吗？我们公司的地址容易找吗？	2%
2	导入阶段	缓解应聘者依然有点紧张的情绪，问一些应聘者比较熟悉的问题，如"请您介绍一下您的工作经历，好吗？"自然、亲切、聊天式进行	8%
3	核心阶段	使用预先设计好的结构化问题进行提问，测评出应聘者的各项素质，并对应聘者的各项素质做出评价，这是面试的核心阶段	80%
4	确认阶段	对应聘者关键素质的判断进行确认，使用开放性的问题，不应引入新话题，给面试考官核实应聘者工作水平的机会	5%
5	结束阶段	面试考官要确保其提问涉及了做出聘任决定所需的全部信息，而应聘者则有一个最后展示自己的机会，可适当提问一些素质考核问题	5%

最后，精心组织，实施结构化面试。

一是组建面试小组。经过协商，最终形成由5人组成的面试小组，包括新项目公司总经理、副总经理、招聘专员，广州某公司人力资源部经理、招聘经理等人，其中面试考官由人力资源部经理、新项目公司总经理和副总经理组成，负责面试提问、评价和相关事项的说明；核分员由招聘经理担任，负责面试考官评分的收集和统计工作；引导员由招聘专员担任，负责面试考场内外的管理。二是培训面试考官及合理分工。三是做好面试前的各项准备工作。四是实施面试测评。当一切都准备就绪以后，按计划进行了结构化面试，两天的时间总共面试了15人。五是决策。对所有应聘者完成结构化面试评分后，面试小组成员参照胜任素质指标得分情况，对比岗位和候选人员素质，进行"人-岗位-组织"匹配决策。从15名应聘者中选出了3名初试合格者，对此3人又采用了其他测评手段，选出1名符合录用标准的合格者，且办理录用手续，将面试结果存档，对其他人员反馈未被录用信息，且将另外两名初试合格者的资料放入公司储备人才库。最后，对本次面试情况进行总结评价，整个结构化面试画上了圆满的句号。

资料来源 佚名. 员工招聘中结构化面试的设计与应用［EB/OL］.［2019-04-15］. http://www.dianliang.com/hr/fazhan/huati/201604/hr_207173.html.改编.

4.2.2 按照面试考官和应试者的人数分类

按照面试考官和应试者的人数分类，可以分为：

1）一对一的面试

一对一的面试多用于较小规模的组织或招聘较低职位的员工，有时也用于人员的初选；另外，当公司总经理对人员进行最后录用决策时常采用这种方式。一对一的面试能使应试者的心态较为自然，话题往往能够深入，谈话过程容易控制；但其缺点是受面试考官的知识经验的限制，考察内容往往不全面，而且易受面试考官主观因素的影响。

2）多对一的面试

这是指多个面试考官对一个应试者进行的面试。这种方式的优点是能够综合多个面试考官对应试者的考察，会使考察比较全面；其缺点是容易造成应试者的压力，导致其紧张而发挥失常。公务员考试常采用这种方式。

3）一对多的面试

这是指一个面试考官同时对多个应试者进行的面试，也叫小组面试。当一个职位的应试者较多时，为了节省时间，将多个应试者组成一组，由面试考官依次轮流提问，着重考察应试者的个性和协调性。此种面试比较省时间，多个应试者同时参加面试，可产生对比作用。某些应试者在这种面试中很容易脱颖而出。但是此种面试对面试考官的素质要求较高，而且只能形成对每个应试者的大概印象，比较适合用于海选的初选。

4）多对多的面试

这是指多个面试考官在同一时间、地点同时对多个应试者进行的面试，也叫集体面试。在集体面试中，通常将应试者分为几个小组，每组5~8人，几个面试考官坐在一旁观察。面试考官中确定一个提问者，提出一个或几个能引起争论的问题，引导应试者回答并展开讨论，从而考察应试者的沟通能力、协调能力、语言表达能力和领导能力。

4.3 面试前的准备

4.3.1 面试人员的选择

一般情况下，企业在组织招聘工作前，就要落实专门的工作人员负责面试，落实面试的组织管理工作，成立面试小组，并对面试小组进行培训。

1）面试小组的构成

面试小组不是一成不变地由固定职位的人担任，而是针对特定的岗位，组成不同的面试小组。比如，招聘技术人员由资深的技术人员参加面试可能更合适，而招聘业务员则由业务经理参加面试可能更恰当。一般来说，面试小组及其分工如下：

（1）人事助理：考务工作。人事助理主要负责面试工作的组织安排及考务工作，如考场的布置、有关表格及材料的印制、面试中的记录、登记分数、后勤工作等，一般不直接参与面试考评和打分。

（2）人力资源部主管或其指定人员：初步面试。一般初次面试由人力资源部实施，通过初次面试，过滤掉学历、经历、资格等基本要求不适合的人选。复试或带有评定性质的面试由用人部门主管担任主试。人力资源部掌握企业内部人员状况，包括人员总数、年龄结构、学历结构、专业结构及企业的组织状况、机构分工、各岗位的基本职责和任职资格条件等，肩负着为企业选拔人员、合理使用人员的重任。同时人力资源部对国家和地方的人事政策有较全面的了解，可以对应试者的一些基本条件进行筛选，并为其介绍企业的基本状况，使其对企业和应聘岗位有初步的了解。

（3）招聘目标岗位的业务主管：评定业务技能。业务主管对本部门的业务比较精通，具有较高的理论水平，又有丰富的业务经验，对有关岗位的职责和任职资格了如指掌。企业招聘需求是由各个部门根据本部门的现状及未来发展需要提出的，由这些部门的业务主管直接参与面试，更有利于招聘到各部门所需要的人才。通常，企业中经常存在着人力资源部招聘到的人不符合用人部门需要的状况，因而产生许多怨言。让部门的业务主管参与面试，可以很好地解决这个问题。但是，由用人部门甄选人才存在一定的片面性，他们偏重业务能力，在招聘时可能未考虑公司人才储备的要求，也可能未考虑公司企业文化的要求，或者未对应试者的其他潜在素质进行考察。因此，面试小组要有业务主管参与，但要有其他人员参与。

（4）富有面试工作经验的专家与学者：引导应试者发挥水平，对潜在特质进行考核。专家与学者具有丰富的面试甄选的理论知识，又积累了多年的面试工作的经验，具有相当的面试技巧，能较好地控制面试的气氛，引导应试者发挥水平，从各个方面和角度引导应试者表现出各方面的特质，以利于从应试者的回答中捕捉较多的信息，进行全方位的考察，提高面试的质量，使企业招募到合适的人员。

（5）企业的主要领导人员（总经理或副总经理）：最后的核定及高级人才的选定。企业的主要领导人能从宏观上、从企业全局综合考虑如何选才，尤其是高层人才和关键人才，一般都由企业主要领导人亲自审核。在一些中小型企业里，招聘基层人才也需要企业主要领导人的最后核定。

面试小组的构成一般有两种形式，即层级式和扁平式。层级式的构成一般第一次面试由人力资源部进行考察，第二次面试由用人部门业务主管和面试专家进行考察，最后由企业主要领导人进行核定。而扁平式的构成一般由人力资源部、专家小组、用人部门业务主管及企业主要领导人等担任面试考官组成员，对应试者进行多次的考核。

总而言之，面试小组的构成因企业自身的具体情况和招聘岗位的具体特性而不同。比如，小型企业一般较少聘请专家或者学者做面试考官，许多企业一般由用人部门主管自己选人。

2）面试考官的资格条件

（1）良好的个人修养和品格。面试考官是企业的一个窗口，应试者容易从面试考官的一些行为和言谈中形成对企业的初步印象，因此面试考官的个人修养与品格非常重要。有些面试考官在面试时，常会出现以下行为：在应试者回答时，私下聊天或打手机，或者表现出一副高高在上的样子，或者一直在挑应试者的毛病等，这些都是对应试者的不尊重，是不可取的。面试考官的行为传达了一种企业的文化，面试考官应该尽量表现出欢迎、礼貌和尊重的态度对待应试者，并鼓励应试者回答问题。

（2）在某一方面精通。面试考官或者擅长面试技巧，或者熟悉本部门业务，或者精通人力资源管理工作，或者对本企业的整体运作情况了解透彻。面试考官一般不可能在各个方面都精通，但面试小组可以由不同的人组成而互补，从各自的角度去考评应试者，综合各家所长，就可对应试者进行全面考察。

（3）有较高的洞察力和观察力，并具有适当的幽默感。面试时，面试考官要从应试者的回答中，不断地发现问题、提出问题，充分挖掘潜在的信息。这要求面试考官具有较高的洞察力和观察力。同时，适当的幽默感可以拉近彼此的距离，让应试者放松紧张的情绪，减轻心理负担，正常地发挥应有的水平。

（4）公正客观。面试考官应根据面试的评分原则，对各个面试维度进行公正的打分，如实做好面试记录工作。不能因为本人的好恶或本人情绪的变化而影响对应试者应有的客观评价，产生一定的偏袒或歧视。

（5）能熟练运用面试技巧。面试的技巧包括面试提问的技巧、控制面试气氛的技巧和环境设计的技巧。例如，善于运用行为性面试、情境性面试或相关追踪面试技巧去考察应试者。有效应用这些技巧可以提高面试的质量，收集更多相关的有价值的信息，而不至于将面试时间用在讨论、争辩或问一些与面试无关的问题上。

（6）了解组织状况和职位要求。面试考官必须了解组织的状况，这样才能根据实际情况，甄选适合本企业条件和文化的应试者。比如，有些应试者非常优秀，但是要考虑本公司是否需要或有条件留住这么优秀的人。

另外，作为面试考官，必须记住不要试图去寻找超人，企业需要的是最适合的人。同时，必须了解职位的要求，才能更有针对性地去提问和考察。比如，某些应试者表现出非常好的分析能力和管理能力，但是企业如果只是需要招聘一个技术人员的话，就应该考察他的实际业务能力。

3）人力资源部门在面试中的工作职责

许多人都会以为招聘面试都是人力资源部门的工作，其实不然，人力资源部门主要负责招聘面试的组织工作，面试评定由面试小组集体负责。人力资源部门主要的工作职责如下：

（1）制订面试实施方案，报有关部门和负责人批准；

（2）确定面试的时间、地点及有关要求，在面试前通知应试者；

（3）组织拟定面试题目和面试标准；

（4）组织面试、评定面试成绩；

（5）做好面试成绩记录，整理面试考官小组写出的面试评语；

（6）综合面试成绩，组织面试小组确定面试成绩，确定录用人选，报请有关领导批准；

（7）公布面试成绩。

4.3.2 面试前准备的内容

1）回顾工作说明书

工作说明书包括工作描述和工作规范两个部分。工作规范也称任职资格，写明对任职者在知识、能力、经验、个性特点、职业兴趣取向等方面的要求。工作说明书中还要写明工作中的汇报关系、环境因素、晋升和发展机会、薪酬福利等。在面试之前，面试考官必须对这些信息了如指掌。这不仅可以使面试考察和甄选具有针对性，还可以在工作预审中，对应试者介绍工作岗位的基本职责和特点，还可以通过对职位相关发展通道的说明，形成应试者对职位的期望。许多应试者非常关注薪酬和发展前景的信息，这直接影响到应试者对该工作岗位的兴趣，因此面试考官要熟悉相关信息，以解答应试者的疑问。

为了判断面试考官是否对工作说明书足够熟悉，可以通过以下几个问题进行测验：

如果你是人力资源部门的面试考官，

（1）你是否足够了解如何判断应试者身上应具备哪些重要的任职资格？

（2）你是否能够清晰地向应试者沟通该职位的职责？

（3）你能够回答应试者提出的关于职位信息和公司信息的问题吗？

（4）你是否对该职位的薪酬福利标准有足够的了解？

2）阅读应聘材料和简历

履历分析是面试的一种重要手段。一般来参加面试的应试者都是经过初步挑选的、被认为是初步符合公司要求的人。在面试之前要阅读应聘材料和简历，熟悉应试者的背景、经验和资格，将其与职位要求和工作职责相对照，对应试者做出初步的判断，并对应聘材料和简历中有疑问之处加以留意，面试时可以对此提出问题。

在阅读应试者的应聘材料和简历时，主要关注以下几方面的信息：

（1）浏览应聘材料和简历的外观与行文。当面试考官面对成堆简历时，简历的外观和行文在很大程度上影响了面试考官继续读下去的兴趣。一份好的简历一般须具备以下特点：第一，简洁。有些简历有厚厚一叠，罗列了许多信息，并且每一点都写得很详细，但是这些信息可能与面试职位的相关性很小，这样的简历一般很难让人有继续读下去的耐心，很多重要的信息也很可能被埋没在这些信息里面。一般比较专业化的简历都是1～2页，最好一页写履历，一页附上相关证书。第二，重点突出。一般与岗位无关的信息或大家都知道的信息不用罗列出来。比如写大学课程时，政治课和英语课就不用写出来，只要写一些比较重要的专业课程就行了。第三，格式有层次感，一目了然。一般好的简历的格式就是当你拿起简历进行扫视时，就大概知道里面有什么内容。有些简历层次不清，或者排版不佳，看上去有一大片，看了半天也不知道其专业是什么。因此，简历的格式也非常重要。

（2）注意应聘材料中空白的内容或省略的内容。现在越来越多的公司常常会提供给应试者标准化的简历模板，这样所有应试者的简历看上去就会包含同样的内容。因而，很容易发现应试者的简历中有哪些栏目是空白的或者有哪些内容被省略掉了。这些内容可以在面试中进一步了解。

（3）浏览应试者的工作经历，特别注意与其所应聘职位或行业相关的工作经历。在面试中，面试考官非常重视应试者是否具有相关工作经验，特别是该应试者所做过的与应聘岗位相似的工作内容。例如，一个应试者可能曾经在一家竞争对手企业里做过类似的工作，或者在这个行业中很著名的一家企业中工作过，这些经历都会无形增加面试考官的兴趣和注意点。有些面试考官特别重视有大企业工作经验和背景的员工，倾向于相信这样的员工会给本公司带来许多值得借鉴的价值。但其实，盲目相信大企业工作经验是不全面的，面试考官应该在面试中具体考察，了解其经验与技能是否真的适用于本企业。比如，在大企业里，一般分工比较细，每个员工只负责整个流程中的一个小环节，可能这些经验和技能到了小企业就不怎么适用。

（4）思考应试者工作变动的频率和可能的原因。在一个人的简历中，最关键的部分可能就是他的工作经历了。在工作的变动经历中，我们可以注意该应试者工作变动的频率如何，是否在很短的时间内（如不到1年）就更换工作？如果工作变动过于频繁，就可以作为疑问在面试中提出。另外，可以考虑一下该应试者每次变动工作的原因是否合乎情理，找出工作变化动机中的疑问。例如，从一家知名企业换到一家小公司，工作单位变了但工资没有变化甚至下降；所从事的工作领域发生变化，从做技术转向做人事等。面试考官阅读简历时，可以对这些点提出疑问并留待面试时提问，再对其理由的合理性进行分析，但是不建议面试考官在没进行交谈之前，就自己给其经历设定一个原因，在简历阶段就将其否定，这是不客观也是不公平的。比如，有的面试考官看到应试者在 1 年中换了 3 次工作，就认为其稳定性非常差，肯定在我们公司也待不久，然后就将其筛掉。其实可能该应试者的工作调换有非常合理的理由，或者是找不到适合的企业才换的，如果找到适合的可能就具有非常高的稳定性。这些都需留待面试时去考查。

（5）审视应试者的教育背景及其与工作经历的相关性。对于相当多的人来说，所从事的工作是与学校所学的专业相关的，但会发现有些人所从事的工作与自己所学专业并没有直接的关系，或者在最初离开学校时从事的是与专业相关的工作，但后来变换成与原来所学专业不太相关的工作。因此，发现这些问题就需要在面试时询问应试者在选择职业和职业生涯发展方面的考虑。

（6）注意应试者对薪酬的要求。在应聘材料中，我们还应该特别关注应试者目前的薪酬状况以及他对薪酬的期望值。我们可以将他所期待的薪酬与该职位所能提供的薪酬水平做比较，在面试中与他讨论这方面的问题。

此外，在浏览简历与应聘材料时，还应特别关注其前后不一致的地方和难以理解的地方，在这些地方做下记号，以便在面试中提问和寻求答案。

3）电话筛选应试者

有的时候，招聘人员约了一个应试者面谈，但是才开始几分钟后，就发现该应试者根本不是公司要找的人。又或者，有的时候，应试者千里迢迢、满怀期望到某公司参加面试，经了解才知道对方公司所提供的职位根本不符合自己的要求。这样一来，双方都浪费了时间，还给应试者造成麻烦。为了避免这样的问题出现，我们有必要在面试之前与应试者先进行简单的电话访谈。

电话访谈主要包含三方面的内容：第一，确认应试者的应聘材料与简历中的信息，初步了解应试者的职业兴趣与工作期望是否与公司招聘的职位相符合。当应聘材料中没有明确写明期望待遇时，也可在电话访谈时了解清楚，可着重注意其工资期望与本公司的薪酬水平是否有较大差距。第二，回答应试者的相关疑问，对工作职责、公司概况与大概薪酬可做简要说明。第三，与初步符合要求的应试者确定正式面试的时间、地点与搭车路线。

与应试者进行电话访谈时，招聘人员作为公司的代表，应该礼貌、耐心、亲切，给应试者留下好印象，增加应试者参加面试的决心。

在电话访谈时，可以侧重了解以下一些问题：

（1）应试者求职的动机是什么？

（2）应试者最感兴趣的工作是什么？

（3）应试者对公司有什么期望？

（4）应试者现在的工作是什么？或者应试者所学的专业是什么？

（5）应试者为什么要离开现有的雇主？

（6）应试者对所应聘的工作是怎么理解的？

在回答应试者的提问时，也可以了解应试者的兴趣点及其对工作和公司的了解程度。一次电话访谈一般持续 10 ~ 15 分钟。

招聘人员根据应试者的访谈内容，应该侧重对以下问题形成判断：

（1）应试者是否正确领会了所应聘的工作内容？

（2）应试者的职业兴趣是否与应聘的工作相吻合？

（3）应试者表现出对所应聘的工作具有强烈的兴趣吗？

（4）应试者是否满足对该职位的最基本的任职资格要求？

（5）应试者所说的与简历和应聘材料中的信息是否一致？

（6）您是否决定对其进行正式的面试？

在电话访谈中，招聘人员应该时刻提醒自己，电话访谈的目的不是要得出是否聘用该应试者的结论，而是判断是否有必要对该应试者进行正式的面试。电话访谈的作用是筛选掉明显不符合要求的应试者，而不是选拔出符合胜任特征的应试者。

◆◆◆◆➡ **知识链接 4-3**

在面试前应对电话访谈的技巧

作为应试者，突然接到电话面试应如何应对呢？

1. 主动选择通话时间

接到电话的地点可能在任何地方，街道、商场、公共汽车站等，这些地方声音嘈杂，不利于沟通，这时，你可以主动要求另约时间再联系，如说："对不起，我正有事，目前的环境比较吵，是否可以半个小时之后给您回电话？"对方一般都会答应这样的要求。这时，你要留下对方的电话，等到约定的时间主动回复电话。

2. 主动选择通话地点

主动选择你可以安静地坐下来、拿着纸笔进行记录的地点进行电话沟通。安静的环境能保证你们双方都能听清楚，不会有漏听或误听。用纸笔可以对电话沟通的问题要点进行必要记录，也可以适当地记录回答的要点。

3. 要坐直身体，并面带微笑回答问题

不要以为电话访谈就可以斜靠在沙发上，跷着二郎腿回答问题，相信你的表情一定会被对方"看到"，要用重视、严谨的态度来对待电话访谈；也不能一边使用电脑上网，一边回答电话访谈，这样的回答心不在焉，效果可想而知。

4. 接听电话时要用"你好"等礼貌用语

绝不能说"喂"，这样印象分就会打折扣。要用"你好""谢谢"等礼貌用语，礼貌用语也是职业化的一种表现。

5. 拿着准备好的简历

电话访谈的时候，只能凭声音对对方进行判断，因此应试者在回答问题的时候要冷静、干脆，手中拿着简历，有利于用肯定的语气回答对方的问题。拿着简历进行自我介绍既有条理，也不会遗漏要点。

6.准备一些资料、工具书等，还可以准备一杯水

如果对方问到一些技术性的问题，准备一些资料、工具书等可以帮助你快速利落地回答，并能够突出你的专业能力。喝水不仅能帮助你润喉，还是镇静情绪的好方法。

7.电话访谈时的语速不必太快

无论对方在电话面试时语速是很快，还是不紧不慢，应试者的回答语速都不必太快，要口齿清晰，语调轻松自然。如果你太紧张，可适当用深呼吸来进行情绪调节，使自己放松下来，冷静、自信是电话访谈成功的关键因素之一。

8.如实回答问题

如果没有听清问题，可以再问一次。对问题要尽量如实回答，如果觉得说得不好，可以再重复总结一次。在总结的时候，加入1、2、3这样的要点。

9.询问对方的问题

电话面试的双方是对等的，对方在问了你一堆问题后，也会反问你是否有什么需要了解的情况。你不问问题不好，显得你并不太关心这个职位。问得太多也不好，你可以问下一步的招聘流程、面试时间、岗位期望的上岗时间等。此时，最好不问薪酬，在双方合作的意向还没有进入实质性阶段时，问薪酬显得过于功利。

10.电话面试结束时，要感谢对方

面试结束时，要感谢对方来电话，感谢对方的认可，表达进一步合作的愿望，如你可以这么说："感谢您的来电，谢谢您对我的认可，我希望能有机会与您面谈，您有任何问题请随时来电话。"如果对方直接约定正式面试，一定要拿笔记下时间、地点，并重复一次，保证准时参加面试。最后，需要提醒的是，在整个电话面试的过程中，保持自信，语速合适，态度表现职业化，无疑是成功的关键。

资料来源　汤梦娟.电话面试时，要掌握的十个技巧［EB/OL］.［2018-10-16］.http://career-planning.abang.com/od/jlyms/a/dianhua_all.htm.改编.

4）安排面试的时间和场地

面试时间：一般约在面试双方都可以全身心投入到面试中的时间。

面试之前一般要与应试者约定好面试的时间，面试考官也要规划好自己的时间。因为许多企业会出现这样的状况，就是应试者在约定的时间里到达，但是此时面试考官忙着其他工作，使应试者等候过久。这不仅浪费了应试者的时间，也给应试者留下不良的印象，从而影响应试者对面试的积极性。

面试地点：会议室。

在招聘会上，常常会有用人单位负责人与应试者进行初步面试，但是一般的招聘会都很嘈杂，人也比较多，时间不够充足。应试者与用人单位的负责人只能匆匆见面，匆匆分手，这时的面试通常只能获取一些初步的信息，并不能深入考核应试者的胜任能力特征。在正式面试的时候，应该创造一个可以接受的宽松气氛。很多面试考官喜欢选择自己的办公室作为面试场所，但办公室往往会受电话和工作方面的事情的干扰。一般的，面试的环境最好比较安静，不受打扰，这也是对应试者的尊重，因此小型会议室是面试地点的很好选择。

座位安排：要能缓和应试者的紧张情绪。

面试时，对于座位的安排，主要有以下几种方式：①圆桌会议的形式，即多个面试考官面对一个应试者；②面试考官与应试者呈一定角度而坐；③面试考官与应试者相对而坐，距离较远；④面试考官与应试者坐在桌子的同一侧。

5）准备一些基本的问题

对于结构化的面试，面试前已经准备好了所有问题，但是结构化面试多用于大型、有组织的面试。通常，企业会采用非结构化或半结构化的面试形式。在面试之前，根据岗位职责确定所需要考察的要素及其权重，并制成面试评分表。虽然不会像结构化面试那样，严格按照事先准备好的问题进行面试，但是一般的面试需要在面试之前准备一些基本的问题，理清面试的基本思路，以防面试时出现冷场或者所问问题没有对胜任能力特征的所有方面进行考察。

一般对以下两方面的内容进行问题准备：一是对简历和应聘材料有疑问或感兴趣的地方；二是考察每个要素之前所需的开放性问题。

这样的问题不宜过多，五六道即可。通过问一些开放性问题，可以引出更多的问题，根据所要考察的要素的需要，进一步进行追问。例如，如果面试考官对应试者的工作内容感兴趣，就可以提这样的问题："请描述一下通常情况下，你每天都做哪些工作？"

根据应试者的回答，可以继续追问这样的问题："在你的工作中，你觉得遇到的最大困难是什么，你是怎么处理的？"

常见的问题有：

"你为什么应聘我们公司的这个职位？"（求职动机）

"请描述一下，在你过去的经历中，让你觉得最骄傲/最失败的一件事情。"

"你觉得你最大的优点/不足是什么？"

"请谈谈你的职业生涯规划。"

4.4　面试的实施

4.4.1　面试的过程

大部分面试的过程都包括五个阶段：关系建立阶段、导入阶段、核心阶段、确认阶段、结束阶段。每个阶段都有各自不同的主要任务，在不同的阶段中，适用的面试题目类型也有所不同。

1）关系建立阶段

在这一阶段，面试考官要做的工作主要有：

（1）营造轻松的气氛。一般情况下，人在感觉受到关注或评估的状态下，都会有一定程度的焦虑感，会比较紧张，所以面试考官应当充分理解应试者的心情，要帮助应试者调整情绪，放松心情。轻松友好的氛围将有助于应试者在后面的面试过程中更加开放地沟通。面试考官要礼貌、热情、大方、得体地接待应试者，见到应试者时，应当主动与之握手或是微笑点头示意，表示欢迎，请应试者入座。无声的沟通，如在应试过程中点头肯定、微笑、放松姿势，可使双方建立一种亲密信任关系并得以保持。面试考官切忌一副高高在上的样子，一脸严肃，藐视一切，根本不与应试者进行目光交流。

进入面试的主题之前，面试考官可以进行简短交流，以自然过渡，话题诸如天气、交通，或是简历上有趣的事，面对这样的问题，应试者不用花时间考虑，也不用担心回答得好坏。这样的交流只是过渡，时间最好限在 2 ~ 3 分钟。这部分大概占整个面试 2% 的比重。在这个阶段，通常没有必要采用基于胜任能力的开放性面试题目，而主要采用一些需要简短回答的封闭性问题。

下面是在关系建立阶段常用的一些封闭性问题的举例：

"我们这个地方容易找吗？"

"路上堵车吗？"

"今天天气真冷，是吧？"

"是从公司直接过来的吧？"

（2）介绍面试的结构/过程。面试考官要向应试者介绍本次面试会有什么内容、面试安排是怎样的，让应试者知道面试的目的是想让双方互相了解，告诉应试者你的职位及称呼等。面试考官要表现出坦诚、友好、轻松的态度，这样容易与应试者拉近距离，建立双方的信赖感。

（3）告诉应试者在面试中的注意事项。面试是要对应试者的过去行为，包括原因、背景、过程及结果等进行详细了解，从而对应试者的能力做出判断。面试考官为了探察应试者尽可能多的信息，就要引导应试者。比如，有时应试者可能会跑题，面试考官可以中止应试者的话题以切入主题。因此，面试考官在开始面试前，先告知应试者将要探察的有关行为的更多信息，应试者就会有意识地详尽回答，即使说话被中断也会有心理准备，不至于太唐突，误解为不受尊重。面试考官可以在面试中这么说："在今天的面试中，我会向您提一些关于工作细节的问题，希望您能详尽地介绍。另外在您的回答中，为了更好地理解您的表达，我有时会打断您，希望您能予以配合。"

总之，这一阶段虽然较少考察应试者的关键品质，但是对于后面是否能够充分了解应试者的特质起到重要的作用。如果一开始面试考官就没有营造一种轻松友好的气氛，而让人感觉严谨、有压力甚至有敌意的话，应试者在回答问题过程中，就会紧张、害怕、不满，或者心中有所顾忌而影响正常水平的发挥。

2）导入阶段

这一阶段的主要作用是查明背景资料，问题主要围绕应试者所填报的各项资料，诸如简历、面试申请表、证书等所提供的信息进行提问。在这一阶段，面试考官一般要问一些应试者有所准备的、比较熟悉的题目，以缓解应试者依然有些紧张的情绪。这些问题一般包括让应试者介绍一下自己的经历、介绍自己过去的工作等。所问的问题一般比较宽泛，使得应试者有较大的自由度，另外也为后面的提问做准备。导入阶段占整个面试的比重大致为 8%。在这一阶段，最适用的面试题目是开放性的面试题目。例如，"请你介绍一下你的工作经历，好吗？"使用这种开放性问题的好处是：

（1）通过让应试者回答其比较熟悉的问题来消除其紧张情绪，增强其自信心。

（2）这种开放性问题可以鼓励应试者做出较长的回答，使得面试考官能观察到应试者的表达能力。

（3）这种比较宽泛的问题为面试考官提供了构建新问题的空间。面试考官可以根据这一阶段应试者所讲述的资料进行提问，对有问题的疑点亦可追问。

3）核心阶段

核心阶段是整个面试中最为重要的阶段。在核心阶段，面试考官将着重收集关于应试者关键胜任能力的信息。应试者将被要求讲述一些关于关键胜任能力的事例，面试考官将基于这些事例做出基本的判断，对其各项关键胜任能力做出评价，并主要依据这一阶段的信息在面试结束后对应试者做出是否录用的决定。核心阶段占整个面试的比重为80%，并且整个面试比重的65%要用在基于关键胜任能力的问题上。这一阶段使用的面试问题主要是基于关键胜任能力的行为性问题，当然在使用行为性问题的同时要与其他问题配合使用。例如，一个关键的行为事例上，接下去可能会不断地使用探索性问题进行追问。对于那些在应试者过去经历中找不到合适的事例的问题，就要使用一些假设性的问题。

4）确认阶段

在这一阶段，面试考官将进一步对核心阶段所获得的对应试者关键胜任能力的判断进行确认。这一阶段所使用的问题最好是开放性问题，因为如果使用过多的封闭性问题，则会对应试者的回答造成导向性，应试者会倾向于给出面试考官希望听到的答案。确认阶段在整个面试中所占的百分比为5%。在这个阶段使用的典型问题如下：

"刚才我们已经讨论了几个具体的案例，那么现在你能不能清楚地概括一下你如何安排新员工培训？"

"前面提到你曾经帮助人力资源总监制定有关的人力资源政策。具体地讲，你自己到底做了哪些工作？"

"在刚才的那个例子里，你帮助用人部门的经理找到了合适的人选。通常来说，你在帮助一个用人部门寻找合适的人选方面要经历哪些步骤？"

5）结束阶段

结束阶段是面试考官检查自己是否遗漏了关于那些关键胜任能力的问题并加以追问的最后机会。而且，应试者可以借这个最后的机会来推销自己，表现出组织所要求的关键胜任能力。同时，在这个阶段，可以给应试者一个提问的机会，通过应试者的提问，可以具体了解应试者注重哪方面的信息，是工作本身、企业氛围，还是工资待遇。结束阶段占整个面试的百分比大约为5%。在这个阶段，可以适当提一些关于关键胜任能力的行为性问题或开放性问题。例如：

"你能够再举一个例子说明一下你是怎样对待一个比较难对付的客户吗？"

"请再讲一些你在员工帮助系统中所做的工作。"

"你能举一些例子证明你在××方面的专业技能吗？"

"现在面试就要结束，如果你对我们公司或者这个职位有什么疑问，可以提一些问题。"

4.4.2　面试的技巧

1）面试中常见的误区

为什么我们经过层层面试选拔的人才，有的到了工作岗位上反倒像被"掉了包"？有的人在面试时表现很好，实际工作却很糟；有的人面试表现平平，工作起来却绩效甚佳。到底是哪个环节出了问题？其实，最根本的问难就在于面试考官本身。以下是面试过程中容易出现的误区：

（1）首因效应：以对应试者最初的印象来做判断。

（2）晕轮效应：喜欢应试者的某个方面或某个观点而对其整个评价就非常高，因为不喜欢应试者的某点，对其所做出的整个评价就非常低。

（3）近因效应：在同一个面试中，前面的信息模糊，以最近的信息来判断；在不同的面试中，对前面的人员印象模糊，对后面的人员印象深刻。

（4）相似效应：当面试考官发现应试者某一方面或某个观点与自己很类似，往往就会增加印象分。

（5）寻找超人：岗位要求过于完美，以理想的岗位标准到现实中寻找匹配的人员，或者以一些表现突出的应试者作为对比标准。其实企业只要寻找80%适合的应试者就足够了，过分优秀或者超出岗位要求的应试者并不是最适合的。

（6）草率决定：很多面试考官往往过于相信自己的直觉或经验。有人声称5分钟就能读懂一个人，这样的面试效果很令人担忧。即使偶有成功，怕也多是机缘巧合，真正的面试效度还是源于科学认真的准备以及严谨的工作态度。

（7）不做记录：当应试者过多，面试时间太长，单凭脑子的记忆靠不住，在模糊印象上做出的评价就会有失公允。

（8）忽略尊重：面试考官在心理上总存在优越感，面试时容易抱着一种"采购"心理进行招聘。有的让应试者等待太久，有的不注意细节，甚至有的对应试者粗鲁无礼，类似这样的做法很容易错失优秀的人才。

总而言之，要做好面试，选拔合适的人才，就要掌握好面试的技巧，做好面试工作。

2）如何进行提问

面试考官向应试者提问，通过应试者的回答，考察其知识、能力、思维、技能等。提问不是要问倒、难倒应试者，提问的重点在于在回答过程中收集信息。

（1）根据具体情况需要，适当使用各种类型的问题。在面试过程中，面试的问题主要有以下几种类型：

第一，开放式问题与封闭式问题。

开放式问题不是让应试者提供简单的是或否的答案，而是要求应试者根据自己的理解来回答。通常回答中会提供较多的信息，会着重回答"为什么""怎么样""是什么"。例如，您为什么来要我们公司应聘？您离开上一个单位的主要原因是什么？您最大的优点是什么？

而封闭式问题要求应试者以简短语言，比如"是"或"否"或者两者选其一的方式作答的面试问题。例如，您是因为工作压力过大离开上一个单位的吗？您期望的工资收入最低标准是多少？如果我们决定录用您，半个月之内您可以到位吗？您愿意去上海工作吗？封闭式问题有助于面试考官控制面试节奏，澄清或验证面试信息，在比较短的时间内，以简洁的方式得到有效的信息。

比较下面两个问题：

A.你在企业里有没有承担过管理工作？

B.你在企业里承担过哪些管理工作？你认为这些对你的成长有何帮助？

很明显，A类问题只需应试者简单回答"有"或"没有"，不需要再展开话题，面试考官无法从中获得有用的信息，不能对应试者有更多的了解。与A类问题相对比，B类问题要复杂得多，应试者需要总结、举例，回答具体的工作状况，面试考官可以通过"看""听"应试者的回答，在一定程度上了解应试者的组织活动能力、工作态度、语言表达能力、分析概括能力、思考能力等，获得必要的有效信息，以做出正确判断。

第二，导入性问题。

导入性问题多见于面试开端面试考官所提的问题。导入性问题既可以是封闭式的，也可以是开放式的。比如，在应试者刚刚进入面试场地，面试考官为了缓解应试者的紧张情绪，通常会问如下问题：我们公司好不好找啊？您是搭地铁来的吗？另外，导入性问题更多的是围绕应试者的工作背景来展开的，一般在进入详细的考察之前都会有相应的导入性问题，再结合行为性问题或情境性问题追踪。例如，

请您用2~3分钟简短做个自我介绍好吗？

您是通过哪些途径了解到我们公司的？

您是否已经了解了我们招聘的职位以及主要的工作职责？

看您的简历，您也曾担任过人力资源经理，您直接接触人力资源管理的时间大致有多久？

导入性问题是面试中氛围营造的关键。面试考官通过轻松的话题，不仅能够拉近与应试者的距离，而且对于导入正式的面试问题能起到很好的铺垫作用，让应试者对新话题有心理准备。

第三，行为性问题。

行为性问题是让应试者讲述过去经历过的关键行为事例，询问应试者过去在某种情境下的完整的行为表现，直接考察应试者与岗位有关的关键胜任能力。因其面试效度较好，行为性问题在狭义面试中所占的比重约有70%。例如，

请讲述一个您在做销售经理时所遇到的最大的挑战或危机？当时的情况是怎样的？您的任务或目标是什么？您说了什么？做了什么？结果是怎样的？

第四，假设性问题。

假设性问题也称情境性问题，通过面试考官设计一个与应试者未来工作相关的假定场景，要求应试者回答其在该情境中会怎样做，以此来考察应试者与工作有关的关键胜任能力特征。下面是一些假设性问题的实例：

如果你是一个团队的领导，你的团队成员向你抱怨一个客户向其提出近乎无理的难以满足的要求，而这个客户恰恰是公司非常重要的客户，你会怎样做使你的客户和团队成员都感到满意？

假如一个员工向来工作表现很出色，而最近他却在工作中频频出现失误，你会怎样解决这件事情呢？

假如作为一个团队成员，你对团队领导的某些工作方法有不同意见，你会怎样做呢？

应试者在回答这些假设性问题时，常常会故意做出面试考官所期望的好的回答。假设性问题与行为性问题虽然都是反映应试者在一个具体情境中的表现，但是假设性问题使用的是一个虚构的情境，而行为性问题是让应试者描述一个已经发生的真实情境。假设性问题一般用在应试者所应聘职位需完成的工作是其没有经历过的，无法在过去经历中找到相关的例子的情况下。

第五，探索性问题。

探索性问题通常在面试考官希望进一步挖掘某些信息时使用，一般是在其他类型的问题后面做继续追问。因为一个应试者很难在一个回答中就让面试考官得到其想要的全部信息，而且在应试者的回答中能继续引发出一些让面试考官感兴趣的话题，所以就要求面试考官对应试者做出追问，这些追问的问题往往就是探索性问题。探索性问题通常是围绕"谁""什么""什么时候""怎样""为什么"等展开的，从而得到有关这些内容的信息。

下面是一些典型的探索性问题：

你认为与什么样的人在一起比较困难？为什么？

到目前为止，在你的职业生涯规划中，你感到最成功的事情是什么？为什么？

你刚才讲过你们小组最终未能在规定时间内完成任务，是什么原因造成这种结果的？

你已经讲了……那么接下来发生了什么？

我知道你参加到了这个项目当中，那么除了你之外，还有别的人参加吗？

（2）在提出那些直接让应试者描述自己的能力、特点、个性的问题后，应该继续追问一些行为性问题，让应试者举出具体的事例来证明他所回答的信息。

假设你问一名应试者："你认为自己最大的优点是什么？"他可能会回答："我非常善于与人打交道。""我很善于分析问题。"这样的答案对于面试考官来说不能提供任何有价值的信息，无从验证应试者的回答是否是真实的。比较好的一个解决方法就是追问一个行为性的问题，例如，"请你举出一个例子来说明一下你在目前工作中是怎样有效地与人打交道的。""能不能告诉我一个表现你卓越的分析能力的事件。"这样，应试者就必须讲出自己经历中的事例来证明自己的答案，如果应试者讲不出来或含糊其辞、前后矛盾，那么他所讲出的自己的优点就要大打折扣。

（3）避免理论性提问和诱导性提问。

理论性提问。比如，"你认为作为一个领导，应该如何倡导一个良好和谐的团队氛围？"这里"认为"两字无疑就会引导应试者按照书本上的说法和假设进行完美的阐述。这样就可能出现有些应试者能说会道，引起面试考官的好感，而在实际上，让其真正在这个岗位工作，未必会表现如此得好。实施行为性面试的目的，是通过应试者叙述的行为事例来推断该应试者是否具有胜任所应聘职位的能力，而不是应试者是否能说出相应的理论知识。

诱导性提问。例如，"团队合作对一个公司的发展非常重要，你和你的同事是如何相处的？"面试考官这样提问，实际上已经把答案告诉应试者了，应试者为了得到这份工作，自然会十分强调他和同事关系如何融洽。这种提问是无效提问，难以据此判断应试者是否真正具有团队合作的意识。

为了避免以上两种错误，面试考官的提问应更多地以"能不能""有什么"开头，对具体的行为事例进行提问。

◆◆◆◆➡ 小思考 4-1

问题 1：你认为你应聘这份工作的优势是什么？

答：我的组织协调能力、人际交往能力较好。

问题 2：请你谈谈你做得比较成功的一件组织协调方面的事。

答：让我想想。哦，对了，上个月，我参与组织了一个大型的会议，由于我们准备工作充分，考虑问题周到，结果使会议取得了成功。

问题 3：这是一个什么性质的会议，为什么要开这个会？

答：这是一个大型的研讨会，由于我们要把一项研究成果开发成产品，我们需要各方面的人员对开发成本、开发时间、市场潜力等诸方面的问题进行论证。

问题 4：你在组织这次会议中的主要任务是什么？

答：此次会议的组织工作是由我们的领导——办公室主任负责的，我的任务是配合做好有关的工作。一个大型的会议需要大家的努力……

问题 5：对不起，我打断你一下，在举办此次会议中，你具体都做了些什么？

答：我做了与会议有关的所有具体的事，比如联系落实会议地址、提前两周通知与会人员等。你也清楚，这些事很琐碎，但有一件事做不好就可能使会议失败，比如说……

问题 6：对不起，请问你做的这些事是自己想到的还是办公室主任安排的？

答：我不是负责，所做的事当然都是主任安排的……

问题：上面 6 个问题分别属于什么类型的问题？

答：问题 1 属于开放式问题，问题 2 属于行为性问题，后面 4 个问题属于探索性问题。

3）如何进行倾听

面试考官除了要善于提问之外，还要善于倾听。如何做到积极有效的倾听，在面试中应该做到以下几点：

（1）少说，多听。很多面试考官在面试过程中所犯的一个最大错误就是说得太多。事实上，在面试的过程中，面试考官讲话的时间应该不超过30%，在这段时间内，面试考官可以向应试者提问，了解应试者的工作经历和能力，澄清某些疑问，向应试者提供某些关于组织和职位的信息，回答应试者提出的问题；应试者讲话的时间应该超过70%，在这段时间里，面试考官应该积极倾听。

（2）善于提取要点。面试考官并不需要记录所有应试者说过的话，而只需要记录与工作相关的信息，抓住要点。

（3）善于进行阶段性的总结。由于应试者常常不能一次性地提供一个问题的全部答案，或者经常从一个问题跳到另一个问题，因此面试考官要想得到一个问题的完整信息，就必须善于对应试者的回答进行总结和确认。通常，面试考官可以用重复或总结的方式确认应试者的回答。例如，"刚才你讲过你的优点有三个，一是人际关系好，二是有团队合作精神，请问第三个是什么？"

（4）表现出对应试者谈话内容的兴趣。在某些情况下，应试者的语言表达可能会比较枯燥乏味，令人提不起兴趣，但如果对他所应聘的职位来说，语言表达能力并不是关键胜任能力，面试考官应该集中注意力听其发言。有时候，在面试中会遇到一些干扰，如外面有人讲话、手机响等。无论发生什么样的状况，面试考官都应该控制自己，积极倾听应试者的谈话，切忌在面试过程中交头接耳。

（5）在听的同时注意思考。有效的倾听者绝不是在听的时候只用耳朵，而是同时在进行思考。科学家的研究表明，人的思考速度大概是每分钟400个字，而说话的速度则是每分钟150个字。这就说明想比说快得多，因此在应试者讲话的时候，面试考官有足够的时间进行思考。比如，可以分析一下应试者所说的话，可以将应试者现在所讲的话与他前面的话联系起来，或者可以思考下一个要问的问题，也可以看一眼应试者的简历来验证一下某些信息，观察应试者的身体语言，做一些记录等。当然，切忌做记录太多而跟应试者失去目光接触，也不能因思考其他问题，而忽略了应试者回答所包含的重要信息。

4）如何进行观察

在面试中，除了收集言语的信息外，同时要收集非言语的信息。比较能传递非言语信息的是手势与姿态语。单独的手势与姿态语本身并不具备具体的意义，但是如果与具体的情境结合，这些手势与姿态语就表达了重要的意义。表4-3是一些常见的非言语信息所表达的意义说明。

表4-3　　　　　　　　　　　　一些常见的非言语信息所表达的意义说明

非言语信息	典型含义
目光接触	友好、真诚、自信、果断
不做目光接触	冷淡、紧张、害怕、说谎、缺乏安全感
打哈欠	厌倦
搔头	迷惑不解、不相信
微笑	满意、理解、鼓励
咬嘴唇	紧张、害怕、焦虑
踮脚	紧张、不耐烦、自负
双臂交叉在胸前	生气、不同意、防卫进攻

续表

非言语信息	典型含义
抬一下眉毛	怀疑、吃惊
眯眼睛	不同意、反感、生气
鼻孔张大	生气、受挫
手抖	紧张、焦虑、恐惧
身体前倾	感兴趣、注意
坐在椅子边缘上	焦虑、紧张、有理解力
驼背而坐	缺乏安全感、消极
坐得笔直	自信、果断

4.4.3 如何面试各种应试者

大多数应试者都会努力在面试考官面前留下良好的印象，他们会尽量清晰而完整地回答面试考官提出的所有问题，彬彬有礼、举止大方，向面试考官提出的问题也比较适宜。

但是并非所有的应试者都会表现得那么理想。有些没有什么面试经验的人，比如，某些刚毕业的学生，通常不懂得怎么表现自己的优势。遇到这种情况，即使有很大潜力的应试者也会在面试中被埋没。因此，如何鼓励应试者讲话也是对面试考官比较有挑战的一件事情。有些应试者在面试前有很好的准备，非常自信，而且愿意与面试考官进行交流。而有些应试者则可能会让面试考官伤一点脑筋，因为有些应试者可能会讲得太多，而另外一些应试者又可能会过于羞怯和紧张，并且不会推销自己。面试考官不仅要客观、准确地对应试者做出判断，还要帮助和鼓励应试者很好地表达自己。

我们常常会遇到以下几类应试者：

1）骄傲自负的应试者

（1）原因分析。某些应试者有些才能，并且在过去曾经取得一定的成绩，获得过别人的赏识和赞许，便恃才傲物、狂妄固执、目空一切，在行为举止和言语表达中透露着傲慢，把自己看得比谁都高。

（2）表现。在面试过程中，这类应试者常会表现出对面试考官不尊重，对面试的时间、地点或内容指指画画，介绍情况时过分夸耀自己的长处和成绩，还未被聘就对企业大讲条件。

（3）处理方式。对这类应试者，面试考官要仔细询问应试者是否具有关于空缺岗位所需的知识和技能，考察他的水平究竟如何，是否是企业急需的人才，是否可能在岗位上为企业带来一定的效益，还要分析判断如果聘用，是否能驾驭他，并使其发挥正面的作用。如果应试者的态度始终不转变，那么即使他再有才能也不能聘用他，应当尽早结束面试。

2）自信心不足的应试者

（1）原因分析。这类应试者缺乏自信心可能的原因如下：①过高估计其他应试者的水平而低估了自己的能力；②缺少成功的经验，不清楚自己的潜力；③应试者过去曾在面试中受过挫折，害怕再次失败；④将面试考官神秘化、崇高化。

（2）表现。这类应试者常常表现得十分紧张、拘谨，低头不敢与面试考官对视，说话软弱无力，语气不坚定，回答问题唯唯诺诺，甚至迎合面试考官，缺少个性，十分被动，不会做适当发挥。

（3）处理方式。面试考官要给这类应试者留下热情、随和的印象，可以开个小小的玩笑，以此来活跃气氛。开始可以提供些简单易答的问题，或是表现出对应试者的长处十分感兴趣，使应试者感到受到重视，减少对面试的畏惧感，恢复自信。面试考官要善于引导这类应试者自由发挥，展现出个性。对于缺乏实际工作经验的应试者，也可以重点挖掘其品质和潜力上的特征。

3）言语过多的应试者

（1）原因分析。这类应试者可能具有过度的表现欲。

（2）表现。这类应试者通常会表现出喧宾夺主，突出自己，抓住一个话题滔滔不绝，不顾面试考官的反应，甚至谈的东西不得要害，废话太多。例如，当面试考官问应试者以前是哪个学校毕业的，他便把自己的母校详细情况介绍一通，还大谈学校存在的管理问题、应该如何改进等。当面试考官让他谈谈有何爱好时，他大谈自己如何喜欢音乐，以及音乐的分类、流行乐坛的现状等面试考官并不感兴趣的东西。

（3）处理方式。这种健谈者可以让面试考官得到大量的信息，但会浪费时间，因此面试考官要仔细倾听，从应试者的回答中寻找有效的信息。对于那些与面试无关的废话要及时制止，引导应试者的回答，让其多谈些与面试有关的内容。有些时候，不得不阻止应试者继续讲下去，通常采取的方法有：①直接打断应试者的话，将谈话引导到所关心的主题上来。②在提问的时候要求应试者做出简短的回答，以暗示应试者不要讲得太多。③当应试者讲的偏离主题时，面试考官可以表现出没有兴趣听的表情或动作。

4）寡言少语的应试者

（1）原因分析。可能出现寡言少语的原因：①天生性格内向，不太爱说话；②过于谨慎，对面试不太了解，生怕说错话；③拙于口头交流，肚子里有货倒不出来。

（2）表现。回答简单，问一句答一句，对开放性问题，也用单调的答案回答。

（3）处理方式。面试考官要与这类应试者多交流，使其放松紧张情绪，可以尝试采取以下的方法：

① 注意问问题的方式。面试考官可以首先问一些比较简单的问题，或者是一些封闭式的问题，因为有挑战性或者行为性的问题会令应试者感到更加紧张。例如，"怎么来公司的""你的学习或工作简历、家庭情况怎么样"等，这就会使应试者尽快进入角色。

② 善于使用重复、总结等方式加强与应试者的沟通。面试考官可以重复应试者讲话的某些要点，引导应试者继续讲话，并且在一定的时间要对谈话内容进行总结。因为

比较内向、不健谈的人讲话往往比较简短、不具体，所以通过面试考官促进互动的沟通方式，可以获得更加充分的信息。

③ 使用带有鼓励性的言语和非言语信息。对应试者可以直接给予一些带有鼓励性的言语，如"是的，这句是我想要了解的""真有趣""我明白了""慢慢说，别急"等。在音调方面则注意使用比较温和轻柔的声音。要善于使用带有鼓励性的身体语言，如点头、微笑、直接的目光接触、身体前倾等。

同时，在面试这种应试者时，面试考官要观察分析应试者寡言少语的原因，如果是第一种情况，就要看应试者回答问题到底是真回答不上，还是回答得简明、切中要害；如果是第二种情况，在进行了一番轻松自由的交谈、创造了和谐友好的气氛后，应试者一般应该能够充分自如地发挥，畅所欲言；对于第三种情况，一般来说，不是企业想要的理想人选，但针对某些岗位，如某些技术人员，对口才要求不高，而该应试者确有突出的才干，可能为企业带来一定效益，则应考虑破格录用。

◆◆◆◆➡ 案例分析4-1

销售员的选拔

广州某日化厂是一家历史悠久的国有企业，自1986年以来，该厂在国内竞争激烈的牙膏市场上独辟蹊径，找准自己的位置，开发出"国际香型、内含口洁素"的"×妹"牙膏，从此企业产品购销两旺，生产经营规模日益扩大，经济效益也越来越好。

广州某日化厂销售科负责该厂产品在全国各地区的促销工作，包括产品销售合同签订、产品的广告工作、售后服务工作和营销推广活动的策划工作等。为了提高销售，销售科与厂部订立了承包合同，厂部依据销售额和销售货款回收率这两大指标的完成状况对销售科进行考核，相应地，销售科也以这两个指标为主来考核销售员的工作实绩。随着产品销售量的不断增加和营销策略的不断深化，销售科感到人手紧缺，工作十分紧张，急需充实销售员队伍。为此，该厂经过本人申请和文化考试，录用了赵明、钱达、孙青和李强4名职工到销售科，进行为期半年的实习试用，作为正式销售员的候选人。目前，他们的实习期将满，销售科科长老萧正考虑从他们当中选拔合适人员作为正式销售员，从事牙膏产品的销售工作。根据平时对他们的观察和厂领导、销售科同志及客户对他们的评价，对上述4位同志的个人素质和工作实绩进行了初步的总结，以此作为选拔销售员的依据。

1. 个人素质方面

赵明，是个刚进厂的小伙子，今年刚满20岁，高中毕业，精力旺盛，工作肯吃苦，但平时大大咧咧，做事粗心大意，说话总是带有一股"火药味"。

钱达，是为了解决夫妻两地分居问题而从外地调进厂里的，今年34岁。他为人热情，善于交际，本人强烈要求做销售工作。

孙青，是市轻工电视大学经济管理专业毕业生，今年25岁。她工作认真，稳重文静，平时少言寡语，特别是在生人面前，话就更少了。

李强，是某大学公共关系专业毕业生，今年29岁。他为人热情，善于交际，头脑灵活，但对销售工作缺乏经验。

2.工作实绩方面

赵明，工作很主动大胆，能打开局面，但好几次将客户订购的牙膏规格搞错，客户要大号的，他却发给小号的，尽管科长曾多次向他指出，他仍然时常出差错，客户有意见找他，他还冲人家发火。

钱达，工作效率很高，经常超额完成自己的推销任务，并在推销过程中与客户建立了熟悉的关系。但他常常利用工作关系办私事，如要求客户帮助自己购买物品等。而且，他平时工作纪律性较差，上班晚来提早走，并经常在上班时间回家做饭，销售科的同事们对此颇有微词，他曾找领导说情，希望能留在销售科工作。

孙青，负责广东省内的产品推销工作，她的师傅曾带她接触过所有的主要客户，并与客户建立了一定的联系，但她自己很少主动独立地联系业务，有一次，她师傅不在，恰巧有个客户要增加订货量，她因师傅没有交代而拒绝了这一笔业务。

李强，负责河北省的产品推销工作，经常超额完成推销任务，并在推销过程中注意向客户介绍产品的性能、特色，而且十分重视售后服务工作。有一次，一个客户来信提出产品有质量问题，他专程登门调换了产品，客户为此非常感动。尽管如此，但他却时常难以完成销售货款回收率指标，致使有些货款一时收不回来，影响了企业经济效益指标的实现。

老萧必须在月底以前做出决定，哪些人将留在销售科成为厂里正式销售员，哪些拒收。

问题：如果你是销售科科长，根据4人的个人素质和工作实绩你将怎样决定他们的去留？

案例分析 4-1

分析提示

4.5 面试结果的处理

在面试中，面试考官需要综合各方面考核要素。不同的职位有不同的考核要素，对同一考核要素也有不同程度的要求标准。一个职位所有的考核要素和对该要素的要求标准组成了一个职位的人员素质测评要素模式。面试考官以某个职位人员素质测评要素模式为标准做出测评对象是否符合某个职位的决策。这时，面试考官就需要对测评方法建立相应的结果解释系统。面试的结果解释系统主要包括面试成绩的评定、面试结果的汇总和录用决策三个方面。

4.5.1 面试成绩的评定

面试成绩的评定是指运用面试成绩评分表，根据面试过程中观察与言语答问所收集到的信息，对应试者的胜任特征及工作动机、工作经验等进行价值判断的过程。

1）面试成绩的评分工具

面试评分要在事先设定好的关于某职位所需的若干个素质的维度上进行打分。面试的评分标准一般以面试成绩评分表的形式出现，评分就在评分表相应的栏目上填写。

面试成绩评分表主要包括项目（见表4-4）：①表号、姓名、性别、年龄；②应聘职位及其所属部门；③面试考察的重点内容及考核要素；④面试评价的标准与等级；⑤评语栏；⑥面试考官签字栏；⑦面试时间等。

表4-4   **面试成绩评分表（样表）**

表号：   姓名：   性别：   年龄：   应聘职位：   所属部门：

测评内容	基本能力			专业知识与个人素质能力				综合能力			合计
评分要点	应变能力	观察能力	处理难题能力	口头表达能力	专业知识	实际经验	组织协调能力	个人价值观	求职意向	仪表举止	10指标
评分等级（分）	5	5	5	5	5	5	5	5	5	5	50
	4	4	4	4	4	4	4	4	4	4	40
	3	3	3	3	3	3	3	3	3	3	30
	2	2	2	2	2	2	2	2	2	2	20
	1	1	1	1	1	1	1	1	1	1	10
权重	9%	8%	9%	9%	11%	11%	10%	11%	11%	11%	100%
得分（分）											
面试考官评语					面试考官签字： 年 月 日						

说明：5分代表优秀；4分代表良好；3分代表较好；2分代表较差；1分代表很差。

2）面试测评标准

（1）什么是面试测评标准。面试测评标准就是面试考官用以评定应试者成绩的尺度。面试测评的根本目的是要衡量应试者的能力素质、资格条件是否符合拟任职位对人员的要求，符合到什么程度、不符合到什么程度。而应试者的能力素质、资格条件，是通过其在面试中的言语和行为表现来体现的，面试考官将应试者的表现与职位的要求相对照，并对二者相一致的程度给出一个数量化的描述，这就是面试评分的基本思路。因此，面试的测评标准包含着3个方面的内容：一是测评指标，即反映应试者素质、资格条件的典型行为表现；二是水平刻度，是描述这些行为表现所体现的素质、资格条件的数量水平或质量等级的量表系统；三是测评规则，即一定水平刻度与一定行为指标之间的对应关系。

表4-5所列示的是关于"应变能力"的评分标准。表中列出了评定应变能力强弱的4个等级得分的尺度。以此表为参照系数，可以对不同应试者的"应变能力"评定分数。例如，"对突发情况反应灵敏"的应试者，可以评定其"应变能力强"，分数为10分。

（2）测评标准的等级确定。在设计面试成绩评分表时，可把面试标准等级按一定尺度进行划分，如三级、四级或五级等。例如，将面试成绩按优、良、中、差划分为4个等级。

表4-5　　　　　　　　　　　　　　　**"应变能力"评分标准**

测评项目	行为表现（测评指标）	得分（分）
应变能力	（1）对突发情况反应灵敏	10
	（2）对突发情况反应较快	7.5
	（3）对突发情况反应一般	5
	（4）对突发情况反应迟缓	2.5

（3）测评标准等级的量化。等级量化就是对各测评标准等级予以标度。标度一般有两种基本形式：一是定量标度，就是采用分数形式进行标度，如百分制中的90分、80分、70分、60分等。二是定性标度，如采用"优、良、中、差"或"甲、乙、丙、丁"等字符进行标度。当然定性标度与定量标度实际上存在着一定的对应关系，可以互相置换。

（4）测评标准的结构形式。测评标准的完整结构形式是：

测评标准＝测评项目＋测评指标＋水平刻度

测评项目是面试所要测评的素质项目。

测评指标是能够反映测评项目的行为表现，如对于"语言表达能力"这样的测评项目，可以用"叙述、描写、议论"3种典型的语言行为表现为指标来加以反映。

水平刻度是指测评指标或测评项目的数量水平的连续分布顺序及刻度。简言之，就是数量上的分档、分级、分数等。表4-6列示的是阅读理解能力测评标准。

表4-6　　　　　　　　　　　　　　　**阅读理解能力测评标准**

测评项目	测评指标	水平刻度		
		等级	甲	乙	丙
		分数（分）	10	5	1
阅读理解能力	（1）能否明白文章的内容		能	多半能	不能
	（2）能否抓住文章的主题		能	多半能	不能
	（3）能否分清文章的结构层次		能	多半能	不能
	（4）能否评析文章内容或写作技巧		能	多半能	不能

4.5.2　面试结果的汇总

面试记录和面试总成绩的评定结果是保存面试过程与结果信息的工具。面试结果的汇总包括整理好面试记录和做好面试总成绩的评定两个方面。

1）面试记录

面试记录由专门的考务人员担任。面试记录的内容包括企业名称、招聘岗位名称、面试考官姓名及职务、考务人员姓名与职务、面试地点和时间等。按照应试者的面试顺序，如实依次记录面试过程的主要情况。

记录时要详细地记录面试过程及各个主要题目的回答要点。记录要清楚、简洁、明了，要分清主次、抓住重点。记录的内容主要是面试过程与问题的回答要点，对一些无足轻重的话不必有言必记。

全部面试结束后，由记录员对记录进行整理，舍弃无价值的内容，归纳成为条理清晰、内容充实、具有参考价值的书面材料。

2）面试总成绩的评定

首先，要制定面试成绩评分表。面试考官对应试者的表现进行打分，并填好面试成绩评分表。

其次，每面试完一位应试者，就要评定其面试总成绩。方法是：考务人员将各位面试考官的面试成绩评分表收集起来。当众核算各面试考官的评分，将各位面试考官评出的各要素分数相加，扣除一个最高分和一个最低分，除以"面试考官人数-2"，计算出加权平均分，最后求出所有要素的总得分，即为面试总得分。核分时要有1～2人监督，然后填写面试总成绩评分表。

再次，主考官根据各位面试考官在面试成绩评分表中的评语，集体讨论，得出总评语，填入面试总成绩评分表的"主考官评语"一栏。

最后，在每份面试总成绩评分表后，附上各位面试考官的面试成绩评分表，以备查阅。

表4-7列示的是面试总成绩评分表。

表4-7　　　　　　　　　　　　　　**面试总成绩评分表（样表）**

考生姓名					×××		面试职位		营销部经理	
考官姓名	应变能力（分）	观察能力（分）	处理难题能力（分）	口头表达能力（分）	专业知识（分）	实际经验（分）	组织协调能力（分）	个人价值观（分）	求职意向（分）	仪表举止（分）
严××										
朱××										
王×										
陈×										
⋮										
平均分（最后得分）										
主考官评语		主考官签字：　　年　　月　　日								

记分员签字：
监督员签字：
　　　　　年　　月　　日

说明：1.去掉最高分和最低分后，其他分数相加并计算平均分，小数点后保留两位；
　　　2.分数不能涂改；
　　　3.主考官评语栏由主考官综合其他考官意见后汇总填写。

4.5.3　录用决策

在经过前面面试等甄选环节之后，招聘录用工作进入了决定性阶段，即录用决策，面试考评小组成员会通过专门的会议对相关测评数据资料进行综合分析，共同讨论应试者有关这方面情况，将应试者按分数高低进行排序。若有同分的情况出现，面试考评小组需翻出面试总成绩评分表，在最必需的素质上取得最高分的应试者，便可优先得到录用的机会。在对每一位应试者的评价维度都进行了综合分析打分之后，面试考评小组成员还需要考虑对应试者在相关评价维度上的长处和弱点进行说明，即综合评语，然后根据预先确定的人员录用标准与录用计划，做出最后的录用决策。

　　这里需要注意的是：第一，如果人力资源部门与用人部门在人选问题上意见有冲突，应尊重用人部门的意见。第二，用人单位应尽可能地选择那些具有与企业精神、文化相吻合的个性特点的应试者，即使其相应的知识背景和工作经验都稍微薄弱，因为这些可以通过培训而获得，相对来讲，一个人的个性品质是难以改变的。

情境模拟 4-1

　　场景：假如你是某次面试的主考官，请用下面的这段话作为面试开场。

　　"您好！非常欢迎您到我们公司来应聘，我叫……，是公司的招聘专员。今天我们的面谈大约会有 40 分钟，我会向您提一些关于您工作、学习的具体问题，希望您能尽量详细、具体地回答，让我尽可能地了解您所掌握的技能。在面试结束前我会向您介绍我们公司和您所应聘的岗位工作，您也可以提出您的问题。另外，我将在面谈过程中会做些记录，这样可以帮助我回忆您的具体情况。好吗？我们就从……开始。"

　　操作：全班同学分成若干组，每组 6~8 人，一位同学当主考官，一位同学当应试者，其他同学观察，进行模拟面试，然后轮流换角色进行。

　　小结：谈谈自己作为主考官及应试者在开场时的感受。作为主考官，开场是否流畅、自然？作为应试者，感觉是否紧张？如何提高面试开场的效果？

情境模拟 4-2

　　场景：面试过程核心阶段模拟。

　　操作：全班同学分成若干组，每组 6~8 人，一位同学当主考官，一位同学当应试者，其他同学观察。参照以下范例进行模拟面试，然后轮流换角色进行。

　　范例一

　　主考官：请问当你与用人部门的主管对某一职位的用人要求有不同意见时，你是怎样处理的？（开放性问题）

　　应试者：我想我会尽量与用人部门的主管沟通，把我的想法和理由告他，并且询问他的想法和理由，双方求同存异，争取达成一致的意见。

主考官：那么你能不能举出一个你所遇到的实例，当时用人部门的主管与你在某个职位的用人要求上没有达成共识，给我讲一讲当时的情况是怎样的。（行为性问题）

应试者：好吧。有一次保安部门有一个保安人员职位空缺，用人部门的经理要求招到的人必须身高在1.8米以上、体重在80公斤以上。

主考官：为什么？（探索性问题）

应试者：因为他认为身材强壮的保安人员对坏人具有威慑力。

主考官：那么后来怎么样了呢？（探索性问题）

应试者：我向那个部门经理解释，这并不是必要的条件。因为对于保安人员来说，忠于职守、负责任、反应敏捷和有良好的自我控制能力才是最重要的，而身高和体重则不必非得提出那么高的要求。

主考官：那用人部门的经理是怎样反应的呢？（探索性问题）

应试者：他还是坚持他的意见。

主考官：那你是怎样做的呢？（探索性问题）

应试者：我对他说，如果你能够拿出一些统计数据表明保安人员的身高和体重确实是可以阻止坏人的犯罪企图的必要条件，那么我就接受这种要求，否则的话，提出这种要求就是没有道理的。

主考官：那接下去的情况怎么样了？（探索性问题）

应试者：接下去那位部门经理收回了他的意见，到现在为止，那个职位还处于空缺状态。

主考官：那么你和那位部门经理这次意见不一致是否影响了你们之间的关系呢？（封闭式问题）

应试者：没有。

范例二

主考官：能不能给我讲一下你所遇到的这样一种情形：对于一个用人部门已经初步决定录用的候选人，你在进行他的背景调查，结果发现他的前任老板对他有一些不太好的评价，遇到这种情况，你是怎样做的？（行为性问题）

应试者：我还没有遇到过这种状况。

主考官：那么能不能假设，如果你遇到了这种状况，你会怎样做？（假设性问题）

应试者：那还不太好说。

主考官：好吧，我们换一种说法，你是否遇到过你所获得的关于候选人的信息与他在简历上所提供的信息不一致的状况？举出一个这种状况的例子，好吗？（行为性问题）

应试者：哦，当然可以，我明白您的意思了。我会不断进行追查和比较这些信息，直到我发现了事实的真相为止。在您前面提到的那个问题中，我可能会继续追问候选人的前任主管一些问题。

主考官：那你会询问什么样的问题呢？（探索性问题）

应试者：我会让他举出一些具体的实例来证明他所说的，并且我会寻找其他一些知情者来验证这些信息。

小结：谈谈自己作为主考官及应试者在面试问答阶段的感受，作为主考官，什么样的问题更能获得真实、可靠的信息？作为应试者，如何回答可以得到最好的面试效果？

从上面这些例子中可以看出，将开放式问题、探索性问题、假设性问题、封闭式问题和行为性问题结合起来，将会有效地得出关于应试者的关键胜任能力的信息。

▶ 知识掌握

1. 面试主要测评什么内容？

2. 什么是结构化面试？结构化面试的特点是什么？

3. 面试前要准备哪些内容？

4. 面试的过程包括哪些阶段？在每个阶段分别要注意什么问题？

5. 在面试中应该如何问？如何听？如何观察？

6. 什么是面试的测评标准？面试的测评标准是如何确定的？

▶ 知识应用

□ 案例分析

李强是某电子制造公司的部门经理，因为一次偶然的机会，由他全权负责公司拓展主任的招聘。以下是李强招聘的主要过程展示：

第一步：撰写工作说明书，发布招聘启事。

李强通过网络搜索引擎工具，参考其他公司相关职位条件，结合自己和同事的看法，写出如下招聘启事：

大专以上学历，电气自动化、市场营销专业或相关行业两年以上市场营销工作经验；

年龄在28～45岁；

有×××证书优先考虑。

其他：吃苦耐劳，能够适应经常性出差，为人乐观开朗，积极进取，有较强的人际关系处理能力。

李强在当地比较有影响力的网站上发布了招聘启事。每天，来自各地的应聘信如雪花般飞来。

第二步：筛选简历。

在简历筛选过程中，李强发现许多应试者的工作经历与本公司要求不符合：他们是做其他产品的营销，跟本公司的营销模式完全不同，或者是读营销专业但没有过营销的

工作经验。在这个环节，李强淘汰了一个条件非常符合的应试者，主要原因是此人拥有
MBA、MCSE（微软认证），而他的证书和他的职业经历毫不相干。李强担心公司会成
为其跳板，因为这个人投入很大资本去充电，必然会要求比较高的回报。还有一个人，
无论是硬件还是软件条件好像都符合，只是他现在的月薪约为 20 000 元，却开出月薪
8 000~10 000 元的要求，李强觉得不保险，也淘汰了他。还有几个外地的，条件也不
错，但李强觉得距离太远，成本较高，也就给放弃了。

第三步：初步面谈。

第一个面试的是一个南方人，此人工作经历非常符合，但刚一见面，李强对他的印
象就大打折扣，那个人满口的南方口音让李强觉得非常不舒服。李强想，现代职场，良
好的语言沟通非常关键，普通话都说不好的人是很难脱颖而出的。所以，李强就毫不犹
豫地淘汰了他。

现在都实行结构化面试，李强觉得自己也应该如此。如下几个问题是他在面试过程
中会问的主要问题：

（1）说一说你能胜任这个岗位的理由。

（2）这个岗位需要经常出差，并且工作量很大，需要经常加班，你能承受吗？

（3）我们这个岗位需要比较强的沟通能力，你觉得自己沟通能力如何？

（4）你是如何理解团队合作的？

……

在面试过程中，李强的态度非常和蔼，有时他还会和他们热烈讨论。虽然很辛苦，
但李强觉得，其实面试还是非常有意思的。不过，遇到那些牛气十足或者性格很闷的应
试者，李强通常几句话就把他们打发了。在面试过程中，李强将对应试者的评价标注到
他们的简历上，最后再确定下一阶段的面试人选。

案例分析

分析提示

一个月过去了，李强为公司找到了一个他认为非常理想的拓展主任。看
来招聘并不像人力资源部那帮家伙所说的那么难嘛，李强心理暗自有些得意
地想。

资料来源　杨倩. 员工招聘［M］. 西安：西安交通大学出版社，2006.

问题：李强的招聘存在哪些问题？应该如何改进？

□ **实践训练**

实训项目：结构化面试的模拟

实训目的：通过模拟结构化面试，来熟悉和掌握结构化面试的组织实施，体会结构
化面试实施过程中应该注意的事项。

实训步骤：

首先，以小组为单位进行人员分工，做好结构化面试前的准备工作。

其次，以主考官为核心展开结构化面试的模拟过程，具体如下：

主考官：“你好，首先祝贺你顺利通过了笔试，欢迎参加今天的面试。请你来是希
望通过交谈，增进对你的直接了解。我们会问你一些问题，有些和你过去的经历有关，
有些要求你发表自己的见解。对我们的问题，希望你能认真和实事求是地回答，尽量反
映自己的实际情况、真实想法。对你所谈的个人信息，我们会为你保密。面谈的时间为

30分钟左右，回答每个问题前，你可以先考虑一下，不必紧张。回答时，请注意语言要简洁明了。好，现在就让我们开始。"问题及评分标准见附件（略）。

再次，各位面试考官独立在面试成绩评分表上按不同的要素给应试者打分。

最后，面试结束，由工作人员收集每位面试考官手中的面试成绩评分表交给记分员，记分员在监督员的监督下统计面试成绩，并填入应试者结构化面试总成绩评分表。记分员、监督员、主考官依次在面试总成绩评分表上签字，结构化面试结束。

实训成果：撰写结构化面试模拟活动的心得。

第5章 评价中心

■■■➡ 学习目标 ■■■■

在学习完本章之后，你应该能够：

1. 了解管理游戏、案例分析等测评方法的含义和操作要点；
2. 明确评价中心的含义、形式和特点；
3. 熟知无领导小组讨论的含义、特点及试题类型；
4. 掌握无领导小组讨论试题编制步骤和实施程序，以及公文筐测验的含义、特点和组织实施步骤。

■■■➡ 引例 ■■■■

如何通过评价中心选拔人才

某公司是一家刚刚上市的股份制公司，主要生产建筑材料。现公司接到一单过亿元的合同项目，然而公司内部人员都没有大型项目的运作和管理经验。为使项目得到有效运转，公司面向社会招聘项目经理、技术经理和销售经理。通过简历筛选、电话沟通和初步面试，总共19人进入最后的测评阶段。此次人员测评使用的是评价中心方法，测评时间为两天。在对各位候选人的测评中，主要包括以下具体方法：一是计算机测验。运用人机测试的方法进行一系列能力倾向、职业适应性测试等。二是无领导小组讨论。把人员分成两组，根据公司提供的材料讨论生产经营问题。在无领导小组讨论中不指定负责人，主要侧重观察哪位候选人善于集中正确意见，并说服他人，把讨论引向一致。三是角色扮演。四是公文筐测验。公文筐测验由10个文件组成，所有文件都是企业中层管理者经常处理的申请报告、会议通知、方案审批、工作汇报、电话记录等，要求候选人在两个小时内处理完材料。

经过两天的测评，根据招聘岗位情况和评价中心的结果，评价中心工作人员编制了《××公司中层管理者选拔性测评报告》，为中层管理人员的最终人员的选拔提供了依据。

这一案例表明：评价中心方法是一种很有效的甄选人才方法。

5.1 评价中心概述

评价中心方法起源于德国,是一套用于挑选军官的评价方法。在 20 世纪 50 年代,美国 AT&T 公司率先在工业企业中使用评价中心方法进行人员的选拔。目前,这是在西方较流行的一种高级人员测评方法。

5.1.1 评价中心的含义

评价中心是一种以测评管理者素质为中心的一组标准化的评价活动。它将被评价者置于一个逼真的模拟工作情境中,采用多种测评手段,观察和评价被评价者在该模拟工作环境下的心理和行为表现,以此来预测被评价者的管理技能和潜在能力。该方法突破了传统测评方法的局限,着重考察被评价者实际解决问题的能力,是一种很实用有效的选拔管理人才的方法。

5.1.2 评价中心的特点

评价中心的突出特点在于它的情境模拟性,即通过多种情境模拟来观察被评价者的特定行为,因此评价中心具有其他测评手段不可比的优势,即给评价者提供了观察被评价者如何与他人互动、如何分析解决问题等复杂行为的机会。评价中心除了它的情境模拟特点之外,还有以下几个突出特点:

1)综合性

评价中心是多种测评技术的综合使用。由于评价中心是一种以测评管理者素质为中心的一组标准化的评价活动,所以测评的方法多种多样,如纸笔测验、管理游戏、公文筐测验、角色扮演、无领导小组讨论、演说、案例分析、事实判断、面试等,可以说评价中心是一种多种形式的综合的测评技术。

2)动态性

评价中心技术非常强调活动,认为被评价者只有在活动中才会充分表现出其内在素质,如管理游戏、公文筐测验、角色扮演、无领导小组讨论等测评方法,就是向被评价者提供一种活动的机会,通过活动来观察被评价者的行为与素质。

3)标准化

就评价内容而言,评价中心测试内容不是随意而定的,而是根据岗位需要来确定的;就测评方法而言,评价中心选择的测评方法是按测试内容需要来设计的;评价的实施过程也是按实施步骤严格进行的;最后的评分、鉴定、报告等都是按统一标准来实施的。

4)整体互动

评价中心大多数评价活动都是将被评价者置于群体互动之中进行比较,无论是无领导小组讨论、管理游戏等被评价者之间的互动,还是演讲、面试等评价者与被评价者之间的互动,都是通过人员之间的互动活动,对被评价者做出整体性的测评。

5)信息量大

评价中心使用了多种测评方法,每种测评方法都有自身的观察侧重点,所以使用评价中心技术会从不同的观察点采集相关信息,同时,每种测评方法有多个测评人员共同进行测评，且测评内容涉及诸多方面，因此采用评价中心技术所获取的信息丰富，有利于管理人员进行甄选决策。

6）潜能预测

评价中心技术早期在美国 AT&T 公司运用时，就是要从公司中甄选具有潜质的基层管理人员，他们希望能找到一种有效的测评方法，来判断人员的潜在能力，预测其是否能够适合未来的管理工作，是否具备管理能力与相应的工作绩效。

7）形象逼真

评价中心的每一个情境模拟测试，都是从许多实际工作样本中挑选出来的典型，与实际工作具有高度的相似性，因此整个测评形象逼真。

5.1.3　评价中心的主要方法

评价中心具体的测评方法有许多种，主要有无领导小组讨论、公文筐测验、角色扮演、演讲、案例分析、管理游戏等。

无领导小组讨论是评价中心的测评方法中常采用的一种测评方法，其操作程序是给被评价者一个待解决的问题，给他们大约一个小时的时间，让他们展开讨论，以解决问题，评价者观察和评价他们的行为。

公文筐测验是指在测试中，被评价者模拟接替某个管理者工作，要在规定的时间内处理相当数量的文件、电话、信笺等，主要考察被评价者的计划、分析决策能力和书面表达能力等。

角色扮演是指评价者设置了一系列人际冲突和矛盾的模拟情境，要求若干个被评价者分别扮演不同的角色，去处理各种问题和矛盾，评价者根据被评价者扮演不同角色表现出来的行为，进行观察和分析，评价其管理潜力。

演讲主要是指让被评价者在公共场合就某一主题阐述自己的观点，主要是考察被评价者的表达能力、说服能力。

案例分析是指先让被评价者看一些材料，了解某个组织在管理中存在的问题，然后要求其提交一份解决问题的分析报告。

管理游戏是一种精心设计好的游戏活动，要求被评价者通过参与游戏活动感悟一些哲理。

5.2　无领导小组讨论

5.2.1　无领导小组讨论概述

1）无领导小组讨论的含义

无领导小组讨论是指将数名被评价者（被试）集中起来组成小组，要求他们就某一问题开展不指定角色的自由讨论，评价者通过对被评价者在讨论中的言语及非言语行为的观察，来对他们做出评价的一种测评形式。所谓无领导，就是说参加讨论的这一组被评价者，他们在讨论问题的情境中的地位是平等的，其中并没有哪一个人被指定充当小组的负责人。

2）无领导小组讨论的基本原理

按照现代人员测评理论的观点，人的行为和工作绩效都是在一定的环境中产生和形成的，对人的行为、能力、个性等素质特征的观察与评价，不能脱离一定的环境，所以要想准确地测评一个人的素质，应将其纳入一定的环境系统中，观察分析被评价者在该环境下的行为表现，从而全面考察被评价者的多种素质特征，这一测评方法正是基于这一原理的指导。该方法的具体操作要求一般是这样的：将被评价者按一定人数编组（一般 6 ~ 8 人），不确定会议主持人，不指定发言的先后，也不提出诸如积极主动、观点清晰之类的具体要求，只是要求他们根据主试提出的真实或假设的背景材料，就某一指定主题进行自由讨论，要求小组能在规定的时间内形成一致意见，并以书面或口头形式向主试汇报。

3）无领导小组讨论的测评目的

无领导小组讨论的目的主要是考察被评价者的语言表达能力、组织协调能力、决策能力、沟通能力、应变能力等能力特征，同时可考察被评价者的自信心、宽容性、情绪稳定性、性格的内外倾向性等方面的个性特征。这一方法的主要优点是它能为被评价者提供一个充分展示其才能与人格特征的舞台，使其能够在一种动态的情境中表现自己，同时因为有小组成员的参与，这种测评形式就势必要求被评价者在与他人的互动过程中去展现自己。在互动的过程中，被评价者的特点会得到淋漓尽致的表现，也给评价者提供了在与其他被评价者进行对照比较的背景下，对某个被评价者进行评价的机会。

4）无领导小组讨论的特点

无领导小组讨论的突出特点是具有生动的人际互动性，能看到许多纸笔测验乃至面试看不到的现象，对预测真实团队中的行为有很高的效度。

5）无领导小组讨论的适用对象

无领导小组讨论的适用对象为具有领导潜质的人或某些特殊类型的人群，可以从中择优选拔企业所需要的优秀人才。

6）无领导小组讨论的测验维度

无领导小组讨论可以考察的维度比较广泛，既可以考察沟通能力、团队合作、组织协调等人际方面的维度，也可以考察思维的逻辑性、分析能力、创造性等维度，还可以考察自信心、情绪的稳定性、工作风格等维度。无领导小组讨论为被评价者提供了充分展现其行为的舞台，能使评价者得到大量的有关被评价者能力、个性特点等信息。

5.2.2　无领导小组讨论的功能和程序

1）无领导小组讨论的功能

无领导小组讨论是通过模拟团队环境，考察被评价者的管理能力、团队合作能力以及某些个性品质等，诊断其是否适合胜任某一管理职位，主要具备以下 3 个功能：

（1）区分功能。在一定程度上能够区分出被评价者能力素质上的相对差异。

（2）评定功能。能在一定程度上评价、鉴别被评价者某些方面的能力、素质和水平是否达到了规定的某一标准。

（3）预测功能。能在一定程度上预测被评价者的能力倾向和发展潜力，预测其在未来岗位上的表现，以及成功的可能性。

2）无领导小组讨论的程序

无领导小组讨论的过程一般分为3个阶段：第一阶段，被评价者了解试题，独立思考，列出发言提纲，一般为5分钟左右；第二阶段，被评价者轮流发言阐述自己的观点；第三阶段，被评价者交叉辩论，继续阐明自己的观点，或对别人的观点提出不同的意见，并最终得出小组的一致意见。

无领导小组讨论的时间一般是30~60分钟。它的具体程序是：

（1）讨论前事先分好组，一般每个讨论组6~8人为宜。

（2）考场按易于讨论的方式布置，一般采用圆桌会议式，评委席设在考场四边（或集中于一边，以利于观察为宜）。

（3）被评价者落座后，监考人员为每人发空白纸若干张，供草拟讨论提纲用。

（4）主试向被评价者讲解无领导小组讨论的要求（纪律），并宣读讨论题。

（5）给被评价者5分钟左右准备时间（构思讨论发言提纲）。

（6）主试宣布讨论开始，每人阐述自己的观点（5分钟），每人发言没有次序安排，等所有被评价者发言结束后开始自由讨论。

（7）各评价者只观察，并依据评分标准为每位被评价者打分，不准参与讨论或给予任何形式的诱导。

（8）无领导小组讨论一般以30~60分钟为宜，主试依据讨论情况，宣布讨论结束后，收回被评价者的讨论发言提纲，同时收集各评价者评分成绩单，考生退场。

（9）记分员按去掉一个最高分、一个最低分，然后得出平均分的方式，计算出最后得分，主试在成绩单上签字。

5.2.3 无领导小组讨论的优缺点

1）无领导小组讨论的优点

（1）能检测出笔试和单一面试所不能检测出的能力或者素质。

（2）能观察到被评价者之间的相互作用。

（3）能依据被评价者的行为特征来对其进行更加全面、合理的评价。

（4）能够涉及被评价者的多种能力要素和个性特质。

（5）能使被评价者在相对无意中暴露自己各个方面的特点。

（6）能使被评价者有平等的发挥机会，从而很快地表现出个体差异。

（7）能节省时间，并且能对竞争同一岗位的应聘人员的表现进行同时比较（横向对比）。

2）无领导小组讨论的缺点

（1）对测试题目的要求较高。

（2）对评价者的评分技术要求较高，要求应该接受专门的培训。

（3）对被评价者的评价易受评价者各个方面的影响，从而导致对被评价者评价结果的不一致。

（4）被评价者有存在做戏、表演或者伪装的可能性。

（5）被评价者的经验可以影响其能力的真正表现。

5.2.4 无领导小组讨论的计分方式和内容

1）计分方式

一般而言，无领导小组讨论的计分有以下 3 种方式：

（1）各评价者对每个被评价者的每一个测评要素打分。

（2）不同的评价者对不同的被评价者的某一个测评要素打分。

（3）各评价者分别对每个被评价者的某几个特定测评要素打分。

在具体实施期间，评价者之间可根据自己的水平和特长等具体情况，有针对性地选择使用某一种计分方式。

2）计分内容

无领导小组讨论的计分内容一般包括 3 个方面：

（1）语言方面，包括发言主动性、组织协调能力、口头表达能力、辩论说服能力、论点的正确性等。这些不同的要素应根据职位的不同有不同的权重得分。在具体实施过程中，可根据具体情况，确定测评的要素和各要素的权重，以和具体的岗位、职位相对应。

（2）非语言方面，包括面部表情、身体姿势、语调、语速和手势等。

（3）个性特点，包括自信程度、进取心、责任心、情绪稳定性、反应灵活性等测评要素。

5.2.5 无领导小组讨论的注意事项

1）测评对象应有指向性

无领导小组讨论并非对所有岗位的人员选拔及培训都适用，主要适用于中高级管理岗位。这是因为，从测评效度来看，无领导小组讨论的测评要素主要集中在与中高级管理岗位相适应的能力和个性品质上，如沟通能力、分析能力、应变能力、说服辩论能力、情绪稳定性等。而基层岗位人员所需要测评的要素指标，一般可以通过普通的测评方法得到。从成本来看，无领导小组讨论前期的题目编制、实施过程中的测评以及后期对被评价者的评估，都需要专业评价人员的介入，需要投入大量的人力与时间成本，较高测评费用决定了其更适用于中高级管理者。

2）测试领域不应局限于选拔

无领导小组讨论具有评价和诊断的功能。在实际应用中不应将它仅仅局限于中高级管理人员的选拔，在人员培训、配置、规划等方面，无领导小组讨论也可以发挥出很好的作用。比如在组织培训前进行无领导小组讨论，通过测评具体管理者的实际管理技能水平和品质表现，从中发现其需要进一步改进的地方，然后针对其弱项进行培训，提高其工作技能和水平。也可以把无领导小组讨论本身作为一种培训工具，比如作为提高团队合作意识的培训手段。在无领导小组讨论过程中，培训人员会很快发现谁的表现欲最强、谁总是不接受别人的观点、谁没有很好倾听别人的习惯等影响团队合作的因素，然后通过对培训对象进行逐一点评和指导，达到良好的培训效果。

3）测评指标体系必须完善

无领导小组讨论的测评指标体系设计必须具有系统性，针对一定的岗位或职位，设计出合理的测评指标体系，是测评工作取得成功的基石。然而，目前许多组织在实施无领导小组讨论时，测评指标选择都带有盲目性和主观性。首先，依据岗位的需要，通常测评的指标应选择在 4～6 个为宜。为了更有利于评价者客观评分，在设计指标体系的时候，需要进一步细化每个指标要素，可以把每个指标要素再细分为二级指标并界定其内涵。其次，与测评相关的各个要素确定之后需要对各要素进行权重分配，最终形成适合于某一具体岗位的测评指标体系。

4）测评计分坚持标准化

通常的无领导小组讨论计分方法是根据测评要素的内涵划分为若干评分段，并对几个评分段进行详细的界定，然后将分数分配到这几个评分段中。评价者根据被评价者的具体表现，结合界定好的评分段对被评价者进行计分。但这种方法的计分幅度范围大，对评价者的判断要求很高。为解决这一问题，可运用二级思维的方法。例如采用 3×3 制二级判断计分法，评价者先按被评价者可能的表现情况划分出优秀、一般、较差 3 个等级并列出相应标准，然后在此基础上分析被评价者符合该等级的上、中、下哪一水平，最后按等级内规定的分数范围给出测评分数。二级判断计分法将主观因素控制在较小幅度内，因而在一定程度上降低了一级判断计分法所造成的误差。

5）题目设计应突出针对性

无领导小组讨论题目的设计，必须建立在对职位要求全面了解的基础上。测试题目所呈现的测评点，要可测评出职位所要求的关键能力，即要求：讨论题目必须与拟任岗位的特点相结合，所设计的讨论题目应能有针对性地反映拟任岗位的工作特点；应是现实工作中已发生的或与现实相似的事件或问题；应能够体现具体的现实工作情境特点和所需具备的各种技能、品质等要素。另外，题目的针对性还反映在题目内容与职位的相关度上，相关题目内容要被每个被评价者所熟悉，才能有利于讨论的展开，有利于被评价者的充分表现，体现出公正、公平的测评原则。

6）讨论题材要具有可争辩性

无领导小组讨论的过程是从分歧到最后达成相对一致的过程。讨论题目的题材要能够让被评价者之间产生争辩，在争辩中测评被评价者的某些管理特征、人际能力以及其他特征。没有争辩，就无法观察被评价者面对不同意见的分析能力、面对矛盾的协调能力、面对决策时的判断能力；无法观察到谁有影响力、谁善于吸取不同观点、谁更成熟等。所以无领导小组讨论的题目设计必须体现出它的争辩性，使每个人都有话可讲，讨论题材要能够引起被评价者激烈的讨论行为，使其在讨论中将真实的能力与个性展现无余。

7）不可忽视评价者的选择与培训

无领导小组讨论中评价者的水平是决定这种测评最终效果的一个关键环节之一，而评价者的选择与培训则是此关键环节顺利完成的重要保证。评价者的选择方面，应注意人员搭配的合理性，选择范围应主要集中在人事测评专家、人力资源部门主管和选拔岗位的直接上级等，因为这种测评对评价者要求较高，一般应以评价专家为主。在评价者培训方面，培训评价者主要从无领导小组讨论测评的基本含义、特点、功能、适用对象、讨论题目的设计与形式、实施程序、评价标准、行为观察技术、评分方法等方面出发，使评价者的评判标准统一起来，并尽可能消除评价者个人主观因素对测评造成的影响。

8）注重实施操作流程的规范

无领导小组讨论是对测试形式要求比较严格的一种测评方式，但在实际使用中，很多评价者忽视了测评程序和时间规范化的要求。在正式测评之前，评价者应先对被评价者宣读无领导小组讨论测评的指导语，即介绍测评步骤和考察要求，然后宣布无领导小组讨论开始。

9）要规避性格倾向导致的误差

一般而言，外向型的人在人际关系处理与语言表达方面更容易吸引人的注意力。在这种以讨论为主和需要人际沟通的测评中，内向型的人可能会处于劣势。而事实上，有些人的组织能力和影响力并不在于其言辞而在于其优秀的判断和决策能力上，这种判断、决策能力构成了他的组织能力和影响力。内向型的人的这种性格特征，可能会影响他在讨论过程中各种能力的展现，也容易被评价者所忽视。另外，熟悉无领导小组讨论测评方法的人比不熟悉的人更具有优势，他会刻意地抓住机会去表现自己，他会在"影响力、合作意识"等测评指标上获得高分。

10）强化集体评价的环节

无领导小组讨论的后期测评最好采用集体评价的方式。由多名评价者对每个被评价者的所有测评指标进行评分，取其平均值作为被评价者的最后得分。笔者认为评价者及时召开一个评分讨论会十分重要。在讨论会上，对每个被评价者的表现进行逐一点评，评价者报告他们各自观察到的该被评价者的典型行为以及对该被评价者表现的评价，并充分交换意见。通过交换意见，评价者可以补充自己观察时的遗漏，对被评价者做出更加客观全面的评价。

◆◆◆◆➡ 案例分析5-1

某银行无领导小组讨论面试案例

资料：

飞达公司是一家中等规模的汽车配件生产集团。最近由于总经理临近退休，董事会决定从该公司几个重要部门的经理中挑选接班人，并提出了3个候选人。这3位候选人都是在本公司工作多年，经验丰富，并接受过工作轮换培训的有发展前途的高级职员。就业务而言，3个人都很称职，但3个人的领导风格有所不同。

A．赵强。赵强对他所在部门的产出量非常满意。他总是强调对生产过程和质量控制的必要性，坚持下属人员必须很好地理解生产指令，迅速、准确、完整地执行。当遇到小问题时，赵强喜欢放手交给下属去处理。当问题严重时，他则委派个得力的下属去解决。通常他只是大致规定下属人员的工作范围和完成期限，他认为这样才能发挥员工的积极性，获得更好的合作。赵强认为对下属采取敬而远之的态度是经理最好的行为方式，亲密关系只会松懈纪律。他不主张公开批评或表扬员工，相信每个员工都心中有数。赵强认为他的上司对他们现在的工作非常满意。赵强说在管理中的最大问题是下级不愿意承担责任。他认为，他的下属可以把工作做得更好，如果他们尽力去做的话。他还表示不理解他的下属如何能与前任——一个没有多少能力的经理相处。

B. 王亚虎。王亚虎认为应该尊重每一位员工。他同意管理者有义务和责任去满足员工需要的看法。他常为下属员工做一些小事：帮助员工的孩子上重点学校，亲自参加员工的婚礼，同员工一起去郊游等。他还为一些员工送展览会的参观券，作为对员工工作的肯定。王亚虎每天都要到工作现场去一趟，与员工们交谈，共进午餐。他从不愿意为难别人，他还认为赵强管理方式过于严厉，赵强的下属也许不那么满意，只不过在忍耐。王亚虎还注意到管理中存在的不足，不过他认为大多是由于生产压力造成的。他想以一个友好、粗线条的管理方式对待员工。他也承认本部门的生产效率不如其他部门，但他相信他的下属会因他的开明领导而努力工作。

C. 刘国强。刘国强认为作为一个好的管理者，应该去做重要的工作，而不能把时间花在与员工握手交谈上。他相信如果为了将来的提薪与晋职而对员工的工作进行严格考核，那么他们会更多地考虑自己的工作，自然地会把工作做得更好。他主张，一旦给员工分派了工作，就应该让他以自己的方式去做，可以取消工作检查。他相信大多数员工知道自己应该怎样做好工作。如果说有什么问题的话，那就是本部门与其他部门的职责分工不清，有些不属于他们的任务也被安排在他的部门，但他一直没有提出过异议。他认为这样做会使其他部门产生反感。他希望主管叫他去办公室谈谈工作上的问题。

要求：

被评价者分别以推举候选人的董事身份，参加讨论，决定总经理的最终人选。

被评价者须知：

（1）被评价者接到"讨论题"后，用5分钟时间拟写讨论提纲。

案例分析5-1

（2）按照考号的顺序每人限3分钟阐述自己的基本观点。

（3）依次发言结束后，被评价者用30分钟时间进行自由交叉辩论。在辩论过程中，被评价者可更改自己原始的观点，但对新观点必须明确说明。

分析提示

（4）辩论结束后，被评价者将发言提纲交给主考官，之后退场。

资料来源　佚名. 商业银行口试无领导小组讨论辩论［EB/OL］.［2021-05-09］. http：//www. docin.com/p-808645377.html. 节选.

5.3　公文筐测验

5.3.1　公文筐测验概述

1）公文筐测验的含义

公文筐测验又叫文件筐测验，是评价中心用得最多也是最重要的测评方法之一。公文筐测验是模拟实际工作中管理人员分析资料、处理各种信息，以及做出决策的一系列活动。例如，某测验描述了某公司所发生的实际业务、管理环境，提供给被试的信息包括涉及财务、人事备忘录、市场信息、政府的法令公文、客户关系等十几份甚至更多的材料。测验要求被试以管理者的身份，模拟真实工作中的想法，在规定条件下（通常是较紧迫困难的条件，如时间与信息有限、独立无援、初履新任等），对各类公文材料进行处理，形成公文处理报告。通过观察被试在规定条件下处理公文的行为表现和书面作答，评估其计划、组织、预测、决策和沟通等能力。这些呈现的材料通常是放在公文筐中的，因此得名公文筐测验。

2）公文筐测验的特点

公文筐测验把被试置于模拟的工作情境中去完成一系列工作，与通常的纸笔测验相比，显得生动而不呆板，较能反映被试的真实能力水平。与其他情境模拟测验，如无领导小组讨论相比，它提供给被试的背景信息、测验材料（文件材料及问题）和被试的作业（答题）都是以书面形式完成、实现的，这样，一方面考虑了被试要在日常工作中接触和处理大量文件的需要，另一方面使测验便于操作和控制。

公文筐测验的特点在于：

（1）具有灵活性，可以因不同的工作特性和所要评估的能力而设计题目。

（2）作为一种情境模拟测验，它可以对个体的行为做直接的观察。

（3）由于把人置于模拟的工作情境中去完成一系列工作，因此为每一个被试都提供了条件和机会相等的情境。

（4）它能预测一种潜能，这种潜能可使人在管理上获得成功。

（5）由于公文筐测验能从多个维度评定一个人的管理能力，所以它不仅能挑选出有潜力的管理人才，还能训练他们的管理与合作能力，使选拔过程成为培训过程的开始。

在实践中，公文筐测验除用作评价、选拔管理人员外，还可用于培训，提高管理人员的管理技巧、提高解决人际冲突和组织内各部门间的摩擦的技巧，以及为人力资源计划和组织设计提供信息等。

3）公文筐测验考察的维度

公文筐测验所要测评的能力，定位于管理人员从事管理活动时，正确处理管理问题、有效进行管理决策所具备的能力。具体来说，要考察以下5个维度：

（1）工作条理性。公文筐测验是要处理一系列没有次序的文件，所以需要被试能系统地事先安排和分配工作，不能毫无章法地处理。

（2）计划能力。表现好的被试能非常有效地提出处理工作的切实可行的方案。

（3）预测能力。该维度考察的内容包括预测的质量、所依据的因素、可行性分析。

（4）决策能力。该维度考察的内容包括决策的质量、实施的方案、影响因素。

（5）沟通能力。考察被试的思路清晰度、意见连贯性、措辞恰当性。

4）公文筐测验的取材

在测验材料的设计上，主要围绕管理人员的实际工作要素取材。公文筐测验考察的是实际解决工作中问题的能力，只是这种能力表现主要是通过笔试方法，而不是通过具体行为方法。所以，在公文筐测验中避免纯管理技术知识和业务性知识的测试，这也符合管理人员的管理能力主要取决于对自身素质基础、社会实践经验、所掌握的有关知识3方面交互作用和整合的认识，故如以偏重知识性的或业务性的具体能力为主要测评内容，则难以保证较好的评价效果。

◆◆◆◆➡ 知识链接5-1

公文筐测验样例

• 认真细致、逐字逐句地审读卷首的情境介绍与答题要求

- 在处理每份文件时

是否全面掌握事件的各种有用的信息；

是否弄清了事件所涉及的人、事、物及其发生的时间和地点；

是否依据文件所提供的事实，对存在的问题做出正确的判断，抓住了事件的主线；

是否能提出解决问题的基本思路，分清轻重缓急，做出正确的决策；

是否能恰当授权，提出解决问题的具体方法。

- 纸笔公文筐测验举例

背景信息：今天是2019年11月28日，恭喜你有机会在以后的1个小时里担任梅杰贸易公司人力资源部副经理的职务，由于该部的刘经理正在外地分公司视察，因此你将在他回来之前，全权代理他的职务。梅杰贸易公司是一家大型国有股份制企业，其人力资源部下设3个处——人事处、劳资处和福利处，分别处理人力资源调配、工资奖金和员工福利等各项工作。

问题情境：现在是上午9点，在听取了下属的工作汇报、做好今天的工作安排之后，你来到办公室，你的秘书已经将你需要处理的近日积压的文件整理好，放在了文件夹内。文件的顺序是随机排列的，你必须在1个小时内处理好这些文件，并做出批示。10点在会议室还有一个重要的会议需要你主持。在这1个小时里，你的秘书会为你推掉所有的杂事，将没有任何人来打扰你。另外，很抱歉，由于电话线路正在维修，你在处理文件的过程中，没有办法与外界通话，所以需要你以文件、备忘录、便条、批示等形式将所有文件的处理意见、办法等，做书面表述，最后由你的秘书负责传达。

文件示例：

刘经理：

您好！

我是××软件开发公司技术主管李文，我们为贵公司定制的人力资源管理软件系统的试运行正在进行。按照合同规定，在9月20日之前完成试运行。按照合同规定，我们曾商定过，9月份之前完成对贵公司使用者的培训。由于贵公司一直无法安排时间对使用者进行培训，贵公司主管人员以此为由，拒绝支付剩余款项。我们能否与您见面协商一下费用的支付问题及其他事宜？谢谢您。

提示：公文处理的几种可能性：

1）先做如下处理，再考虑约见乙方。

（1）授权下属进行详细情况的调查。

（2）了解软件的实践运行情况。

（3）了解培训未能进行的原因。

（4）要求下属提供详细的书面调查报告，围绕合同内容，做好与乙方沟通前的准备。

（5）建议财务等相关部门做好实施准备，注意该项目实施对公司整体计划的影响。

（6）要求下属完成项目合同中未尽事宜，如做好项目培训实施准备、完善系统等。

（7）遵守合同条款，同时为本公司不能履行合同提出具体对策或做好谈判的准备。

（8）注意公司形象，考虑与该公司长期合作的可能性，与对方保持良好的合作关系。

2）回信中道歉并承诺立即解决。

3）暂时不予处理。

4）回信指责对方，坚持培训完成后再付款。

5.3.2　公文筐测验的组织与实施

公文筐测验能考察管理人员的综合性管理技能，尤其是能考察管理人员的胜任能力，也就是针对中高层管理者的胜任要求，通过公文筐测验了解其在计划、授权、预测、决策、沟通等方面的管理能力，特别是表现在处理各类业务信息、审时度势、处变不惊、运筹自如等方面的素质。

1）公文筐测验的实施对象

公文筐测验考察的能力定位于管理人员从事管理活动时，正确处理相关的管理问题、有效地履行管理职责（包括计划、组织、预测、决策、沟通等）所具备的能力。因此，它需要被试具有对多方面管理业务的整体运作能力，包括对人、财、物、信息等多方面的控制和把握。基于以上要求，公文筐测验的适用对象为企业的中高层管理者。利用公文筐测验可为企业有效地选拔中高层管理人员，或考核现有管理人员。

2）公文筐测验的构成

测验由两部分（测验材料和答题册）组成，以纸笔方式作答。

（1）测验材料。提供给被试的资料、信息，是以各种形式出现的，包括信函、备忘录、投诉信、财务报表、市场动态分析报告、政府公函、账单等。测验中所用的材料一般共有 10 份，每份材料上均标有材料编号，材料是随机排放在公文筐中的，被试在测验的各个部分都要用到这些材料。

（2）答题册。答题册供被试对材料写处理意见或回答指定问题，是被试唯一能在其上写答案的地方，评分时只对答题册上的内容进行计分。答题册包含总指导语和各分测验的指导语。它提供了完成测验所需的全部指导信息，完成各分测验所需的指导语在各部分开始时给出。

3）公文筐测验的实施过程

（1）依据预定的被试人数选择好适宜的测验地点，布置考场。考场环境应安静整洁，无干扰，采光照明良好。由于要处理大量公文，桌面要比较大。如有多人参加，相互之间距离要远一些，以免相互干扰。

（2）准备好测验所用的材料，如测验材料、答题册等，保证每位被试有完整的测验材料及用品。允许被试自带计算器。

（3）安排被试入场，并宣布测验注意事项。指导语如下："请大家注意，为了不影响测验，请大家关闭通信工具，暂停使用。"

（4）正式实施测验。被试开始作答，计时。

（5）测验时间到，回收测验材料和答题册，测验结束。

4）公文筐测验需要特别注意的事项

（1）公文筐测验的适用对象主要为中高层管理人员。它可以帮助企业选拔优秀的管理人才或考核现有管理人员，常作为选拔和考核的最后一环使用。

（2）公文筐测验主要从技能角度对管理人员进行测查，主要考察管理者的计划、预测、决策和沟通能力，所以在测验处理设计上一定要体现技能操作性任务，避免出现纯知识性问题。

（3）公文筐测验对评价者的要求较高，有必要的话要对公文筐测验评价者进行培训，让其能熟练掌握评分尺度，保证测验的效度和信度。

◆◆◆◆➡ 案例分析 5-2

公文筐测试——招聘人力资源副总

背景信息：从现在开始，恭喜你有机会在以后的两个小时内担任泰华贸易公司人力资源部的副总经理。由于人力资源部的刘总经理正在外地分公司视察，因此你将在他回来之前全权代理他的职务。泰华贸易公司是一家大型国有股份制企业，其人力资源部下设3个处：人事处、劳资处、福利处，分别处理人力资源调配、工资奖金和员工福利等项工作。

现在是上午9点钟，在听取了下属的工作汇报，做好今天的工作安排之后，你来到办公室。你的秘书已经将你需要处理的近日积压文件整理好，放在文件夹内。文件的顺序是随机排列的，没有任何意义，你需要自己去排序处理。你必须在两个小时内处理好这些文件，并做出批示。11点钟在会议室还有一个重要的会议等你主持。在这两个小时里，你的秘书会为你推掉所有的杂事，将没有什么人会来打扰你。另外，很抱歉，由于电话线路正在维修，你在处理文件的过程中，没有办法与外界通话，所以需要你以文件、备忘录、便条、批示等形式将所有文件的处理意见、办法等，做书面表达，最后交给秘书负责传达。

在公司，你被员工称为"吴副总"或"吴总"。

好了，可以开始工作了，祝你一切顺利。

文件示例：

文件一

吴总：

前一段时间，福利处对同行业的员工福利状况进行了一次调查。就每个月用于员工的人均福利费而言，我们公司位于同行业的中上等水平。但考虑现在行业内的激烈竞争和高流动率，为了增强我们的凝聚力和吸引力，我们认为，提高员工的福利待遇是一项有力的激励措施。因此，我们提出一项增加员工福利的计划，也就是将现在的福利费人均1 000元/月提高到人均1 500元/月的较高水平。不知您对这项计划的意见如何？

请指示。

福利处
××××年××月××日

文件二

吴副总：

近几周来，有第三分公司员工反映他们的工资分配不合理，他们指责分公司经理王卫在进行绩效考核时不能客观、有效地对员工进行评定。此外，第三分公司还有克扣临时工工资的现象，他们有可能会集体罢工或辞职。

此事如何处理？请您批示。

劳资处

××××年××月××日

文件三

吴总：

收到一份通知，本月20日在北京饭店召开北京地区大型企业人力资源管理研讨会。届时到会的均为各企业人力资源部总经理或副总经理以及国内外一些人力资源管理专家和学者。

您是否参加？请回复，以便我及早做出安排，办理相关报名事宜。

开会时间：10月20日上午8：00～11：30　　　下午1：30～4：30

秘　书

××××年××月××日

文件四

吴副总：

根据刘总经理上周指示，我们做了一个工资分配调整方案，基本思路是增加公司核心岗位优秀员工的工资收入，吸引他们为企业长期服务，同时降低公司一般事务性岗位上员工的工资收入，因为他们可以很容易地被劳动力市场上的他人所替代，他们的流动不会影响企业的发展。

此方案当否，请批示。

劳资处

××××年××月××日

文件五

吴副总：

近期各部门相继反映，由于我公司的不断发展扩大，各部门的事务性工作量大幅度增长，因此需要聘用一些专职秘书以缓解各部门的工作压力。以往我们的做法是从公司的员工中选拔能胜任此项工作的人员。总的感觉是，这些员工从事一般性秘书工作还可以，但是从现代管理的角度出发，他们的个人素质限制了我公司秘书工作的质量和效率。因此，我们拟从社会招聘一批素质较高的秘书人员，人数20多名，此项工作不知您的意见如何？

另外，如果决定招聘这批秘书人员，您是否参加面试？

人事处

××××年××月××日

文件六

吴总：

公司办公室转来一封群众来信。信中说公司总务处员工李小军在其居住地扰得四邻不安，群众很有意见。如果情况属实，将会对公司名誉产生负面影响，特别是其居住地附近住有我们公司重要大客户的一些中高级管理人员。来信要求尽快处理此事。

秘　书
××××年××月××日

附群众来信：

泰华贸易公司：

案例分析 5-2

分析提示

我们是富豪居民小区 24 栋楼的部分住户。贵公司员工李小军在我们这里租房居住。他经常在家中搞舞会接待朋友，唱卡拉 OK，夜里很晚也不结束，影响了我们正常的生活和休息。此外，他常与社会上一些不三不四的无业人员来往密切，令人反感。希望贵公司能够对此人帮助教育。如果他继续这样下去，我们将与派出所联系解决。

24 栋楼部分居民
××××年××月××日

5.4　评价中心的其他测评方法

5.4.1　管理游戏

1）管理游戏简介

管理游戏是评价中心常用的测评方法之一。在这类活动中，小组成员各分配一定的任务，一般需要合作才能较好地完成。有时引入一些竞争因素，如两三个小组同时进行销售和进行市场占领。通过被试在完成任务过程中表现出来的行为，来测评被试的素质。例如，"小溪任务"这种游戏就是给一组被试滑轮、铁管、木板、绳索，要求他们把一根粗大的圆木和一块较大的岩石移到小溪的另一端。这个任务只有通过他们的努力协作才能完成。主试可以在客观的环境下，有效地观察被试的能力特征、智慧特征和关系特征等。

2）管理游戏的优缺点

管理游戏的优点是：能突破实际工作情境时间与空间的限制；模拟内容真实感强，且富有竞争性，更具有趣味性；具有认知社会关系的功能，能帮助参加者对错综复杂的组织内部各部门之间的关系有一个更加深刻的了解。

管理游戏的缺点是：操作不便于观察；设计成本高。

5.4.2　结构化面试

1）结构化面试简介

结构化面试是指面试的内容、方式、评委构成、程序、评分标准及结果的分析评价等构成要素按统一制定的标准和要求进行双方面对面的信息沟通，以考察被试是否具备与应聘的工作相关的能力和个性品质。

结构化面试可以减少盲目性和随意性，其特点是客观、有效性高，但对面试设计、组织以及主试的培训要求都比较高。

2）操作要点

（1）设计好面试题目、评分标准和评价表格等。

（2）设计结构化面试的流程和具体操作步骤，并以面试实施手册形式规定下来。

（3）结构化面试的评分者要经过统一的培训，以有效防止面试中的偏差。

（4）结构化面试技术适用于各类人员。

5.4.3　角色扮演

1）角色扮演简介

角色扮演是一种情境模拟测评法。通常的做法是选取与被评价者的工作相关的一个人际或工作情境，由一名角色扮演者饰演被评价者的客户、上级、同事、下属等角色，评价者设置了一系列尖锐的人际矛盾与人际冲突，要求被评价者扮演某一角色并进入角色情境，去处理各种问题和矛盾。评价者通过对被评价者在不同人员角色的情境中表现出来的行为进行观察和记录，测评其素质潜能。

2）操作要点

（1）高度结构化的角色扮演往往需要经过精心的设计，被评价者在测评过程中的表现都会被记录下来，由评价者根据评分规则对其进行客观准确的评价。

（2）通过观察被评价者在模拟情境中的行为表现，可以评价其角色把握能力、人际关系的处理技巧、团队辅导能力、情绪控制能力、思维的敏捷性、应变能力、客户导向、培养下属和管理上级的能力、口头表达能力等指标。

（3）通常一个结构化的角色扮演需要30～40分钟的时间。

（4）适用于较高层级的管理者。

5.4.4　案例分析

1）案例分析简介

在书面案例分析中，让被评价者先看一些有关某个组织管理中的问题材料，案例中的题一般是对财务、制度或过程的分析。被评价者通过对商业案例、数据报表等原始材料进行分析，试图解决某个实际问题，并提出方案或拟订一份商业计划。然后要求向高层领导提出一个分析报告和一系列的建议，可以是书面报告，也可以是口头演讲。

2）操作要点

（1）原始材料通过书面呈现，被评价者可以采用口头作答，也可以用纸笔作答。书面案例分析是考察被评价者的战略思维、市场意识、行业远见、问题解决、综合分析、判断决策、创新意识、口头或书面表达能力等方面能力的有效工具。

（2）它既可以考察一些一般性的技能（如组织一个生产活动），也可以考察一些特殊性的技能（如计算投资效益）。

（3）当以纸笔形式作答时，评价者可以同时对案例分析报告的内容及形式进行评价。

（4）案例分析通常需30～60分钟。

（5）适用于较高层级的管理者。

◆◆◆◆➡ **案例分析5-3**

飞马公司的辞职风波

飞马公司是一家民营科技企业，该公司的主营业务是医院信息系统（hospital information system，HIS)，是经国家卫生部评审合格并准予在国内医院推广使用的 HIS 软件商之一。该公司以市人民医院为试验基地，以××大学信息学院为技术背景，以开发行业用户为市场切入点，在几年的时间里，从起初的 10 名员工、50 万元借款的小公司，逐步发展为现在的 170 多名员工、7 250 多万元总资产、年产值过 2 000 万元的高新技术企业，产品已销往全国 10 多个省市，在同类 HIS 软件中市场份额名列第一，而且好评如潮。但是年初，看着案头市场部李文达经理的辞职报告，飞马公司的总经理张元陷入了深深的不安与困惑。市场部李经理在公司成立初期加入飞马公司，他为人直率，性格外向，尤其擅长人与人之间的感情联络，这一点对做市场的人员来说是非常重要的。李经理运用他个人的特长，带领市场部的人员雷厉风行，为公司立下了汗马功劳。但是，近一段时间来李经理的情绪很不稳定，有几次向公司提出要辞职，原因是李经理的工资自从他加入公司以来只增加了一次，外加 0.2 % 的业务提成，差旅费实报实销。李经理私下认为，他从加入公司到现在已经 5 年时间了，薪资只增加一次，刚来公司时，公司正处在创业时期，他不顾个人的利益得失，总希望先干出成绩来，待到公司壮大以后老板一定不会忘掉他。可是，公司到现在都没有提到加薪的事。公司所给工资对李经理来说有些拮据，每月只能留很少一点钱给自己节约着用，大部分寄回给湖南老家的父母和妻子。另外年初李经理收到一份创新软件有限公司的聘书：

尊敬的李先生：

我公司衷心邀请您能加入创新软件有限公司，您的起步月薪资为 10 000 元加 0.35 % 的业务提成，另给 10 % 的股份，还可解决家属的户口及孩子的入学问题，详情请来面谈。

商祺！

创新软件有限公司董事长：梁××

××××年××月××日

李经理知道该公司也是一家开发医院信息系统的同行业竞争对手，该公司在短短的两年时间里，市场份额占了同行业的 20 %，该公司的不断发展主要依靠了江南大学管理学院和医学院的有力支持，是一家非常有实力的企业。如果李经理改弦易辙的话，意味着飞马公司将失去许多客户。但是创新软件有限公司给他解决家属问题，这就等于解决了他的后顾之忧，李经理的太太和孩子都在湖南山区老家，孩子要到 2 公里以外的地方上学，想到这里，李经理终于递交了他的辞职报告。

飞马公司的薪资问题由来已久，公司员工曾经为了要求几年来的第二次加薪罢工半天。飞马公司的薪资制度的完善已是势在必行。

资料来源　陈维政，余凯成，程文文，等. 人力资源管理与开发高级教程［M］. 3 版. 北京：高等教育出版社，2019.

案例分析 5-3

分析提示

问题：

1.飞马公司现行薪酬制度存在哪些缺陷？为什么？

2.公司是否应该留住李经理？若是，该采取什么措施？

3.公司应如何改进薪酬制度？

5.4.5 演讲

在该测评方法中，被评价者按照给定的材料组织自己的观点，并且向评价者阐述自己的观点和理由。有时，在被评价者演讲之后，评价者要向被评价者提问。这种测评方法可以考察被评价者的分析推理能力、语言表达能力、压力下的反应能力等。

演讲测评方法通常分为两类：

一类是被评价者根据给定的演讲主题，对评价者进行即兴演讲；评价者通过观察被评价者的行为表现，对预先设计好的某些能力与素质指标进行评价。

另一类是所用的材料与案例分析的基本一样，不同的是演讲中要求被评价者将其分析的结果或计划以口头汇报的形式表述出来。在口述完毕后，评价者不断地质疑其观点，被评价者则通过更为深入的表述来捍卫其观点，评价者通过观察被评价者的行为表现，对预先设计好的某些能力与素质指标进行评价。此种形式的演讲是对书面案例分析的扩充。

5.4.6 内隐知识评价技术

1）内隐知识评价技术简介

每个人身上都存在两种不同类型的知识，即隐性知识和显性知识。"我们知道的要比我们能言传的多。""只可意会，不可言传。"这两句话最能说明隐性知识的特质。从技能和认知角度可将隐性知识分为两类：一类是技能方面的知识，包括那些非正式的，难以表达的技能技巧、经验和诀窍等；另一类是认知方面的知识，包括洞察力、直觉、感悟、价值观、心智模式和文化习俗等。

对于一般的测评方法而言，更多测量的是被评价者所具有的显性知识（包括可以测评的知识水平和可以通过行为观察到的能力表现），而隐性知识这一对一个人的绩效有重要影响的特质往往被忽视，或无法找到合适的方法进行评价。

诺姆四达公司在借鉴国外相关研究成果的基础上，在国内首次开发出了内隐知识评价技术。内隐知识评价技术主要是通过情境判断测验的形式来实现。情境判断测验就是设置一个与实际工作（生活）情境相似的问题情境，并提供几个解决这一情境条件下具体问题时可能产生的行为反应（或策略），让被评价者针对这些行为反应（或策略）进行判断、评价与选择，选出其中最有效（或最无效）或被评价者最愿采取（或最不愿采取）的行为反应（或策略），或对每一行为反应（或策略）在有效无效、最愿意最不愿意的李克特等级量表上评定等级，然后根据被评价者的判断、评价与选择的作答表现打分，并推论其实有的解决社会工作（生活）问题实践能力水平的测验。

2）操作要点

（1）通过以行为事件访谈法（BEI）为核心方法的工作分析过程访谈收集典型的工作或生活情境。

（2）对情境进行设计，确保能从被评价者对这一情境的反应中考察其内隐知识和经验，而不是一般性的业务或管理知识。

（3）对反应选项进行认真的推敲，确保不产生歧义。

（4）反应选项要达到一定的量，而且尽可能穷尽被评价者可能有的反应。

（5）按类似于书面案例分析测评法的要求组织测评过程。

（6）通常需60分钟左右的时间。

（7）适用于中高层管理人员。

5.4.7　背景调查

1）背景调查简介

背景调查是指通过从被评价者提供的外部证明人或以前工作的单位那里搜集资料，来核实被评价者的个人资料的行为，是一种能直接证明被评价者情况的有效方法。通过背景调查，可以证实被评价者的教育和工作经历、个人品质、交往能力、工作能力等信息。简而言之，背景调查就是用人单位通过第三者对被评价者提供的入职条件和胜任能力等相关信息进行核实验证的方法。这里的第三者主要指被评价者原来的雇主、同事以及其他了解被评价者的人员，或是能够验证被评价者提供资料准确性的机构和个人。

由于背景调查的成本较高，操作难度较大，企业一般在确定了目标职位的候选人之后才使用。

2）操作要点

（1）参考目标职位的素质模型确定背景调查的内容。

（2）确定调查的对象和范围。

（3）设计相应的调查问卷或提纲。

（4）设法取得被调查者的合作。

（5）运用一定的方法或技巧解决较棘手的问题。

（6）提交背景调查报告。

（7）适用于中高层管理人员和核心、关键岗位的人员。

情境模拟 5-1

管理游戏：沙漠求生

游戏目的：培养决策能力，理解个体决策与群体决策各自的优劣。

背景材料：某日，有一架飞机在沙漠中发生意外，你和一部分的生还者，面临生死存亡的选择……事发在当天上午10点，飞机要在位于美国西南部的沙漠紧急着陆。着陆时，机师和副机师意外身亡，余下你和一群人很幸运没有受伤。出事前，机师无法通知任何人有关飞机的位置。不过从指示器知道距离起飞的城市120公里；而距离最近的城镇，在西北偏北100公里处，那里有个矿场。该处除仙人掌外，全是荒芜的沙漠，地势平坦。失事前，天气报告气温达华氏108度。你穿着简便：短袖恤衫、长裤、短袜和皮鞋。口袋中有10多元的辅币、500多元纸币、香烟1包、打火机1个和原子笔1支。

你可以在以下物品中做出选择：

0.45厘米口径手枪（装有子弹）　　　　　　大砍刀

每人4公升清水　　　　　　　　　　　　　薄纱布1箱

当地航空图　　　　　　　　　　　　　　　化妆镜

每人太阳镜1副　　　　　　　塑料雨衣

降落伞（红色和白色）　　　　伏尔加酒4公升

磁石指南针　　　　　　　　　每人长外套1件

食盐片1瓶（1 000片）　　　书1本，名为《沙漠中可以食用的动物》

手电筒（4个5号电池大小）

请你将这些物品按照对生存的重要性进行排序，并说明理由。

专家的答案：在第二次世界大战期间，一位专家曾在撒哈拉沙漠工作，研究在沙漠求生的问题。他搜集了无数事件和生还者的资料，给出以下答案，并详细解释其理由。

1. 化妆镜：在各项物品中，镜子是获救的关键。在白天用来表示你的位置，是最快和最有效的工具。镜子在太阳光下，可产生相当于5到7万支烛光；如反射太阳光线，在地平线另一端也可看到。如没有其他物品，只有一面镜子，你也有80%获救的机会。

2. 每人长外套1件：如失事的位置被获悉，在拯救队未到前，便要设法减低体内水分的散发。人体内约有70%是水分，流汗和呼吸等会使水分消失，保持镇定可降低身体脱水的速度。穿上外套能降低皮肤表面的水分散发，假如没有外套，维持生命的时间便减少1天。

3. 每人4公升清水：如有化妆镜、长外套两项物品，可生存3日。水有助于降低身体脱水的速度，口渴时，最好喝水，使头脑清醒。尤其是在第一天，要制造遮蔽的地方。

4. 手电筒（4个5号电池大小）：在晚上，手电筒是最快和最可靠的发信号工具。有化妆镜和手电筒，24小时都可以发出信号。手电筒也有其他用途：日间可用手电筒的反光镜和玻璃发信号及做点火引燃之用；装电池的部分可用来挖掘或盛水。（参考塑料雨衣部分之蒸馏作用）

5. 降落伞（红色和白色）：可用做遮阴和发信号，用仙人掌做营杆，降落伞做营顶，可降低20%的温度。

6. 大砍刀：大砍刀可切断坚韧的仙人掌，也有其他用途。大砍刀可排列在较前的位置。

7. 塑料雨衣：可制作"集水器"。在地上挖一个洞，用雨衣盖在上面，然后在雨衣中央放一小石块，使之成漏斗形。日夜温差可使空气的水分附在雨衣上，在雨衣上每天大约可收集半公升的水。

8. 0.45厘米口径手枪（装有子弹）：第二天之后，你们说话和行动已很困难，身体已经产生6%~8%的脱水，手枪于是成为很有用的工具：子弹有时要做起火之用；手枪连打3枪，可作为求救信号，在无数事件中，由于求救者不能发出求救声音，所以没有被人发现；另外，枪柄可做锤子用。

9.每人太阳镜1副：在猛烈的太阳光下，会患光盲症。用降落伞遮阴可避免眼睛受伤，也可用黑烟将眼镜熏黑，用手绢或纱布蒙眼也可避免眼睛被太阳光灼伤，但用太阳镜则更舒适。

10.薄纱布1箱：沙漠湿度低，身体的脱水会使血液凝结，减少血液流失。

有事件记录：有一男子身体严重脱水，而身上的衣服已被撕破，倒在尖锐的仙人掌和石块上，满身伤口，但没有流血。后来被救，饮水后伤口才流血。

纱布可当绳子或者用来包扎脚部、足踝、头部或面部等做保护之用。

11.磁石指南针：除用其反射面发信号之外，指南针并无其他用处，反而有引诱人们离开失事地点的危险。

12.当地航空图：可用来点火或当厕纸，也可用来遮盖头部或眼睛。它也会引诱人们走出沙漠。

13.书1本，名为《沙漠中可以食用的动物》：目前最大的问题是脱水，并不是饥饿。打猎所得相等于失去的水分，沙漠中动物也很少可见。吃食物也需要大量的水来帮助消化。

14.伏尔加酒4公升：高度数酒精会吸收人体内的水分，更可致命。伏尔加酒只可做暂时降低体温之用。

15.食盐片1瓶（1 000片）：人们过分高估盐的作用。如血液内的盐分增加，同时需要大量的水以降低体内含盐的量。

"沙漠求生"大结局

分数（分）	结论
0～25	杰出
26～32	优秀
33～45	良好
46～55	及格
56～70	有少许生还希望
71以上	没有生还希望

"沙漠求生"启示

个人决策	集体决策
1.信息大多不完整	比较完整的信息
2.备选方案不多	备选方案多
3.创新性	屈从于压力
4.自由性	少数人驾驭
5.责任清晰	责任不清
6.时间短	花比较多的时间
7.经济	费用较大
8.正确率一般较低	正确率一般较高

情境模拟 5-2

管理游戏：松鼠与大树

场景：活动人数，20人以上；活动时间，5~10分钟；场地要求，不限。

操作：（1）事先分组，3人为一组。2人扮大树，面向对方，伸出双手搭成一个圆圈；1人扮松鼠，并站在圆圈中间；没成对的学员或者助理人员担任特殊的角色——魔鬼。

（2）魔鬼可以对大家发号施令，魔鬼的口令有3个：

第一个口令：魔鬼喊"松鼠"，大树不动，扮演松鼠的人就必须离开原来的大树，重新选择其他的大树；魔鬼就扮演松鼠并插到大树当中，落单的人就变成了新的魔鬼。

第二个口令：魔鬼喊"大树"，松鼠不动，扮演大树的人就必须离开原先的同伴与别人重新组合成大树，并圈住松鼠，魔鬼也快速与别人组合成大树，落单的人就变成了新的魔鬼。

第三个口令：魔鬼喊"暴风骤雨"，扮演大树和松鼠的人全部打散并重新组合，扮演大树的人可以扮演松鼠，扮演松鼠的人也可以扮演大树，魔鬼亦快速进入新组合当中，落单的人就变成了新的魔鬼。

（3）听到魔鬼的口令之后，大家快速行动，不要成为魔鬼，因为魔鬼是一种落后者的角色。

小结：这是一个管理游戏，通过游戏活动你认为：

（1）在这个活动过程当中大家最大的感受是什么？

（2）一个人让别人了解自己的途径大概有多少种呢？除了自己主动或别人主动，还有吗？

（3）在工作中角色的转变也是经常的，如何才能做到收放自如？

▶ 知识掌握

1.评价中心的含义是什么？有何特点？

2.请叙述无领导小组讨论测评方法的基本原理及功能。

3.请说明实施无领导小组讨论的程序。

4.公文筐测验的含义是什么？它有什么特点？

5.请说明公文筐测验的实施程序和需要注意的事项。

6.简述评价中心的其他测评方法。

▶ 知识应用

□ 案例分析

某公司要招聘总经理办公室的工作人员，人力资源部的招聘专员认为可以利用情境模拟工作状态来测试应聘者是否符合公司要求，具体材料如下：

（1）公司定于明天上午召开公司经营与管理分析会议，需要你准备相关材料，此项工作需要2小时，并需要向相关部门提供资料。

（2）今天13：00—14：20你要参加信息技术项目前期总结及下阶段规划工作会议，并做发言，你的同事已经帮你搜集了相关资料，需要你整理，此项工作大概需要45分钟。

（3）营销部昨天送来一份有关针对竞争对手市场推广方案的紧急请示报告，因涉及公司机密，请你看后亲自转呈总经理并请总经理批示后尽快反馈给营销部。

（4）总经理今天下午参加集团会议，不在办公室。

（5）有10份各部门的月度总结需要你整理并呈阅总经理，此项工作需要30分钟。

（6）总经理今天上午10：00约见人力资源部经理商谈有关公司薪资政策的问题，总经理需要的相关背景资料需要你整理，此项工作需要20分钟。

（7）今天14：30你将代表总经理参加制造部的现场管理会，有一些相关信息需要你和制造部经理沟通确认。

案例分析

分析提示

（8）你的公司信箱中有几封员工的建议信，需要你回复，这项工作需要30分钟。

问题：假设现在你是我公司的总经理办公室工作人员，请你依照提供给你的资料安排今天8：00—11：30、13：00—17：30的工作内容并说明理由。

□ 实践训练

某公司准备面向社会招聘2名基层管理人员。负责招聘的人事部主管小高，刚学习了几种情境性的测评方法，心想，正好可以试一试。他看了一下，这次来应聘的人有6个，正好可以组成1个小组。所以，他选择无领导小组讨论测评方法。假设你是小高，请你利用本章所学无领导小组讨论的知识甄选有关人员。

要求：（1）按要求进行无领导小组讨论的前期准备工作。

（2）编制指导语、讨论题目等材料。

（3）精心组织实施无领导小组讨论活动，根据活动结果初步选拔人员。

第6章 知识测评

学习目标

在学习完本章之后，你应该能够：

1. 了解知识测评的含义；
2. 明确知识测评试题编制的原则和程序；
3. 熟知知识测评试题常用的题型及其编写；
4. 掌握知识测评的组织实施过程，以及知识测评实施过程应注意的问题。

引例

××银行招聘笔试题

一、单项选择题。（共60题，每题1分，共60分）

1. 中央银行增加黄金、外汇储备，货币供应量（   ）。

A. 不变　　　　　　　B. 减少　　　　　　　C. 增加　　　　　　　D. 上下波动

2. 我国央行首要调控的货币是（   ）。

A. M1、M2 和 M3　　　B. M1 和 M2　　　　C. M0 和 M1　　　　D. M3

3. 马克思揭示的货币必要量规律的理论基础是（   ）。

A. 货币数量论　　　　B. 劳动价值论　　　C. 剩余价值论　　　D. 货币金属论

4. 弗里德曼的货币需求函数中的 y 表示（   ）。

A. 国民收入　　　　　B. 工资收入　　　　C. 名义收入　　　　D. 恒久性收入

5. 其他情况不变，中央银行提高商业银行的再贴现率，货币供应量将（   ）。

A. 增加　　　　　　　B. 减少　　　　　　C. 不变　　　　　　D. 不定

6. 通货膨胀首先是一种（   ）。

A. 制度现象　　　　　B. 经济现象　　　　C. 心理现象　　　　D. 社会现象

7. 投资和信贷相结合的租赁形式是（   ）。

A. 杠杆租赁　　　　　B. 金融租赁　　　　C. 经营租赁　　　　D. 财务租赁

8. 某客户购买贴现国债，票面金额为100元，价格为91元，期限为1年，其收益率为（   ）。

A. 9%　　　　　　　B. 7.43%　　　　　　C. 10.8%　　　　　　D. 9.89%

9. 假定某储户20××年8月1日存入定活两便储蓄存款5 000元，于当年10月1日支取，如果支取日整存整取定期储蓄存款一年期利率为2.25%，活期储蓄月利率为1.85‰，银行应付利息为（　　）。

A.225元　　　　　　　　B.135元　　　　　　　　C.22.50元　　　　　　　　D.18.50元

10.借款人支付给贷款人的使用贷款的代价是（　　）。

A.资本　　　　　　　　B.利息　　　　　　　　C.工资　　　　　　　　D.利润

11.名义利率扣除通货膨胀因素以后的利率是（　　）。

A.市场利率　　　　　　B.优惠利率　　　　　　C.固定利率　　　　　　D.实际利率

12.某银行20××年5月20日向某公司发放贷款100万元，贷款期限为一年，假定月利率为4.5‰。该公司在第二年5月20日还贷款时应付利息为（　　）。

A.54 000元　　　　　　B.4 500元　　　　　　C.375元　　　　　　　D.6 000元

13.从事汽车消费信贷业务并提供相关金融服务的专业机构是（　　）。

A.汽车金融公司　　　B.汽车集团公司　　　C.汽车股份公司　　　D.金融投资公司

14.投资基金是由若干法人发起设立，以（　　）的方式募集资金。

A.发行受益凭证　　　B.发行金融债券　　　C.组织存款　　　　　D.发行股票

……

二、多项选择题。（共20题，每题2分，共40分）

1.人民币现金归行的渠道主要有（　　）。

A.工资收入　　　　　　　B.商品销售收入　　　　　C.服务事业收入

D.财政信贷收入　　　　　E.外汇收入

2.中央银行投放基础货币的渠道包括（　　）。

A.对个人贷款　　　　　　B.收购金、银、外汇　　　C.买卖政府债券

D.对金融机构贷款　　　　E.对工商业企业贷款

3.在其他条件不变的情况下，银行贷款利率降低，一般会使（　　）。

A.借款人的利润减少　　　B.银行贷款数量减少　　　C.借款人的利润增加

D.银行贷款数量增加　　　E.货币供应量增加

4.信用在消费中的作用主要是（　　）。

A.调剂消费　　　　　　　B.促进利润平均化　　　　C.刺激消费

D.加速资本积累　　　　　E.推迟消费

5.货币政策目标一般包括（　　）。

A.稳定币值　　　　　　　B.充分就业　　　　　　　C.经济增长

D.国际收支平衡　　　　　E.调整经济结构

……

三、案例分析题。（共20题，每题2分，共40分）

（一）某储户20××年5月1日存入银行定期存款1 000元，存期为一年，假设存入时该档次存款年利率为3%，该储户于第二年6月1日才支取这笔存款，若支取日挂牌公告的活期储蓄存款年利率为1.89%（不考虑利息税）。回答下列问题：

1.该储户一年到期的利息为（　　）。

A.18.90元　　　　　　B.30元　　　　　　C.24.45元　　　　　　D.32.50元

2.该储户的活期利息为（　　　）。

A.2.45元　　　　　　B.2.50元　　　　　　C.1.89元　　　　　　D.1.58元

3.银行应支付该储户的利息总额为（　　　）。

A.31.58元　　　　　　B.21.35元　　　　　　C.26.95元　　　　　　D.34.39元

（二）设有甲乙两国发生进出口贸易，两国政府签订双边贸易协定。回答下列问题：

1.如果两国政府协定实行换货贸易，互相向对方国家提供规定的货物，贸易差额仍以货物抵偿。在这种贸易项下，所使用的外汇属于（　　　）。

A.自由外汇　　　　　B.现汇　　　　　　C.记账外汇　　　　　D.清算外汇

2.如果甲乙两国的进出口贸易是进出口商之间的贸易，甲国出口商向乙国进口商单方面提供商品，可选择的较安全的结算方式有（　　　）。

A.现金　　　　　　B.托收　　　　　　C.信用证　　　　　　D.保函

……

资料来源　佚名.中国××银行招聘考试全新试题［EB/OL］.［2021-04-14］.http://wenku.baidu.com/view/1c589e1dfc4ffe473368ab30.html.改编.

这一案例表明：银行系统岗位工作对专业知识的要求比较高，而对知识掌握程度的测评最好的手段之一就是笔试测验。××银行招聘笔试题在招聘工作人员过程中，就使用了知识测评的方法来了解应聘者掌握专业领域知识的情况。在案例里，××银行招聘先利用简历甄选法对应聘者做了初步的筛选。在笔试过程中主要是考查应聘者在专业知识方面的掌握程度，从题目的内容可以看出该行非常重视专业知识的掌握情况。虽然试题类型不多，但是题量比较大，基本涉及专业知识领域。利用笔试测验的方法，筛选出专业知识扎实、适合银行需要的人员。专业知识是银行工作与绩效的基础，因此在银行录用人员的过程中特别注重对专业知识的测评。

6.1　知识测评概述

6.1.1　知识的含义

知识就其反映的内容而言，是客观事物的属性与联系的反映，是客观世界在人脑中的主观映象；就其反映的活动形式而言，有时表现为主体对事物的感性知觉或表象，属于感性知识，有时表现为关于事物的概念或规律，属于理性知识。知识是主客体相互统一的产物。它来源于外部世界，所以知识是客观的，但是知识本身并不是客观现实，而是事物的特征与联系在人脑中的反映，是客观事物的一种主观表征。知识是在主客体相互作用的基础上，通过人脑的反映活动而产生的。

知识测评的方法有许多，但在知识测评中最常见的形式之一就是笔试。在近年来的人员招聘与录用过程中，基本上都是采用笔试形式来测试被试对知识的把握。

6.1.2　知识测评的含义和种类

1）知识测评的含义

知识测评简称考试，主要是指通过纸笔测验的形式对被试的知识广度、知识深度和知识结构进行了解的一种方法。知识测评的内容因职位不同而不同。例如，我国国家公务员的知识测评包括基础知识和专业知识两部分。基础知识主要是指担任公务员必备的基本通用知识，如政治学、行政学、法律、公文写作等；专业知识是指从事某一专业或职业所必备的业务知识。不同类别公务员的专业考试科目不同。而企业管理人员的知识测评，涉及企业管理、市场营销、管理心理学、公共关系学、经济学常识、法律常识等内容。在实际招聘中，知识测评的各方面的内容可分为几份卷子，也可以合并为一份考卷。

2）知识测评的种类

（1）百科知识考试，又称广度考试，或者叫综合考试。考试内容很广泛，可以包括天文地理、自然常识、社会常识、数理化、外语、体育、文艺等。百科知识考试的目的主要是了解被试对基本知识的掌握程度。

（2）相关知识考试，又称结构考试，主要是了解被试对应聘岗位有关知识的掌握程度。

（3）业务知识测试，又称深度考试，主要考试内容是指与应聘岗位有直接关系的专业知识。虽然这种测试经常采用笔试形式，但也可采用口试形式。不管形式如何，它们都包括一些能将有实践经验、工作熟练的人与没有实践经验、工作不熟练的人区分开的关键问题。业务知识测试以工作分析信息为基础，且必须针对某项具体工作。当机构内部没有这方面的专家时，可以聘请外面的顾问设计测试题。

6.1.3 知识测评的层次

知识测评通常可以在以下三个层次上进行：

第一是记忆。记忆是人脑对经历过的事物的反映。布卢姆在《教育目标分类学》中认为，知识是"对具体事物和普遍原理的回忆，对方法和过程的回忆，或者对一种模式、结构或框架的回忆"。个体经历过的事物包括感知过、体验过、操作过、思考过的事物，都可以通过识记在大脑中保留下来，并且在一定条件下可以回忆起来。知识作为个体有意识认知活动的成果，知识保持得越多，再现得越多，说明知识拥有得越多。因此，对知识的记忆测评，可以从记忆的广度、准确性、持久性等方面进行衡量。记忆的广度是指对某方面知识所能正确记忆的数量；记忆的准确性是指对某方面知识的再现没有歪曲、遗漏和附会；记忆的持久性是指某方面知识保持的时间长短。知识记忆层次的测评主要以再认和回忆的方式呈现。回忆是指过去感知过的材料并不在眼前，由于一定条件的诱发，在脑中重现了这一问题的有关映象。再认是对曾经感知过的事物再度感知时，觉得很熟悉，确认是以前感知过的。一般来说，回忆比再认难度要大些。

第二是理解。理解是人们认识事物的联系和关系，进而揭露其本质和规律的一种思维活动。知识的理解在不同的场合具有不同的方式，有时是分析事物的概念，回答"是什么"的问题，有时是揭露现象的本质，有时是分析事物之间的因果关系、阐明逻辑的依据等。理解层次的知识测评可以从理解的广度、深度、复杂程度等方面衡量。理解的广度体现对知识点相关范围的了解；理解的深度体现在对知识点理解的系统性；理解的复杂程度体现在对知识点与众多知识关系的理解。运用已有的知识分析尚未遇到的问题，可以衡量理解的水平。理解有三种不同水平：直接理解、雷同理解与迁移理解。直接理解是指只要熟悉了知识点就能理解；雷同理解是指材料内容不同但关系结构相同的理解；迁移理解是材料内容不同、关系结构也不同的理解。显然迁移理解既有深度又有广度。

第三是应用。应用是运用知识分析新情境、解决新问题的活动。从理论上说，应用具有知觉、思维与操作三个层次，但在知识测评中，通常只涉及两个层次，即知觉水平上的应用与思维水平上的应用。在知觉水平上的应用主要是辨别与归类；在思维水平上的应用主要是利用已有的知识结构分析、评价与解决遇到的新问题。

在应用层次上知识测评有三种方式：一是要求被试机械模仿套用，将已有的知识直接运用到新问题上；二是要求被试正确运用知识，在理解的基础上正确运用已有的知识；三是要求被试具有创造性，灵活运用知识，打破现有的知识模式，解决新出现的问题。

6.1.4 知识测评的优缺点

1）知识测评的优点

（1）公平。知识测评对于被试来说，是比较公平的一种测评手段。

（2）费用较低。和其他各种测评手段相比，知识测评的费用比较低廉。一般是请一些人编制一些试卷，再找一个合适的场所，就可以对被试进行测试了。

（3）迅速。知识测评的出题、阅卷都比较迅速。

（4）简便。知识测评一般不需要特殊的仪器、特殊的专业人才。

2）知识测评的缺点

（1）试题可能不科学。有可能知识测评的试题出的是怪题、难题，对于被试来说是毫无意义的题目，这样虽然有些人考得比较好，但是并不说明其掌握了必要知识，而有些人考得比较差，也并不代表其掌握必要知识的水平比较低。

（2）过分强调记忆能力。

（3）阅卷不统一。有的时候因为没有标准的答案，或者是阅卷人员素质比较低，所以阅卷时可能会出现偏差。

（4）没有可比性。因为知识测评的试卷都是针对某一项招聘内容而设计的，所以两次测评的结果是不可以比较的。

◆◆◆◆➡ 知识链接6-1

知识、能力与技能

知识到底是什么，目前仍然有争议。我国对知识的定义一般是从哲学角度做出的，如在《中国大百科全书·教育》中"知识"条目是这样表述的："所谓知识，就它的反映内容而言，是客观事物的属性与联系的反映，是客观世界在人脑中的主观映象；就它的反映活动形式而言，有时表现为主体对事物的感性知觉或表象，属于感性知识，有时表现为关于事物的概念或规律，属于理性知识。"所以说，知识是客观事物的固有属性或内在联系在人们头脑中的一种主观反映。从内容上说，知识包括科学知识和人文知识两个方面；从类型上说，知识包括事实性知识和程序性知识。事实性知识主要用来描述

"是什么"或说明"为什么",程序性知识则主要用来回答"怎么办"或"如何做",后者即我们通常所理解的"方法"。知识是人类进步的阶梯,没有知识,就没有人类的进步。知识也是形成人的素质和能力的阶梯或载体,没有知识,人的技能和能力就没有必要的基础。

能力是直接影响活动效率,并使活动顺利地完成的个性心理特征,是在运用智力、知识、技能的过程中,经过反复训练而获得的。能力总是和人完成一定的活动相联系在一起的。离开了具体的活动,既不能表现人的能力,也不能发展人的能力。能力有一般能力和特殊能力。一般能力是指观察、记忆、思维、想象等能力,通常也叫智力,是人们完成任何活动所不可缺少的,是能力中最主要、最一般的部分。特殊能力是指人们从事特殊职业或专业需要的能力。人们从事任何一项专业性活动既需要一般能力,也需要特殊能力,两者的发展是相互促进的。

技能是指通过练习获得的能够完成一定任务的动作系统。技能按其熟练程度可分为初级技能和技巧性技能。初级技能只表示"会做"某件事,而未达到熟练的程度。初级技能如果经过有目的、有组织的反复练习,动作就会趋向自动化,而达到技巧性技能阶段。技能按其性质和表现特点,可区分为如书写、骑车等活动的动作技能和像演算、写作之类的智力技能两种。在技能形成过程中,各种技能动作之间会相互影响。已形成的技能若能促进新技能的形成,叫技能正迁移。如果已形成的技能阻碍了新技能的形成,叫技能干扰,或技能负迁移。

6.2 编制知识测评试题的基本原则和程序

6.2.1 编制知识测评试题的基本原则

1)针对性原则

针对性主要指两个方面:一是空缺职位(岗位)需要的特殊性。落实"为用而考"的考试录用方针,因而在试题编制过程中,要注意选取那些带有岗位要求的典型性、经常性、稳定性的知识内容去设计试题。二是被试个体素质的特殊性。试题设计前要对被试的来源情况进行分析,结合岗位的需要,设计出既适合岗位要求又能切实测评出被试个体能力素质的试题。

2)科学性原则

在试题的设计编制中,不能随心所欲,拿来一个题目、一个案例就作为试题题目。试题的选取和编制要具有科学性:一方面,从内容上它应该是严谨的,既源于岗位工作需要,又不是干巴巴的抽象理论,它是经过提炼、加工、改造后的典型性和现实性相结合的题目;另一方面,在形式上它应该按照各类试题编制的规范来设计,题目的大小、提出或设置方式应适中、适度,尤其是那些难度较大的试题,其试题的设计在科学性、规范性上的要求更高,否则此类测评既测试不出被试应有的素质指标,也无法拉开被试之间的距离。

3)目标单一性与试题内容多样化原则

目标的单一性与试题内容的多样化相辅相成、不可分割。首先,根据空缺的职位对任职者素质的要求确定测评的目标。其次，明确目标之后，要以目标为核心进行多样化试题的设计，从而保证测评的有效性。

4）灵活性原则

灵活性原则要求在试题的编制设计中，题目的形式和内容都要采用较灵活的做法：一是为以后面试提问留有余地，给被试的思维留有空间，调动被试的积极性；二是灵活性的试题可以缓解考场紧张的气氛，这有利于调节被试的紧张心理，使其充分发挥自身的能力水平。

5）弹性原则

弹性原则要求在编制试题时，除少量客观性试题外，尽量做到给被试以充分的施展空间，让其能够运用自身知识和工作经验，进行全面观察。如果试题内容涉及面狭窄，答案唯一，凭被试死记硬背就能完成，就很容易被押到，极大地影响了测评的有效性。

6）试题新颖性与启发性相结合原则

为提高试题的效度，应该注意材料新、形式新、观念新、内容新，避免重复，特别是简单反复，以便于测评被试某些素质的真实水准。但这种新颖、新异、新奇要与富有启发性结合起来，从而促使被试的近似联想和对比联系进入活跃状态，不至于拘束与紧张，切实挖掘其潜力而表现其应有的素质。

6.2.2　编制知识测评试题的基本程序

1）制订试题编制计划

制订试题编制计划，就是对整个试题编制工作做通盘的总体构思，把最基本的东西先确定下来，使后面的工作有所遵循。试题编制计划应该明确以下问题：

（1）明确为何测评及测评结果的用途；

（2）明确对哪些素质项目进行测评以及测评结果的质量要求；

（3）了解被试的总体情况，如学历、专业、工作经历等；

（4）明确采用哪些试题题型；

（5）明确选用哪些素材，即明确取材范围；

（6）明确拟题工作的质量与数量要求；

（7）明确拟题工作程序与工作进度要求。

2）编制试题及答题卡

（1）试题，即题面。按照笔试出题的蓝图，结合岗位的任职资格要求，确定试题的范畴，选择恰当的组合题型，编制一份合乎要求的试题。

（2）答案。试题的答案主要分客观题答案和主观题答案。客观题比较简单，有明确的答案。主观题的情况比较复杂，有的是有唯一正确答案的；有的是没有统一答案的，但有"可接受答案""允许答案"；有的是既没有统一答案，也没有"可接受答案""允许答案"，只需被试做出答案就行。答题卡中，要针对这些情况分别载明答案的类型，如正确答案、参考答案、答案要点、允许答案、可接受答案、无统一且不需统一的答案等。

（3）用途。要说明该试题的测评意图、可测评的项目或预期效果等。

（4）标准。根据答案情况，提出测评结论的指标及水平刻度，以便评定等级、分数或评语。

（5）使用方法。对各种注意事项予以说明。

3）试测分析

试题编制好以后，要对其质量进行鉴别，即对该题的鉴别力、难度、形式等进行判断。最好的鉴别方法是先选择一些"考生"进行测评，通过试测，来验证试题的质量。

4）试题组合

知识测评的基本试题，要事先根据测评项目、测评时间、测评模式等进行组合，编配成试题本。测评考场上，在基本试题的基础上，考官可以针对被试的作答提出关联性、展开性试题。

6.3 知识测评常用的题型及其编写

从知识测评的内容划分，知识测评可分为专业知识测评和综合知识测评；从知识测评的题型性质划分，知识测评可分为客观性题目测评和主观性题目测评。无论从哪个方面测评，主要的题型一般包括选择题、填空题、判断题、论述型试题等。

6.3.1 填空题的编写

填空题是指在一个不完整的句子中填充相关的信息，它可以是一个数字、一个词语、一条短语等，以使句子完整。填空题的空缺可以在句子中的任何位置。此类题目非常适合术语知识、特定事实、原理中的关键词、工作程序方法步骤等知识的测评。

填空题编写的原则和注意事项主要有：

（1）试题要着眼于有关重要的、关键的知识，不考无关紧要和稀奇古怪的内容。

（2）试题叙述应该简洁、清楚，填上正确答案后句意完整，填空题答案应当简洁、明确，抓住句子内容的关键点。

（3）答案应尽量明确、简练、唯一且无争议。

（4）空格的线段长度应与答案内容大体相当，太长或太短往往会引起误会，而且空格不宜太零散，以免由于句子或段落结构上的支离破碎而引起歧义，使人难以作答。

（5）填空题中每个小题的空格个数应该统一，每道题一般不超过两个。

（6）空格所在位置应尽量置于句子或题目段落的后半部分，避免在句首出现。例如，在某年重庆某报社招聘编辑记者的笔试题中出现的填空题，题样例如下：

我国宪法规定：国家_____机关、_____机关、_____机关等都由人民代表大会产生，对它负责，受它监督。

6.3.2 选择题的编写

选择题一般是由一个题干和若干个选项构成的。在这些选项中，有的是正确的，有的是错误的，要求被试把其中正确的挑选出来。无论题干是一个问题还是一个不完整的句子，它都必须给被试提供一个可以进行选择的基础——提出一个问题，或者提供足够的信息，使那些具备相应知识能力的被试能够选出正确的解答。

选择题编写的原则和注意事项主要有：

（1）测评题目的主干语本身有意义且能提出一个明确的问题，测评题目的主干语中不要滥用否定结构和双重否定结构。

（2）所有选项在逻辑上应与试题的主干语一致，而且错误选项在表面上应貌似合理。

（3）所有选项在长度上大体相等，避免把正确选项写得特别长或特别短，为作答提供线索。

（4）用于测量评价高层次知识的试题应有新意，不能随便照抄一些书本中的试题，避免使用包含难以理解且与测验目标无关的内容的试题。

（5）在选项中一般要避免使用"以上都对"或"以上都错"的选项。

（6）正确选项的位置应随机安排，测评题之间不要互相提示答案。

（7）如果有更合适的题型来考查同一个问题的话，就不要勉强使用选择题。

例如，在某报社招聘编辑记者的笔试题中出现的选择题，题样例如下：

①柏拉图学园的门口竖着一块牌子，上面写着："不懂几何者不得入内。"这天，来了一群人，他们都是懂几何的人。如果牌子上的话得到准确的理解和严格的执行，那么以下诸判定中，只有一项是真的，这一真的断定是（　　　）。

A.他们可能不会被允许进入　　　　　B.他们一定不会被允许进入

C.他们一定会被允许进入　　　　　　D.他们不可能被允许进入

E.他们不可能不被允许进入

②美国前总统林肯说："最高明的骗子，可能在某个时刻欺骗所有的人，也可能在所有的时刻欺骗某些人，但不可能在所有的时刻欺骗所有的人。"如果林肯的上述断定是真的，那么下述哪项断定是假的？（　　　）

A.林肯可能在某个时刻受骗　　　　　B.林肯可能在任何时候都不会受骗

C.骗子也可能在某个时刻受骗　　　　D.不存在某个时刻所有的人都必然不受骗

E.不存在某一时刻有人可能不受骗

③报社要对职工年龄做一个统计，以便做人事改革的参考。张、王、李3人各设计了一张表格。张在设计的表格中，把职工的年龄分为20～30岁、30～40岁、40～50岁、50～60岁。王在设计的表格中，把职工的年龄分为20岁（不含20岁）以下、20～34岁、35～54岁、55岁以上。李在设计的表格中，把职工的年龄分为20岁以下、20～29岁、30～39岁、40～49岁、50～60岁、60岁以上。对他们设计的表格，正确的结论是（　　　）。

A.张、王、李3人的表格都正确　　　B.王的表格正确

C.李的表格正确　　　　　　　　　　D.张的表格正确

E.张、王、李3人的表格都不正确。

④下列成语中错别字最少的一组是（　　　）。

A. 情不自尽　自立更生　忍劳忍怨　记忆尤新

B. 病入膏盲　轻而一举　大显神手　偷机取巧

C. 无动于中　事得其反　相题并论　迫不及待

D．原形必露　按步就班　相形见绌　川流不息

⑤下列成语中没有错别字的一组是（　　　）。

A．滥竽充数　万籁俱寂　泽及枯骨　穷困潦倒

B．游刃有余　宏福齐天　贻笑大方　功力悉敌

C．众口烁金　隔靴搔痒　潜移默化　博闻强记

D．汗牛充栋　胜券在握　尔虞我诈　推心置腹

6.3.3　判断题的编写

判断题通常用于测试被试对知识基本概念、性质、原理、原则的认识，对事实与观点的判断、区别，对事物因果关系的分析，以及对一些简单的逻辑关系的推理能力。有人认为判断题最容易编制，其实并非如此。因为此类试题要求被试做绝对正误的判断，所以每题叙述必须绝对正确或完全错误。判断题一般在知识测评中的形式是给出一些命题，要求被试判断其真假。

判断题有许多形式，包括：①试题给出一命题，要求被试在其后打"√"或者"×"，来表示是或非，被试选择其一填在题后的括号里。②试题给出一个句子，要求被试指出其中的错误部分，并加以改正。③要求被试判断命题的结论与理由的正确与否。④要求被试首先进行是非判断，然后列出判断的理由，这种题一旦答错要倒扣分数。

判断题编写的原则和注意事项主要有：

（1）试题内容应是重要的知识内容，而不是无关紧要、细枝末节的内容。

（2）试题应多是测试被试的理解能力，不要直接抄录参考资料中的句子。

（3）试题的用词要准确，避免模棱两可的语句。

（4）试题陈述应简单明了，尽量采用正面叙述，避免使用复杂的句子结构，避免双重否定的语句，以减少被试的阅读困难。

（5）确保每道试题的叙述必须绝对正确或完全错误。

（6）正句和误句的排列要随机化，数量应大致相等。

例如，在某房地产企业水电安装工程师岗位招聘的笔试题中出现的判断题样例：

① "总经理办公会"属于公司的组织结构之一。　　　　　　　　　　　　　（　　　）

② 职工被追究刑事责任的，用人单位可单方解除劳动合同关系。　　　　　（　　　）

③ "样板房"属于楼盘卖场。　　　　　　　　　　　　　　　　　　　　（　　　）

④ 供方是指提供产品或服务的组织。　　　　　　　　　　　　　　　　　（　　　）

⑤ "营销"主要包括策划、销售、客户关系维护等3层含义。　　　　　　　（　　　）

⑥ 《建筑安装工程费用项目组成》自2004年1月1日起执行。　　　　　　（　　　）

⑦ 一般将工程材料按化学成分分为金属材料、非金属材料、高分子材料和复合材料四大类。　　　　　　　　　　　　　　　　　　　　　　　　　　　　　　（　　　）

⑧ 当电气管在热水管下面时为0.3米，在上面时为1米。　　　　　　　　（　　　）

⑨ 散热器通常安装在室内外墙的窗台下，走廊和楼梯间等处。安装时一般先栽托架（钩）。　　　　　　　　　　　　　　　　　　　　　　　　　　　　　　（　　　）

⑩ 燃气管道敷设高度（从地面到管道底部或管道保温层部）在有人行走的地方，

敷设高度不应小于2.2米。　　　　　　　　　　　　　　　　　　　　（　　　）

6.3.4　论述型试题的编写

1）论述型试题的含义和类型

论述型试题是最常用的一种主观性题目类型，主要指简答题、论述题、证明题、作文题等。典型的论述题就是向被试提出问题，要求被试用语言文字提供一份较长的答案。这种试题的最大特点是被试在回答问题时有较大的自由度，他可以充分运用所学的知识来分析问题和回答问题，也可以有自己独特的见解。因此，论述型试题能够较好地测量与评价被试对知识的统整、组织、归纳、分析、综合、探究、创新、论证等方面的能力。

论述型试题又可以分为限制型与自由型两种。所谓限制型，就是在试题中对被试的答案做极大的限制。例如，规定所涉及的范围，或者以"列出""根据……回答""根据……说明"等词语加以限制；有的试题是用具体的指导语加以限制。所谓自由型，是指对被试的回答形式与范围都不做限制，至多对回答的长度有所限制，作文题、论述题就属于这类题型。

2）论述型试题的特点

与客观题相比较，论述型试题有以下特点：

（1）论述型试题要求被试就某一个问题以论述的形式发表自己的见解，它的特点是综合性强，要测出被试多方面的知识和素质。

（2）论述型试题编制比较容易，可以鉴别被试的知识、才能、文字表达能力、推理判断能力、归纳分析综合能力等。

（3）比较侧重考查被试对复杂概念、原理、知识点的理解以及运用知识解决问题的能力。

（4）答题时间比较长，试题数量受限制，被试需要花费相当长的时间来表述自己的观点。

（5）命题难度大，评分缺乏客观标准。

3）论述型试题编写的原则和注意事项

（1）试题的表述要明确、完整，既要让被试明白试题的发问指向，又要留有让被试发挥的余地。

（2）试题的考核内容应该有所限定，防止题意过于宽泛或过于笼统，使被试感到无从着手或无法正确回答等。

（3）参考答案的评分点注重考核被试的思维过程和对问题的整体理解，考核被试综合运用所学知识解答问题，而不是知识的简单再现。

（4）参考答案应避免对知识要点的简单罗列，要求论述充分。

（5）评分标准要求在对考核内容完整论述的基础上，一般按要点给出分数，最小的评分点是1分，最大的评分点不超过5分，不要出现0.5分的评分点。

（6）试题应该用来测量较高层次的知识目标，如要求被试提出理由、解释变量间的关系、描述与评价材料、有系统地陈述结论等。

（7）在命题时，必须对被试提出明确的任务，使每道题都能真实地反映被试的实际能力，而不受阅读、理解等其他因素的干扰。

（8）一般情况下，评分标准的制定原则是从零计起，按点给分，鼓励创新。

◆◆◆◆➡ **案例分析6-1**

汉×公司招聘高级研究人员（模式识别、图像处理类）试题

说明：可能您的专业并不完全符合本试题所涉及的领域，因此并非所有的问题都需要回答，您可只回答您所熟悉和能够回答的问题。

备注：允许参考任意的资料，但请独立完成此试题，我们更欣赏独立的思考和创新的精神。本试题并非我们录用或者不录用您的唯一依据。

应聘高级研究人员者请回答这部分问题：

1.人工智能与模式识别的研究已有多年，但似乎公认的观点认为它仍然非常困难。试对您所熟悉的任一方向（如指纹识别、人脸识别、语音识别、字符识别、自然语言理解等）的发展状况进行描述，并设想您将从事该方向的研究，打算如何着手，以建立有效的识别理论和方法，或者您认为现在的理论和方法有何缺陷，有什么办法来进行改进？（字数：500字以内即可）

2.简述下面任一主题的主要理论框架或主要观点（字数：500字以内即可）：①David Marr 的视觉计算理论框架；②格式塔（Gestalt）心理学派的主要观点；③Bayes 决策理论；④人工神经网络中的 BP 网络、自组织网络和联想记忆网络的主要内容；⑤基因算法；⑥小波分析；⑦目前流行的有损静态图像压缩方法。

资料来源　佚名.百度，华为，大唐，汉王等公司的笔试试题集［EB/OL］.［2021-05-11］. http://wenku.baidu.com/view/e44874671ed9ad51f01df285.html.改编.

问题：汉×公司招聘高级研究人员（模式识别、图像处理类）的论述题属于自由型论述题吗？

6.4　知识测评的组织

6.4.1　试卷的组织工作

试题编好之后就要按测评试卷蓝图要求做成试卷。所谓试卷蓝图，就是关于试题内容、难度、题型、题量及其分布比例的综合说明，如各小题知识考点内容分布情况、所占分数、难易程度等说明。试卷蓝图一般要求试卷测评的知识点覆盖面广、分布合理、对所要考核的知识具有足够的代表性。

试卷组织的程序主要有以下几个步骤：

1）依据试卷蓝图审题

首先，要看试题是否总体上符合试卷蓝图的要求；其次，要审查每道试题是否符合各项指标要求，如试题的难易程度、试题的区分度、知识点的分布、试题的表述等。

2）编排试题

试题的编排是试卷组成的关键性步骤。目前编排试题的方法有以下3种：一是按难度编排，先易后难；二是按题型编排，同一类题放在一起，先客观性试题，后主观性试

题；三是按内容编排，同类内容放在一起，并按知识本身的逻辑关系编排，先概念，后原理。

一般情况下，在编写试卷时，通常是将这3种方法结合使用。如先按题型编排，在同一题型内再按先易后难的顺序排列。这样有利于提高被试的解题速度，因为不同类型的题目解答方式不同，如果将各种类型试题混杂排列，那么被试在解题过程中就会不断转换思维，影响解题的速度。按内容编排，在同一内容中再按难度编排，先易后难。这样就使得被试在同一内容之间变换不同的目标点，有利于记忆定向，但解答同一内容的思维方式却没有改变，所以会提高测评效果。

对于主观性试题的编排还要考虑：一是答题量小的放在前面，而把答题量大的论述题、作文题等放在后面。二是试题与书面答案的空白处尽量放在同一页上，不要让被试与评卷人员反复翻动。值得注意的是，所留的空间不要给学生以提示，即空白长的答题要点就多、空白少的答题要点就少。

3）准备标准答案

标准答案的准备既是试卷组织工作必不可少的工作，又是检查与完善试卷的重要环节。对于论述型试题，标准答案主要是试题的解答要点，而且要尽可能全面考虑同一试题答案的不同可能性或是不同的解题方法。准备标准答案不但可以及时发现试题中的不妥之处，还可以避免考完之后因临时制定标准答案而影响评分的客观性。

4）审查试卷

试卷在正式印刷之前一定要认真仔细检查一遍，尽可能把所有错误消灭在印刷前。认真检查指导语是否清晰、易懂。

6.4.2　知识测评试题的要求

知识测评试题的设计是测评的首要问题，是决定测评质量高低的关键，试题恰当与否，直接决定着甄选考核的效度。因此，在设计试题时，我们应该注意以下一些方面：

1）知识测评试题的目的明确

测评试题的目的要自始至终符合甄选的目的。试题的编撰者在编写试题时，要清楚地认识到这道试题是测试被试的专业知识、综合知识，还是测试其逻辑思维能力或分析解决问题能力等，从而使每道试题都有明确的测评目的。

2）知识测评试题的范围适当

严格按照考试内容和考核要求设计试题细目表，编制试题。细目表中要体现各试题单元在一份试卷中所占的分值和比例，重点内容部分在整个试卷中所占分值的权重可以大些。

3）知识测评试题内容科学合理

试题的内容既能测出被试所掌握知识程度，又能测出被试的能力水平，还可以反映出被试的潜在能力；试题的难度要恰当；试题的题量既不能过多，也不能过少，让绝大部分被试完成试卷既不觉得时间非常紧张，也不觉得时间十分充裕。

4）知识测评试题类型搭配合理恰当

知识测评试题的类型应该与测评目的一致。如果测试知识性的内容，可以采用客观题，而要测试被试的逻辑思维能力、分析解决问题能力等，就可以采用论述型试题进行测试。

5）知识测评试题难度适当且题意完整

知识测评中，试题难度要适当，并且分布合理，同一种题型中的试题编排应体现由易到难的原则，且题意应完整、明确、精练、易于理解、无歧义。另外，试题不应出现政治性（如政策性、民族、宗教等）、科学性和技术性的错误，试卷中不应该出现偏题、怪题以及尚未有定论的试题；同一份试卷中的试题之间应相互独立，不应相互牵连或前后提示；参考答案科学无误，评分标准合理，便于操作，避免过繁或过简。

6.4.3 知识测评过程的组织

1）成立考务小组

成立考务小组的目的在于保证笔试的公正性和客观性，考务小组应当选责任心强、公平、正直、细致的人员来负责整个考务工作。

2）制订实施计划

制订周密细致的实施计划会使得笔试工作井然有序进行。其主要内容包括：考试科目和考试方式的确定；考试时间、场地和考场的安排；考场纪律、监考人员安排；阅卷人员、方式、场地的安排等。

3）组织好命题

命题是笔试的首要问题，直接关系到笔试的效果。好的命题能测出被试知识水平的全面性和真实性，能依据工作岗位的特点突出重点。不仅要有好的命题，还要有明确的标准答案和评分规则。

4）做好监考

要做好试卷的收发工作，挑选有相当经验的监考人员，能适当处理特殊情况，严格执行考试纪律，杜绝考试舞弊行为。

5）评卷

评卷的关键在于要客观、公正、公平、不徇私，严格按照标准答案和评分规则进行评卷，尽量避免个人主观因素对评分的影响。

◆◆◆➡ 案例分析6-2

某公司招聘行政秘书的笔试题

一、单项选择题

1. 3，5，9，17，（   ）。

A.29   B.33   C.30   D.40

2. 现有37名人员需要渡河，只有1只小船，每船每次只能载5人，请问需要（   ）次才能渡完。

A.7   B.8   C.9   D.10

3. 如果用4个矿泉水空瓶可以换1瓶矿泉水，现有15个矿泉水空瓶，不交钱最多可以换矿泉水（   ）瓶。

A.3   B.4   C.5   D.6

4. 甲乙丙丁4个小孩在外面玩耍，其中1个小孩不小心打碎了邻居家的1块玻璃，邻居家的主人过来，想问问是谁打破的玻璃。

甲："是丙打碎的。"

乙："不是我打碎的。"

丙："甲在说谎。"

丁："是甲打碎的。"

他们4个人中只有1个人说的是真话，其余3个都是假话。

请问：是谁打碎的玻璃？（　　）

A.甲　　　　　　　　B.乙　　　　　　　　C.丙　　　　　　　　D.丁

5.甲、乙、丙3人买书共花费96元钱，已知丙比甲多花16元，乙比甲多花8元，则甲、乙、丙3人所花的钱的比是（　　）。

A.3：5：4　　　　　B.4：5：6　　　　　C.2：3：4　　　　　D.3：4：5

6.随着工业的发展和人口的增长，排放的废污水量也相应地（　　）增加，从而导致了许多江、河、湖、海及地下水受到严重污染。

A.迅猛　　　　　　　B.急剧　　　　　　　C.迅速　　　　　　　D.剧烈

7.他对武侠小说的（　　），使他不再专心学习，以至于学习成绩出现很大的退步。

A.热爱　　　　　　　B.爱好　　　　　　　C.痴迷　　　　　　　D.迷恋

8.下面4句话中，有歧义的一句是（　　）。

A.天桥拐角处坐着一位老人，盘腿而坐，吹着一个小口风琴

B.他仿佛看见父亲发怒的眼睛责备地望着他

C.他对你说的一番话，我看你一句都没听进去

D.我已经和你父亲说好了，周末咱们一块去

9.甲比乙大，乙小于丙，则可推断出（　　）。

A.甲大于丙　　　　　　　　　　　B.甲小于丙

C.无法确定甲与丙的大小　　　　　D.以上说法均不正确

10.小林认为自己的领导从来不会认为他在日常工作中不是一个兢兢业业的员工。

请问：小林的领导认为小林是一个兢兢业业的员工吗？（　　）

A.不是　　　　　　　B.是　　　　　C.没表明态度　　　　D.不太好说

11.秘书人员要具有（　　）的美德。

A.谦虚谨慎　　　　B.唯命是从　　　　C.谨小慎微　　　　D.察言观色

12.各行各业都有自己的职业道德，秘书人员也须加强职业道德修养，其中很重要的一条是不可（　　）。

A.有自己的想法和创新

B.更多地考虑自己的私人利益

C.假借上级的名义以权谋私

D.做好自己分内的事情，对公司的其他事情漠不关心

13.做会议记录时，除了要把可有可无或重复的语句删去，还要尽可能做到既注重精，又注重详，则需采用（　　）记录法。

A.纲要　　　　　　B.精详　　　　　　C.精要　　　　　D.补充

14."人定一"（人定胜天）采用了汉字速记中的（　　）略写法。

A.成语　　　　　　　B.熟知　　　　　　　C.词组　　　　　　　D.多音节词

15.秘书人员不准向客人索要礼品，如对方主动赠送应婉言谢绝，无法谢绝的应该（　　）。

A.收下归自己所有　　　　　　　　　　B.收下后上交公司

C.及时汇报　　　　　　　　　　　　　D.先收下，后退回

16.秘书接待工作的3项主要任务分别是：安排好来宾的工作事宜、接待工作和（　　）。

A.学习　　　　　　　　　　　　　　　B.参观访问

C.培训活动　　　　　　　　　　　　　D.业余文化娱乐活动

17.在接待工作中，最常使用的接待规格是（　　）。

A.高格接待　　　　　　　B.低格接待

C.对等接待　　　　　　　D.参照以往的接待规格而定

18.对档案存放进行管理和维护档案完整与安全的活动属于档案（　　）。

A.整理工作　　　　　B.保管工作　　　　　C.统计工作　　　　　D.分析工作

19.档案部门的检索工具，按照编制的方法，其中之一是（　　）。

A.人名索引　　　　　B.指南　　　　　　　C.全宗指南　　　　　D.案卷目录

20.立卷类目是（　　）。

A.案卷名册　　　　　B.移交目录　　　　　C.案卷目录　　　　　D.分类归卷方案

21.根据有关规定，我国档案保管期限的档次分为（　　）。

A.永久、定期　　　　　　　　　　　　B.永久、长期、短期

C.永久、长期、短期、不归档　　　　　D.永久、长期、短期、不移交

22.标引一份公文文稿，首先是从（　　）开始。

A.分析主题　　　　　B.查表选词　　　　　C.审计文稿　　　　　D.概念组配

23.多级上行文（　　）。

A.在少数特殊情况下才可以采用

B.是上行文最基本的行文方式

C.是上行文一般使用的行文方式

D.只有在少数十分特殊的必要情况下才可以采用

24.通用文书中指挥性文书有（　　）。

A.命令、指示、决定、条例等　　　　　B.命令、指示、决定、批复等

C.命令、指示、决定、规定等　　　　　D.命令、批示、决定、办法等

二、多项选择题

1.接待工作中的握手礼仪要求（　　）。

A.距离受礼者约一步，上身略向前倾

B.四指并拢，拇指张向受礼者

C.两足立正，伸出右手

D.由年长者、身份地位高者、女性先伸手

2.文档检索的方法主要有（　　　）。

A.按事件主题检索法　　　　　　　　　　B.按部门机构检索法

C.地区检索法　　　　　　　　　　　　　D.时间检索法

3.对一般秘书部门而言，保密工作的主要内容包括（　　　）。

A.文件保密　　　　　　B.会议保密　　　　C.一般工作保密　　　　D.来访保密

4.为安排好领导的参观活动，应做好（　　　）准备。

A.物质　　　　　　　　B.思想　　　　　　C.资料　　　　　　　　D.保健

5.会议的名称可以由以下几个部分构成：（　　　）。

A.主办单位的名称　　　　　　　　　　　B.会议的主题

C.内容及会议的性质　　　　　　　　　　D.会议的范围

三、简答题

1.您认为秘书人员的主要工作职责是什么？如果您现在已经成功地得到这个职位，您打算如何做好自己的本职工作？

案例分析6-2

分析提示

2.您认为一个合格的秘书应该具备哪些素质？

资料来源　佚名. 助理、秘书笔试题及答案［EB/OL］. ［2021-04-23］. http：//wen-ku.baidu.com/view/5fadfdc38bd63186bcebbc6a.html.改编.

问题：该公司招聘笔试题中是如何体现知识测评的？

情境模拟6-1

场景：公司背景：××工厂于20世纪90年代中期在某著名工业园区破土兴建，占地面积约为30 000平方米，总投资额为4 200万美元。生产制造区域采用了模块设计，这一设计理念使工厂从破土动工到所有的设备调试完成只用了短短13个月的时间，且很快通过了国家药品监督管理局的GMP认证，是国内较早通过GMP认证的制药企业之一。公司2001年第一次扩建生产缓释剂型，并于2006年通过了欧盟GMP认证。该企业面向某高校学生进行校园招聘。现进入企业笔试测试环节。

操作：（1）成立笔试测评工作小组，包括考务人员等。

（2）根据工作需要，制订相应的笔试工作计划。

（3）组织好知识测评的试题编制工作。（情镜模拟中可以使用后面的备用资料）

（4）组织好考务工作，如应聘人员的安排通知、笔试的时间安排、笔试场地的布置、试题的准备、监考人员的安排、有关其他工作人员的安排等。

（5）组织好判卷工作，尽快得出知识测评结果。

（6）试题的保管和有关笔试成绩的公布。

小结：探讨自己在活动中了解到什么、培养了什么技能、有什么想法、受到了哪些启发。

知识测评备用资料：某公司笔试实施方案

为满足企业发展需要，现面向社会公开招聘优秀人才，为规范此次人才选拔、录用工作，现就有关考试工作提出如下实施方案：

一、原则

公开、平等、竞争、择优。

二、考试方式及程序

采取闭卷方式进行，由人力资源部组织命题出卷。试题分为专业试题和公共试题两部分，共计100分，专业试题占60分，答题时间为90分钟；公共试题占40分，答题时间为60分钟。考生凭身份证参加考试，在规定时间内完成答题。根据笔试成绩确定面试对象。

三、考试时间及地点

1.时间：××××年××月××日（星期×）上午8：30

2.地点：××大厦3楼会议室

四、组织领导

成立笔试测评工作小组，袁泽同志任组长，人力资源部、市场部、财务部、信息中心等部门负责人为副组长，由何明同志负责笔试工作的具体组织实施。从各部门抽调人员组成考务人员，名单如下：

曾生、曾凡辉、付敏、蒲单、张韵、曾克。

五、工作要求

1.参加考试人员试前交验身份证及相关资质证件，入场后必须遵守考场规则，服从安排。

2.考务人员要严格遵守人事工作纪律和保密制度，如出现试题泄密、干扰考试等违纪事件，将严肃追究当事人责任。

六、考场纪律

1.在考试前15分钟，凭本人身份证进入考场，对号入座，并将身份证放于桌面右上角。

2.开考30分钟后，不得入场；开考1小时内不得退场。

3.应考人员应严格按照规定携带文具，开考后应考人员不得传递任何物品。

4.严禁将手机、电子记事本、计算器等电子产品带至座位。已带入考场的要按监考人员的要求切断电源并放于指定位置。凡发现将上述物品带至座位的，一律取消考试资格。

5.不得要求监考人员解释试题，如遇试卷分发错误、页码序号不对、字迹模糊等问题，应举手询问。

6.答题一律用黑色或蓝色字迹的钢笔、签字笔在答卷指定位置作答，用其他颜色字迹的笔作答的、在答卷上做其他标记的，答卷做零分处理。

7.保持考场内安静，禁止吸烟，严禁交头接耳，不得窥视他人试卷。

8.考试结束铃响后，应考人员应立即停止答题，交卷时应将试卷反面向上放于桌面上，经监考人员同意后方可离开考场。不得将试卷和草稿纸带出考场。

9.应考人员应服从考务人员的管理，接受监考人员的监督与检查，对无理取闹、辱骂、威胁、报复工作人员者，按有关纪律和规定处理。

七、考试评判标准

考试结束后，阅卷人员应秉着公平、公正、客观的态度展开试卷评判的工作。根据评卷结果通知考试得分在60分（含60分）以上的应考人员参加下一轮选拔，对于考试得分在60分以下的应考人员，给予淘汰。

八、考试的组织监督

本次招聘工作接受相关部门的全程监督，确保整个考录工作公开、公平、公正。

咨询电话：020-××××××××

➡ 知识掌握

1.知识的含义是什么？简述知识测评的种类。

2.知识测评的优缺点主要包括哪些？

3.编制知识测评试题应该遵循哪些基本原则？

4.简述编制知识测评试题的基本程序。

5.简述知识测评常用的题型及其编写。

➡ 知识应用

□ 案例分析1

××财经日报招聘笔试题

××财经日报在北京、上海、深圳等城市招记者150人，其中北京50人，上海50人，可谓强势出击，也吸引了很多记者和毕业生前来应聘。以下为××财经日报招聘笔试题目样例。

一、填空题（共20分）

1.“报道一切适于报道的新闻”是_____的口号。

2.橙红报纸是_____的首创。

3.前不久一位澳籍华裔经济学家过世，他是_____，他针对发展中国家较强的模仿能力，提出_____概念，以说明发展中国家的弱点。

4.报道到大陆投资的台商时，不应称“外方”，应称_____。

5.国内赴美上市企业股票的市值排序（用“<”或“>”或“=”号），网易_____新浪；盛大_____携程。

6.证监会主席、银保监会主席、央行行长分别是＿＿＿＿＿＿＿＿＿＿＿＿＿＿＿＿＿

＿＿＿＿＿＿＿＿＿＿＿＿＿。

7.消费价格指数的简称是＿＿＿＿＿＿＿。

8.WTO 成员国的说法错误，应称＿＿＿＿＿＿或＿＿＿＿＿＿。

9.亚太经合组织的"21个成员国"的说法是错误的，应称＿＿＿＿＿＿或＿＿＿＿＿＿。

10.GE 是＿＿＿＿＿＿公司的英文缩写。

二、简答题（第1、2题5分，第3题15分）

1.如果就"宏观调控初见成效"这一选题采访，请列出5个采访对象（组织或个人），并逐条说明理由。

2.请说出你目前最想采写的一个选题，并说明理由。

3.请说出财经日报与周报、综合日报财经版在内容上的不同。

三、写作题（共20分）

给出一篇有关央行提高存款准备金率的新闻稿，请写一篇400字左右的消息，并加标题。

案例分析

分析提示

四、评论题（共35分）

给出一篇银行监管新办法的新闻述评，请加标题（5分）；并从另一个角度（银行）写一篇500字左右的评论（30分）。

资料来源　高校人才网. 第一财经日报笔试题及分析［EB/OL］.［2021-04-12］.
http://www.51test.net/show/650273.html.

问题：这个笔试题属于哪个类型？出题的思路是什么？

□ 案例分析2

某公司销售人员的招聘笔试题

一、选择题

1～12题为单选题，13～14为多选题。

1.2，4，6，8，（　　）。

A.10　　　　　　　　B.11　　　　　　　　C.12　　　　　　　　D.14

2.以下不同类的一项为（　　）。

A.铁锅　　　　　　　B.米饭　　　　　　　C.勺子　　　　　　　D.盘子

3.一个西瓜切3刀最多能切成（　　）块。

A.4　　　　　　　　B.6　　　　　　　　C.8　　　　　　　　D.16

4.现要在马路的一侧种树，马路长50米，每隔5米种一棵树，那么请问，一共需要种植（　　）棵树。

A.8　　　　　　　　B.9　　　　　　　　C.10　　　　　　　　D.11

5.组合策略（4P）不包含（　　）。

A.广告策略　　　　B.价格策略　　　　C.渠道策略　　　　D.促销策略

6.企业只推出单一产品，运用单一的市场营销组合，力求在一定程度上满足尽可能多的顾客的需求，这种战略是（　　）。

A.无差异市场营销战略　　　　　　　　B.密集市场营销战略

C.差异市场营销战略 D.集中市场营销战略

7.指出下列 （ ） 市场是不可扩张性市场。

A.儿童玩具市场 B.家用电器市场 C.烟草市场 D.食盐市场

8.中国服装设计师李萍设计的女士服装以典雅、高贵享誉中外，在国际市场上，1件"李萍"牌中式旗袍售价高达1 000美元，这种定价策略属于 （ ）。

A.声望定价 B.基点定价 C.招徕定价 D.需求导向定价

9.产业购买者往往这样选择供应商：你买我的产品，我也买你的产品。这种习惯做法称为 （ ）。

A.直接购买 B.冲动购买 C.往返购买 D.互惠购买

10.企业产品的市场表现优于 （劣于） 主要竞争对手的核心原因是 （ ）。

A. 产品价格低于 （高于） 主要竞争对手产品

B. 产品功能多于 （少于） 主要竞争对手产品

C. 本企业市场宣传优于 （劣于） 主要竞争对手企业

D. 对主要客户群偏好的掌握优于 （劣于） 主要竞争对手

11.当客户出现有规律的投诉时，应该优先从 （ ） 环节着手系统性解决问题。

A. 售后服务人员的素质和严格规范的流程

B. 营销方案的调整

C. 制订完善的索赔补充计划

D. 产品研发

12.企业产品的市场份额主要是由 （ ） 因素决定的。

A.具有共同特征的客户数量 B.企业产品价格的竞争力

C.企业产品特征优异程度 D.企业投放广告数量

13.企业在调整和优化产品组合时，依据情况不同可选择 （ ） 策略。

A.扩大产品组合 B.缩减产品组合 C.产品延伸 D.产品大类现代化

14.根据消费者消费习惯划分，消费品可分为 （ ）。

A.公用品 B.便利品 C.选购品

D.特殊品 E.非渴求品

二、简答题

1.作为销售人员，你认为自己应该具备何种能力？

2.在促销力度不强的情况下，你如何销售品牌知名度不高而价位又与知名品牌同类竞品相差无几的中高档新产品？

3.公司派小张到北美的某一个小岛上推销鞋，小张回来说："推销不了鞋，那个小岛上的人们根本就不穿鞋。"公司又派小李去了，小李回来说："那个小岛上的人们都不穿鞋，市场好大呀！"作为销售人员，你会得到什么启示？

4.刘老板已经同意经销公司产品，并答应你3天内可以打款进货，但到第四天他还没有打款。当你打电话或上门拜访他时，他又以种种原因推脱，说这几天很忙，过几天就打款。请问你该怎么让刘老板尽快打款？

5.你对自己的人生是如何规划的？你预计在公司工作多长时间？

三、论述题

案例分析

1.请你介绍一个你认为以前在工作、学习中最成功的案例，并详细分析成功的原因。

2.你是如何面对压力的？如果你进入公司两个月仍没有销售额，你会怎么想？怎么办？

分析提示

问题：请问该公司笔试题主要包括哪些类型？他们想测试什么？

□ 实践训练

某公司是一个卓越的半导体公司，为广阔的消费和工业市场开发高精度的模拟与混合信号集成电路，创建于1984年，是音频和工业市场上高精度模拟与混合信号以及嵌入式处理器的主要供应商。公司精于开发对质量要求高的复杂芯片，且拥有900多项专利，这些专利对公司600多种产品起到关键作用，使公司能服务全球2 500多位最终客户。现因为业务发展，需要招聘一批销售人员。请你利用本章所学知识出一份笔试试卷，并进行测试。

要求：（1）按要求进行前期的准备工作，如宣传发布信息、设计招聘用的申请表格等。

（2）编制笔试题目。

（3）精心组织实施笔试和评卷。

第7章 能力测评

▶▶▶ 学习目标 ▮▮▮

在学习完本章之后，你应该能够：

1. 了解智力测评的理论基础及有关智力测评的基本概念；
2. 明确团体智力测评工具的相关内容；
3. 熟知个体智力测评的常用工具——韦克斯勒成人智力量表；
4. 掌握选拔性职业能力测评的工具、配置性职业能力测评的工具、创造力测评的理论基础和测评工具。

▶▶▶ 引例 ▮▮▮

某公司招聘销售人员时使用的销售能力测试

下列问题务必请您根据自己的实际情况回答。对每个问题不要过多考虑，请根据您的第一印象尽快回答。每个问题都要回答，不要有遗漏。

1. 假如您的客户询问您有关产品的问题，您不知道如何回答，您将（　　）。

A. 以您认为对的答案，用好像了解的样子来回答

B. 承认您缺乏这方面的知识，然后去找正确答案

C. 答应将问题转呈给业务经理

D. 给他一个听来很好的答案

2. 当客户正在谈论，而且很明显，他所说的是错误的，您应该（　　）。

A. 打断他的话，并予以纠正　　　　　　B. 聆听然后改正话题

C. 聆听并找出错误之处　　　　　　　　D. 利用反问以使他自己发觉错误

3. 假如您觉得有点泄气时，您应该（　　）。

A. 请一天假不去想公事　　　　　　　　B. 强迫您自己更卖力去做

C. 尽量减少拜访　　　　　　　　　　　D. 请示业务经理和您一道去

4. 当您拜访经常让您吃闭门羹的客户时，您应该（　　）。

A. 不必经常去拜访　　　　　　　　　　B. 根本不去拜访他

C. 经常去拜访并试图去改善　　　　　　D. 请示业务经理换人试试

5. 您碰到对方说"您的价格太贵了"，您应该（　　）。

A. 同意他的说法，然后改变话题

B.先感谢他的看法，然后指出一分钱一分货

C.不管客户的说法

D.运用您强有力的辩解

6.当您回答客户的相反意见之后，您应该（　　）。

A.保持沉默并等待客户开口　　　　　B.变换主题，并继续销售

C.继续举证，以支持您的观点　　　　D.试行订约

7.当您进入客户的办公室时，正好他在阅读，他要一边阅读，一边听您的话，那么您应该（　　）。

A.开始您的销售说明　　　　　　　　B.向他说您可以等他阅读完了再开始

C.请求合适的时间再访　　　　　　　D.请求对方全神聆听

8.您正用电话约一位客户以安排拜访时间，总机小姐把您的电话转给客户的秘书，秘书问您有什么事，您应该（　　）。

A.告诉秘书您希望和客户商谈

B.告诉秘书这是私事

C.向秘书解释您的拜访将带给客户莫大的好处

D.告诉秘书您希望同客户谈论您的商品

9.面对一个激进型的客户，您应该（　　）。

A.客气　　　　　　　B.过分客气　　　　　C.证明他错了　　　　D.拍他马屁

10.对付一位悲观的客户，您应该（　　）。

A.说些乐观的事　　　　　　　　　　B.对他的悲观思想一笑了之

C.向他解答他的悲观是错误的　　　　D.引述事实并指出您的论点是完美的

11.在展示印刷的视觉辅助工具时，您应该（　　）。

A.在他阅读时，解释销售重点

B.先销售视觉辅助工具，然后按重点念给他听

C.把视觉辅助工具留下来，以待访问之后让他自己阅读

D.希望他把这些印刷视觉辅助工具张贴起来

12.客户告诉您，他正在考虑竞争者的产品，他征求您对竞争者的产品意见，您应该（　　）。

A.指出竞争者产品的不足

B.称赞竞争者产品的特征

C.表示知道他人的产品，然后继续销售您自己的产品

D.开个玩笑以引开他的注意

13.当客户有购买的征兆，如"什么时候可以送货"，您应该（　　）。

A.说明送货时间，然后继续介绍您的产品特点

B.告诉他送货时间，并请求签订单

C.告诉他送货时间，并试计算销售提成

D.告诉他送货时间，并等候客户的下一步骤

14.当客户有怨言时，您应该（　　）。

A.打断他的话，并指责其错误之处

B.注意聆听，虽然您认为自己公司错了，但有责任予以否认

C.同意他的说法，并将错误归咎于您的业务经理

D.注意聆听，判断您言是否正确，适时应答给予纠正

15.假如客户要求打折，您应该（　　　）。

A.答应回去后向业务经理要求

B.告诉他没有任何折扣了

C.解释贵公司的折扣情况，然后热心地推介产品的特点

D.不予理会

16.当零售店的店员向您说"这种产品销售不好"时，您应该（　　　）。

A.告诉他其他零售店销售成功的实例

B.告诉他产品没有按照应该陈列的方法陈列

C.很技巧地向他建议提高产品销售的方法

D.向他询问销路不好的原因，必要时将产品取回

17.在获得订单后，您应该（　　　）。

A.高兴地多谢他后才离开

B.略微交谈他的嗜好

C.谢谢他，并恭喜他的决定，扼要地再强调产品的特征

D.请他到附近去喝一杯

18.在开始做销售说明时，您应该（　　　）。

A.试图去发觉对方的嗜好，并交换意见

B.谈谈气候

C.谈论今早的新闻

D.尽快地谈些您拜访他的理由，并说明他可获得的好处

19.在下列的情况中，（　　　）是销售员充分利用时间的做法。

A.将客户资料更新

B.和客户面对面谈论

C.在销售会议学习更好的销售方法

D.和销售同事谈论

20.当您的客户被第三者打岔时，您应该（　　　）。

A.继续销售不予以理会　　　　　　　　　　B.停止销售并等候有利时间

C.建议他在其他时间您再来拜访　　　　　　D.请客户去喝一杯咖啡

评分标准：

1.A2 B5 C3 D1	2.A1 B3 C5 D2	3.A1 B5 C1 D3
4.A1 B1 C5 D3	5.A1 B5 C3 D2	6.A2 B1 C2 D5
7.A1 B5 C3 D2	8.A1 B1 C5 D2	9.A5 B1 C1 D1
10.A3 B2 C1 D5	11.A1 B5 C1 D1	12.A1 B3 C5 D1
13.A1 B3 C5 D1	14.A1 B2 C1 D5	15.A2 B3 C5 D1

16.A1 B1 C5 D2   17.A3 B1 C5 D1   18.A3 B1 C1 D5

19.A3 B5 C2 D1   20.A1 B2 C5 D3

如果分数在 90~100 分，说明您是很优秀的销售员；如果分数在 80~89 分，说明您是良好的销售员；如果分数在 70~79 分，说明您是一般的销售员；如果分数在 60~69 分，说明您是待训练的销售员；如果分数在 59 分以下，您需要自问："我选择了销售这个行业是对的吗？"

资料来源 佚名.销售能力测评评分表［EB/OL］.［2021-04-19］.http//wenku.baidu.com/view/f231333283c4bb4cf7ecd1a4.html.改编.

这一案例表明：公司在招聘过程中可以采用能力测评来帮助用人单位判断应聘者是否适合岗位要求。案例中公司使用的是某咨询公司设计的销售能力测试题，销售能力测试的结果为最后确定人选提供依据。

7.1 智力测评

7.1.1 智力与智力测评概述

1）智力的定义

一般认为，智力是指人认识世界并运用知识解决实际问题的起基础作用的能力总和。它包括注意力、观察力、记忆力、想象力和思维力 5 个基本因素，抽象思维能力是智力的核心，创造力是智力的最高表现。人要完成任何一种活动，都与这些能力的发展分不开。

智力有以下几个特点：

第一，智力与认识过程有关，但并非认识过程本身；

第二，构成智力的各种认识特点必须比较稳定，那些变化无常的认识特点不能称为智力；

第三，智力不是 5 种基本因素的机械相加，而是 5 种基本因素的有机结合；

第四，智力是一种能力，而情绪、情感、性格、气质、动机、兴趣、意志等非能力的特征则属于非智力因素。

2）智力理论

关于智力的理论研究有两大模式：心理地图模式和计算机模式。心理地图模式将智力视作心理地图，由此得到智力的结构理论（经典智力理论）；而计算机模式将智力视作具有信息加工功能的计算机装置，以此为基础构建了智力的信息加工理论（现代智力理论）。

（1）经典智力理论。该类理论认为，智力是人脑的内部特性和有待发现的心理结构。建构这种理论的主要方法是因素分析法。其中具有代表性的理论有：

其一，斯皮尔曼于 1927 年首先提出智力二因素理论。他认为智力由一个一般因素即 G 因素（渗透于所有智力活动之中）和一系列特殊因素即 S 因素（在某种特殊环境下才表现出来）组成，人与人之间的智力差别主要取决于每个人拥有的一般因素的多少。

其二，卡特尔在20世纪50年代提出的流体智力与晶体智力理论。他认为一般智力因素包括流体智力和晶体智力。流体智力是指在信息加工和问题解决过程中所表现出来的能力，如对关系的认识、类比演绎、推理、抽象概括的能力等，它取决于个人的禀赋，20岁以后达到顶峰，30岁以后将随年龄的增长而降低。晶体智力指获得语言、数学等知识的能力，它取决于后天的学习。晶体智力一生都在发展。

其三，瑟斯顿于1938年提出的群因素论。他认为智力的核心不是单一的G因素，而是由许多主要的、基本的、彼此相关的能力因素群组成的。7种最主要、最基本的心理能力分别是计算、语词流畅、语词理解、记忆、推理、空间知觉、知觉速度。

其四，吉尔福特于1959年提出的智力三维结构模型。他认为智力包括3个维度：内容（引起心智活动的各类刺激，包括视觉、听觉、符号、语义、行为）、操作（由各类刺激引起的反应方式与心理过程，包括认知、记忆、发散思维、聚合思维、评价）和结果（指心智活动的产物，即对各类刺激的反应结果，包括单位、类别、关系、系统、转化、含义）。

其五，阜南于1960年提出的智力层次结构模型。他认为智力的结构是按层次排列的，最高层是普遍因素，第二层是两大因素群（包括言语和教育），第三层为小因素群（包括言语、数量、机械信息、空间信息、用手操作等），第四层为特殊因素（即各种各样的特殊能力）。

（2）现代智力理论。该类理论认为智力是人脑对各种信息进行加工、处理的能力。

其一，加德纳的多元智力理论。他认为人有7种智力，即言语智力、逻辑数理智力、音乐智力、空间智力、身体动作智力、人际智力和自省智力；在此基础上，还有自然智力（以及精神智力和存在智力）。每个人都或多或少地拥有上述8种智力，这些智力相互独立，各人在有些智力上表现出高水平，而在有些智力上表现出低水平。

其二，戴斯的PASS智力模型。他认为智力有3个认知功能系统，即注意—唤醒系统、同时—继时编码加工系统与最高层次的计划系统。3个功能系统在一定的知识背景中执行各自的功能，但它们又是互相影响、共同作用的。

其三，斯腾伯格的三元智力理论。该理论由智力情景亚理论、智力经验亚理论和智力成分亚理论组成。智力情景亚理论回答"行为在何处才显示出智慧"。情景智力行为包括对现实环境的适应、对更优环境的选择、改造现实环境，使之更适合自己的能力、兴趣或价值取向。智力经验亚理论回答"行为何时才是智慧的"。它认为当个体面临一个相对（但非完全）新异的任务或情景时，或在特定任务或情景的自动化操作过程中，其智力才能很好地展现出来。智力成分亚理论回答"智力行为是如何产生的"，明确了构成智力行为的心理机制，是三元智力理论的核心。智力成分亚理论认为，智力包括3种成分及相应的3种过程，即元成分、操作成分和知识获得成分。元成分是用于计划、控制和决策的高级执行过程；操作成分表现在任务的执行过程；知识获得成分是指获取和保存信息的过程，负责接受刺激，做出判断和反应，以及对新信息的编码与存储。

3）智力测评

智力测评是指在一定的条件下，使用特定的标准化的测验量表对被试施加刺激，从被试的一定反应中测量其智力的高低。智力测评不能像用尺测长度那样进行直接测量，只能进行间接测量。智力测评是通过对表现一个人智力水平的行为样本组进行测评，用数字对之加以描述，它的结果是给人的智力行为确定一种数量化的值。

智力测评的结果是用智商（IQ）来表示的。下面是智力测评中常用的基本概念。

（1）智龄（mental age，MA）。比纳和西蒙不仅编制出世界上第一个智力量表——比纳–西蒙智力量表（1905年），西蒙还第一个提出智龄的概念。1908年，比纳修订了该量表，即根据试题的难易程度，按年龄分组，以及根据被试做对的题目数量确定其智力。例如，有一名儿童，做对一道题得2个月智龄，做对6道题得1岁，如此等等。也就在此次修订中，他将测验成绩用"智力年龄"表示。凡智龄大于实龄的被确认为智力较高（聪明），智龄等于实龄的被确认为智力中等，智龄小于实龄的被确认为智力较低（愚笨）。

（2）比率智商（IQ）。智龄只能表示一名儿童智力的绝对水平，不能用于比较实龄不同的儿童智力的高低。比率智商是为解决这一问题而产生的。比率智商由斯滕提出，推孟将智商应用范围推广至全世界。比率智商的计算公式为：

比率智商（IQ）=智龄（MA）÷实龄（CA）×100

比率智商表示智力的相对水平。不同实龄儿童就可以进行智商比较。

（3）离差智商（DIQ）。比率智商在实际应用过程中，人们又发现缺点。比率智商假定智力发展和年龄增长呈正比，但实际上当年龄增长到一定程度，约至26岁智力发展就基本停止增长了，在这种情况下，比率智商就不适用了，于是产生了离差智商。离差智商以相对位置来表示一个人的智力情况。离差智商的计算公式为：

离差智商（DIQ）=100+15Z

其中，Z为智力标准分数，表示个人在一定年龄组内所占的相对位置。

（4）智商等级。智商的分布是呈常模分布的。智商等级划分见表7–1。

表7–1　　　　　　　　　　　　　　　　　　　智商的分布

智商等级	智商（分）	分布比例（%）
天才	140以上	0.25
最优秀	120～140	6.75
优秀	110～120	13.00
普通	90～110	60.00
劣等	80～90	13.00
临界线级	70～80	6.00
低能	70以下	1.00
轻度痴呆	50～70	
中度痴呆	25～50	
重度痴呆	25以下	

7.1.2　个别智力测评

传统智力测评由于施测对象的不同可以分为个体智力测评和团体智力测评。前者一般由一位主试对一位被试进行面对面的施测，后者则可由一位主试同时对若干被试进行面对面的施测。代表性强、影响最大的个体智力测评是韦克斯勒成人智力量表。

1939 年，韦克斯勒发表了第一个成人智力量表：韦克斯勒–贝勒维智力量表Ⅰ型（简称 W-BⅠ）。1982 年，湖南医学院龚耀先主持修订出版了 WAIS 中国修订版（简称 WAIS-RC）。其主要内容如下：

1）言语量表

（1）常识：共 29 题，内容取样范围极广，如"钟表有什么用""我国首都在哪儿"等，尽量避免涉及专业领域的内容。它主要用于测量被试的一般智力因素和记忆能力。

（2）理解：共 14 题，要求被试说明在某种特定情形下应做什么，或解释一些话的意思，如"为什么不要与坏人交朋友"等。它主要用于测量被试运用知识解决实际问题的能力和社会适应能力。

（3）算术：共 14 题，内容属小学算术范围，如"8 个人在 6 天内可以完成的工作，若半天内必须完成，应找多少人来做"，题目限时完成。它主要用于测量被试基本数理知识和数学推理能力。

（4）类同：共 13 题，要求被试说出两件事或物的相似之处，如"斧头–锯子"。它主要用于测量被试抽象逻辑思维和分析概括能力。

（5）数字广度：由主试口述一串由 3 ~ 12 个数字随机排列组成的数字系列，要求被试按顺序复述，共 12 题，再由主试口述一串由 2 ~ 9 个数字随机排列组成的数字系列，要求被试倒着复述，共 10 题。它主要用于测量被试的注意力和短时记忆能力。

（6）词汇：主试将一张包括 40 个词汇的词表呈现在被试面前，要求被试指出主试所读的词，并对其意义进行解释。它主要用于测量被试的语言理解能力。

2）操作量表

（1）数字符号：要求被试根据事先提供的数字–符号关系，在给出的每个数字下面填写相应的符号，限时进行。它主要用于测量被试建立新概念的能力和知觉辨别速度。

（2）填图：共 21 张图片，每张图片都有缺失的部分，如人没有耳朵，动物没有尾巴，要求被试指出缺失的部分。它主要用于测量被试视觉记忆与辨别能力。

（3）积木图案：给被试 9 块积木，每块各面分别涂有全红全白或半红半白的颜色；同时给被试呈现 10 个图形，要求被试在限定时间内用积木拼摆出所呈现的图形。它主要用于测量被试视知觉组织、视动协调及综合分析能力。

（4）图片排列：共 8 组图片，每组图片打乱顺序后呈现给被试，要求被试重新以适当顺序排列，以组成一个连贯的故事情节。它主要用于测量被试综合分析能力和知觉组织能力。

（5）拼图：要求被试将一个被切割成几块的图形拼好，根据被试完成的速度来记分。它主要用于测量知觉组织及概括思维能力。

WAIS-RC 建立了农村和城市两个常模，适用于 16~65 岁及以上，共分 8 个年龄组。

测验结果以离差智商分数报告，根据测验结果，可以了解被试在其常模团体中的位置。

◆◆◆◆➡ 知识链接7-1

比纳-西蒙智力量表

比纳-西蒙智力量表是世界上第一个实用的智力测评量表，是法国教育部为了设计一种鉴别儿童学习能力的工具而聘请心理学家比纳（Alfred Binet，1857—1911）和西蒙（T.Simon，1873—1961）编制的。该量表发表于1905年，有30个题目，按照难度由小到大排列，可用来测量各种各样的能力，特别侧重于判断、理解、推理能力，即比纳所谓智力的基本组成部分。1908年，比纳发表了修订后的比纳-西蒙智力量表，删掉了1905年量表中不合适的测验项目，增加了一些新的测验项目，使测验项目总数达到58个，并按年龄分组，适用于3~13岁的儿童（如果该年龄组60%~90%的孩子都能通过某项测验，就认为该项测验适合于该年龄组的正常儿童）。此外，在此次修订中他将测验成绩用"智力年龄"表示，并建立了常模，这是心理测验史上的一个创新。比纳-西蒙智力量表的第三次修订于比纳不幸去世的1911年发表，但这次修订没有重大变化，只是改变了几种年龄水平分组，并扩展到成人组。1911年修订后的量表样例如下：

3岁：

指点鼻子、眼睛和嘴。

重复两位数字。

列举图画中物体。

说出自己的姓氏。

重复一个由6个音节组成的句子。

6岁：

区别早晨和晚上。

通过用途定义一个词（如叉子是用来吃东西的）。

照样子画一个菱形。

数出13便士。

在图画中指出画得丑的脸和好看的脸。

9岁：

找出零钱。

高于用途定义词汇（如叉子是一种进餐的工具）。

分出9种钱币的价值。

按顺序报出月份的名字。

回答简单的"理解问题"（如错过火车后怎么办？等下一趟车）。

12岁：

抵抗暗示（让孩子看4对不同长度的线条，然后问每对中哪一根长些，最后一对线条的长度是一样的）。

用3个给定的词汇组成一个句子。

3 分钟内说出 60 个单词。

对 3 个抽象词进行定义（慈善、公正、善良）。

根据一个顺序打乱的句子，说出它的意义。

比纳-西蒙智力量表奠定了智力测评编制的科学基础。在理论上，比纳-西蒙智力量表首先使用了智力年龄即智龄的概念。智力年龄的观念在心理测验的编制上至今仍在使用。在实践中，比纳-西蒙智力量表是根据语文、算术、常识等题目的实际作业成绩来判定智力的高低，这不仅符合一般的看法，而且具有教育上的实际意义，为其后智力测评的广泛流行奠定了基础。

资料来源　佚名．比纳-西蒙〔EB/OL〕．〔2021-03-08〕．http：//wenku. baidu. com/view/597d1237a32d7375a417805b.html.

7.1.3　团体智力测评

团体智力测评是在实际需要推动下的产物。以往的智力测评都属于个别智力测评的类型，量表中许多题目都需要被试做出口头反应或者必须操作一些测验材料。而且，一般来说，个别智力测评还要求主试必须接受过专门的训练，本质上属于临床测验范畴，更适合用来对个案进行深入的分析。为了保证测评结果的正确性，个别智力测评的量表并不能适用于团体智力测评。

在第一次世界大战中，美国卷入战争，此时非常紧迫的一个任务就是招募和选拔士兵。短时间内动员数百万人，采用个别施测的智力测评显然无法完成任务。美国心理学会（American Psychology Association）受命成立一个特别委员会，这个委员会在当时美国心理学会主席叶克斯（R.M.Yerkes）的指导下，根据士兵的一般智力水平，将他们迅速地分类、安置和补充，进而为决定某人是否被解职、不同人员指派至不同的职务或筛选出合适人员到军官训练营进行训练等提供依据。就这样，历史上第一个团体智力测评应运而生。其中属推孟的学生奥提斯（Otis）的一个未出版的团体智力测评贡献最大。在这个测评中，首先使用了多项选择题和其他客观题形态。

在奥提斯的测验的基础上，军事心理学家们编制出了著名的陆军甲种测验（又叫陆军 A 式量表），为文字测验。后来针对不识英文或有阅读障碍的人编制出陆军乙种测验（又叫陆军 B 式量表），为非文字测验。两种测验都适合在团体中进行大规模施测。在 1917 年 3 月至 1919 年 1 月间，美国有 200 多万名官兵接受了这种测验，由此积累了大量资料。

陆军测验的成功，使团体智力测评的研究、编制及应用迅速发展起来，并且开始在广大民众中使用。陆军甲种和乙种测验不仅被翻译成多种语言，并且成为大多数团体智力测评的制作范本。于是，适合不同年龄和不同类型被试的各种团体智力测评相继出现。

团体智力测评的优势在于可以同时施测多人，相比于个别智力测评而言，简化了测验的指导语和施测程序，对主试的要求也大大降低，过去难以做到的大规模测验计划也能够实施了。可以说，团体智力测评的出现对于 20 世纪 20 年代测验运动的蓬勃发展贡献巨大。影响较大、应用较广的团体智力测评有：

1）陆军测验

陆军甲种测验由 8 个分测验组成，属于文字测验，包括指使测验（照令行事测验）、算术测验、常识测验、异同测验、语句重组并辨真假测验、填数测验、类比测验、句子填空测验。

陆军乙种测验属于非文字测验，包括迷津、立方体分析、补足数列、数目符号、数字校对、图画补缺和几何形分析7个分测验。

陆军甲种和乙种测验目前已不常用。现在美国军队采用军人资格测验（armed forces qualification test，AFQT）选拔军人及分兵种。

2）瑞文推理测验

瑞文推理测验是由英国心理学家瑞文（J.C.Raven）于1938年创制的一种团体智力测评，在世界各国沿用至今，原名为瑞文渐进矩阵（Raven's progressive matrices）测验。

瑞文推理测验是瑞文基于斯皮尔曼关于智力的二因素理论编制而成的，主要目的是测量一般能力。该测验采取非文字的几何图形的测验形式。

瑞文推理测验在20世纪五六十年代几经修订，主要有3种形式：

（1）瑞文标准推理测验。瑞文标准推理测验适用于5.5岁以上智力正常发展的人，属于中等水平的瑞文推理测验。

（2）瑞文彩图推理测验。瑞文彩图推理测验用来测量幼儿及智力低下者，属于瑞文推理测验3个水平中最低水平的测验。

（3）瑞文高级推理测验。瑞文高级推理测验适用于智力高于平均水平的人，是最高水平的瑞文推理测验。

20世纪80年代瑞文推理测验引入我国，张厚粲制定了国内常模。为了实际测评的需要，李丹等人将瑞文推理测验的标准型与彩色型联合使用，称为瑞文推理测验联合型，并分别建立了城市和农村常模。这样，整个测验上下限延伸，适用范围可扩大到5~75岁。

瑞文推理测验均由两种题目形式组成，一种是从一个完整图形中挖去一块，另一种是在一个图形矩阵中缺少一块，要求被试从备选的图形中选择出能够使图形完整或者使图形符合一定结构排列规律的图案。

瑞文推理测验可以用于团体施测，也可以用于个别施测，是一个有效的测量非言语推理能力的测验。它的优点在于对那些有言语、听觉和肢体障碍的人群相当方便，较少受到文化背景的影响，被公认为是一种"文化公平"测验。但对瑞文推理测验的成绩不能与韦克斯勒智力量表同等看待，它提供的仅是图形推理的测验结果。

3）认知能力测验

认知能力测验由桑代克等美国心理学家于1968—1972年间编制成功。这是一个应用相当广泛的团体智力测评，在实践中有较高的应用价值。

认知能力测验由4个部分组成：初级型、文字测验、数量测验、非文字测验。下面分别进行简单介绍。

（1）初级型：适用于小学低年级儿童，包括口头、词汇、关系概念、多重智力和数量概念4个分测验。

（2）文字测验：适用于小学四年级以上，包括词汇、句子填充、语词分类、语词类推4个分测验。

（3）数量测验：适用于小学四年级以上，包括数的大小比较、数列补充、建立关系等式3个分测验。

（4）非文字测验：适用于小学四年级以上，包括图形分类、图形推理、图形综合3个分测验。

认知能力测验题目由易到难排列，每个测验均有几套不同水平的题目，以便对智力成熟水平不同的人提供适当难度的测验，结果以离差智商、百分等级、标准九分数等解释。

认知能力测验各部分测验的再测信度系数在0.72~0.95之间，对学业成就、工作成就、职业类型等具有相当的预测能力。

◆◆◆◆➡ 知识链接7-2

瑞文推理测验

瑞文推理测验是由英国心理学家瑞文（J.C.Raven）于1938年设计的非文字智力测验，用来测验一个人的观察力及思维清晰的能力。瑞文推理测验的编制在理论上依据斯皮尔曼（C.Spearman）的智力二因素理论。该理论认为智力主要由两个因素构成：一个因素是一般因素，又称G因素，它可以渗入所有的智力活动中，每个人都具有这种能力，但水平上有差异；另一个因素是特殊因素，可用S表示，这类因素种类多，与特定任务高相关。人们认为瑞文推理测验是测量G因素的有效工具，尤其与测量人的解决问题、知觉和思维清晰、发现和利用自己所需信息，以及有效地适应社会生活的能力有关。

瑞文推理测验是纯粹的非文字智力测验，属于渐近性矩阵图，整个测验一共由60幅图组成，按逐步增加难度的顺序分成A、B、C、D、E 5组，每组都有一定的主题，题目的类型略有不同。从直观上看，A组主要测知觉辨别力、图形比较、图形想象力等；B组主要测类同比较、图形组合等；C组主要测比较推理和图形组合；D组主要测系列关系、图形套合、比拟等；E组主要测互换、交错等抽象推理能力。可见，各组要求的思维操作水平也是不同的。测验通过评价被试这些思维活动来研究他的智力活动能力。每一组中包含有12个题目，也按逐渐增加难度的方式排列。每个题目由一幅缺少一小部分的大图案和作为选项的6或8幅小图组成。测验中要求被试根据大图案内图形间的某种关系——这正是需要被试去思考、去发现的，看小图中的哪一幅填入（在头脑中想象）大图案中缺少的部分最合适，主要用于智力的了解和筛选。

另外经过修订之后，瑞文推理测验已发展出标准型、彩色型、高级型和联合型4套测验。标准型：由A、B、C、D、E共5个黑白色单元构成，每个单元包括12道题，共60道题。彩色型：是为了适应测量幼儿及智力低下者而设计的。将原有黑白标准型的A、B两个单元加上彩色，再插入一个彩色的AB单元，共3个单元36道题。联合型：将标准型和彩色型联合使用，共6个单元72道题，即由彩色型A、B、AB 3个单元和标准型的C、D、E 3个单元构成，每单元12题。

瑞文推理测验施测时间建议：一般人完成瑞文推理测验大约需要半小时，最好在

45分钟之内完成。瑞文推理测验适用年龄的范围：5～75岁。

瑞文推理测验适用人员的范围：不同的职业、国家、文化背景的人都可以用，甚至聋哑人及丧失某种语言机能的病人、具有心理障碍的人也可以用。

瑞文推理测验可以用于智能诊断和人才的选拔与培养，用该测验可以进行各类比较性研究，特别有利于做跨文化研究，以及正常人、聋哑者和智力迟钝者之间的比较研究。

7.2 职业能力测评

7.2.1 概述

传统的职业选拔和配置重视考核个人的知识水平和过往已取得的成就，以此判断应聘者是否能胜任待聘的工作岗位。这样的测评结果说明了一个人已经达到的能力，但不能作为预测新岗位绩效的唯一指标，并且即使一个人在这样的考核中得分较低，也不能否定其有从事这一岗位工作的潜能。对人员特质的考核需要有更稳定有效的评价指标，基于此，在现代的人员选拔和配置中，人们已经越来越重视对职业能力的测评。

1）职业能力的定义和分类

能力是一种心理特征，是顺利实现某种活动的心理条件，除了包括人们已经学会的知识和技能，还包括个体具有的潜力和可能性。而职业能力则特指从事职业活动所必需的能力。根据这个定义，在心理测验中，将职业能力主要分为以下几类：

（1）操作型职业能力以操作能力为主，是运用专业知识或经验，掌握特定技术或工艺，并形成相应的职业技能与技巧的能力。

（2）艺术型职业能力以想象能力为核心，是运用艺术手段再现社会生活和塑造某种艺术形象的能力。

（3）教育型职业能力是运用各种教育手段传授知识与思想或组织受教育者进行知识与态度学习的能力。

（4）科研型职业能力以人的创造性思维为核心，是通过实验研究、社会调查和资料检索等手段进行新的综合、发明与发现的能力。

（5）服务型职业能力以敏锐的社会知觉能力和人际关系协调能力为主，是借助人际交往或直接沟通使顾客获得心理满足的能力。

（6）经营型或管理型职业能力以决策能力为核心，是能够广泛获得信息，并以此独立地做出应变、决策或形成谋略的能力。

（7）社交型职业能力以人际关系协调能力为核心，是指深谙人情世故，能够掌握人际吸引规律，善于周旋、协调，且能使对方通力合作的能力。

此外，根据对职业能力的不同定义，还有以下两种分类：

（1）将职业能力定义为一般能力和特殊能力，其中特殊能力可分为机械能力、音乐能力、艺术能力、文书能力、心理运动能力、管理能力和感知能力等。

（2）职业能力是一个人能力结构的倾向性特点，即一个人在能力诸要素上表现的高低、优劣不同，形成不同的能力结构。据此，职业能力可以分为直观形象性职业能力（观察能力、形象记忆、运动记忆能力等占优势）、抽象逻辑性职业能力（逻辑记忆能力、综合分析能力、抽象概括能力、空间想象能力等占优势）和中间性职业能力（能力结构中诸要素基本持平）。

2）职业能力测评的诞生及发展

最早的职业倾向测评起源于西方社会20世纪20年代，最初的测验主要体现为职业倾向测评，即测试个体适合从事何种职业。第一次世界大战期间，职业能力测评开始得到了广泛应用。当时美国心理学会主席叶克斯和桑代克、推孟等许多著名心理学家提出用心理测验招募和选拔士兵。在这一阶段以陆军甲种测验和陆军乙种测验为代表的心理测验在美国社会得到迅速应用，随后，为各个阶层、各类人群设计的心理测验不断涌现。有些心理学家根据工业部门对人才选拔和工作安置的需要，开始编制各种职业倾向测评，其中早期主要包括音乐、文书、机械和艺术等方面的特殊能力倾向测评，后来美国学者斯特朗（Strong，E.K.）开创性地把职业选择和个人特质相结合，于1927年编制出版了世界上第一个职业兴趣测验——"斯特朗职业兴趣量表"（Strong vocational interest blank，SVIB），该量表至今仍然受到人们的重视。

职业能力测评产生以后，逐渐在政府机构及工商企业各界的人才选拔与评价中得到广泛应用，美国电报电话公司是最早将职业能力测评方法应用于管理人员选拔与评价的企业。近几十年来，随着西方社会职业能力测评工作的专业化发展，西方出现了许多专门提供职业能力测评服务的职业指导机构，这些机构把职业倾向测评技术应用于社会生活的各个方面，取得了非常好的效果。

我国的职业能力测评工作在20世纪80年代才开始兴起，初期主要以引进和修订外国先进的测验技术和测验量表为主。例如，中国科学院心理研究所的徐联仓修订了测量领导行为的PM量表，并在企业管理人员的测评中加以应用，取得了较好的成效；原杭州大学心理系（现浙江大学心理与行为科学系）受浙江省委组织部的委托，在机关干部中开展了人才素质测评的研究与应用，得到了政府有关部门的认可。1989年，中组部、人事部联合下发了《关于国家行政机关补充工作人员实行考试办法的通知》，要求县以上国家行政机关在补充非领导职务的工作人员时，要按照德才兼备的标准，公开考试，严格考核，择优录用。从此以后，所有想进入公务员行列的人必须经过客观化考试，其中笔试部分就是行政职业能力倾向测验，这标志着国家机关用人制度中开始应用现代职业能力测评技术。这种职业能力测评技术在实践中也取得了良好的效果，使得职业能力测评在社会上引起了人们的广泛关注。

近几年来，我国各地都普遍设立了人才市场和就业指导中心，这使得用人机构有了相对灵活的用人自主权，个人也有了更多的择业自由和机会。人才交流的日益普遍促进了现代职业能力测评技术的更快发展，同时对人才职业能力测评的应用需求也不断扩大。当前我国人力资源和社会保障部要求各级人力资源和社会保障部门与人才市场都要设立测评部。职业能力测评已经广泛用于人才交流、岗位配置和公务员、干部的招聘中，目前正在向产业化方向发展。

7.2.2　选拔性职业能力测评

为适应人员选拔的需要，国内外已开发和编制的选拔性职业能力测评量表有很多。下面对几个有影响力的量表进行介绍。

1）心理运动能力测验

心理运动能力测验包括感知觉测验和运动能力测验，主要是测试个体的视觉、听觉运动的速度与准确性，以及其他受感觉运动能力影响的个体技能。

（1）感知觉测验。一些工种的业绩会受到个体听觉和视觉等的影响，这时，就可以采用感知觉测验来筛选人，作为其他测验的补充工具。较熟悉的感知觉测验有视觉敏度测验、听觉敏度测验、深度知觉测验、反应时测验、颜色视觉测验、多重目的感知觉测验等。

（2）运动能力测验。运动能力测验旨在测量速度、协调性及其他运动反应的特征，大多数是关于操作的灵活性，也有一些是关于完成特殊工作所要求的腿部和脚部运动。运动能力测验又分为大幅度运动测验、精细运动测验以及二者结合的测验。大多数测验是速度测验，其所得成绩与完成所要求任务的时间有关，如斯特隆伯格灵活性测验（Stromberg dexterity test）、克劳福德小部件灵活性测验（Crawford small parts dexterity test）、本纳特手–工具敏捷性测验（Bennet hand-tool dexterity test）。一般这类测验都要借助于仪器进行，主要用于飞行员、运动员等的选拔和训练。

2）机械能力测验

机械能力测验主要是测试主体是否具有从事各种机械专业或学习机械技能的基本素质。它测量的是个体对空间结构的知觉能力及手眼的协调能力，以完成某些精细动作的准确度和时间来衡量机械能力的高低。许多工业企业的职业工种都需要一定的机械能力。当前，有关机械能力测验主要测量空间关系和对机械知识的理解推理两个方面的能力。

第一个标准化的机械能力测验是1915年由斯坦奎斯特研制的机械能力测验。机械能力测验史上的另外一件大事当数在20世纪30年代，由帕特森及其同事在明尼苏达大学做的一项研究，在这项研究中，对机械能力做了严密的分析，结果产生了3个测验，分别是：明尼苏达操作能力测验、明尼苏达空间关系测验和明尼苏达书面形状能力测验。

（1）明尼苏达操作能力测验。这个测验要求被试重新组装一系列杂乱的机械零件，这个任务需要手工灵敏度和空间感知力以及机械理解力。

（2）明尼苏达空间关系测验。这是研究中产生的很多测验中的一个较为成功的实例，这一测验测量个体的空间感知力。空间感知力是测量个体立体视觉及空间操纵，使操作对象成为一个特殊的形状的能力。

（3）明尼苏达书面形状能力测验。测验以纸笔形式进行，每题均由被分解开来的几个几何图形组成，要求被试从备选答案中选出由这几个几何图形拼合起来的整体图形。该测验在预测机械操作及包装检验等工业职业的实际成就上显示出一定的价值。

3）文书能力测验

文书能力测验（CAT）主要有文书能力测验、计算机程序编制与操作能力测验等。

这类测验主要用于文秘类的职业选拔。

当前比较有名的文书能力测验主要有一般文书能力测验（GCT）、文书能力倾向测验（CAT）和明尼苏达文书能力测验（MCT）。其中，MCT应用得最广。

计算机操作能力测验方面比较著名的有计算机操纵能力倾向测验。该测验主要用来挑选具有计算机操作潜能的人，这些潜能包括序列认知（很快认识序列的能力）、格式检查（检查数字和字母遵从的格式）、逻辑思维（能逻辑地分析问题和解决问题的能力）。该测验包括语言意义分测验、锐利分测验、字母联系分测验、数字能力分测验和图解分测验。该测验对许多生产和服务行业中的相关工作的测试是很成功的。

4）音乐能力测验

音乐能力测验主要有艺术判断和知觉测验、艺术能力操作测验、音乐才能测验、音乐能力倾向测验等。这主要是测试各种感觉辨别力、对音乐题材中较复杂的音乐关系的理解以及艺术判断能力。

比较有代表性的音乐能力测验有：

（1）西肖尔音乐才能测验。测查6种能力：辨别音调高低、辨别音量高低、辨别节拍、辨别时间长短、记忆、辨别音色（或音质）等。

（2）音乐能力测验。以真正的音乐为题材，该测验包含3个分测验：①T测验，测试被试辨别音调的能力。②R测验，测试被试节奏感的能力。③S测验，测试被试音乐感受的能力，要求被试判断两段音乐中哪个更有韵味。

5）美术能力测验

美术能力包括两个方面：一是艺术鉴赏能力；二是创作能力。现行比较流行的美术能力测验主要有：

（1）梅耶美术判断能力测验。测验中的每一个项目都由两幅美术图片组成，一幅是公认的杰作，一幅是在某些方面对此杰作稍有歪曲的作品。该测验主要是测试被试的审美能力。

（2）洪恩艺术能力倾向测验。这是一个操作测验，测验内容包括素描画、随意画和想象画3部分。这主要测试被试的线条品质、画面布置的技能以及想象力和作画技巧。

（3）格雷夫斯图案判断测验。测验中呈现一些抽象图案，这些图案在整体性、平衡性、对称性等方面有区别，要求被试判断哪一幅图案最好。这主要测试被试对美术一般基本原理的认识和反应，从而考查其美学知觉和判断标准。

6）行政职业能力倾向测验

行政职业能力倾向测验（AAT）是国家公务员招聘中的一个重要组成部分，是由我国原人事部考录司组织心理学、管理学等学科的专家研制而成的，主要用于国家行政机关招聘担任非领导职务的公务员。其功能是通过测量一系列心理潜能，来预测被试在行政职业领域中的多种职位上取得成功的可能性。行政职业能力倾向测验主要测试被试5个方面的能力：

（1）知觉速度与准确性。这主要考查的是个体对各种中英文文字及数字图形、符号的知觉、加工速度及准确性，以及比较转换和加工的能力，涉及感知觉、短时记忆、识别和判断等心理过程，是一个速度测验，往往单独计时，若选择错误答案要倒扣分数。考试时，要求在10分钟的时间里完成60～80道题。

（2）数量关系。该部分主要是考查个体基本数量关系的快速理解和计算能力，包括数字序列推理和数学计算等。例如：

请在备选答案中填补空缺。

3，8，6，12，9，16，（　　），（　　）。

A.11，16　　　　　　　B.12，20　　　　　　　C.13，17　　　　　　　D.14，18

（3）语言理解。该部分主要是考查个体中文词句含义理解能力，以及文章段落的准确理解、掌握和运用程度，包括词语替换、选词填空和阅读理解3个部分。

（4）判断推理。判断推理测验往往评估的是个体对图形关系、文章段落和社会生活等常识性问题的判断推理能力，包括事件排序、常识判断、图形推理、数字推理、演绎推理5个部分。

（5）资料分析能力。该部分是测验个体对较简单的图、表格及文字资料的阅读和分析能力。

7）管理人员数量分析能力测验

具备一定的数量分析能力是高素质的企业管理人员所必需的，也是现代企业对未来管理者的基本要求之一。管理人员数量分析能力测验的内容包括对数值图标的敏感性、快速综合分析能力、一定的快速数字估算能力3个部分。

本测验适于在中层管理人员选拔中作为能力考核的工具，适于大学本科或以上学历或相当学历的应试人员。

8）管理人员逻辑推理能力测验

对于中层管理人员来说，分析问题、解决问题的能力十分重要。本测验可以帮助企业选拔具有很强的语言分析能力，能迅速深入地加工信息，找到问题关键，能基于事实而非主观臆断做出判断的优秀管理人才。本测验测查被试思维的准确性、敏锐程度，以及逻辑推理的严密性和连贯性。

此测验由若干逻辑推理题构成，其中每道逻辑推理题内或者包含一段对前提假设的描述，要求被试根据假设提出合理的结论；或者提供一段对某一事件的结论，要求被试在各选项中找出使结论成立的前提假设。本测验适于在中层管理人员选拔中作为能力考核的工具，适于大学本科或以上学历或相当学历的应试人员。测验共23道五择一的选择题，要求在20分钟内完成。

9）敏感性与沟通能力测验

本测验分为两个部分：敏感性测验与沟通能力测验。敏感性测验测查被试对人际事务的洞察分析和预见能力，特别是在认识和把握问题的实质并进行分析处理时敏锐地捕捉人际信息、利用人际关系有效地解决问题的能力；沟通能力测验侧重于测查被试在营销环境中运用人际沟通技巧和策略方面的能力。

测验出题的内容和形式结合测验目的具体设计，测验从出现在生活或工作中的难题任务等事件出发，设计成一些情境性案例，并提供4种见解或处理方式作为备选答案，需要被试作为问题的解决者对所述情况加以分析评述，从备选答案中选择其认为最适宜的做法。这种出题形式灵活有趣，能够吸引被试的兴趣，可充分调动其思维活动，体现真实水平，同时有相应的难度可区分出个体间的水平差异。

此测验分为 3 个维度：

（1）敏感性：是指对人际事物的洞察预见和分析能力。敏感性高的人善于从纷繁复杂的事物中看到内在的逻辑联系，敏感地把握问题所在的关键人际信息，合理地通过角色扮演有效地解决问题，特别是人际关系问题。高敏感性是具备良好人际沟通能力的前提。

（2）沟通行为倾向：是指从事营销活动的人员在与营销对象进行沟通中采取有效方式和策略的能力。沟通分为开放式沟通（善于接纳别人的观点，能很好地理解别人的立场，能用温和而有说服力的方式协调不同意见，并使各方欣然接受）、操纵式沟通（以自我为中心，对别人立场观点不理解，只从自己的立场出发进行推销，由于明显地表露自己的推销意图，使他人有被操纵的感觉）和非沟通倾向（缺乏营造良好沟通气氛的意识，不懂主动积极地寻找和把握交流沟通的机会）。

（3）营销意识：是指关于营销实务各类活动的一般原则方法及某些普遍观念。这与所储备的专业知识有关。

本测验适于营销人员的选拔，同时适于作为企业在招聘中对应聘人员的能力素质进行全面考核的工具。本测验由 90 道题组成，要求在 65 分钟内完成。

除此之外，选拔性职业能力测评还有教师能力测验、医生能力测验等。

◆◆◆◆➡ 案例分析 7-1

潜能模型

商业环境变化越来越快，市场上充满了不确定性。企业如何在这不确定时代快速地适应变化，立于不败之地，实现基业长青呢？人才管理就成了关键，其中许多企业实践的继任管理取得了良好效果。继任管理就是企业在其内部对有潜在能力的员工进行培训开发，使得企业出现岗位空缺时，能够快速地从内部找到合适的人才。在继任管理中，识别和开发员工的潜在能力是其关键。然而企业在识别"潜才"方面有难度，难度在于"潜"，因为员工还没有处在目标岗位上，岗位所需要的能力和行为难以对其进行准确评估。过去很多企业的做法是直接依据过去的绩效考核结果进行"潜才"选拔，认为"高绩效＝高潜能"。把绩效高的员工作为"潜才"筛选出来进行培养或直接晋升，结果发现大部分的"潜才"的成长慢、积极性低、在新的岗位上绩效表现不佳。那么，如何科学准确地找到真正的"潜才"呢？目前，业界比较认同的方式是采用科学的职业能力模型——潜能模型。潜能模型可以帮助企业寻找到这些在职场上绩效优异、成长快速的员工，他们具有不断晋升的潜力。例如，联想的潜能模型包括成就欲望、学习能力、聪慧和前瞻力，麦当劳从学习导向、领导意愿两个维度评估员工的潜能，国航的潜能模型包括成就动机、学习能力、跨界思考、人际理解和影响力。北×开发的潜能模型如图 7-1 所示。

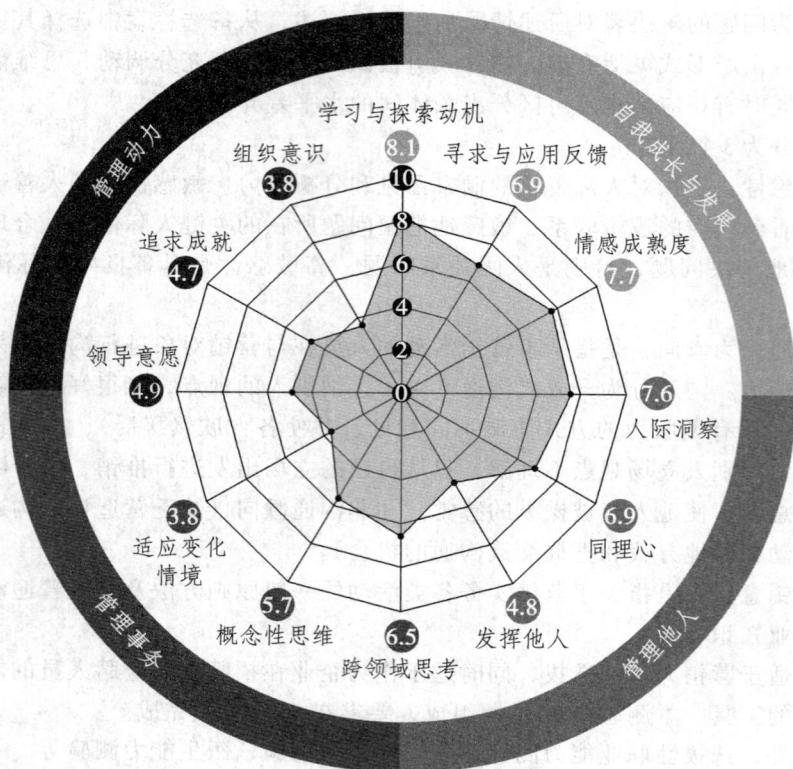

图7-1　北×开发的潜能模型

案例分析7-1　　　　潜能模型之所以可以有效选拔"潜才"，是因为它可以统一管理者的
"潜才"标准。依据标准选拔出"潜才"，然后进行有针对性的培养和晋升。
需要说明的是，虽然不同企业有不同的潜能模型，但是其核心部分非常相
似，通常包括自我成长与发展、成就动机、管理事务和管理他人的能力。

分析提示　　　资料来源　根据北森资源中心资料改编.

问题：企业如何高效率地选择潜才？

7.2.3　配置性职业能力测评

在实践当中，有许多人想了解自己具备哪些职业能力，适合从事何种职业，这就需
要配置性职业能力测评。这种测评希望考查各种职业能力在被试身上的表现状况。理论
上讲，配置性职业能力测评可以借用选拔性职业能力测评问卷，但是这样做的结果，势
必使一个被试要用多个问卷逐一施测才能得到一个比较权威的结论，这不仅费时、费
力，而且不同的测评问卷间可比性差。因此，开发编制配置性职业能力测验是十分必要
的。下面是些比较有名的配置性职业能力测验。

1）一般性能力倾向成套测验（GATB）

这是1934年美国劳动部就业保险局组织很多专家花费了10年心血研制而成的综合
式职业倾向测验。该测验共12个量表，可测9种能力倾向。

（1）一般智力，指掌握基本原理、原则以及做出推理、判断的能力。它常与学业成

绩密切相关，可由词汇、算术推理和空间关系3个分测验相结合测量而得。

（2）语言能力，指能了解文字的意义，掌握字与字之间关系并能有效使用文字的能力。语言能力可由词汇测验来测量，该测验要求被试从4个一组的词汇中找出成对的同义词或反义词。

（3）数的能力，指能正确而迅速地做加减乘除运算，并能利用算术知识解决实际问题的能力。数的能力可由计算和算术推理两个测验相结合测量而得，这两个测验分别由四则运算题和应用题组成。

（4）空间关系能力，指能在心理学上将平面图形转换为具有三维空间关系的立体图形，并能从不同角度认识同一物体的能力。空间关系能力由空间关系测验进行测量，测验项目是一个平面图和4个备选的三维图形，要求被试判断哪一个三维图形是由给出的平面图形折叠而来的。

（5）形状知觉能力，指能觉察到实物或图形的细节、能对图形的外表与明暗上的差异或线条在长短粗细上的细小差异做正确的比较和辨别的能力。形状知觉能力由工具辨认测验和图形配对测验联合测量，这两个测验要求从备选选项中选择出与给定工具或图形相同的答案。

（6）文书知觉能力，指能觉察文字符号表格上细微差异以及能快速校对文字数目符号以避免抄写或计算错误的能力。文书知觉能力可由文字校对测验来测量，此测验项目类型类似于工具辨认测验和图形配对测验，只是测验材料由文字取代了实物和图形。

（7）动作协调能力，指能使手指之间和手眼之间相互协调配合，做出快速且精确的细微动作的能力。动作协调能力可由画记号测验测量，该测验要求被试在一系列方格中，用铅笔做出特定的记号。

（8）手指灵巧性，指能灵活运用手指，以双手手指快速且精确地分解或组合小物体的能力。手指灵巧性可由装配测验和拆卸测验相结合进行测量。

（9）手部灵巧性，指能灵活运用手、腕、肘、臂将物体做快速且精确的移动或转动的能力。该能力由两个拼版测验来评定：在第一个测验中，被试用双手把置于一块平板各个孔内的栓子移到另一块平板上去；在第二个测验中，被试用他认为比较灵活的那只手从平板上拔起一个栓子，在手中旋转180度，再把这个栓子的另一端重新插到孔内。

一般性能力倾向成套测验选用一般在职人员为常模团体建立常模。测验结果可绘出个人的能力剖面图，从图中可以直观地看到个体在9种能力因素上所表现出来的优劣倾向，又可以比较和判断个体相对于一般在职人员在9种能力因素上的相对水平，因而对个体的就业指导决策以及人力资源部门对人力资源的配置具有相当高的辅助价值。

由于不同的职业需要的能力不同，所以要对个体进行就业指导，还必须了解职业需要什么能力，以及在所需要的能力上要达到什么样程度才能胜任工作。一般性能力倾向成套测验除了一般常模之外，还选用了若干种职业，从相应职业的在职人员中选取代表性样本作为常模团体，建立了若干个个别职业常模。将个人的9种能力因素标准分与某一个别职业常模所要求的能力因素的切割分数相比，可能的评价为高、中、低：被评为高，表示此人的能力符合且超过该职业的合格员工，在该职业中成功的可能性很大；被评为中，表示此人的能力接近该职业的合格员工，可以胜任该职业；被评为低，表示此人从事该职业成功的可能性较小，应考虑从事其他更能发挥其能力的职业。美国职业介绍服务机构以工作分析为基础，把各种职业进行分类，总共设置了36个职业群，并建立了相应的常模，可以判断个体是否适合从事某一类职业，以及获得成功的可能性有多大。将一般性能力倾向成套测验的结果用于实践时，要注意避免完全地或单纯地依赖此结果，因为它只是胜任工作的必要条件而非充分条件。

2）多项能力与职业意向咨询测验

本测验选取了和社会的大多数职业活动有着密切关系的6个维度进行测评，6个维度分别如下：

（1）语言理解和组织能力：考查对语言表达的基本理解和掌握，对语法规则、语义、语言习惯的熟练掌握程度。例如：

经济的/人们/维持/希望/繁荣

1   2   3   4   5

句子理顺后应为：人们/希望/维持/经济的/繁荣

故应在答题纸上填上正确答案为24315。

（2）概念类比能力：考查对概念关系的理解、对逻辑的理解和进行类比的能力。例如：

水对于吃就好比（   ）。

1.连续—动力   2.脚—敌人   3.喝—食物   4.女孩—工业   5.喝—敌人

答案为3。

（3）数学运算能力：考查对数量关系的理解和掌握，对各种运算规则的熟练运用和对各种数学现象的敏感力。

（4）抽象推理测验：考查对事物变换所反映出的内在规律的敏感性和对抽象概括的逻辑分析能力。题目是呈现一组有规律变化的图形，让被试在备选答案中选出一个图形，恰好符合图形的变化规律。

（5）空间推理能力：考查对图形进行表象加工旋转的能力，尤其是考查人们通常所指的空间认知和形象思维的能力。题目呈现一个纸样子的几何图形，在备选图形中选出哪一个几何图形可以由所给的纸样子图形折成。

（6）机械推理能力：考查人对一般自然常识物理现象的认识水平、对基本的物理规律和机械规则的敏感性与掌握程度。题目呈现一张图片，图片展示了日常生活中一些常见的物理现象。例如：

两个工人抬重物，谁更费力？

答案为同样费力。

本测验结果得出一组不同能力倾向的分数，也提供了一幅能力剖面图，显示了个体在以上6种能力上的强弱分布，并根据剖面图上的分布给出适宜的职业排序，并指出最适宜的职业（即能力足以胜任并使能力得以充分发挥的职业）应具备的教育水平和关键能力，从而为职业咨询分类和人员安置提供了科学可靠的信息。

本测验适用于大中学生，可以为升学报考志愿提供咨询，也适用于社会上的一般人员。对于那些正处于最初择业选择阶段的人，即使是成年人，也不一定了解自己能胜任哪些职业，因此本测验可为他们正确地选择职业提供可靠信息。但本测验不适用于中高层管理人员，对于中高层管理人员，他们的职位要求的是另一类能力，而这里所测验的基本能力倾向和他们的管理绩效并没有太大的关系。如果拿这套测验去测中高层管理人员，很有可能他们的分数会很低，但这绝不意味着他们能力差，而是已不适应这一类测验。就像现在让一些老教授去参加高考，十有八九会落榜一样。

3）区分能力倾向测验（DAT）

本测验是应用最广泛的成套能力倾向测验之一，只适用于初中和高中学生的教育咨询及就业指导，主要包括8个分测验：语言推理、数的能力、抽象推理、文书速度与准确性、机械推理、空间关系、语言运用与拼写、语言运用和文法。GATB与DAT相比，纳入了DAT所没有的形状知觉测验及几种运动能力测验。

4）其他配置性职业能力测验

（1）吉尔福德-齐默尔曼能力倾向检查，简称GZAS。

（2）弗兰那根能力倾向分类测验，简称FACT。

（3）弗兰那根工业测验，简称FIT。

（4）军队职业能力倾向成套测验，简称ASVAB。

（5）职业能力安置量表，简称CAPS。

国内的这类测验主要有两套：一套是参照CAPS开发的"BEC职业能力测验（Ⅰ型）"；另一套是参照DAT开发的"BEC职业能力测验（Ⅱ型）"。

7.3　创造力测评

7.3.1　创造力测评的理论基础

在很长一段时间里，创造力的探讨停留在思辨阶段，高尔顿将之归结于遗传，以弗洛伊德为首的精神分析学派将之归结于无意识过程，格式塔学派又将之归结于顿悟。直到吉尔福特提出他的智力三维结构模型之后，创造力的定义才被统一起来。

吉尔福特认为，在智力操作中存在聚合与发散两种不同类型的思维。聚合思维是指利用已有的知识经验或传统方法来解决问题的一种有方向、有范围、有条理、有组织的思维方式。吉尔福特认为发散思维是思维向不同方向分散的能力，它不受给定事实的局限，使得个体在解决问题时能产生各种不同的解决问题的方法及思路，并认为发散思维在行为上主要表现为3种特性：①特流畅性：面对智力任务能在短时间内做出迅速而众多的反应。②变通性：思维灵活多变，触类旁通，不受传统思维或心理定式的影响，能多方位或逆向思考来解决问题。③独特性：对事物表现出不同寻常的新颖见解。发散思维是指对规定刺激产生大量的、变化多端而又独特的反应的能力。之后的创造力测验基本上是循着吉尔福特的理论观点编制而成的。

◆◆◆◆➤ 知识链接7-3

创造力与智力的关系

在智力测验中，人们发现，在智商较高的人群中，智力并不等于创造力，但是创造力与智力是有相关关系的，而且这种关系是非线性的。两者的关系可以具体表述如下：（1）低智商者难以有高的创造力；（2）高智商者不一定有高的创造力；（3）高创造力者必须有高于一般水平的智商；（4）低创造力者，智商水平可高可低。这表明：第一，创造力与智力的发展并不同步，其主要原因是创造力包含了智力测验未涉及的智慧品质，如发散思维、直觉思维；第二，超过一般水平的智力是实现创造性潜力所必需的，但是超过了这个临界水平，智力同创造力的相关性就几乎等于零。如图7-2所示，整个三角形表示智力与创造力之间的正相关趋势，智力低者，创造力必然低，而智力高者，并不意味着创造力很高。因此，智力是创造力发展的必要条件而非充分条件。

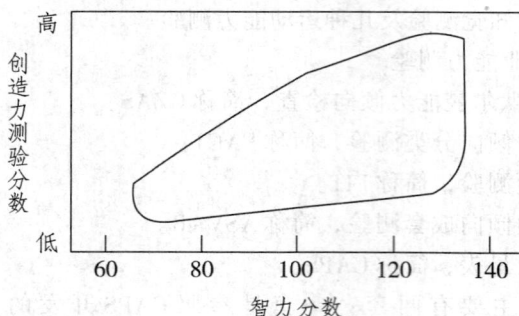

图7-2　智力与创造力的关系

7.3.2　创造力测验

比较著名的创造力测验有吉尔福特发散思维测验和托兰斯创造性思维测验。

1）吉尔福特发散思维测验

吉尔福特发散思维测验包括14个分测验，针对其中11种能力因素进行测量。

（1）词语流畅性：迅速写出包含某个字母的单词。例如，"o"——load，over，pot……

（2）观念流畅性：迅速列举属于某一种类事物的名称。例如，"能燃烧的液体"——汽油、煤油、酒精……

（3）联想流畅性：列举近义词。例如，"艰苦"——艰难、困难、困苦……

（4）表达流畅性：写出每个词都以特定字母开头的四词句。例如，"K、U、Y、I"——Keep up your interest，Kill unless yellow insects.

（5）非常用途：列举出一个指定物体的各种可能的非同寻常的用途。例如，"报纸"——点火、包装箱子时为填充物……

（6）解释比喻：以几种不同方式完成包含比喻的句子。例如，"一个女人的美丽就像秋天，它——"，答案可能是在还没来得及充分欣赏时就消逝了……

（7）效用测验：尽可能多地列举每一件东西的用途。例如，罐头盒——做花瓶，切饼……根据回答总数记观念流畅性的分数，根据用途种类的变化记变通性的分数（属于同一范畴的用途只能记1分）。

（8）故事命题：写出一个短故事情节的所有合适的标题。例如，"冬天快到了，商店新来的售货员忙着销售手套。但他忘记了手套应该配对出售，结果商店最后剩下100

只左手的手套。"答案可能有：只有左手的人，新职员，100只手套……可根据标题总数（流畅性）及有创见的标题数目（独创性）进行记分。

（9）推断结果：列举一个假设事件的不同结果。例如："假如人们不需要睡眠会产生什么结果？"答案可能是：干更多的活，不再需要闹钟……记分方式同故事命题的记分方式。

（10）职业象征：列举一个给定的物体或符号所象征的职业。例如，"灯泡"，可以是电气工程师、灯泡制造商……

（11）组成对象：利用一套简单的图案，如圆形、三角形等，画出几个指定的物体，任一图案都可重复或改变大小，但不能增加其他任何图形，如图7-3所示。

以这些简单图形组成方框中指定的对象

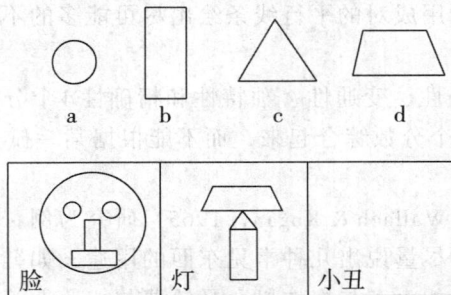

图7-3　组成对象测验示范项目

（12）绘图：要求将一简单图形复杂化，给出尽可能多的可辨认物体的草图。

（13）火柴问题：移动特定数目的火柴，保留特定数目的正方形或三角形，如图7-4所示。

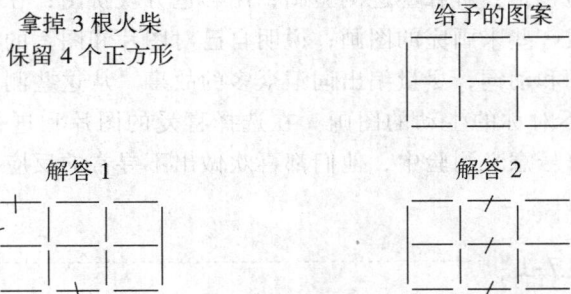

图7-4　火柴问题部分示范项目

（14）装饰：以尽可能多的不同设计修饰一般物体的轮廓图。

以上14个分测验中，10个需要言语反应，4个使用图形内容，皆考查发散思维，适用于具有初中文化水平以上的人。

2）托兰斯创造性思维测验

托兰斯创造性思维测验是在吉尔福特的智力理论及其发散思维测验基础上编制而成

的，目的是从流畅性、变通性、独特性和精确性4个方面评估个体的创造性思维能力。测验共分两套，每套都有两个复本。

（1）言语的创造性思维测验。这一套测验包括7项活动：①发问：呈现一张图画，要求列举为了解图中之事而需要询问的所有问题。②猜测原因：列举图中之事发生的所有可能原因。③猜测结果：列举图中之事的所有可能后果。④产品改进：对给定玩具提出改进意见。⑤非凡用途：列举某物不同寻常的可能用途。⑥不平凡疑问：对活动⑤中所示物体提出不同寻常的疑问。⑦推想结果：列举出一种假想事件的所有可能后果。

（2）图形的创造性思维测验。此套测验包括3项活动。①建构图画：以明亮的彩色曲线为起点，建构一幅故事画。②完成图画：利用所给的少量不规则的线条画出物体的略图。③平行线条绘图：利用成对的平行线条绘出尽可能多的不同的图形（复本中以圆代替平行线）。

测验结果分别得到流畅性、变通性、独特性和精确性4个分数。在判断一个人的创造性思维能力时，必须将4个分数综合起来，而不能根据某一孤立的分数进行推断。

3）其他相关测验简介

（1）以华莱齐和科甘（Wallach & Kogan，1965）研究为例，他们用一系列的测验测量了儿童思维的流畅性：①尽量说出几种常见东西的用途，如鞋子、软木塞等。②尽量说出一对物体相似的地方，如火车与拖拉机、马铃薯与胡萝卜等。③尽量列举一个抽象范畴所具有的各种实例，如圆形的东西有水珠、皮球盖、碗等。④在看到某个抽象的图形或线条画时，尽量说出你所想到的意义。

研究者记录了儿童所做出的反应数量和具有创造性的反应数量。通过这两个方面的度量，就可以了解儿童思维的流畅性和独创性。

（2）巴朗（Barron，1958）曾设计了一系列的测验，研究那些富于创造性的科学家和艺术家。这些测验包括：解释墨迹测验图；用彩色方块拼图；在一个微型舞台上创造一种舞台设计，完成一些未画完的图画；说明自己对图片和图案的艺术爱好；根据随机抽取的名词、形容词和动词，尽量编出词汇众多的故事。从这些测验发现，富于创造力的人都喜欢复杂的不对称的生动的图画。在选择喜爱的图片和进行拼图时，也都是这样。在墨迹测验和符号意义测验中，他们都喜欢做出不寻常的反应。

情境模拟 7-1

（一）个别智力测评

场景：用韦克斯勒成人智力量表对同学进行智力测评。

操作：全班同学自由组合，每2个人一组，一位同学当主试，一位同学当被试，用韦克斯勒成人智力量表进行智力测评，然后轮换角色进行。

小结：每个同学写一份关于自己的搭档的测评结果分析，并互相将结果分析报告给对方。

（二）选拔性职业能力测评

场景：用选拔性职业能力测评进行模拟选拔。

操作：在企业中选一个有代表性的职位，全班同学分成若干组，每组6～8人，每组选一个选拔性职业能力测评工具对所有组员进行测试。

小结：每个同学写一份在自己组中用测验选拔出来最适合所选职位的人选，并写一份测评分析报告。

（三）配置性职业能力测评

场景：运用配置性职业能力测评进行模拟测评。

操作：全班同学自由组合，每2个人一组，每组一位同学当主试，一位同学当被试，然后轮换角色进行。

小结：每个同学写一份关于自己的搭档的测评结果分析。测评结果必须包括对对方能力及可能匹配的职业的分析。

▶ 知识掌握

1. 简述智力的相关理论。
2. 测量个体智力常用的工具是什么？请简述其内容。
3. 团体智力的测量工具有哪些？
4. 选拔性职业能力测评主要有哪些测验？
5. 简述配置性职业能力测评的几个测验工具。
6. 如何对个体的创造力进行测评？

▶ 知识应用

□ 案例分析

KY公司是一家医疗检验公司，自成立以来，已经成为国内医学检验行业的翘楚，在200多名员工中不乏医学检验界的权威专家。不过，随着公司的发展与规模的不断扩大，管理日趋复杂，公司需要有更多的管理人员，但是公司对管理人员的管理能力没有科学、完整、清楚的了解，因此公司的人力资源培训没有科学的根据，无法准确估计培训需求，公司进行培训难以切合公司与员工的需求；公司没有充足、客观的信息来进行人力资源的规划与配置；公司缺乏客观的依据来制定员工的职业生涯规划。

于是公司决定请宏见国际管理咨询公司针对该公司的现状，制订一定的方案及措施。宏见国际管理咨询公司为解决问题，决定实施"自我认知训练营"项目，该项目目的在于全面了解KY公司管理人员的各项管理能力，并通过一定的活动提升这些管理能力。

问题：针对KY公司存在的问题，"自我认知训练营"项目应测量管理人员哪些方面的能力？在本章中选取可以参考的测评工具。

案例分析

分析提示

□ **实践训练**

如果你是某企业的 HR 管理人员，请你根据你公司的实际情况，结合测评的目的和用途，为不同的职位选用不同的测评工具。

要求：尽可能利用本章学习的能力测评工具。

第8章 人格测评

▶ **学习目标**

在学习完本章之后，你应该能够：

1. 了解人格的含义与类型；

2. 明确人格测评的类型；

3. 熟知明尼苏达多相人格测验的内容和测评的技巧，以及艾森克人格问卷的内容和测评的技巧；

4. 掌握卡特尔16种人格因素测验的内容和测评过程。

▶ **引例**

招聘中的人格测评

大五人格测评量表是人格测评常用的量表之一，其信度与效度已经得到广泛的认同。某企业应用大五人格测评量表对应聘者的全面人格进行测试，来帮助企业了解应聘者。大五人格测评量表主要测评五个维度：

宜人性——表示利他、友好、富有爱心，即与人相处的情况。得高分的人乐于助人、可靠、富有同情；而得分低的人多抱有敌意，为人多疑。

尽责性——表示克制和严谨，即个体对工作的责任心如何，做事情是否认真、可靠，也指我们如何自律、控制自己。处于维度高端的人做事有计划、有条理，并能持之以恒；处于维度低端的人马虎大意，容易见异思迁，不可靠。

外倾性——表示热情、友好、有活力，是否具有幸福感和善于交际的特性。外向者爱交际，表现得精力充沛、乐观、友好和自信；内向者的这些表现则不突出，但这不等于说他们就是以自我为中心的和缺乏精力的，他们偏向于含蓄、自主与稳健。

情绪稳定性——表示个体情绪的稳定性和调节情况，如是否经常会感到忧伤、情绪容易波动等。得分高者比得分低者更容易因为日常生活的压力而感到心烦意乱。得分低者多表现自我调适良好，不易于出现极端反应。

开放性——表示个体对经验持开放、探求的态度，而不仅是一种人际意义上的开放。得分高者不墨守成规、独立思考；得分低者多数比较传统，喜欢熟悉的事物多过喜欢新事物。

通过对以上五大维度、30个二级子维度的全面分析，基本上能够把握一个人的个性特征。例如，被试张某的大五人格维度得分见表8-1。

表8-1 张某的大五人格维度得分

维度	宜人性	尽责性	外倾性	情绪稳定性	开放性
得分（分）	125	120	100	87	125
结果排名	47.70%	43.68%	19.83%	51.44%	65.69%
倾向维度	中等	中等	偏弱	中等	中等偏上

注：各个维度的分数范围为0～192。张某宜人性结果排名为47.70%，指在所被调查的人员中，张某比47.70%的人宜人性程度要高。

根据表8-1和其他一些相关资料，对张某总体可以描述为：该员工比较信任他人，认为人们一般是诚信、正直和值得信赖的，能与别人合作融洽，一般会遵循"和为贵"的处世原则。他喜欢实事求是地展现自己，对工作认真负责，能积极主动地去完成任务，也会对自己的行为负责。性格偏内向，大多数情况下不太主动与人交往。遇事较为冷静、沉稳，一般能够控制自己的冲动和欲望。具有一定的可塑性，会以一种开放的心态来学习新的方法和途径，对不同的信念和价值可以接受，但是对一些社会现象和一些类型的人很反感。

资料来源 佚名. 人格测评［EB/OL］.［2021-05-12］. http：//www.docin.com/p-201393836.html. 节选.

这一案例表明：通过大五人格测评量表，可以测得张某的人格特征。心理学研究表明，张某的这些个性、价值观、工作动机、职业兴趣等"看不见"的人格特征，与他未来的工作表现会有很大关系。利用有效的人格测评方法对管理者和应聘者以及在岗员工进行人格类型的诊断，可以为人才选拔、人事安置、调整和合理利用人力资源提供建议。

8.1 人格概述

8.1.1 人格的含义、分类与障碍

1）人格的含义

人格一词personality源于希腊的persona，原意指古希腊的戏剧中演员所戴的面具，而后引申为演员所扮演角色的特征。《中国大百科全书》对人格的界定是："个人的心理面貌或心理格局，即个人的一些意识倾向与各种稳定而独特的心理特征的总和。"由此可以看出，人格大致包括以下几个方面的内容：气质、性格、能力、兴趣、爱好、需要、理想、信念等。它构成了一个人的思想、情感及行为的特有的统合模式，具有独特性、稳定性、统合性、功能性等特性。

按照心理测验的功能分类来看，人格测评主要用于测量性格、气质、兴趣、态度、品德、情绪、动机、信念等个性中除能力之外的心理特征，最常用的方法有问卷法和投

射技术。问卷法由许多涉及个人心理特征的问题组成，进一步分出多个维度或分量表，反映不同的人格特征。常用的人格问卷有艾森克人格问卷（EPQ）、明尼苏达多相人格测验（MMPI）和卡特尔16种人格因素测验（16PF）等。投射技术包括几种具体方法，如罗夏墨迹测验、逆境对话测验、句子完成测验等。

2）人格的分类

人格有生理类型和心理类型两类。

（1）生理类型分类，如古希腊体液的气质分类、中国古代阴阳25人分类、E.克雷奇默的体型分类等。

（2）心理类型分类，如荣格把人分为外倾和内倾两类。

3）人格障碍

人格障碍是指人格特征显著偏离正常，使患者形成了特有的行为模式，对环境适应不良，常影响其社会功能，甚至与社会发生冲突，给自己或社会造成不良后果。人格障碍一般认为是在素质基础上受环境因素影响的结果，主要表现为：

（1）偏执型人格障碍：以猜疑和偏执为主要特点。表现出普遍性猜疑，不信任或者怀疑他人忠诚，过分警惕与防卫；强烈地意识到自己的重要性，有将周围发生的事件解释为"阴谋"、不符合现实的先占观念；过分自负，认为自己正确，将挫折和失败归咎于他人；容易产生病理性嫉妒；对挫折和拒绝特别敏感，不能谅解别人，长期耿耿于怀，常与人发生争执或沉湎于诉讼，人际关系不良。

（2）分裂型人格障碍：以观念、外貌和行为奇特，人际关系有明显缺陷和情感冷淡为主要特点。对喜事缺乏愉快感，对人冷淡，对生活缺乏热情和兴趣，孤独怪僻，缺少知音，我行我素，很少与人来往，因此也较少与人发生冲突。

（3）冲动型人格障碍：又称暴发型或攻击型人格障碍，以行为和情绪具有明显的冲动性为主要特点。发作没有先兆，不考虑后果，不能自控，易与他人发生冲突。发作之后能认识到不对，间歇期一般表现正常。

（4）强迫型人格障碍：以要求严格和完美为主要特点。希望遵循一种他所熟悉的常规，认为万无一失，无法适应新的变更。缺乏想象，不会利用时机，做事过分谨慎与刻板，事先反复计划，事后反复检查，不厌其烦。犹豫不决、优柔寡断也是其特点之一。

（5）表演型人格障碍：以高度的自我中心、过分情感化和用夸张的言语与行为吸引注意为主要特点。情感浮浅，易受暗示。

（6）悖德型人格障碍：又称反社会型人格障碍，以行为不符合社会规范为主要特点。这种人感情冷淡，对人缺乏同情，漠不关心，缺乏正常的人间关爱；易激惹，常发生冲动性的行为；即使给别人造成痛苦，也很少感到内疚，缺乏罪恶感；常发生不负责任的行为，甚至是违法乱纪的行为，虽屡受惩罚，也不易接受教训，屡教不改。临床表现的核心是缺乏自我控制能力。

◆◆◆◆➡ 案例分析8-1

小明的问题

小明，26岁，大学文科毕业生，到目前为止已经调换了3个单位。小明才思敏捷，办事能力强，好胜心强，接受了任务常常是夜以继日地迅速完成。但他个性特别，在研究工作时固执己见，总是炫耀自己、贬低别人，过不了多久就与同事关系紧张，还总认为领导偏向别人，压制甚至排挤自己，最后大吵一通，拂袖而去。其实，有时他也意识到自己的问题，但是一旦行动起来又是重蹈覆辙。

案例分析8-1

分析提示

问题：小明到底怎么了？

8.1.2　常用的人格测评量表

在目前，用以测评人格的技术和方法是多种多样的，由于其依据的人格理论不同，所采用的方法也不同。但总的来讲，主要分为两大类：一类为结构明确的自陈量表，如爱德华个性偏好量表（EPPS）、詹金斯活动性调查表（JAS）、显性焦虑量表（MAS）、卡特尔16种人格因素测验（16PF）、艾森克人格问卷（EPQ）、明尼苏达多相人格测验（MMPI）、杰克逊人格问卷（JPI）等；另一类为结构不甚明确的投射测验，如荣格的文字联想测验、罗夏墨迹测验、主题统觉测验（TAT）、画人测验、班达视觉-运动完形测验（BVMGT）、句子完成测验（SCT）等。

1）明尼苏达多相人格测验（MMPI）

明尼苏达多相人格测验产生于1943年，是美国明尼苏达大学教授哈塞维（S.R.Hathaway）和麦金雷（J.C.Mckinley）为了调查美国人的适应状况和精神障碍的鉴别诊断编制的调查表。它目前是世界各国尤其是美国应用最广泛的一种量表，该量表适用于16岁以上且小学毕业以上文化水平的人。

明尼苏达多相人格测验采用问卷测验形式。该量表全部共有566个采用自我陈述语形式的题目，其中16个题目是重复的，以测验被试的诚实性，所以实际只有550题，与临床有关的题目多集中在第399题之前。这些题目供被试根据自己的实际情况对每个题目做出"是"或"否"的回答，若确实不能判定则不作答。然后，根据被试的答案记分并进行分析，将各分量表的得分登记在剖析图上并将各点相连，就可获得该被试人格特征的剖面图。该测验的最大优点是较为客观和系统，不足之处是对疾病的辨别力较差，并且受教育和文化背景的限制。

2）艾森克人格问卷（EPQ）

艾森克人格问卷是由英国伦敦大学艾森克教授及其夫人共同编制的。1975年形成了目前由4个量表组成的艾森克人格问卷，它有成人问卷和青少年问卷两种。成人问卷适用于16岁以上的成人。我国的修订工作由龚耀先主持，全国28个单位协作制定了儿童和成人两套全国常模，成人问卷（适用于16岁以上成人）和儿童问卷（适用于7～15岁儿童）均为88个条目（问题）。北京大学的陈仲庚修订的EPQ则为85个条目。这些条目分属4个分量表，即E、N、P、L量表，可根据被试回答是与否，再用4个分量表的记分标准登记分数。E、N、P分别代表艾森克人格理论中关于人格结构的3个维度。

3）卡特尔16种人格因素测验（16PF）

卡特尔（Cattell）认为16种特质是构成人格的内在基础，只要测量出16种特质在个体身上的表现程度，即可知道他的人格特征。因为，我们每个人的人格特征不同就是由于这16种特质因素在各个人身上的组合不同所决定的。为此，他设计的卡特尔16种人格因素测验量表共有187个题目，分为A、B、C、D、E、F型，前4型适用于具有小学以上文化程度的16岁以上的成人，后2型适用于文化程度更低一些的或智力低下的人。16个量表中的每一量表都分有两级，最高级为8～10分，最低级为1～3分。

4）罗夏墨迹测验

罗夏墨迹测验（RIT）是瑞士精神病学家罗夏（H.Rorschach）设计编制的一种人格投射测验。罗夏墨迹测验的材料为10幅墨迹图（都是将墨迹放在纸上再折叠形成对称的浓淡不匀的墨迹图），其中，有5幅全为黑色的，2幅是黑色和红色的，其余3幅是彩色的。测试时将10幅图按顺序一幅一幅地交到被试手中，要他说出从图中看到了什么。不限制时间，也不限制回答数目，一直到没有回答时再换另一幅。每幅均如此进行。看完10幅图后，再从头对每一回答都询问一遍，问他看到的是指图的整体还是图的哪一部分，问他为什么说这些部位像他所说的内容，将所指部位和回答的原因均记录下来，然后进行结果分析和评分。但这种测验的评分方法比较复杂，主试亦需经专门训练后才能逐渐正确掌握。

◆◆◆➡ **知识链接8-1**

中国人人格七维度

杨国枢和王登峰及其他研究者研究确定了中国人人格结构的七因素模型。该模型认为中国人人格七个维度的含义为：F1——外向活跃，反映个体在人际情境中表现出的活跃、主动、积极和易沟通、轻松、温和的特点，以及乐群、合群的倾向；F2——严谨自制，反映个体的行事方式和态度；F3——温顺随和，反映个体的情绪稳定性特点；F4——热情豪爽，反映个体在人际交往中的基本态度；F5——淡泊诚信，反映个体对人生和事业的基本态度；F6——精明干练，反映个体的能力和对待工作任务的态度；F7——善良友好，反映的是中国文化中"好人"的总体特点，包括关心他人、对人真诚、宽容、正直和重感情等内在品质。

8.2　明尼苏达多相人格测验

8.2.1　明尼苏达多相人格测验简介

明尼苏达多相人格测验是目前在世界范围内使用最广泛的心理测验之一。据国外统计，世界上有关明尼苏达多相人格测验的专著和文献超过万册（篇），使用明尼苏达多相人格测验的国家超过百个，它被翻译成外国文字的语种超过115种。明尼苏达多相人格测验不仅在美国，而且在加拿大、南美各国、英国和意大利等欧洲各国，以及日本等亚洲诸国和中国香港地区等都有翻译版本，并进行了大量研究。

1980年，在中国科学院心理研究所宋维真教授的主持下，全国有关单位进行了适合中国国情的MMPI标准化修订工作，并于1984年正式确定了明尼苏达多相人格测验的中国标准。在1987年和1990年两次全国专业学术会议上，与会者一致认为，除少数项目外，明尼苏达多相人格测验同样适用于中国的临床诊断和人格检查，在中国具有极高的使用价值。

8.2.2　明尼苏达多相人格测验的内容和形式

1）明尼苏达多相人格测验的内容

明尼苏达多相人格测验有566个自我报告形式的题目，其中16个为重复题目（主要用于检验被试反应的一致性，看作答是否认真），实际上只550题。题目的内容范围很广，包括身体各方面的情况、精神状态，以及对家庭、婚姻、宗教、政治、法律、社会等问题的态度。

明尼苏达多相人格测验有10个临床量表，包括疑病（Hs）、抑郁（D）、癔病（Hy）、精神病态（Pd）、男性化-女性化（Mf）、妄想狂（Pa）、精神衰弱（Pt）、精神分裂（Sc）、轻躁狂（Ma）、社会内向（Si）。其中Mf与Si量表只能说明人格的趋向，与疾病无关，从上述10个量表中可得到10个分数，代表10种人格特质。

明尼苏达多相人格测验有4个效度量表，用于鉴别不同的应试态度和反应倾向。如果在这些量表上出现异常分数，意味着其余量表分数的有效性值得怀疑，包括L、F、K、Q。①说谎量表（L）：共15个题目，在此量表上分数较低，说明诚实、自信、富于自我批评精神；得分高，意味着不能客观评价自己。②诈病量表（F）：共64个题目，在此量表上得高分可能是蓄意装病、回答不认真或真有病，如妄想、幻觉、思维障碍等。③校正量表（K）：由30个对装假敏感的题目组成，高K分表示对测验的防卫性态度，企图伪装成"好人"；低K分表示过分的坦率与自我批评，企图伪装成"坏人"。④疑问量表（Q）：表示漏答、无法答，或"是""否"均作回答的题目数，超过30题则答卷无效。

2）明尼苏达多相人格测验的形式

明尼苏达多相人格测验分卡片式（个别法）和手册式（团体法）两种。前一种方法是在每张卡片上各印一个题目，共566张卡片。被试根据自己的情况，将它们分为"是""否""无回答"3类。后一种方法是使用按一定排列顺序印刷着566个题目的小册子，被试根据自己的情况，在另外一张答卷纸上相应的题目号后打记号，"是"打√，"否"打×，"无回答"则不打记号。1966年明尼苏达多相人格测验的修订版，将与效度量表和临床量表有关的399个题目排在前面，与其他一些追加量表有关的题目则集中于第400～566题，这种问卷称为R式。

8.2.3　明尼苏达多相人格测验的测量范围、记分方法与分数解释

1）明尼苏达多相人格测验的测量范围

明尼苏达多相人格测验适用于16岁以上且小学毕业以上的文化水平的人，他可以根据测试指导语的要求完成测试。测试无时间限制，但应尽快完成。

2）明尼苏达多相人格测验的记分方法

如果是大样本，可采用计算机记分的方法，需要特殊的工具处理；如果是小样本，可借助14张模板记分。其具体方法如下：

（1）先计算Q量表的原始分，它包括同一题作两种答案的题数和未答题的数目。

（2）每个模板依次覆盖在答卷纸上，数模板上有多少洞里画上了记号。这个数目是量表的原始分数。

（3）Hs、Pd、Pt、Sc、Ma5个量表的原始分数要加一定比例的K分：Hs+0.5K；Pd+

0.4K；Pt+1.0K；Sc+1.0K；Ma+0.2K。

（4）将各量表的原始分（Hs、Pd、Pt、Sc、Ma 为加 K 后分数）登记在剖析图上，并将各点相连，即形成被试人格特征的剖析图。

（5）由于每个量表的题目数量不等，各量表的原始分数无法比较，需要换算成 T 分数：T=50+［10+（X-M）］÷S。

X 为某一量表所得的原始分数，M 与 S 为常模团体在该量表上所得的原始分数的平均数及标准差。在测验说明书中附有换算表，可通过查表将原始分数直接转换成 T 分数。

3）明尼苏达多相人格测验对分数的解释

明尼苏达多相人格测验对分数的解释通常有两种方法：一是简单的分数表分析。如果某个分量表的 T 分数大于 70，则表明该被试存在某种心理问题。然而这种方法并不十分可靠。研究发现，在某一分量表得分高，并不意味着一定存在该量表所称的那种疾病，因为量表间有许多相互重复的题目，一个量表上得分高，在另一个量表上得分也会很高。二是软件系统的分析。随着计算机的应用，其分数解释进一步自动化，在分数解释的软件系统下，只要将答卷输入计算机，计算机就能自动打印出分数的书面解释。

8.3　卡特尔 16 种人格因素测验

8.3.1　卡特尔 16 种人格因素测验简介

卡特尔 16 种人格因素测验是由美国伊利诺伊州立大学人格及能力研究所的卡特尔教授所编制的。卡氏采用系统观察法、科学实验法以及因素分析统计法，经过二三十年的研究确定了 16 种人格特质，并据此编制了测验量表。16 种人格因素是各自独立的，每一种因素与其他因素的相关度极小，每一种因素的测量都能使被试对某一方面的人格特质有清晰而独特的认识，这些因素的不同组合构成了一个人不同于其他人的独特个性，从而能够据此全面评价其整个人格。测验由 187 道题组成。每一种人格因素由 10～13 道题组成的量表来测量，共 16 个分量表。测验不限定时间，一般在 45 分钟之内能完成测验。该测验在国际上颇有影响，具有较高的效度和信度，广泛应用于人格测评、人才选拔、心理咨询和职业咨询等领域。该测验已于 1979 年被引入国内并由专业机构修订为中文版。

1）16 种人格因素的含义

16 种人格因素是各自独立的，每一种因素的测量都能使你对自己某一方面的人格特质有清晰而独特的认识，更能对自己人格的各种因素的不同组合做出综合性的了解，从而全面地评价自己的完整人格。

每种因素分数高低的意义及重要性，有赖于其他各因素分数的高低，或全体因素的组合方式。所以，在评价各因素分数的高低时，应参考其他方面的行为和生活状况，不应仅仅根据测验的结果武断地评价自己的人格。需要特别强调的是，现在所反映出的人格特点并不是不可改变的，个人的成长过程，学习的机会，动机、目的和生活环境的变化，还会随时随地改变一个人的人格因素与类型。因此，通过对自己人格特点的了解，有助于我们通过努力来改善、优化人格。

（1）因素 A——乐群性。低分特征：缄默，孤独，冷漠。高分特征：外向，热情，乐群。

（2）因素 B——聪慧性。低分特征：思想迟钝，学识浅薄，抽象思考能力弱。高分特征：聪明，富有才识，善于抽象思考，学习能力强，思考敏捷正确。

（3）因素 C——稳定性。低分特征：情绪激动，易生烦恼，心神动摇不定，易受环境支配。高分特征：情绪稳定而成熟，能面对现实。

（4）因素 E——恃强性。低分特征：谦逊，顺从，通融，恭顺。高分特征：好强固执，独立积极。

（5）因素 F——兴奋性。低分特征：严肃，审慎，冷静，寡言。高分特征：轻松兴奋，随遇而安。

（6）因素 G——有恒性。低分特征：苟且敷衍，缺乏奉公守法的精神。高分特征：有恒负责，做事尽职。

（7）因素 H——敢为性。低分特征：畏怯，退缩，缺乏自信心。高分特征：冒险敢为，少有顾忌。

（8）因素 I——敏感性。低分特征：理智，注重现实，自食其力。高分特征：敏感，感情用事。

（9）因素 L——怀疑性。低分特征：信赖随和，易与人相处。高分特征：怀疑，刚愎，固执己见。

（10）因素 M——幻想性。低分特征：现实，合乎常规，力求妥善合理。高分特征：富于想象，狂放不羁。

（11）因素 N——世故性。低分特征：坦白，直率，天真。高分特征：精明能干，世故。

（12）因素 O——忧虑性。低分特征：安详，沉着，有自信心。高分特征：忧虑抑郁，烦恼自扰。

（13）因素 Q1——实验性。低分特征：保守，尊重传统观念与行为标准。高分特征：自由，批评激进，不拘泥于现实。

（14）因素 Q2——独立性。低分特征：依赖，随群附众。高分特征：自立自强，当机立断。

（15）因素 Q3——自律性。低分特征：矛盾冲突，不顾大体。高分特征：知己知彼，自律严谨。

（16）因素 Q4——紧张性。低分特征：心平气和，闲散宁静。高分特征：紧张困扰，激动挣扎。

2）8 种次级因素的含义

8 种次级因素计算方式：次级人格因素是由以上有关的基本因素标准分，经过数量均衡，连同指定常数，相加而成的（见如下各项中的公式）。另外，以下各因素分数的高低并不等同于心理健康状态的好坏以及成就、创造力、成长能力的水平。它只是表明人格因素对这些方面的影响程度。事实上，除了人格因素外，成就大小、创造力水平、心理健康状况等还受到其他诸多因素的影响。

（1）适应与焦虑型 X1。

X1＝［（38＋2×L＋3×O＋4×Q4）－（2×C＋2×H＋2×Q3）］÷10

低分特征：生活适应顺利，通常感到心满意足，能做到所期望的及自认为重要的事情。如分数极低，则可能对困难的工作缺乏毅力，有事事知难而退、不肯努力奋斗的倾向。

高分特征：不一定有神经症，因为它可能是情境性的，也可能有一些调节不良的情况，即对生活上所要求的和自己意欲达成的事情常感到不满意。高度的焦虑可能会降低工作效率和影响身体健康。

（2）内向与外向型 X2。

X2＝［（2×A＋3×E＋4×F＋5×H）－（2×Q2＋11）］÷10

低分特征：内倾，趋于胆小，自足，在与别人接触中采取克制态度，有利于从事精细工作。这种类型无所谓利弊，主要取决于在哪种情况下采取这种态度。

高分特征：外倾，开朗，善于交际，不受拘束，有利于从事贸易工作。

（3）感情用事与安详机警型 X3。

X3＝［（77＋2×C＋2×E＋2×F＋2×N）－（4×A＋6×I＋2×M）］÷10

低分特征：情感丰富而感到困扰不安，可能是缺乏信心、颓丧的类型，对生活中的细节较为含蓄敏感，性格温和，讲究生活艺术，采取行动前再三思考，顾虑太多。

高分特征：富有事业心，果断，刚毅，有进取精神，精力充沛，行动迅速，但常忽视生活上的细节，只对明显的事物注意，有时会考虑不周，不计后果贸然行事。

（4）怯懦与果断型 X4。

X4＝［（4×E＋3×M＋4×Q1＋4×Q2）－（3×A＋2×G）］÷10

低分特征：怯懦，顺从，依赖别人，纯洁，个性被动，受人驱使而不能独立，对支持他的人在行动上常适应其需求，为获取别人的欢心会事事迁就。

高分特征：果断，独立，露锋芒，有气魄，有攻击性的倾向，通常会主动地寻找可以施展这种行为的环境或机会，以充分表现自己的独创能力，并从中取得利益。

（5）心理健康者的人格因素 Y1。

Y1＝C＋F＋（11－O）＋（11－Q4）

心理健康状况几乎是一切职业及事业成功的基础。心理不健康者，其学习和工作效率都会因之降低。其总分可介于4～40分之间，平均分为22分。低于12分者仅占人数分布的10%，情绪不稳定的程度颇为显著。

（6）专业有成就者的人格因素 Y2。

Y2＝Q3×2＋G×2＋C×2＋E＋N＋Q2＋Q1

本次级因素意指人格中的某些因素可能对将来的专业成就所具有的影响，它并不代表将来专业成就所达到的水平。其总分可介于10～100分之间，平均分为55分。67分以上者成功的机会更大。

（7）创造力强者的人格因素Y3。

Y3=（11−A）×2+B×2+E+（11−F）×2+H+I×2+M+（11−N）+Q1+Q2×2

标准分高于7分者属于创造力强者的范围，应有所成就。

（8）在新环境中有成长能力的人格因素Y4。

Y4=B+G+Q3+（11−F）

其总分可介于4～40分之间，平均分为22分。不足17分者仅占人数分布的10%左右，从事专业或训练成功的可能性较小。25分以上者，则有成功的希望。

8.3.2　卡特尔16种人格因素测验的实施说明

1）卡特尔16种人格因素测验的时间

测验不限定时间，被试做题时应以自觉性的反应回答，无须过多斟酌，一般45分钟左右可以完成。

2）卡特尔16种人格因素测验的形式

测验有两种实施方式：纸笔作答和计算机施测。

（1）纸笔作答。其具体过程如下：第一，依据预定的被试人数选择好适宜的测验地点，布置考场。考场环境应安静整洁、无干扰，采光照明良好。第二，准备好测验所用的材料，如测验题本、专用答题纸、铅笔、橡皮，保证每位被试有以上完整的测验材料及用品。第三，安排被试入场，并宣布测验注意事项。第四，说明作答时应该注意的事项。第五，检查被试完成了所有题目后，回收题本和答题纸，测验结束。

（2）计算机施测。采用人机对话形式，其具体步骤如下：第一，启动16PF专用软件。第二，按照屏幕提示，输入所需要的信息，以及被试的背景信息。第三，屏幕呈现答题指导，让被试看屏幕，学会如何看题并做出反应，选择符合的选项。第四，被试答题。第五，答题结束后，出具计算机运算结果，包括各个人格维度上的初步测评结果、转换后的标准分、人格因素剖析图、次级人格因素估算和应用估算分数。

3）施测的注意事项

（1）要求被试真实作答。测验为自陈量表，难以控制和防止被试的掩饰行为与倾向性作答行为，情境因素对被试的影响也难以控制。为此在测验之前主试应注意向被试做解释，尽量达成双方的信任关系，排解其顾虑和猜疑，尽可能达到一般的平和心态，同时请被试注意在自我评述中按照自己最平常的情况作答，最大限度地反映真实状况。

（2）注意甄别被试的反应风格，即答题倾向性。如果被试在内容相互对抗的项目上回答相同，或在绝大多数的项目上的回答选项相同，那么他就有可能没有认真地按自己情况答题，是在敷衍了事或故意作假，这样的答题无效。

（3）注意考查被试是否有社会赞许倾向，特别在用于对被试的筛选测验中。被试在高动机驱使下，会对题目有所猜测，有意或无意地改变其在测验上的反应，而塑造出一种会受到社会赞许或迎合职位需要的形象，这种形象并不能代表被试的真实情况。对于此类人员，在结果解释中要标注出来，这也代表其行为特征之一；同时应补充使用其他的评估技术，比如面试、情境模拟等，或在其他测验中对相应的考评要素反复考查和评定。

（4）如果需要可在测验中加入测谎量表，作为监控手段。

◆◆◆◆➡ **知识链接8-2**

卡特尔16种人格因素问卷测评报告

个人信息

姓名：××   性别：×   年龄：××   学历：本科

测试日期：2020年12月8日

测试时间：14：58：00

［测试分数］

测试分数见表8-2。

表8-2 测试分数

因子	A	B	C	E	F	G	H	I	L	M	N	O	Q1	Q2	Q3	Q4	X1	X2	X3	X4	Y1	Y2	Y3	Y4
原始分	10	8	8	17	23	14	18	11	7	14	8	11	13	9	12	17	7.4	10.5	5.9	6.6	21	55	81	19
标准分	6	6	3	9	10	7	9	6	4	6	5	6	7	4	5	8	—	—	—	—	—	—	—	—

［测试分数图示］

测试分数图示如图8-1所示。

［结果解释］

乐群（A）：

在人际交往上，被试待人较热情、性格外向，乐群；乐于与人共处，与人合作和适应能力较强；愿意参加和组织活动，容易接受别人的批评；萍水相逢也可以一见如故。

聪慧（B）：

从测试来看，个人身心健康，在智力活动方面思维灵敏，尤其善于抽象思维，学习能力和理解能力较强。

稳定（C）：

被试的情绪比较易激动，易生烦恼；通常不能以"逆来顺受"的态度去应付生活上所遭遇的阻挠和挫折；容易受环境的支配而心神动摇不定；不能面对现实，时而暴躁不安，身心疲乏。

特强（E）：

在特强性方面，被试好强固执，独立积极；偶尔武断并反抗权势者。

兴奋（F）：

被试轻松兴奋，随遇而安；通常活泼，愉快，健谈；对人对事，热心而富有感情；但是有时可能会冲动，以致行为变幻莫测。行政主管人员和竞选人多高**F**。［适合职业］行政主管人员、竞选人。

人格因素	低分者特征	低			平均				高			高分者特征
		1	2	3	4	5	6	7	8	9	10	
乐群（A）	缄默孤独						6					乐群外向
聪慧（B）	迟钝，知识面窄						6					·聪慧，富有才识
稳定（C）	情绪激动			3								情绪稳定
恃强（E）	谦逊顺从									9		支配攻击
兴奋（F）	严肃审慎										10	轻松兴奋
有恒（G）	权宜敷衍							7				有恒负责
敢为（H）	畏怯退缩									9		冒险敢为
敏感（I）	理智，注重实际						6					敏感，感情用事
怀疑（L）	信赖随和				4							怀疑刚愎
幻想（M）	现实，合乎常规						6					富于幻想，狂放不羁
世故（N）	坦白，直率，天真					5						精明能干，世故
忧虑（O）	沉着，有自信心						6					忧虑抑郁，烦恼
实验（Q1）	保守，服从传统							7				自由，批评激进
独立（Q2）	依赖，随群附众				4							自立，当机立断
自律（Q3）	不拘小节					5						自律严谨
紧张（Q4）	心平气和								8			紧张困扰

次级人格因素	低分者特征	低			平均				高			…	高分者特征
		1	2	3	4	5	6	7	8	9	10		
适应与焦虑	适应							7.4					焦虑
内向与外向	内向										10.5		外向
感情用事与安详机警	冲动					5.9							安详
怯懦与果断	怯懦						6.6						果断

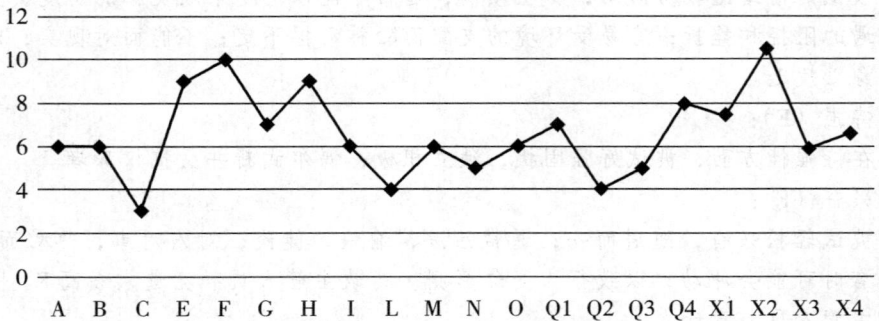

图8-1　测试分数图示

有恒（G）：

从测试来看，被试做事介于负责和敷衍之间，没有十分明确的目标和理想；在有些情况下被试不太能持久地做件事。

敢为（H）：

在敢为方面，被试常常愿意冒险，而较少有顾忌；往往有敢作敢为的精神，能经历艰辛而保持毅力；但有时会忽视细节方面，粗心大意。

敏感（I）：

测试结果显示被试介于理智和敏感之间，既现实也爱感情用事，较容易受感动。

怀疑（L）：

在坦诚直率方面，被试是一个较值得信赖的、随和又易与人相处的人，通常对人无猜忌，不与人角逐竞争；能与人合作，善于体贴人。[适合职业] 会计、飞行员、空中小姐、炊事员、电气技师、机械师、生物学家、物理学家。

幻想（M）：

在现实与幻想方面，被试既有注重现实情况的一面，又有富于幻想的一面；通常做事比较稳重，但有时会有些不切实际的想法；性格上显得有些多变。

世故（N）：

在世故方面，被试在待人接物上居于中等水平，既不会过于精明世故，也不会表现得很幼稚；在处理事情时能理智分析问题，适当保留自己的情感，但有时会感情用事。

忧虑（O）：

在忧虑方面，被试多数时候沉着安详，偶尔会感到忧虑和烦恼；对自己的能力有比较清楚的认识，比较自信，但有时会估计不足；有一定的安全感，能较好地应付一般事务，对生活不感到悲观。

实验（Q1）：

被试表现得既不非常激进也不很保守，基本接受社会中的一些权威见解，但会提出质疑；爱自由，不拘泥于现实，往往愿意充实自己的生活经验。

独立（Q2）：

被试介于依赖和独立之间，在某些事情上需要别人给自己建议，某些时候也可以自己完成一些工作。

自律（Q3）：

从测试来看，被试对自己和别人都很了解，但有时会有矛盾、冲突，较能够合理地支配自己的情感和行为；为人处世，总能体现其自尊心，也能赢得别人的尊重，有时却难免有点固执己见。

紧张（Q4）：

被试较容易受紧张困扰，激动挣扎，较缺乏耐心，态度兴奋；有时会感觉到疲乏，但无法达到彻底的平静；易紧张，对人事等缺乏一定的信念。

适应与焦虑：

在适应环境方面，有时被试会对自己的境遇不满意，易焦虑不安，激动，但能够较好地把握自己的情绪。

内向与外向：

在内外向上，被试偏外向，生活中善于交际，不拘小节，不受拘束，活泼、自由、随性。

感情用事与安详机警：

被试做事一般会经深思熟虑后才下决定，是一个较为含蓄的人，情感丰富，温文尔雅，讲究生活艺术，但是情绪易受困扰、不安，容易因挫折而气馁。

怯懦与果断：

被试介于优柔寡断和果断之间，但更倾向于果断，有一定的独立能力，也希望得到别人的支持和看重；在生活中，一般能够果断行事，但有时会犹豫不决。

心理健康因素：

目前被试的心理健康状况良好。

专业有成就者的人格因素：

被试在专业方面还有很大的提升空间。

创造力强者的人格因素：

被试思维活跃，想象丰富，具有较高的创造能力。

在新环境中有成长能力的人格因素：

被试的学习、适应能力较强。

资料来源　佚名．卡特尔16种人格因素问卷（16PF）测评报告［EB/OL］．［2021-05-16］．http://wenku.baidu.com/view/3a63af826529647d27285275.html．改编．

◆◆◆◆➡ 知识链接8-3

人格测评在医务人员招聘中的应用分析

人格测评应用于医护人员招聘，为选拔具备良好心理素质的专业人才提供依据。方法采用卡特尔16种人格因素测验量表对341名应聘者进行测试，分别以性别和教育程度分组，对测试结果采用SPSS 10.0软件包进行数据分析。

结果是以性别分组：男性组84人，女性组257人，两组人格因素测试中乐群性、兴奋性、幻想性、世故性得分为：男性6.4、1.4；7.1、1.7；5.1、1.3；5.8、1.3。女性6.9、1.3；7.6、1.6；5.5、1.1；6.2、1.5。两组比较，$P<0.05$，有统计学差异，女性高于男性。而在次级因素测试中感情用事与安详机警型、创造力强者的人格因素及在新环境中有成长能力的人格因素得分为：男性6.9、1.4；78.6、7.9；23.3、3.8。女性6.5、1.8；75.8、7.5；22.3、3.4。两组比较，$P<0.05$，有统计学差异，男性高于女性。

以教育程度分组：硕士45人，本科163人，本科以下133人。在16种人格因素测验中怀疑性、忧虑性及次级因素测验中适应与焦虑型得分为：硕士2.3、1.3；3.0、1.5；2.2、1.4。本科2.4、1.9；3.2、1.5；2.4、1.7。本科以下2.0、1.8；3.6、1.3；2.9、1.6。3组比较$P<0.05$，有统计学差异。

结论是人格测评在医务人员招聘中具有使用价值，可以为医院招聘高素质人才提供参考依据。当今心理学的受重视程度越来越高，应用范围越来越广，特别在人才测评的应用方面尤为突显。人才的选拔关系到单位和企业的发展，而心理测验具备科学、客观、标准化等特点，能为人才的挑选提供重要的参考依据。

本研究认为人格是个体在行为上的内部倾向，也是各种心理特性的总和，它表现为个体适应环境时在能力、情绪、需要、动机、兴趣、态度、价值观、气质、性格和体质等方面的整合，具有区别于他人的、独特的心理品质，它一经形成便对人的行为风格及行为方式产生长久而广泛的影响。利用人格测评方法把好医务人员进口关有一定的现实意义。医疗行业是一个高技术、高风险、高服务要求的特殊行业。医务人员素质的高低，直接影响着医院的整体形象和患者的利益。招聘高素质人才是医院管理工作中的重中之重，而心理测验是重要工具。

资料来源　龙秀明. 人格测试在医务人员招聘中的应用分析 [J]. 柳州医学，2011（1）. 改编.

8.4　艾森克人格问卷

8.4.1　艾森克人格问卷简介

艾森克人格问卷是由汉斯·艾森克及其夫人设计的一种有关人格维度研究的测定方法，简称 EPQ。通用的 EPQ 是 1975 年制定的，是一种自陈量表，有成人和少年两种形式，各包括 4 个量表：E——内外向；N——神经质，又称情绪稳定性；P——精神质，又称倔强性；L——谎造或自身隐蔽。经艾森克等人的因素分析计算，前 3 个量表代表人格结构的 3 种维度，它们是彼此独立的，L 则是效度量表，代表假托的人格特质，也表现社会性朴实、幼稚的水平。L 虽与其他量表有某些相关，但它本身代表一种稳定的人格功能。由于 EPQ 具有较高的信度和效度，用其所测的结果可同时得到多种实验心理学研究的印证，因此它也是验证人格维度理论的根据。中国的艾森克测验问卷是由陈仲庚等于 1981 年修订的。

8.4.2　艾森克人格问卷（成人）测试内容
艾森克人格问卷（成人）条目

EPQ 指导语：请回答下列问题。回答"是"时，就在"是"上打"√"；回答"否"时，就在"否"上打"√"。每个答案无所谓正确与错误。这里没有对你不利的题目。请尽快回答，不要在每道题上思索太长时间。回答时不要考虑应该怎样，只回答你平时是怎样的。每题都要回答。

1. 你是否有广泛的爱好？　　　　　　　　　　　　　　　　　　　是　否
2. 在做任何事情之前，你是否都要考虑一番？　　　　　　　　　　是　否
3. 你的情绪时常波动吗？　　　　　　　　　　　　　　　　　　　是　否
4. 当别人做了好事，而周围的人却认为是你做的时候，你是否感到洋洋得意？
　　　　　　　　　　　　　　　　　　　　　　　　　　　　　　是　否
5. 你是一个健谈的人吗？　　　　　　　　　　　　　　　　　　　是　否
6. 你曾经无缘无故地觉得自己"可怜"吗？　　　　　　　　　　　　是　否
7. 你曾经有过贪心使自己多得分外的物质利益吗？　　　　　　　　是　否
8. 晚上你是否小心地把门锁好？　　　　　　　　　　　　　　　　是　否

9. 你认为自己活泼吗？   是　否

10. 当看到小孩（或动物）受折磨时你是否难受？   是　否

11. 你是否时常担心你会说出（或做出）不应该说（或做）的事情？   是　否

12. 若你说过要做某件事，是否不管遇到什么困难都要把它做成？   是　否

13. 在愉快的聚会中，你通常是否尽情享受？   是　否

14. 你是一位易激怒的人吗？   是　否

15. 你是否有过自己做错了事反而去责备别人的时候？   是　否

16. 你喜欢会见陌生人吗？   是　否

17. 你是否相信参加储蓄是一种好办法？   是　否

18. 你的感情是否容易受到伤害？   是　否

19. 你想服用有奇特效果或有危险性的药物吗？   是　否

20. 你是否时常感到"极其厌烦"？   是　否

21. 你曾多占多得别人的东西（甚至一针一线）吗？   是　否

22. 如果条件允许，你喜欢经常外出（旅行）吗？   是　否

23. 对你所喜欢的人，你是否为取乐开过过头玩笑？   是　否

24. 你是否常因"自罪感"而烦恼？   是　否

25. 你是否有时候谈论一些你毫无所知的事情？   是　否

26. 你是否宁愿看些书，而不想去会见别人？   是　否

27. 有坏人想要害你吗？   是　否

28. 你认为自己"神经过敏"吗？   是　否

29. 你的朋友多吗？   是　否

30. 你是个忧虑重重的人吗？   是　否

31. 你在儿童时代是否立即听从大人的吩咐而毫无怨言？   是　否

32. 你是一个无忧无虑、逍遥自在的人吗？   是　否

33. 有礼貌、爱整洁对你很重要吗？   是　否

34. 你是否担心将会发生可怕的事情？   是　否

35. 在结识新朋友时，你通常是主动的吗？   是　否

36. 你觉得自己是个非常敏感的人吗？   是　否

37. 和别人在一起的时候，你是否不常说话？   是　否

38. 你是否认为结婚是个框框，应该废除？   是　否

39. 你有时有点自吹自擂吗？   是　否

40. 在一个沉闷的场合，你能给大家添点生气吗？   是　否

41. 慢腾腾开车的司机是否使你讨厌？   是　否

42. 你担心自己的健康吗？   是　否

43. 你是否喜欢说笑话和谈论有趣的事？   是　否

44. 你是否觉得大多数事情对你都是无所谓的？   是　否

45. 你小时候曾经有过对父母鲁莽无礼的行为吗？   是　否

46. 你喜欢和别人打成一片，整天相处在一起吗？   是　否

47.你失眠吗？　　　　　　　　　　　　　　　　　　　　　　　　　　是　否

48.你饭前必定洗手吗？　　　　　　　　　　　　　　　　　　　　　　是　否

49.当别人问你话时，你是否对答如流？　　　　　　　　　　　　　　　是　否

50.你是否宁愿有富余时间而早点动身去赴约会？　　　　　　　　　　　是　否

51.你经常无缘无故感到疲倦和无精打采吗？　　　　　　　　　　　　　是　否

52.在游戏或打牌时你曾经作弊过吗？　　　　　　　　　　　　　　　　是　否

53.你喜欢紧张的工作吗？　　　　　　　　　　　　　　　　　　　　　是　否

54.你时常觉得自己的生活很单调吗？　　　　　　　　　　　　　　　　是　否

55.你曾经为了自己而利用过别人吗？　　　　　　　　　　　　　　　　是　否

56.你是否参加的活动太多，已超过自己可能分配的时间？　　　　　　　是　否

57.是否有那么几个人时常躲着你？　　　　　　　　　　　　　　　　　是　否

58.你是否认为人们为保障自己的将来而精打细算、勤俭节约所费的时间太多了？

　　　　　　　　　　　　　　　　　　　　　　　　　　　　　　　　是　否

59.你是否曾经想过去死？　　　　　　　　　　　　　　　　　　　　　是　否

60.若你确知不会被发现，你会少付人家钱吗？　　　　　　　　　　　　是　否

61.你能使一个联欢会开得成功吗？　　　　　　　　　　　　　　　　　是　否

62.你是否尽力使自己不粗鲁？　　　　　　　　　　　　　　　　　　　是　否

63.一件使你为难的事情过去之后，是否使你烦恼好久？　　　　　　　　是　否

64.你曾否坚持要照你的想法办事？　　　　　　　　　　　　　　　　　是　否

65.当你去乘火车时，你是否最后一分钟到达？　　　　　　　　　　　　是　否

66.你是否"神经质"？　　　　　　　　　　　　　　　　　　　　　　　是　否

67.你常感到寂寞吗？　　　　　　　　　　　　　　　　　　　　　　　是　否

68.你的言行总是一致的吗？　　　　　　　　　　　　　　　　　　　　是　否

69.你有时喜欢玩弄动物吗？　　　　　　　　　　　　　　　　　　　　是　否

70.有人对你或你的工作吹毛求疵时，是否容易伤害你的积极性？　　　　是　否

71.你去赴约或上班时，曾否迟到？　　　　　　　　　　　　　　　　　是　否

72.你是否喜欢周围有许多热闹和高兴的事？　　　　　　　　　　　　　是　否

73.你愿意让别人怕你吗？　　　　　　　　　　　　　　　　　　　　　是　否

74.你是否有时兴致勃勃，有时却很懒散不想动？　　　　　　　　　　　是　否

75.你有时会把今天应做的事拖到明天吗？　　　　　　　　　　　　　　是　否

76.别人是否认为你是生气勃勃的？　　　　　　　　　　　　　　　　　是　否

77.别人是否对你说过许多谎话？　　　　　　　　　　　　　　　　　　是　否

78.你是否对有些事情易性急生气？　　　　　　　　　　　　　　　　　是　否

79.若你犯有错误，是否都愿意承认？　　　　　　　　　　　　　　　　是　否

80.你是一个整洁严谨、有条不紊的人吗？　　　　　　　　　　　　　　是　否

81.在公园里或马路上，你是否总是把果皮或废纸扔到垃圾箱里？　　　　是　否

82.遇到为难的事情，你是否拿不定主意？　　　　　　　　　　　　　　是　否

83.你是否有过随口骂人的时候？　　　　　　　　　　　　　　　　　　是　否

84. 当你乘车或坐飞机外出时，你是否担心会碰撞或出意外？   是   否
85. 你是一个爱交往的人吗？   是   否

记分方法：

E量表：外向—内向。第1、5、9、13、16、22、29、32、35、40、43、46、49、53、56、61、72、76、85题答"是"和第26、37题答"否"的每题各得1分。

N量表：神经质（又称情绪稳定性）。第3、6、11、14、18、20、24、28、30、34、36、42、47、51、54、59、63、66、67、70、74、78、82、84题答"是"每题各得1分。

P量表：精神质（又称倔强性）。第19、23、27、38、41、44、57、58、65、69、73、77题答"是"和第2、8、10、17、33、50、62、80题答"否"的每题各得1分。

L量表：测定被试的掩饰、假托或自身隐蔽，或者测定其社会性朴实、幼稚的水平。第12、31、48、68、79、81题答"是"和第4、7、15、21、25、39、45、52、55、60、64、71、75、83题答"否"的每题各得1分。

8.4.3　艾森克人格问卷实施的说明

1）量表维度说明

从以上EPQ内容可知，这个自陈式人格问卷的85个题目，含3个维度4个分量表，它们分别是：E量表：21个条目，主要测试外显或内隐倾向；N量表：24个条目，主要测试神经质或情绪稳定性；P量表：20个条目，主要测试潜在的精神特质，或称倔强；L量表：20个条目，为效度量表，主要测试被试的掩饰或防卫。

（1）E量表：外向-内向，表示性格的内、外倾向。

高分特征：性格外向，渴望刺激和冒险；情感易于外露、冲动；喜欢参加人多热闹的聚会，好交际；开朗、活泼。

低分特征：性格内向，好静，离群，富于内省；除了亲密朋友之外，对一般人缄默冷淡；不喜欢刺激、冒险和冲动，喜欢有秩序的生活方式，很少进攻，情绪比较稳定。

（2）N量表：神经质或情绪稳定性，反映的是正常行为，并非指病症。

高分特征：可能常常焦虑、紧张、担忧、郁郁不乐、忧心忡忡；情绪起伏较大，遇到刺激易有强烈的情绪反应，甚至可能出现不够理智的行为。

低分特征：倾向于情绪反应缓慢且较轻微，即使激起了情绪也很容易恢复平静，通常表现得比较稳重，性情温和，善于自我控制。

（3）P量表：精神质，也称倔强性，并非暗指精神病，它在所有人身上都存在，只是程度不同，但如果某人表现程度明显，则易发展成行为异常。

高分特征：可能孤独，倾向于独身，不关心他人，难以适应外部环境，缺乏同情心，感觉迟钝，对人抱有敌意，与他人不能友好相处，固执、倔强，喜欢寻衅，具有攻击性，且不顾危险。

低分特征：能与人相处，能较好地适应环境，态度温和，不粗暴，善解人意。

（4）L量表：测定被试的掩饰、假托或自身隐蔽，或者测试其社会性朴实、幼稚的水平。高分者，表示有掩饰，也可能较成熟老练，它本身代表一种稳定的人格

功能。

2）记分方法

EPQ 共有 85 个题目，每题都对应着"是"或"否"两个备选答案，被试根据自己的情况进行选择，主试根据题号记分，分别计算被试在各个分量表上的原始分数。值得注意的是，有的题目是被试回答"是"时，记 1 分；有的题目是被试回答"否"时，记 1 分。例如，E 量表中，第 1、5 等题，回答"是"时，记 1 分；第 26、37 题，回答"否"时，记 1 分。如果第 5 题回答"否"、第 26 回答"是"时，就都不记分。然后分别将各分量表的实得分数相加，就是被试在这个分量表上所得的原始分数。计算出各分量表的原始分数以后，可将其转化为标准分数。以此类推，可计算出被试在每个分量表上所得的原始分数及标准分数。

3）分析指标

对测验结果的分析主要是依据标准分来进行的。标准分的平均分为 50 分，标准差为 10 分。根据统计学理论，标准分在 40～60 分之间大约包括 68.46% 的常模群体，标准分在 30～70 分之间大约包括 95.45% 的常模群体。一般认为，如果某个被试的标准分大于 60 分或小于 40 分，就可认为该被试在某量表上具有高分或低分的特征，如果其标准分大于 70 分或小于 30 分，那么这些特征就更明显了。

◆◆◆◆➡ 知识链接 8-4

EPQ 测评报告

测评使用 EPQ，测评结果采用标准 T 分表示，根据各维度 T 分高低判断人格倾向和特征。

［测评得分及分析］

［精神质（P）维度］　　得分 40

得分分析：能与人相处，能较好地适应环境，态度温和，不粗暴，善解人意。

［内向-外向（E）维度］　　得分 52

得分分析：你偏向于中间状态，你既不是个特别外向的人，也不是个特别内向的人。有时你会显得内向，但特定场合下，你会表现出外向的一面。

［神经质（N）维度］　　得分 72

得分分析：焦虑，紧张，易怒，往往会有抑郁，睡眠不好，患有各种心身障碍；情绪过分，对各种刺激的反应都过于强烈，情绪激发后又很难平复下来，由于强烈的情绪反应而影响了你的正常适应；不可理喻，有时走上危险道路；在与外向结合时，这种人是容易冒火的和不休息的，以致激动、进攻。概括地说，是一个紧张的人，好抱偏见，以致错误。

［掩饰（L）量表］　　得分 44

得分分析：你的掩饰性较高，有时喜欢伪装自己，或者表明你的测验的可信度值得怀疑。

［得分图示］

得分图示如图 8-2 所示。

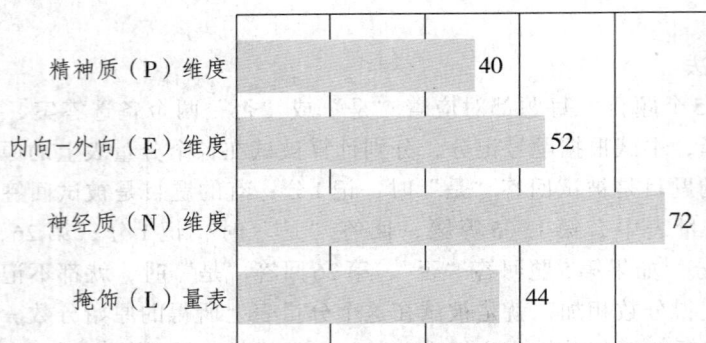

图8-2 得分图示

资料来源 佚名. 艾森克EPQ——人格测试量表测评报告［EB/OL］.［2021-04-06］. http：//www.douban.com/note/342369640/.改编.

8.5 人格测评中存在的问题

1）整体动态人格测评的困难

每个人都具有特有的复杂人格结构及人格整体的作用效应，但是现在多数的人格测评是将不同的人格维度割裂开进行分析的，即使有一些进行整体分析的测评，但由于其标准化水平比较低，在记分和解释上不够客观，使得目前人格测评与客观性的要求还有相当距离。

2）人格测评题目编制的困难

人格测评所测的特质往往没有明确定义，因而题目范围难以界定，各种可能的刺激项目非常之多，而测评题目在内容或措辞上的微小差别常常导致反应的巨大差别。此外，有些问卷采用带比较性的词汇作为答案，如"经常""有时""很少"等，怎样的程度相当于"经常"，怎样的程度代表"有时"，被试不容易掌握。即使被试表现出同样的行为，他们选答的词汇也会完全不同。

3）测评分数的解释值得商讨

人格测评没有对错之分，人格具有独特性，用同样的标准去解释不同人的行为值得商讨。因为人格测评编制的一个原则是，被试得到同样的分数，应该予以同样的解释。实际上这样的解释是有问题的。如同一种行为对某人来说是适应良好，对另一个人来说也许是适应不良。所以说，测评的结果只能作为一种参考。

4）社会文化因素的影响

人格测评的试题往往受社会文化环境因素的影响，社会价值观、社会舆论等因素渗透在人格测评的试题和人员的回答之中。有的被试不是根据实际情况来回答问题，而是依据社会倾向来回答问题，使得测评的结果变得不可靠。尽管已有种种措施防止此类现象，但是这些措施在解决质量问题上并没有取得满意的效果。

情境模拟8-1

　　场景：假设有一个20~30人的集体，将其分成若干个小组，每个小组选出一名主试，每组选定一个测评工具（如艾森克人格问卷等），对小组其他成员进行测评。

　　操作：（1）对选择的测评工具进行详尽了解，了解测评内容、实施程序和注意事项等。

　　（2）主试对小组其他成员进行测评，测评完毕后，小组成员之间轮流做主试进行测评，收集相关信息数据。

　　（3）分析统计数据，撰写测评报告。

知识掌握

1.人格的含义是什么？人格可以分成哪些类型？
2.试叙述人格障碍种类。
3.简述常用的人格测评量表。
4.请简述明尼苏达多相人格测验。
5.请简述卡特尔16种人格因素测验。
6.请简述艾森克人格问卷。

知识应用

□ 案例分析

招聘中的人格测试

　　某研究所拟在2021年年初招聘应届毕业生，招聘的职位可以划分为管理和科研两大类。研究所聘请专家，通过工作分析，具体确定出两类职位所要求的能力、个性品质以及职业适应性3方面要点。岗位基本素质要求见表8-3。

表8-3　　　　　　　　　　　　　　　岗位基本素质要求

维度	管理岗位	科研岗位
能力	人际沟通能力、适应能力、全面细致的分析能力	独创性，发现和解决问题的能力，思维缜密，善于学习
个性品质	随和，热情，友善，令人信赖，细致耐心	自信，创造性，追求自我发现，专注于技术进步
职业适应性	喜欢与人打交道，喜欢社交性工作	喜欢解决问题，喜欢从事研究性工作

　　根据以上岗位胜任要素和各个要素之间的整合关系，制定考评要点，测评指标见表8-4。

表8-4　　　　　　　　　　　　　　　　　　测评指标

要素	知识	技能	能力	人格	动机	人际
管理岗位	★★	★★	★★★	★★★	★★	★★★
科研岗位	★★★	★	★★	★★	★★	★★

　　然后，研究所首先按照基本任职资格对应聘者简历进行了初步筛选，根据胜任能力要素及测评指标设计了笔试、面试和心理测验3个环节。通过前两轮的笔试和面试后，应聘者甲和乙脱颖而出，再利用心理测验工具对他们进行测试。该研究所使用了心理测验量表之后，又对应聘者甲和乙进行了人格测评。通过人格测评了解他们在做事、获取信息、决策等方面的偏好。测评从4个角度对人进行分析，用字母代表如下意思：第一，我们与世界的相互作用方式——外向E-内向I；第二，我们获取信息的主要方式——感觉S-直觉N；第三，我们的决策方式——思考T-情感F；第四，我们的做事方式——判断J-知觉P。研究所通过测评得出甲和乙的三维柱状图，如图8-3和图8-4所示。

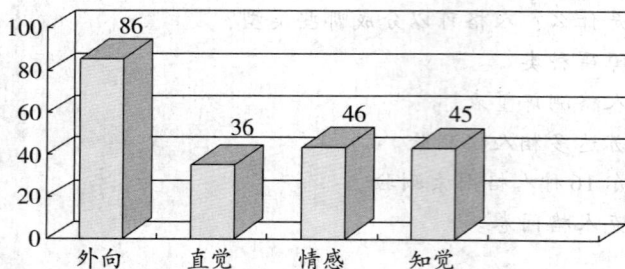

图8-3　甲的三维柱状图

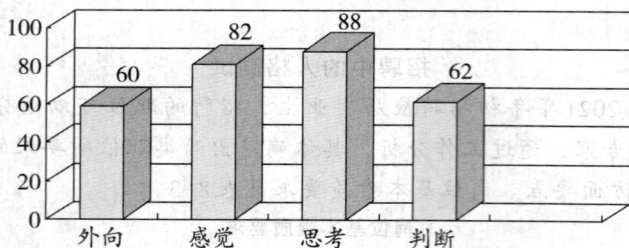

图8-4　乙的三维柱状图

案例分析

分析提示

　　（1）甲属于ENFP型。外向；获取信息时关注事物的整体和发展变化趋势；决策时容易考虑他人的感受；做事灵活，倾向留有余地。

　　（2）乙属于ESTJ型。外向；获取信息时关注由感觉器官获得的具体信息；决策时重视事物间的逻辑关系；做事喜欢做计划，愿意进行管理和控制。

　　问题：该研究所应如何决策？你有无更好的决策方式？

□ **实践训练**

　　某公司拟在今年招聘应届毕业生，招聘的职位主要是管理人员和研发人员两大类。

该公司通过工作分析，具体确定出两大类职位所要求的能力、个性品质以及职业适应性等要点。该单位人员按照基本任职资格对应聘者首先进行了简历的初步筛选，请你利用心理测验工具对应聘者进行人格测评，再根据测评结果进行录用决策。

要求：（1）按要求选择测评工具，了解量表的施测程序和注意事项。

（2）精心组织实施人格测评。

（3）撰写测评报告，提供决策的有用信息。

第9章 人员测评组织与实施

▶ 学习目标 ▮▮▮

在学习完本章之后，你应该能够：

1. 了解人员测评的一般流程和各种不同的人员测评的目的；
2. 明确人员测评的基本原则；
3. 熟知人员测评的各个流程的内容；
4. 掌握人员测评方案设计、实施过程的各项影响因素和人员测评反馈的方式。

▶ 引例 ▮▮▮

招测一体化助力某公司敏捷精准获取人才

某有限公司是运动服饰产品零售商及代理商之一，是一家具有超过20年经营运动用品及生活休闲产品的专业公司。目前该公司拥有30 000多名员工和经营管理8 000多家各类型销售门店和通路渠道，业务覆盖中国大陆及台、港地区。该公司长期以来，以灵活、丰富的业务形态及通路形式，与众多优秀品牌密切合作，共同成长。今后将持续以创新、服务的理念为多元化的消费者提供优质的商品选择及全渠道消费体验，在中国运动生活领域中建立最优质零售商的领导地位。公司基于其人才战略，在2016年以敏捷精准招人为契机，联手一知名测评公司为其搭建了招聘测评一体化解决方案，打通内部人事管理信息化系统并按阶段逐步推广（如图9-1所示）。

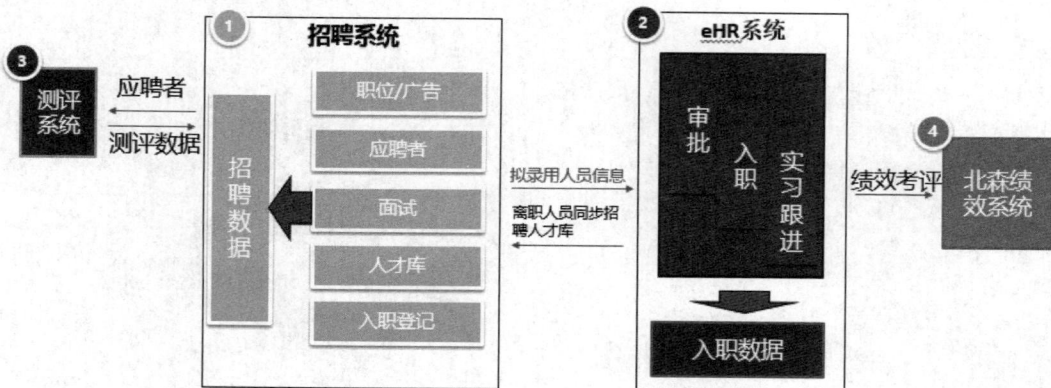

图9-1　北森招聘测评一体化解决方案

公司人才管理规划：第一阶段：招聘测评核心流程线上化，打通人事管理信息化系统。经过近一年的推广运营，从集团总部至各区域分公司，实现了招聘测评核心流程线上化，优化了招聘业务（如图9-2所示）。

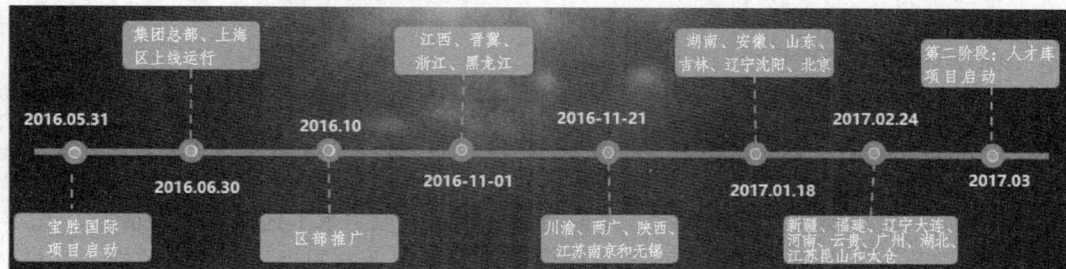

图9-2　招聘测评核心流程线上化

1.招聘流程清晰化：通过招聘系统的落地，总部可以实时掌握各区域招聘流程，为后续优化招聘流程提供了数据支持。

2.招聘渠道的优化：通过后台招聘渠道的有效性分析，更清楚知道各区域在哪些渠道投放广告是最有效的。

3.招聘工作精准化：通过前端基础胜任力测评的引入，寻找更适合的人才，并不断对测量维度做优化，使测评工作更精准地用于日常招聘中。

4.优化HR，应聘者及面试官协作，达到信息共享与实时同步。

第二阶段：人才库项目推广，储备自有人才资源。将人才库项目作为公司2017年重点推进工作，搭建社招简历储备库、校招简历储备库和离职人员简历储备库。全国各区域推广人才库项目，上半年重点完成100 000封有效简历的储备，下半年重点跟进人才资源的激活及再次使用。

第三阶段：门店招聘项目推广

继人才库项目推广之后，第三阶段开始成立门店项目组按区域试点推广门店招聘项目，减轻店员岗位招聘工作。

公司通过阶段性的项目推广，招聘管理工作取得了一些成效：在使用北森系统之前，招聘工作基本采用的是传统线下操作，手动登录各大招聘网站发布职位，筛选简历，发送面试邀请，随着招聘需求激增，全国区域的管理工作困难，数据整理、汇总、分析耗时长，但实际产出不尽如人意。经综合考虑，合作实施北森招聘测评一体化项目后，大大提高了招聘工作效率，优化了招聘流程及管理，简历按职位、阶段归档，一目了然，各类通知模板随需求设置，自动生成相关业务报表，线上测评随时查看进度及结果，这一切让招聘工作更加顺畅，对人才的管理也更现代化，推进企业流程化、制度化进程。

资料来源　北森测评.招测一体化助力某公司敏捷精准获取人才［EB/OL］.［2021-05-29］.https：//www.beisen.com/res/10044/3797.html.

这一案例表明：人员测评不是单单靠测评方法解决招聘问题，而是多种环节有机组合成的一种有效的体系，现在越来越多的企业考虑实施管理系统化，让招聘工作更加顺畅，对人才的管理也更现代化。

9.1　人员测评的依据

9.1.1　人职匹配

人与人之间是有个体差异的，人员测评的出发点和归宿就是承认差别、发现差别、鉴别差别的等级，为人力资源管理与人员选拔提供科学依据。人员测评的实质就是寻求工作与人之间的最佳配合。人与人之间的素质差异是普遍存在的，素质的差异既体现在先天因素上，也体现在后天因素上。无论是性格特点、能力水平还是生理特征等，人与人之间的差异都是非常明显的。由于不同的职业对任职者的知识、能力、技能、性格、气质、价值观和身体素质等的要求都会有所不同，所以当任职者具备职业所要求的素质时，其所产生的绩效水平也就会明显高于个人的素质特点与职业素质要求不相匹配的任职者。因此，个人择业必须选择与个人素质特点相适应的职业，而企业在选拔任用人才时，则需要挑选能够满足职位素质要求的人才。企业要实现人职匹配，必须开展两项基本工作：一是企业必须通过系统的方法，去分析职位要求的任职资格，即工作分析；二是企业必须利用科学的人员测评技术，去分析应聘者的素质特点。

支持人职匹配观点的理论主要有两个：特性-因素理论（trait-factor theory）和人格类型理论（personality typology theory）。特性-因素理论是由帕森斯所创立，并由威廉逊等人进一步发展成形。该理论认为个别差异现象普遍存在于个体心理与行为中，每个人都具有自己独特的能力模式和人格特质，而某种能力模式和人格特质又与某些特定的职业存在着关联。每种能力模式和人格特质的个人都有其适应的职业，人人都有选择职业的机会，人的素质特征又是可以客观测量的。现代的职业指导就是解决个人的兴趣、能力与工作机会相匹配的问题，帮助个人寻找与其个人特质相一致的职业。人格类型理论是由美国职业指导专家约翰·霍兰德（John Holland）提出的。有关人格与职业的关系，霍兰德提出了一系列的假设：①在我们的文化中，大多数人的人格都可以分为6种类型：实际型、调研型、艺术型、社会型、企业型与常规型。每一特定类型人格的人会对相应职业类型中的工作或学习感兴趣。②环境也可以区分为上述6种类型。③人们寻求能充分施展自己能力与价值观的职业环境。④个人的行为取决于人格和所处的环境特征之间的相互作用。在以上理论假设的基础上，霍兰德提出了人格类型与职业类型模式，即个体与职业相互适应才能达到最佳状态，个体的才能与积极性才可以很好发挥。他所开发的霍兰德职业兴趣测验直到今天仍被人们广泛应用。

◆◆◆◆➡ 知识链接9-1

霍兰德职业兴趣测验

霍兰德是美国约翰·霍普金斯大学心理学教授，美国著名的职业指导专家。他于1959年提出了具有广泛社会影响的职业兴趣理论。该理论认为人的人格类型、兴趣与职业密切相关，兴趣是人们活动的巨大动力，凡是具有职业兴趣的职业，都可以提高人们的积极性，促使人们积极地、愉快地从事该职业，且职业兴趣与人格之间存在很高的

相关性。霍兰德认为人格可分为实际型、调研型、艺术型、社会型、企业型和常规型6
种类型，如图9-3所示。

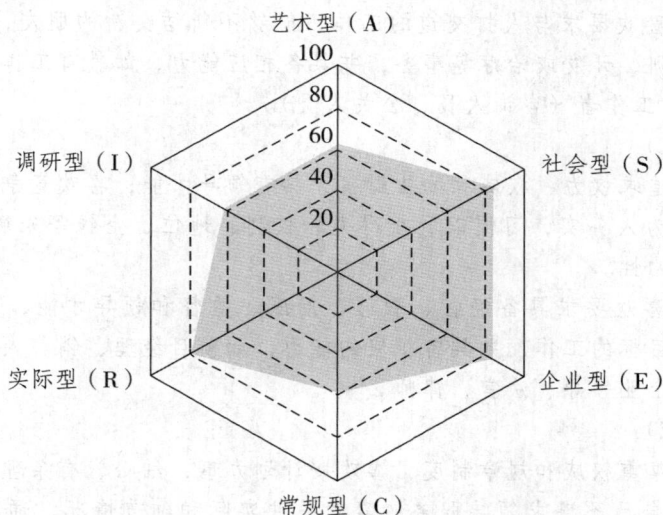

图9-3 正六边形模型

一、霍兰德职业兴趣理论的来源

有关兴趣测验的研究可以追溯到20世纪初，桑代克于1912年对兴趣和能力的关系进
行了探讨。1915年詹姆斯发表了一个关于兴趣的问卷，标志着兴趣测验系统研究的开始。
1927年斯特朗编制了斯特朗职业兴趣调查表，是最早的职业兴趣测验。库德又在1939年
发表了库德爱好调查表。霍兰德1953年编制了职业偏好量表，并在此基础上发展了自
我指导探索（1969），据此提出了"人格特质与工作环境相匹配"的理论（1970）。不难
看出，在霍兰德职业兴趣理论提出之前，关于职业兴趣测试和个体分析是孤立的，霍兰
德将二者有机结合起来提出了霍兰德职业兴趣理论。此后，霍兰德职业兴趣理论经过不
断丰富和发展，到1991年，加蒂针对霍兰德的正六边形模型中有关相邻职业群距离相
等这一假设的局限性，提出了3层次模型。两年后，普雷迪格在霍兰德正六边形模型的
基础上加上人和物维度、数据和观念维度，使职业的类型和性质有机地结合起来。

霍兰德职业兴趣测验已在教育、培训、企业管理等领域有了越来越多的应用。企业
招聘时，通过对应聘者职业兴趣的测试判定其属于哪种类型，由此决定录用职位。在企
业的日常管理中，如果出现员工和职位不匹配的情况，可利用霍兰德职业兴趣量表测试
出员工的职业兴趣，再安排与其职业兴趣相匹配的岗位。霍兰德职业兴趣测验对于个人
升学、就业具有重要的指导作用，已成为众多职业咨询机构的重要工具。另外，霍兰德
于1982年编撰完成的"霍兰德职业兴趣代码字典（the dictionary of Holland occupational
codes）"对美国职业大典中的每一个职业都给出了职业兴趣代码。这对职业兴趣量表
可直接应用于职业辅导和咨询起到了重要作用。

二、霍兰德职业兴趣测验6种类型内容

1.社会型（S）

共同特征：喜欢与人交往、不断结交新的朋友、善言谈、愿意教导别人；关心社会

问题、渴望发挥自己的社会作用；寻求广泛的人际关系，比较看重社会义务和社会道德。

典型职业：喜欢要求与人打交道的工作，能够不断结交新的朋友，从事提供信息、启迪、帮助、培训、开发或治疗等事务，并具备相应能力，如教育工作者（教师、教育行政人员），社会工作者（咨询人员、公关人员）。

2.企业型（E）

共同特征：追求权力、权威和物质财富，具有领导才能；喜欢竞争、敢冒风险，有野心、有抱负；为人务实，习惯以利益得失、权利、地位、金钱等来衡量做事的价值，做事有较强的目的性。

典型职业：喜欢要求具备经营、管理、劝服、监督和领导才能，以实现机构、政治、社会及经济目标的工作，并具备相应的能力，如项目经理、销售人员、营销管理人员、政府官员、企业领导、法官、律师。

3.常规型（C）

共同特点：尊重权威和规章制度，喜欢按计划办事，细心、有条理，习惯接受他人的指挥和领导，自己不谋求领导职务；喜欢关注实际和细节情况，通常较为谨慎和保守，缺乏创造性，不喜欢冒险和竞争，富有自我牺牲精神。

典型职业：喜欢要求注意细节、精确度、有系统有条理，具有记录、归档、据特定要求或程序组织数据和文字信息的职业，并具备相应能力，如秘书、办公室人员、记事员、会计、行政助理、图书馆管理员、出纳员、打字员、投资分析员。

4.实际型（R）

共同特点：愿意使用工具从事操作性工作，动手能力强，做事手脚灵活，动作协调；偏好于具体任务，不善言辞，做事保守，较为谦虚；缺乏社交能力，通常喜欢独立做事。

典型职业：喜欢使用工具、机器，需要基本操作技能的工作，对要求具备机械方面才能、体力或从事与物件、机器、工具、运动器材、植物、动物相关的职业有兴趣，并具备相应能力，如技术性职业（计算机硬件人员、摄影师、制图员、机械装配工）、技能性职业（木匠、厨师、技工、修理工、农民、一般劳动）。

5.调研型（I）

共同特点：思想家而非实干家，抽象思维能力强，求知欲强，肯动脑，善思考，不愿动手；喜欢独立的和富有创造性的工作；知识渊博，有学识才能，不善于领导他人；考虑问题理性，做事喜欢精确，喜欢逻辑分析和推理，不断探讨未知的领域。

典型职业：喜欢智力的、抽象的、分析的、独立的定向任务，要求具备智力或分析才能，并将其用于观察、估测、衡量、形成理论、最终解决问题的工作，并具备相应的能力，如科学研究人员、教师、工程师、电脑编程人员、医生、系统分析员。

6.艺术型（A）

共同特点：有创造力，乐于创造新颖、与众不同的成果，渴望表现自己的个性，实现自身的价值；做事理想化，追求完美，不重实际；具有一定的艺术才能和个性；善于表达、怀旧、心态较为复杂。

典型职业：喜欢要求具备艺术修养、创造力、表达能力和直觉，并将其用于语言、行为、声音、颜色和形式的审美、思索与感受的工作，并具备相应的能力，如艺术方面（演员、导演、艺术设计师、雕刻家、建筑师、摄影家、广告制作人）、音乐方面（歌唱家、作曲家、乐队指挥）、文学方面（小说家、诗人、剧作家），不善于事务性工作。

然而，大多数人都并非只有一种性向（比如，一个人的性向中很可能是同时包含着社会性向、实际性向和调研性向这3种）。霍兰德认为，这些性向越相似，相容性越强，则一个人在选择职业时所面临的内在冲突和犹豫就会越少。为了帮助描述这种情况，霍兰德建议将这6种性向分别放在一个正六三角形的每一角。员工的工作满意度与流动倾向性，取决于个体的人格特点与职业的匹配程度。当人格特点和职业相匹配时，会产生最高的满意度和最低的流动率。例如，社会型的个体应该从事社会型的工作，社会型的工作对实际型的人则可能不合适。

三、霍兰德职业兴趣理论的价值分析

霍兰德职业兴趣理论主要从兴趣的角度出发来探索职业指导的问题。他明确提出了职业兴趣的人格观，使人们对职业兴趣的认识有了质的变化。霍兰德职业兴趣理论反映了他长期专注于职业指导的实践经历，他把对职业环境的研究与对职业兴趣个体差异的研究有机地结合起来，而在霍兰德职业兴趣理论提出之前，二者的研究是相对独立进行的。霍兰德以职业兴趣理论为基础，先后编制了职业偏好量表（vocational preference inventory）和自我导向搜寻表（self-directed search inventory）两种职业兴趣量表，作为职业兴趣的测试工具，霍兰德力求为每种职业兴趣找出两种相匹配的职业能力。兴趣测试和能力测试的结合在职业指导和职业咨询的实际操作中起到了促进作用。

霍兰德将其职业人格类型理论运用于美国劳工部制定的职业条目词典，借助其中职业分析的有关内容，将其中12 099种职业赋予霍兰德人格类型代码，编纂了"霍兰德职业兴趣代码字典"，为各类人员按照自己的职业兴趣类型搜寻合适的职业提供了广泛的应用前景。

霍兰德职业兴趣理论还提出，兴趣是描述人格的另一种方法，是职业选择中一个更为普遍的概念。在霍兰德职业兴趣理论中，人格被看作兴趣、价值、需求、技巧、信仰、态度和学习个性的综合体。就职业选择而言，兴趣是个体和职业匹配的过程中最重要的因素，直至目前，霍兰德职业兴趣理论是最具影响力的职业发展理论和职业分类体系。

四、霍兰德职业兴趣理论对于企业招募人才的价值分析

职业兴趣作为一种特殊的心理特点，由职业的多样性和复杂性反映出来。职业兴趣上的个体差异是相当大的，也是十分明显的。因为，一方面，现代社会职业划分越来越细，社会活动的要求和规范越来越复杂，各种职业间的差异也越来越明显，所以对个体的吸引力和要求也就迥然不同；另一方面，个体自身的生理、心理、教育、社会经济地位、环境背景等不同，所乐于选择的职业类型、所倾向于从事的活动类型和方式也就十分不同。不同职业的社会责任、满意度、工作特点、工作风格、考评机制等各不相同。同时，这种差异决定着不同职业对于员工的职业兴趣有着特殊的要求。现代人力资源管

理的基本原则是将合适的人放在合适的岗位上。

人与职位的匹配应该包括两个方面的内容：一是人的知识、能力、技能与岗位要求相匹配，更重要的是人的性格、兴趣与岗位相适应。因此，企业在招聘新员工时，就非常有必要对申请在本企业工作的人员进行职业兴趣的测评，了解申请者的职业兴趣类型。通过测试，企业可以得知它所能提供的职业环境是否与申请者的职业兴趣类型相匹配，换句话说，企业可以考查到申请者是否适合在本企业的职业环境中工作。所以，企业在招聘人才的过程中，如果能够坚持以霍兰德职业兴趣理论为指导，不仅可以招聘到适合本企业的人才，还可以在招聘工作中减少盲目性，通过职业兴趣的测验，企业还可以给予新员工最适合的工作环境，以期在工作中最大限度地发挥其聪明才干。

五、霍兰德职业兴趣理论对于职业选择和职业成功价值分析

职业兴趣是职业选择中最重要的因素，是一种强大的精神力量。职业兴趣测验可以帮助个体明确自己的主观兴趣方向，从而能得到最适宜的活动情境并给予最大的能力投入。根据霍兰德职业兴趣理论，个体的职业兴趣可以影响其对职业的满意程度。当个体所从事的职业和他的职业兴趣类型相匹配时，个体的潜在能力可以得到最彻底发挥，工作业绩也更加显著。在职业兴趣测验的帮助下，个体可以清晰地了解自己的职业兴趣类型和在职业选择中的主观倾向，从而在纷繁的职业机会中寻找到最适合自己的职业，避免职业选择中的盲目行为。尤其对于大学生和缺乏职业经验的人，霍兰德职业兴趣理论可以帮助其做好职业选择和职业设计，成功地进行职业调整，从整体上认识和发展自己的职业能力，职业兴趣也是职业成功的重要因素。

9.1.2　素质差异性

素质差异性的观点已经被社会广泛接受，正像没有完全相同的两片树叶一样，世界上也没有两个人的素质是完全相同的。人与人之间的素质差异主要表现在智能、个性、行为三个方面。比如，有的人思维敏捷，有的人想象力丰富；有的人脾气暴躁，有的人性格温和；有的人做事认真，有的人行事草率等。正因为人与人之间存在差异性，每个人都是一个独特的个体，人员测评才变得很有必要。可以说，素质差异是造成人在不同岗位成就差异的基础，也是人与人之间在相同岗位上出现绩效水平差异的根本原因，是人员测评存在的前提条件。

9.1.3　素质稳定性

素质是高度统一的个体行为与特点的结构因素。如前所说，每个人都有自己的素质特点，这种独特性不是在个体身上偶然表现出来的暂时的特点，而是稳定的特点。一个人在出生后，经过长期的社会生活，逐步形成了自己对待生活的态度和个人的行为风格，这种特点一旦形成，就不容易改变。比如说，一个性格很外向的人，不仅在工作单位是好与人打交道的，在社交场合也会是一个活跃分子；不仅今年是这样，而且一般来说去年也是这样，明年还会是这样。当然，素质的稳定性是相对的，人的素质特点也会随着时间的推移而发生变化。正因为个人素质具有相对稳定性，才使人员测评变得有必要。如果个人素质没有这种稳定性，人员测评就没有了意义。

9.1.4　素质的间接测量性

人的素质是一种特定的心理活动、心理现象，因此素质具有内隐性的特点。尽管

人的心理是无法直接观测的，但它总会通过人的行为反映出来。这样，我们可以通过人对外界刺激的反应来间接测量心理素质。现代人员测评技术正是通过人的外显行为来推断其内在心理过程。换句话说，测评的对象实际上是行为样本，而不是心理状态。比如，一个人喜欢观看各种机器运转，热心为别人修理钟表、自行车，由此我们便可以推断出此人具有机械兴趣方面的特质。大量的人员测评实践表明，这种测评方式既具有一定的可靠性，又具有一定的准确性。这说明人的心理活动是可以有效地加以测量的。

9.1.5 基于统计学原理

我们无法对人所表现出来的全部行为进行测量，人员测评只是对人所表现出来的各种典型的行为进行测量，是利用统计学原理对人的各种行为的强度、行为的频率、行为的效果进行测量与评估。因此，人员测评所选用的行为一定要有代表性、典型性。任何测评手段所做出的推论都不是百分之百的准确，而只是达到统计学上的显著水平。

9.2 人员测评的流程与步骤

人员测评的组织与实施是一个完整的项目实施过程，因此必须遵循一定的流程和步骤，才能保证测评的顺利进行和测评的最终成效。

9.2.1 明确人员测评的目的

人员测评的程序根据测评的目的不同而有所不同。开展人员测评工作，首先要明确人员测评的目的，也就是"为什么要进行人员测评"。企业开展人员测评一般有以下目的：

1）以选拔为目的

企业在进行外部选拔或者内部晋升的过程中，往往会面对各具特点的应聘者，如何从中选择与岗位素质标准最接近的应聘者，尽量达到人职匹配，是解决问题的关键。很多企业都会根据岗位的素质要求，有针对性地选择，利用测评方法对应聘者进行测试与评价。

◆◆◆◆➡ 案例分析9-1

小黄的提拔

小黄是某健康食品的销售员，已经连续3年拿到"销售之秀"的殊荣，这个奖项是该公司奖励给每年销售业绩最高的销售员的。领导看到小黄的销售业绩这么好，而且小黄非常希望能晋升到销售经理的位置，刚好该部门的销售经理一职正空缺，所以领导就准备提拔小黄做销售部门的经理。

案例分析9-1

分析提示

问题：领导是根据什么来提拔小黄的？

2）以培训为目的

在企业中，员工培训是一种管理手段，从培训和企业目标的关系来看，员工培训过程应当有助于企业目标的实现。人员测评在员工培训中的作用主要有：①通过人员测评了解员工的各方面素质，并据此判断员工是否需要接受某项培训。②通过人员测评，还可以对受训员工按照能力特点、心理特征等进行适当的培训，让合适的人接受合适的培训，不仅能够达到培训效果，还可以降低培训成本。很多国际知名企业都将人员测评技术作为培训需求分析的有效工具，越来越多的企业都在利用情境模拟测验中的部分技术作为重要的培训方法，来提升中高层管理者的素质。

3）以考核为目的

在绩效考核中，人员测评主要表现在：①制定绩效考核指标。在制定绩效考核指标体系的过程中，首先要对工作岗位进行分析，初步确定考核指标。②要运用问卷调查法、访谈法等进行指标分析，并确定指标体系。③对指标体系进行修订。在前两步的工作中，都要考虑员工的个人客观差异性，以便制定科学的考核指标，这就需要利用人员测评，对不同类型的员工进行分类。④制定绩效考核标准。制定绩效考核标准主要是根据员工所在岗位和员工的自身素质特点来制定的。通过人员测评技术，就能比较好地解决组织内部人际关系对考核结果的影响。现在，很多企业都已经将评价中心技术引进到自己的绩效管理体系中了。

4）以资源配置为目的

每个人都有自己的特长，但每个人都不是万能的。在现代社会，企业对人才的适应能力要求很高，要求他们适应多种工作，事实上，任何人从事他所不熟悉或者不合适的工作，都会降低效率。因此，企业必须根据人才之间的差异，把人才安置到最恰当的岗位上，这样才能最有效地发挥人力资源管理的作用。通过人力资源的优化组合，并施以正确的激励措施，挖掘员工的内在潜能，充分调动他们的主动性、积极性和创造性，为企业创造财富。

5）以工作分析为目的

工作分析是现代人力资源管理的基础和前提，只有做好工作分析，才能有效地完成现代人力资源管理的各项工作。收集工作分析所需要信息的过程中，经常会用到人员测评的有关知识，如样本抽样、指标的标准化问题以及结构化访谈的设计等。人员测评专家通过到工作现场观察、深入访谈、问卷调查等方法，收集大量的工作信息，再经过计算机分析和处理，最后可以进行工作说明书的编写。由此可见，工作说明书是工作分析的结果，在其编制过程中充分运用了人员测评的有关理论和科学技术。

6）以诊断为目的

为什么相同的岗位、政策和环境，不同的任职者的绩效水平却有很大的差异？这一直是困扰企业管理者的问题。人员测评技术在员工能力诊断中，能够通过多种科学的方法，发现造成绩效差异的关键因素，并能提取其中通过培训与指导可以获得提高的素质，对员工进行反馈，以达到提高员工绩效水平的目的。

7）以激励为目的

在企业中，不合理的薪酬体系不仅起不到应有的激励作用，而且会使员工产生倦怠感。薪酬体系设计的目的为：一是吸引和保留企业的核心员工；二是激励员工；三是使员工的能力不断得到开发。要想达到这些目的，特别是激励员工，人力资源管理部门首先要做的是进行企业人员测评，以确定员工的工作目标、内在需要和个人品质倾向。例如，在确定薪资结构上，就应该首先明确员工对薪资类型的喜好程度，是倾向于比较稳定的工资，还是比较希望有竞争性的奖金形式，根据测评的结果和分析，确定最能激励员工的薪资结构。

9.2.2 确定人员测评的指标（要素）

在明确了人员测评的目的以后，我们要解决的第二个问题就是确定人员测评的指标，即"测什么"的问题。我们经过工作分析，能够系统地了解一个岗位的任职资格；通过胜任能力特征分析，也就能够得到该岗位的胜任特征模型。岗位的任职资格与胜任特征模型能够帮助我们确定人员测评的指标。

工作说明书中有关任职资格的项目，包括知识、能力、技能、个性特点等要素，以及胜任特征模型中的知识、能力（技能）、态度、个性特征、内驱力等指标，能够帮助我们全面地考虑测评的指标有哪些。确定具体测评指标以后，还需要对测评指标进行定义。如对于人力资源经理和销售经理而言，沟通能力都是一种必备的能力要素，但对两者沟通能力的要求则是不同的，两者在工作中的典型行为表现自然也有所不同。所以需要我们根据不同的岗位特点对测评的要素进行定义，在相应要素定义的基础上建立评价标准。

◆◆◆◆➡ 知识链接9-2

工作说明书

工作说明书是表明企业期望员工做些什么、应做什么、应怎么做和在什么样的情况下履行职责的汇总。

在大多数情况下，工作说明书应该包括的主要内容有：①工作识别，包括工作名称、部门、汇报关系、工作编号等。②工作分析日期，目的是避免使用过期的工作说明书。③工作概述，简要说明工作内容。④工作责任，包括直接责任与领导责任（非管理岗位则没有此项内容）。⑤工作规范，即从事该项工作所必须具备的基本资格条件，主要有学历、个性特点、体力要求以及其他方面的要求。

工作说明书最好根据公司的具体情况进行制定，而且在编制时，要使用浅显易懂的文字；内容要越具体越好，避免形式化、书面化；随着公司规模的不断扩大，工作说明书要在一定的时间内给予修正和补充，以便与公司的发展保持同步。见表9-1所列举的人力资源部经理职务说明书。

表9-1　　　　　　　　　　**人力资源部经理职务说明书**

岗位名称	人力资源部经理	岗位编号	××××
所在部门	人力资源部	岗位定员	1人
直接上级	管理总监	工资等级	3级
直接下级	人事干事、绩效助理	薪酬类型	××××
所辖人员	××××	岗位分析日期	2020年2月

本职：负责公司的人力资源规划、员工招聘选拔、绩效考核、薪酬福利管理、员工激励、培训和开发、沟通协调，保证公司人力资源供给和人力资源配置高效率

职责与工作任务：

职责一	职责表述：协助总经理制订人力资源战略规划，为重大人事决策提供建议和信息支持	
	工作任务	根据公司发展战略组织制订人力资源战略规划，全面考虑干部和技术人员的梯队建设
		参与公司重大人事问题的决策
		定期组织收集有关人事招聘、培训、考核、薪酬等方面的信息，为公司重大人事决策提供信息支持
职责二	职责表述：负责公司人力资源战略规划的执行	
	工作任务	根据公司的情况，组织制定公司用工制度、人事管理制度、劳动工资制度、人事档案管理制度等规章制度、实施细则和人力资源部工作程序，并组织实施
		根据公司的发展规划，提出机构设置和岗位职责设计方案，对公司组织结构设计提出改进方案

对员工投诉有核实权

对直接下级人员有调配、奖惩的建议权，任免的提名权和考核评价权

对所属下级的工作有监督、检查权

对所属下级的工作争议有裁决权

对本部门预算内的费用有使用权

工作协作关系：

内部协调关系	总经理、总监、公司各部门
外部协调关系	人事局、劳动局、培训中心、高等院校、人才交流中心

任职资格：

教育水平	大学本科以上
专业	管理相关专业
培训经历	人力资源管理培训
经验	5年以上工作经验，3年以上管理经验，在部门经理岗位上工作1年以上
知识	精通人力资源管理知识，掌握行政管理、法律等知识
技能技巧	熟练使用自动化办公软件，具备基本的网络知识 具备一定的英语应用能力
个人素质	具有很强的领导能力、判断与决策能力、人际能力、沟通能力、影响力、计划与执行能力

其他：

续表

使用工具/设备	计算机、一般办公设备（电话、传真机、打印机、internet/intranet 网络）
工作环境	办公场所
工作时间特征	正常工作时间，偶尔加班
所需记录文档	通知、简报、汇报材料、工作总结、公司文件

考核指标：

人员供应及时性、招聘效果、薪酬工作差错率、员工流失率、员工满意度、重要任务完成情况

部门预算控制情况、关键人员流失率、下属行为管理

部门合作满意度

领导能力、判断与决策能力、人际能力、沟通能力、影响力、计划与执行能力、专业知识与技能

备注

9.2.3　设计并确定测评方法与测评题目

这一步骤就是解决"用什么测"的问题，即采用何种方式、用什么样的题目来进行测评。在人员测评中，必须将测评指标以某种形式呈现出来。在选择测评方法时，应当将测评的目的、参加测评的人员年龄和数量、测评指标的性质等因素考虑进去。大家必须要有一个基本的认识：任何一种测评方法都有其适用的范围和局限性，不同的素质特点适合不同的测评方法，一种素质可能适合两种以上的测评方法。对于选择何种测评方法，我国的廖世承、陈鹤琴先生曾提出几个原则：①测评的方法和形式应该简单易懂；②被试不会因为测评指标的形式不当而做错；③测评过程省时；④记分省时、省力；⑤测评成本低。

假如我们经过工作分析得出"影响他人的能力"、"人际沟通能力"和"改革能力"这三项素质是销售经理应该具备的主要素质，也就是作为考查销售经理的测评指标。我们首先要逐一分析这三项指标分别用哪些测评方法比较适合："影响他人的能力"可以通过心理测验或无领导小组讨论来测量；"人际沟通能力"可以用面试或沟通能力测验来测量；"改革能力"可以用情境模拟中的公文筐测验或无领导小组讨论来测量，也可以通过面试的方法来测量。在确定了每个测评指标的测评方法后，我们就可以决定将各个指标进行组合后开发或者编制测评题目。

编制测评题目时要注意几个问题：①测评题目的选取应该对要测评的素质特点具有代表性，能真实反映被试的特征，以确保测评结果的有效性；②测评题目的选取范围要与测评的素质范围相一致；③测评题目的难度分布要合理；④编写测评题目的语言要简洁易懂；⑤初步编写测评题目的数量要多于最终所需要的数量，以便筛选或编制复本。

在这一环节，并不是所有的测评题目都需要自己进行编制。比如个性测验，我们就很难在短时间内编制出信度和效度都很好的测评题目来，而且没有编制的必要，我们完

全可以应用比较经典的个性测验来解决问题。

9.2.4　测评方案设计

在这个环节中，我们要解决"怎么测"的问题，即根据测评方法的特点以及实际情况来决定测评的顺序。测评方案的设计要根据"成本最低、时间最短、用人最少"的原则，精确地计算测评成本，准确地规划测评时间，合理地安排测评场地，详细地安排人员分工，做好测评前的准备工作。

1）确定被试的范围

测评方案的设计首先要确定被试，针对不同的被试，测评的参照标准与选用工具不同。例如，被试为有工作经验者与无工作经验者，采用的测评工具与指标体系就不同，因此必须确定被试的范围。

2）根据测评指标和测评方法选择相应的测评工具

测评的形式和工具依据测评内容的不同而不同，要根据测评的指标和方法并结合成本、人员等因素选择相应的测评工具。比如，要对应聘营销人员的口头表达、情绪控制等方面进行测查，就不宜只采用一般的纸笔测验，而最好采用情境模拟测评手段，如无领导小组讨论。确定测评工具也是非常重要的一步，不恰当的测评工具会使测评结果不能满足测评目的，甚至会导致收集到虚假信息，误导决策的制定。

3）测验组合

一项测评活动可能需要实施多种人员测评技术，其实施过程的设计就要遵循五个原则：①简便易行的测验放在前面；②成本低的测验放在前面；③如果某测验的内容可能影响（如暗示、帮助）其他测验，则将其置于后面；④容易产生疲劳的测验放在后面；⑤内容比较敏感，或容易造成较大压力的测验（如能力测验往往会影响人的自信心）放在后面。

4）确定考官

考官是测评的具体实施者，其专业与否以及临场发挥的好坏将直接关系到测评结果的准确性。具体来说，考官应了解测评工具的原理与内容，熟悉测评的各个环节，知道如何应对测评过程中可能出现的突发事件。

◆◆◆◆➡ 知识链接 9-3

人才录用科学化　我国推出企业面试考官认证体系

据有关部门报道，中国就业培训技术指导中心推出一个针对企业面试考官进行考评的体系，它的推出将弥补国家人力资源管理师考试中有关面试技术的不足。

有关部门调查统计显示，99%的企业在人才选拔过程中采用面试技术。面试技术是所有人才测评技术中最实用、最经济、最有效、最简便的人才评价手段，但迄今为止，我国一直没有对用人单位的面试考官提出具体的上岗要求，人才录用过程的科学性不足。

为提高企业人才选拔过程中面试考官的素质，规范企业人才选拔过程中的面试工作，人力资源和社会保障部中国就业培训技术指导中心（职业技能鉴定中心）与北京西三角企业管理培训有限公司合作开发了这一项目。在经过各个不同层次的面试考官课程培训后，受训者才能参加认证，认证合格者将获得由人力资源和社会保障部颁发的 CETTIC面试考官岗位培训合格证书。该证书具有高度的权威性与实用性，为全国各地的劳动部门所认可。

资料来源 程义峰. 人才录用科学化 我国推出企业面试考官认证体系 [EB/OL]. [2021-04-11]. http://www.eol.cn/kuai_xun_4343/20070411/t20070411_227598.shtml.

5）费用预算

要对测评可能的花费进行预算，有效控制成本。

◆◆◆◆➡ **案例分析9-2**

某大型集团的人才选拔

某大型集团想要进行一次内部选拔，具体目的是从集团内公司各个部门中优秀的中层管理者中筛选出5位出类拔萃者，到集团总部担任高层管理者职务。按照业绩考核和各部门领导推荐的结果，共有100名应聘者入围，负责这次选拔的HR管理人员准备对这100名应聘者应用当前比较流行的评价中心测评技术，希望从中选出适合的人选。

案例分析9-2

分析提示

问题：你认为负责这次选拔的HR管理人员采取的测评方法合理吗？为什么？

9.2.5 测评的实施

测评的实施过程也就是按照测评方案规定的时间计划和分工计划、测评的前后顺序完成测评任务的过程，是测评组织者对被试进行测评获取数据的过程，其基本要求是使所有的被试都在相同的条件下表现出自己的真实行为。因此，要严格按照测评的实施要求进行测评，防止各种可能的误差。在测评时要使用标准的指导语，制定标准的时间限制，创设合适的测评环境，以及控制施测中可能影响测评结果的任何因素。

1）标准的指导语

在施测过程中应使用标准的指导语。指导语是测评过程中说明测评进行方式以及如何回答问题的指示性语言。指导语应力求清晰、简洁，使被试清楚明了应该做什么以及如何对题目做出反应。一般来说，指导语包括：①如何选择反应方式（画圈、打"√"或"×"、填数字、口答、书写等）；②如何记录这些反应（答卷纸、录音、录像等）；③时间限制；④如果不能确定正确反应时，该如何去做（是否允许猜测等），以及记分的方法；⑤当题目形式比较生疏时，应该给出附有正确答案的例题；⑥某些情况下告诉被试测评的目的。

2）测评时间安排

不同的测评时间安排会影响测评结果的准确性。选择测评时间时应根据测评的不同内容来确定。比如，测评工作绩效，由于工作绩效这个测评内容变化频率较快，对被试的测评时间间隔就可以安排得短一些；而智力、能力的水平相对稳定，这样的测评就不能像测评工作绩效那样将两次测评之间的时间安排得那么短，而是要间隔较长的时间，才能收到较好的测评效果。另外，选择测评时间应考虑是否会引起被试的疲劳或焦虑反应等因素，尽量选择被试状态正常的时段进行测评。

3）测评环境

测评时，应创设适宜的测评环境，避免环境因素对测评的结果产生不良影响。比如，人们在宽敞、明亮、安静的环境下，会保持心情舒畅、心态平稳、注意力集中，工作、学习效率较高；而在狭小、昏暗、嘈杂的环境下，会心情烦躁、反应迟钝、易疲劳、记忆力降低，工作和学习效率较低。所以，应在较好的环境中开展测评工作，才能使被试注意力集中、思维敏捷，从而提高测评的准确度。尤其是对于操作性的测评，如果环境布置得过于严肃，易使被试感到紧张、压抑，不能发挥其正常水平。另外，在测评时要防止其他干扰，如手机铃声等。

4）考官的行为

考官是实施和控制测评过程的主要人员，其测评的经验与临场的发挥对测评结果有很大的影响。一般来讲，在测评前，应该对考官进行培训，让其熟悉测评的具体程序，组织测评工作人员准备好测评材料，并确保测评环境适当；在测评中，考官应按测评指导语的要求实施测评，当被试询问指导语的意思时，考官的回答应保持客观，不能掺杂自己的主观看法，也不得透露任何可能对测评结果产生影响的信息或线索。同时，考官应创设一种友好、合作的氛围，因此无论是在个体还是在团体施测中，考官都应采取热情、友善且客观、公正的态度。

9.2.6　测评结果统计分析与撰写测评报告

施测完毕后需要对获取的原始数据进行处理与分析，这包括两个方面：一是对测评结果的记分、统计和解释；二是对测评结果的评价与分析。

对许多标准化程度较高的心理测验而言，记分、统计和解释方法通常是预先构建好的，使用者只需按照测验操作规程进行操作即可；一些测评由于结果处理已经计算机化，结果记分甚至统计分析都可以按预先编制的计算机程序自动化进行；对于缺乏上述手段的测评方法，则应根据测评准备阶段确定的统计方法与标准，将处理结果通过数字、图表等一定形式表达出来，以备后续的评价、分析。对结果的分析与解释可分为量化数据与文字描述两类，是将测评结果与测评准备阶段确定的参考标准进行比较后得出的结论或分析性描述。通常量化的评价、分析更为专业。有时，测评会采用多种测评工具，这样对一个人就会得到多个测评结果，要将其综合起来并做出科学、客观的解释与分析，这就需要分析者具备较强的专业素质，对各项测评充分了解，并有丰富的经验。

人员测评报告是考官根据被试完成的测评项目进行分析后写出的书面报告。不同的测评目的对报告的要求不同，不同的测评项目能够表现的报告形式也不同。在以下的章节我们将对测评报告进行比较详细的讨论。

9.2.7　测评结果反馈

人员测评活动的任务是由两部分构成的：一方面在于"测"，即采用科学的方法，收集被试的素质信息，好中选优，选拔最合适的人担当某一岗位；另一更重要的方面则在于"评"，即采用科学方法对被试做出量值和价值的判断，为企业提供人事资料的信息，同时帮助被试认识自我和自我定位。

1）反馈的意义

测评结果的反馈是人员选拔中关键的一环，它是人力资源不断优化的重要动力。如果没有对测评结果做出一个合理的总结反馈的过程，整个测评过程就不完善。一方面，反馈为用人单位选拔人才提供了科学依据。人员测评通过先进科学的方法和技术，对被试的知识、能力及倾向、工作技能、发展潜力、个性特征等方面进行测评鉴定，帮助单位实现最佳选择，从而做到人职匹配。另一方面，人的一生究竟应当怎样度过？你最愿意做什么？最适合做什么？在传统体制下，这些问题似乎并不突出，而在新世纪，无论你愿意还是不愿意，你都将面临无法回避的职业选择。测评结果的反馈更多地为被试的个人择业提供一个科学指南。被试经过测评后能够比较准确地了解自己的职业能力倾向，从而避免择业的盲目性，以选择适合的工作岗位。

2）反馈的对象

按结果解释的主体来分，反馈的对象大体可分为组织和本人。

组织即开展测评的用人单位，也就是把结果反馈给某一组织，对选拔的总体结果进行反馈。由选拔的考官组织好各种材料，包括书面资料、音像资料和数字图表等，向上级主管部门汇报这次考评选拔的结果。

本人即测评对象，也就是把结果反馈给被试。通过一定的方式和方法，把结果告诉本人。这样不仅可以打破有关考核神秘化倾向的思想，还可以起到激励和开发人才的作用。大量的领导人员测评实践证明，考官在认真准备的基础上将测评结果提供给被试，对领导人才的选拔工作的科学化起到了巨大的推动作用。

3）反馈的方式

根据人力、物力、财力的条件，灵活多样地选择反馈方式，以收到预期的效果。

首先，把测评结果反馈给上级领导部门及组织，即为考察、选拔人才而进行的纵向反馈。由负责人员选拔的考官预先备好各种材料（图表、音像、数据等）及考核结果、总结评价等，将考察结果汇总后写出总结性报告，直接向有关领导汇报此次人才选拔工作中的情况，并提出意见。对于人才选拔过程中所有的书面资料及其他资料都需归档保存，并实施保密措施。对于被录用人员来说，则还需建立单独的个人档案或将资料存入计算机中，以便上岗后进行跟踪调查。一年后，有关部门还可根据需要对被录用人员再进行一次测评，并考察其绩效，以便了解其是否能够真正胜任此岗位。

其次，从对个人的反馈方式看，常用的方法有个别面谈、小型座谈会、信函反馈等。通常在反馈测评结果时，需要预先整理出一份详细的反馈报告。报告的内容可涉及测评的过程、测评的方法、测评的分析过程、测评的分析结论和整体结论等。

情境模拟 9-1

场景：××市场调查公司需要从公司内部招聘一名项目主管。虽然目前公司里已有数名项目主管分管不同的项目类型（如食品、化妆品、家具摆设等）的市场调查项目，但是公司里没有成型的工作说明书对项目主管的职责和要求进行明确说明。该公司的HR管理人员要完成此项招聘工作的方案设计，并实施人员测评。

　　　　操作：将全班同学分成若干组，每组的人员构成：3～4人扮演应聘者、4～5人扮演公司的HR管理人员；2～3人扮演活动的监督者。

　　　　（1）对应聘者的要求。①明确应聘岗位和了解自己的个性、能力；②制作应聘材料；③准备相关工作。

　　　　（2）对公司的HR管理人员的要求。①明确人员测评目的，进行工作分析，确定需要测评的素质指标；②根据需要测评的素质指标，结合公司的资源，确定测评方法；③准备招聘材料，安排招聘日程和程序；④其他准备工作。

　　　　（3）监督者。①对活动过程进行监督和记录；②对应聘者和公司的HR管理人员进行观察和评价；③对应聘者和公司的HR管理人员在这次活动中的表现提出建议和意见。

　　　　小结：每位人员根据自己在活动中所扮演的角色，谈谈自己的心得体会，学到了什么知识，了解到了什么，培养了什么技能。假如自己担任别人的角色时，会对测评程序做哪些方面调整？通过此次情境模拟受到了哪些启发？

▶ 知识掌握

1.进行人员测评应该遵循哪些基本原则？

2.人员测评一般包括哪些步骤？

3.在测评实施阶段，有哪些因素影响测评效果？

4.测评结果反馈有何意义？

▶ 知识应用

□ 案例分析

　　广州某机械公司因业务拓展需要，需招聘一名开发工程师。公司因考虑成本问题，只对应聘者进行了专业考试和面试，而其中一名应届毕业生小李在面试过程中能说会道，给考官留下非常好的印象，于是公司决定给予他参加实习的机会，先让他到日本接受为期3个月的技术培训。

　　培训期满，小李如期上岗，参与项目开发工作。然而，1个月后人力资源部就接到用人部门的投诉：小李在工作中的表现并不尽如人意，影响了整个项目的进度，项目经理要求重新招人。该公司HR管理人员很为难：小李是根据用人部门的要求精心选拔的，不仅具备本岗位的专业知识结构，而且有一定的实习实践经历，在用人部门所设计的专业考试中轻松过关。重新招人浪费的不仅是招聘的时间与成本，还得搭上3个月的国外培训，况且项目进度刻不容缓。而此时，小李也提出调岗申请，希望能到市场部去，使得公司HR管理人员左右为难。

案例分析

分析提示

　　问题：上述人员测评过程中存在什么问题？应该如何改进？

□ **实践训练**

以上述公司为背景，如果你是该公司的HR管理人员，请你首先邀请人才测评中心对小李进行职业兴趣等心理测验，了解小李的职业兴趣和能力倾向；其次与小李进行沟通，了解其在原来岗位没能完成工作的各方面原因，参考测评中心专家的建议，给予小李适当的处理；最后要总结这次人员配置失误的教训。

要求：（1）规范地使用职业兴趣等心理测验量表。

（2）按照本章介绍的内容准确实施测评。

在学习完本章之后，你应该能够：

1.了解测评报告的意义、结构和不同类型的测评报告；
2.明确测评报告的应用；
3.熟知各种不同类型的测评报告；
4.掌握测评报告数据处理的基本统计方法。

▮▮▮➡ 引例 ▮▮▮

某公司员工素质测评后的个人报告

姓名：张×

能力素质特征（如图10-1所示）

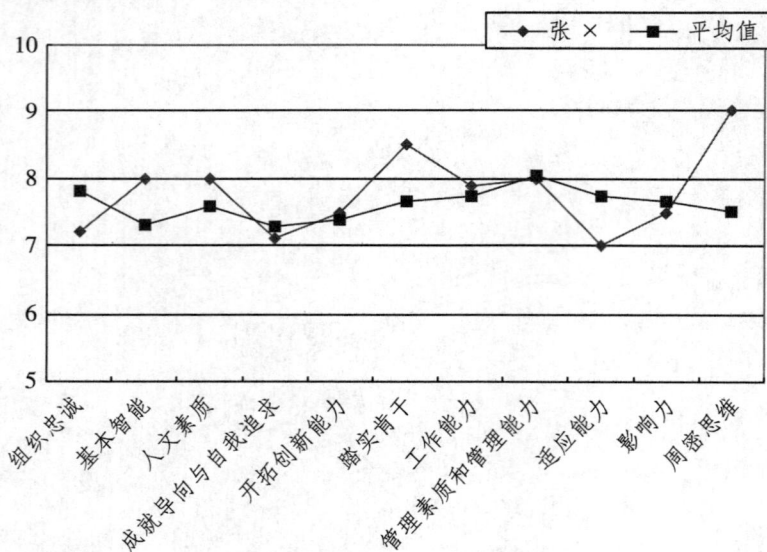

图10-1 能力素质特征分布图

图10-1中各指标含义如下：

组织忠诚：对组织文化和工作岗位的认可，工作的稳定性。

基本智能：聪慧程度，基本职业能力水平。

人文素质：知识面。

成就导向与自我追求：成就动机，人生目标。

开拓创新能力：创造性，不因循守旧。

踏实肯干：工作细致，专一，积极投入，有责任感，稳定。

工作能力：观察能力，市场分析和把握能力，营销能力，挫折承受能力，问题处理和解决能力，组织计划能力，沟通协调能力。

管理素质和管理能力：管理气质，决策能力，控制能力，领导欲望，统筹能力，社会成熟度，注重理论。

适应能力：适应新环境的能力。

影响力：亲和力，沟通能力，乐群性，自信心。

周密思维：思维的严谨性、全面性。

综合特质

具有中上水平的智能和职业能力。性格温和稳定，内敛，有责任心，坦诚；思维周密，关注细节，务实理性，有耐心，愿意等待；自律，自信，自我期望较高；对情绪的顾及较少，不多谈私事或个人想法；环境艰难则独断性强，压力缓和则态度开明；善于处理复杂事务，重视效果及效率。

人际沟通与交往

沟通能力强，有较好的处事能力和团队合作能力，有较好的自控能力；不重视交际，被动接收他人的批评建议，必要时会主动提出意见。

管理中的激励方法

帮助达到目标；给予指示，使其充分了解事实细节；帮助避免风险。

职业发展注意点

提升管理气质，提高自信心，加强灵活性；业务不熟，经验不足。

职业倾向与发展建议

自我职业倾向：希望从事有地位的管理工作，不喜欢乏味的工作。

可适合的工作类型：分析研究型。

职位建议：推广经理；信息分析员。

增加对公司及业务的了解，积累一定的经验后更适合信息分析员。

资料来源　根据华南师范大学人才测评与考试研究所的资料改编.

这一案例表明：人员测评实施完毕，我们就进入到测评的下一个阶段——测评结果的处理。在这个阶段，我们将处理通过实施测评收集到的大量数据，对这些数据进行汇总、分析、解释和评价，并以适当的方式将测评结果表现出来，为人事决策提供参考，这就是测评报告工作的重点。案例中显示的是一份测评报告的基本内容。

10.1   测评数据的初步整理

10.1.1   数据汇总

数据汇总是指把零散的指标分数汇总为一个总分数。常见的方法有以下几种：

1）累加法

累加法即把各指标上的得分直接相加。其计算公式为：

$$S = \sum_{i=1}^{n} x_i = x_1 + x_2 + x_3 + \cdots + x_n$$

式中，S为总分，x_i为第 i 个指标的得分。例如，某人的品德素质得分为25，智力得分为40，体能得分为15，则采取累加法得其总分为80（$S=x_1+x_2+x_3=25+40+15$）。累加法要求各指标同质，并且单位相同，否则要考虑采取加权汇总法，这将在下面重点介绍。

2）平均汇总法

平均汇总法即把各指标的得分汇总再做算术平均数运算求出一个总分。其计算公式为：

$$S = \frac{1}{n} \sum_{i=1}^{n} x_i$$

式中，S为总分，n为测评指标总数，x_i为第 i 个指标的得分。

3）连乘汇总法

连乘汇总法是直接把各指标的得分直接相乘得到一个总分。其计算公式为：

$$S = \prod_{i=1}^{n} x_i = x_1 \cdot x_2 \cdot x_3 \cdots \cdot x_n$$

式中，S为总分，x_i为第 i 个指标的得分。这种汇总方法的优点是便于拉开档次，灵敏度高，但容易产生晕轮效应。当一个指标的得分很小或为零时，整个测评的总分也会非常小或为零。

4）指数连乘法

指数连乘法不但考虑了各指标的得分，还考虑了指标的相对重要性。其计算公式为：

$$S = \prod_{i=1}^{n} (x_i)^{w_i} = (x_1)^{w_1} \cdot (x_2)^{w_2} \cdot (x_3)^{w_3} \cdots \cdot (x_n)^{w_n}$$

若两边取对数，则有：

$$S' = \sum_{i=1}^{n} w_i \cdot x_i'$$

式中，S'为 lnS，x_i'为 $\ln x_i$。显然，指数连乘法转化为加权汇总法了。

5）加权汇总法

加权汇总法即根据各指标间的差异，对每个指标得分适当扩大若干倍或按比例缩小后再累加的一种方法。其计算公式为：

$$S = \sum_{i=1}^{n} w_i x_i = w_1 x_1 + w_2 x_2 + w_3 x_3 + \cdots + w_n x_n$$

式中，S为总分，w_i为第 i 个指标的权重，x_i为第 i 个指标的得分。加权汇总法是对累加法的一种改进，不仅汇总了被试在各指标上的得分，而且体现了各指标在整体中的重要程度，因而显得更加合理。在比较复杂的素质测评中，权重还可以随着不同被试得分的情况而变化，即权重 W 不是常数而是 x_i 的函数，即 $w_i=f(x_i)$，所以上式可改写为：

$$S = \sum_{i=1}^{n} f(x_i) \cdot x_i$$

例如，当要求汇总时素质 A 的分数的重要性应该是素质 B 的 2 倍，那么可以按照 $K=\dfrac{W_A S_A}{W_B S_B}$ 来确定具体的权重系数（这里 W_A 与 W_B 对应两个素质 A 与 B 的权重，$W_A+W_B=1$，S_A 与 S_B 分别为被试在素质 A 与 B 上的得分标准差，K 是 A 与 B 的重要性之比值）。因为 K $=2$，假设 $S_A=0.55$，$S_B=11$，则有：

$$2=\frac{W_A \times 0.55}{W_B \times 11}$$

有 $W_A : W_B=40 : 1$，取 $W_A=40/41$，$W_B=1/41$，则 $S=\dfrac{40}{41} \cdot x_A+\dfrac{1}{41} \cdot x_B$。显然，这里的 W_A 与 W_B 会随着被试得分的变化而变化。

10.1.2　常用的加权处理

1）对测评指标的加权处理

对测评指标的加权是指给各指标分派大小不同的有意义的数值，来表示该指标在测评体系中的重要程度。通常我们在进行测评的过程中是按不同的测评对象来进行加权的，也称为测评对象权重，它包括级别权重和职别权重。级别权重的分配根据不同职位级别人员的职务特点而变化。假如某一人员测评指标体系中包括素质结构、智力结构、能力结构和绩效结构。那么对于执行部门的办事人员（企业办事员或机关一般工作人员）来说，素质结构应注重服务态度和纪律性；智力结构应注重工作技能；能力结构应注重处事能力等要素；绩效结构应注重工作效率等要素。对于中层管理人员（企事业或机关科级干部等），素质结构应注重责任心和主动性；智力结构应注重专业知识与判断能力等要素；能力结构应注重组织能力和协调能力等要素；绩效结构应注重工作实绩等要素。对于高层管理人员（厂长、经理、处长、局长等），素质结构应注重政策性和进取心；智力结构应注重知识面与综合分析能力；能力结构应注重决策能力和用人授权能力等要素；绩效结构应注重经济贡献和政绩等要素。各测评要素的级别权重的分配见表10-1。

表10-1　　　　　　　　　　　　测评要素的级别权重的分配

测评对象		一般工作人员	中层管理人员	高层管理人员
要素	权重			
素质结构	服务态度	0.3	0.1	0.1
	纪律性	0.3	0.1	0.1
	责任心	0.1	0.3	0.1
	主动性	0.1	0.3	0.1
	政策性	0.1	0.1	0.3
	进取心	0.1	0.1	0.3

测评对象		一般工作人员	中层管理人员	高层管理人员
要素	权重			
智力结构	工作技能	0.4	0.1	0.1
	专业知识	0.15	0.3	0.1
	判断能力	0.15	0.3	0.1
	知识面	0.15	0.1	0.3
	综合分析能力	0.15	0.2	0.4
能力结构	处事能力	0.4	0.2	0.2
	组织能力	0.2	0.3	0.1
	协调能力	0.2	0.3	0.1
	决策能力	0.1	0.1	0.3
	用人授权能力	0.1	0.1	0.3
绩效结构	工作效率	0.5	0.3	0.2
	工作实绩	0.3	0.4	0.2
	经济贡献	0.1	0.2	0.3
	政绩	0.1	0.1	0.3

同时在整个测评体系中针对不同的对象，其素质、智力、能力和绩效结构在整体中所占的比例也会有变化，见表10-2。

表10-2　　　　　　　　　　　**各要素结构的比例分配**

测评对象　　　　　要素	一般工作人员	中层管理人员	高层管理人员
素质结构	25%	25%	20%
智力结构	20%	20%	20%
能力结构	25%	20%	20%
绩效结构	30%	35%	40%

职别权重的分配则是根据不同职能人员的业务特点而变化的。例如，同样是科长，对于生产计划科科长、物资供应科科长和劳动人事科科长来说，由于部门的不同，权重的分配也应有所不同。以能力结构为例，生产计划科科长应注重其计划能力；物资供应科科长应注重其社交能力；劳动人事科科长则应注重其识才用才的能力。

◆◆◆◆➡ **知识链接10-1**

指标重要性的评定方法

测评指标重要性评定常采取专家问卷调查法。下面介绍企业中层管理人员综合能力评价指标的专家问卷调查法的示例：

您好，我们拟对服装企业中层管理人员所应具备的综合能力（测评指标）做一次调查研究，您在这方面很有研究，特请您对以下指标予以评定，具体方法在"企业中层管理人员综合能力测评指标评价表"（见表10-3）内每个指标的右边方格中选一项打分，每一项分数分别为4、3、2、1。其中"4"表示完全同意，"3"表示同意，"2"表示不同意，"1"表示完全不同意。请注意：必须对问卷中所列指标的重要性程度有区分，若选项区分度不够，将视为无效问卷。

您所填的内容用于企业中层管理人员综合能力的学术研究，所填内容匿名且完全保密。

感谢您在百忙中支持和协助我们的调查，我们将把调查研究的最后结果寄给您，并希望今后能保持联系。

此致

敬礼

2018年××月××日

企业绩效评价指标问卷调查

您的年龄：30岁以下（　　）30~40岁（　　）40~50岁（　　）50~60岁（　　）60岁以上（　　）

您的性别：男（　　）女（　　）

您的职务：高层管理人员（　　）中层管理人员（　　）一般工作人员（　　）

您认为服装企业中层管理人员综合能力主要有哪些？请据此对表10-3中所列素质指标一一做出评价。

表10-3　　　　**企业中层管理人员综合能力测评指标评价表**

指标＼评分	完全同意	同意	不同意	完全不同意	指标＼评分	完全同意	同意	不同意	完全不同意
	4	3	2	1		4	3	2	1
知识和技能					人际沟通能力				
管理能力					协作能力				
创新能力					工作作风				
自我认知能力					部属的培养				
团队建设能力					职业素养				

然后回收以上的评价表，通过一定的数据处理，得出指标的重要性等级。

2）对测评总分的加权处理

对最后测评总分的加权，称为总体加权或总分加权。总体加权主要包括按测评次数加权和按测评角度加权两种。按测评次数加权，即根据不同的测评次数特点对总分进行加权，也可称为多次测评权重，它包括初测加权和复测加权。例如，在对一个部门进行的两次测评中，由于第一次该部门在测评时对标准把握得太宽，使得员工的得分普通偏高，而第二次该部门在测评时对标准把握得又太严，使得员工的得分普遍偏低，为了使两次测评的得分可以比较，故将每次的得分乘以不同的权重，见表10-4。

表10-4   **按测评次数加权**

	标准掌握	赋予权重
初次测评状况	过宽	0.95
第二次测评状况	过严	1.05

按测评角度加权是分不同的测评角度来对总分进行加权，即对来自不同考官的测评分数进行加权，最后得到一个综合分数的过程，也可以称为测评角度权重。对测评对象的评价一般可以源自上级领导、同级同事、下属以及本人。因此权重又可以分为上级领导测评权重、同级测评权重、下级测评权重和自我测评权重。通常直接的上级领导对下属的了解比较全面，评价也较为客观，所以可以适当考虑加重他的权重。同级人员之间比较熟悉，了解到的情况比较细致；另外，同级人员之间的测评相当于进行同行测评，可由他们来评价被试的素质、智力、能力和工作成效等。但是同级人员由于所处地位相同，容易加入个人的成见和感情判断，因而权重不宜太高。下级人员对上级人员的领导作风和能力的评价能够充分反映多方面的情况，显示测评的民主性，应分有一定的权重。自我测评能够避免他人主观偏见的影响，因而在主观量表的使用中具有重要价值，但由于这种测评很难排除被试本人的自我防卫心理和社会赞许效应，因此自我测评仅作为总体测评的一个参考，权重较轻。表10-5是一个按测评角度加权的实例。表中权重大小可以根据各种具体情况决定，但有一个原则是不变的，即哪个测评角度的信息量全面、可靠性高，哪个测评角度的权重就应该高。

表10-5   **四种测评角度的权重分配**

测评来源	测评权重		
	重	中	轻
上级测评	√		
同级测评		√	
下属测评			√
自我测评		√	

　　总体加权的优点是只对一个总体分数加权，运算比较简便，其缺点是比较粗糙，因为它只对总分进行处理，因此它的准确性往往会受到影响。

　　3）对测评分数的局部加权处理

　　对测评分数的局部加权处理包括按测评人员（即考官）加权和按测评项目的加权，也可以叫作结构加权。按测评人员加权即根据不同的测评人员在测量中的不同结构进行加权。在主观测量中，虽然有测评标准，但实际上不同的测评人员对同一被试的同一行为的注意程度和评分结果往往是有差异的。在人员测评中，由于不同测评人员受所处的地位和职务的限制，所以对被试各方面的测评要素重视程度是不同的。比如，对于直接上级领导（包括公司主管、小组长、科长等）来说，所强调的是被试的工作成绩，因为这与他自己的工作绩效是紧密相连的，因此就较为重视被试的绩效结构。对于更高一级的管理人员（包括部门经理、工段长、处长等）来说，由于所处的位置稍高，所以能够较为客观地、全面地看到下属的素质结构，如被试的纪律性等。虽然基层管理者也能看到这些素质的表现，但容易受到感情因素的影响而干扰客观评价。领导人员（指一个组织的高层领导者，如总经理、厂长等），由于与一般工作人员相隔的层次较多，因而难以掌握具体情况。一般来说，在掌握部属素质结构的前提下，领导人员最易注重下属的智能结构。总之，不同测评人员的加权往往以其最重视的结构为转移。表10-6是按测评人员加权的权重分配的例子。

表10-6　　　　　　　　　　　　　　　　**按测评人员加权**

要素 \ 测评人员	基层管理者测评权重	部门主管测评权重	高层领导者测评权重
素质结构	2	3	2
智能结构	1	1	3
绩效结构	3	2	1

　　按不同的测评目的加权即根据不同的用途对各个要素结构进行加权，也可称为测评目的权重，包括日常测评权重、选拔测评权重、晋升测评权重、职称测评权重、奖励测评权重和调资测评权重等。不同测评目的的权重根据各个结构在该测评中的作用来决定，很难有绝对的统一的尺度。有些测评主持者由于缺乏对加权原理与方法的必要了解，往往千篇一律地将一种加权模式强加于不同的场合，这样往往会降低人事考核和决策的准确性，降低员工的工作绩效。不同的测评目的决定数据分析的特点与规律，因而加权要适应这种变化。例如，日常测评的加权可不必过分突出某个结构的重点，而主要通过要素权重体现其员工的客观差异。选拔测评是为了挑选有潜力的人才，应在注意素质结构的前提下，加重能力结构和绩效结构的权重，具体情况要以选拔出来的人担任何种职务而定。晋升测评和职称测评是确认实际能力与专业水平，权重也应以绩效结构和能力结构为重点。奖励测评和调资测评主要是根据贡献大小来测评，因此要以绩效结构的权重为主。表10-7提供的是一个参考模式（权重形态为百分比）。

表10-7   按测评目的加权

测评目的 要素	日常测评 权重	选拔测评 权重	晋升测评 权重	职称测评 权重	奖励测评 权重	调资测评 权重
素质结构	25%	30%	20%	15%	20%	20%
智力结构	25%	15%	15%	15%	0%	0%
能力结构	25%	30%	25%	20%	20%	20%
绩效结构	25%	25%	40%	50%	60%	60%

局部加权比起总体加权来说对信息的处理要细致一些，能够在人力资源管理的各个具体环节上发挥作用，特别是在其他各种权重已经确定的情况下，它能比较具体地根据不同的用途突出重点，使用也比较方便。

10.1.3　数据分析

测评后，所获得的结果仅仅是个体性的，其意义常常不很清楚。例如，某次测评中某人得了80分，看这个80分也许你会说这个人不错，但在公司中他究竟算优秀员工还是中等的员工呢？我们并不清楚。因此获得个体测评结果后，还应从整体上分析。只有从总体中、从个体与个体的相互关系中，我们才能真正把握与认识个体的素质水平。

人员测评结果的总体分析，主要包括整体分布分析、总体水平分析、差异情况分析等内容。

1）整体分布分析

整体分布分析是通过图表的形式来分析素质测评结果的一种方法，通常用频数分布表分析和频数分布图分析。

频数分布表也称次数分布表。常见的有简单频数分布表、累积频数分布表和累积百分比分布表（见表10-8）等不同形式。频数分布表是以频率分布形式来分析素质测评结果的整体分布情况。

表10-8   累积频数分布表与累积百分比分布表

素质测评结果 （1）	组中值 （2）	频数 （3）	累积频数 （4）	累积百分比 （5）
115~	116.5	1	1	1.25
118~	119.5	3	4	5.00
121~	122.5	8	12	15.00
124~	125.5	10	22	27.50
127~	128.5	20	42	52.50
130~	131.5	19	61	76.25
133~	134.5	12	73	91.25
136~	137.5	4	77	96.25
139~	140.5	2	79	98.75
142~	143.5	1	80	100.00
总和		80		

频数分布表的图形化即为频数分布图。频数分布图也称次数分布图，它是以曲线或折线来表示相应的频数分布表的一种形式，常见的有直方图与多边图两种。直方图是以面积来表示频数的分布，即用位于横轴上各组上下限之间的矩形面积表示各组频数分布的情形。多边图是以相应纵轴上的高度点来表示频数的分布情况的图形，如图 10-2 所示。

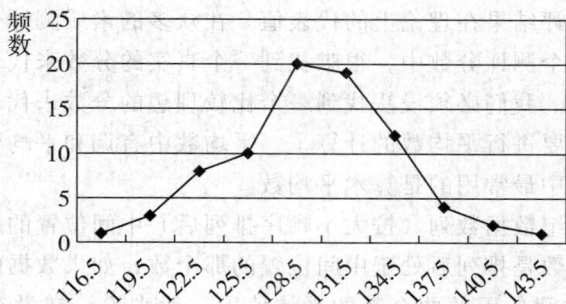

图10-2　频数分布图分析

◆◆◆◆━━▶ 知识链接10-2

频数分布表和累积次数分布

将一组计量资料按观察值大小分为不同组段，然后将各观察值归纳到各组段中，最后清点各组段的观察值个数（称频数），以表格形式表示之，称为次数分布表或频数分布表（grouped frequency table），简称"频数表"。制作频数分布表的两个基本原则是：第一，用来制作频数分布表的原始数据都能出现在该表中；第二，任何一个原始数据只能出现在该表的一个组中，不能兼属两个组中。根据第二个原则，制作频数分布表时，组与组之间应该有明确的界限，即组限，每组的起点称为组下限，而每组的止点称为组上限。由此可见，对计量资料而言，组限应是闭—开区间；而对计数资料而言，组限应是闭区间。根据第一个原则，如果组限是由小到大的顺序排列的，则第一组的下限应小于等于原始数据资料的最小值，最后一组的上限应大于等于原始数据资料的最大值，反之则相反。制作频数分布直方图的步骤：一是找出所有数据中的最大值和最小值，并算出它们的差；二是决定组距和组数；三是确定分点；四是列出频数分布表；五是画频数分布直方图。

累积次数或累积频数（cumulative frequency）就是把各组的次数由下而上或由上而下累加在一起，最后一组的累积次数应等于数据的总次数。用累积次数或累积频数表示次数的分布称为累积次数分布（cumulative frequency distribution）。

资料来源　百度百科. 频数分布表［EB/OL］．［2021-05-01］. https://baike.baidu.com/item/%E9%A2%91%E6%95%B0%E5%88%86%E5%B8%83%E8%A1%A8/4797188? fr=aladdin.

2）总体水平分析

上述整体分布分析的目的在于通过频数分布表或分布图，了解在各分数段上的人数分布、最高分与最低分及其差距、偏态与峰态等情况，以使人们能够从直观上迅速地把握总体情况。总体水平分析则是通过众数、平均数或中位数分析，把握全部被测者的一般水平。

所谓众数，即人数最多的那个数值特征、分数或等级，它代表整体水平结构自然群中最大的典型群水平。当剔除第一个众数典型群后，类似又可在总体中找到第二个众数，对应这个众数，可以找到下一个自然典型群。由此下去，可以找出所有整体中的水平结构自然群。所有这些自然群就组成了整体的主要结构。

平均数即所有测评结果在理论上的代表值。在众多的素质测评分数中，相互间可能各不相同。从所有单个测评分数中，很难找到一个真实的分数来代表总体水平。众数也仅仅具有局部代表性。我们必须设法找到一个比较理想的分数来代表整个总体的一般成绩或情况，这时就需要进行平均数的计算了。平均数中有调和平均数、几何平均数与算术平均数等形式，其中最常用的是算术平均数。

中位数指位于一组数据数列（按大小顺序排列后）中间位置的那个数。如果数据的个数是奇数，则中位数是排列后处于中间位置的那个数，如果数据的个数是偶数，则中位数是排列后处于中间位置的两个数的平均值。一般来说，在没有极端值存在的情况下，中位数总是能较好地反映数据的中心位置。

3）差异情况分析

差异情况分析包括整体差异分析和个体差异分析。整体差异分析有两极差、平均差、标准差、方差与差异系数等不同形式。

◆◆◆◆➡ **案例分析10-1**

案例分析10-1

分析提示

小李高中毕业后就开始从事销售工作，他在一项衡量销售技术和成功动机的销售能力测试中原始分数为19，他应聘的是一家消费电子商店的一般零售职位。可能的原始分数为0~30分，相对不同的标准群体，小李的原始分可以转化为一个表明其相对排名百分比分数（见表10-9）。

表10-9   **在不同的标准群体中小李的排名百分比分数**

排名百分比分数	标准群体
94%	中学高年级学生
85%	哲学专业的大学生
84%	全国标准的销售员
50%	名牌商学院营销专业的大学生
35%	在财富500强企业工作极为成功的销售专业人员

问题：如果你是销售经理，你会录用小李吗？

10.2 测评报告的撰写

撰写人员测评报告是人员测评中极为重要的一个环节，人员测评报告是人员测评题目设计、过程实施、数据处理等各个环节的最终表达，也是对整个测评过程直接、理性的反映。无论是测评设计的独特性，还是测评过程的专业性，以及最终结果的科学性，都将在测评报告中体现出来，这对委托测评的组织、被测者本人，甚至测评机构都有着极其重要的意义。

10.2.1　测评报告的意义

1）对企业组织的意义

（1）更科学地制订人力资源规划。人员测评报告能反映组织内现有人员的素质状况，进而为组织未来战略发展提前做出人才规划，对人才需求和供给进行预测，制定与之相应的策略，尽可能地做到合理的人才储备和使用。

（2）更有效地建立各项人力资源管理制度。人员测评报告能为人才的招聘选拔、开发培训、提拔晋升、薪酬激励等提供基础信息，为现代人力资源管理各种决策和各项制度的建立提供科学依据。

2）对被测者的意义

（1）认识自己的素质特征。人类对自身的认识和理解，早在几千年前就已经开始，中国的老子就强调过，"知人者智，自知者明，胜人者有力，自胜者强"，鼓励人们认识自己、把握自我，但是要真正认清自己是不容易的。人员测评报告能帮助被测者清楚地认识自己，了解自己的性格类型、能力倾向、职业兴趣等，对自己的素质特征有比较全面和客观的认识。

（2）作为职业指导的依据。一个人的事业成功很大程度上取决于他的性格、能力及兴趣是否与其工作类型相匹配。人员测评报告能揭示一个人的长处与短处，明白自己蕴藏的潜能，从而为寻找适合自己的工作岗位提供依据，并能准确找到发展之路，实现事业成功。

3）对测评机构的意义

（1）有利于树立测评机构的专业形象。一份科学的测评报告包含着许多科学研究成果的实际应用，以及严谨科学的数据测试分析，因而测评报告的本身就反映出测评机构的可靠和专业的形象。

（2）有利于测评机构获得更多的测试样本。每一份测评报告都有详细的归类信息和被测者信息，测评机构可以对此进行归类整理，做长期的追踪研究，获得测评验证的第一手资料，及时总结、调整测评过程中存在的缺憾，从而推出更为科学有效的人员测评方案。

10.2.2　人员测评报告的表述方法

一份翔实有效的人员测评报告对于用人单位而言，直接影响到其对人才的获取、录用、保留、开发、评价和激励等各个环节，关系到其如何进行科学有效的人事决策和人力资源的最终配置与使用；对于被测者而言，影响到其择业发展的科学合理性，关系到其更好地认识自己、把握自己。下面主要介绍人员测评报告表达的四种方法。

1）文字表述法

文字表述法是指通过一定的格式、用一些比较容易理解的语言文字来表述人员测评结果的方法。这种表述法具有描述内容翔实丰富、表述具体完备等优点，可以注意到测评结果的每一个细节，还可以分类、分系统，甚至是分等级描述，有利于测评对象更好地阅读和理解测评结果。文字表述法的缺陷在于描述不直观、不简洁，加上文字表意往往存在着理解上的偏差，甚至会出现多义或歧义等，可能会对测评结果带来负面影响，这就要求撰写者具备较强的文字表达能力。

2）表格表述法

表格表述法是指对测评数据进行归类、统计，最后形成表格来表述人员测评结果的一种方法，见表10-10。

表10-10   **人格测评表格报告举例**

人格因素	原始分	低分特征	标准分	高分特征
乐群性 A	6	缄默，孤独，冷漠	4	外向，热情，乐群
聪慧性 B	4	迟钝，学识浅薄，抽象思考能力弱	3	聪明，富有才识，善于抽象思考
稳定性 C	13	情绪激动，易生烦恼	4	情绪稳定而成熟，能面对现实
恃强性 E	13	谦逊，顺从，随和	6	好强固执，武断好斗
兴奋性 F	12	严肃，审慎，冷静，寡言	6	轻松兴奋，热情活泼
有恒性 G	11	苟且敷衍，缺乏奉公守法精神	4	有恒负责，做事尽责
敢为性 H	13	畏怯，退缩，缺乏自信心	6	冒险敢为，少有顾虑
敏感性 I	9	理智的，讲究实际，自食其力	5	敏感，感情用事
怀疑性 L	11	信赖，易与人相处	6	怀疑，警觉
幻想性 M	14	现实，合乎成规，力求合理	6	富于幻想，狂放不羁
世故性 N	11	坦白，直率，天真	7	精明能干，世故
忧虑性 O	10	满足，沉着，有自信心	6	忧虑抑郁，烦恼自扰
实验性 Q1	10	保守，尊重传统观念与行为标准	5	自由，批评激进，不拘泥于现实
独立性 Q2	10	依赖群体，随意附和	5	自立自强，足智多谋
自律性 Q3	9	任性松懈，不顾大局	3	愿受约束，自律严谨
紧张性 Q4	14	心平气和，闲散宁静	6	紧张困扰，激动挣扎

表格表述法是一种定量表述法，格式清楚，数据精确，简单明了，前后对照形成一体，有利于被测者一目了然地获悉自己的相关信息，也有利于测评机构归纳总结，整理归档。但由于表格中有些数据的专业性，如表10-10中的标准分概念，故对阅读者的理解有一定障碍。与文字表述法相比，它一般不能提供表格之外的信息，不能满足对隐藏在测评数据之后的那些信息做相应评述的要求。

3）图形表述法

图形表述法是指对测评所得的数据进行相应的处理后，标注在图形上，用图形来表达人员测评结果的一种方法，见表10-11和图10-3。

表10-11 多重职业能力倾向测评得分表

测评	代码	测评要素	分值
多重职业能力倾向测评	XU	一般学习能力	84.00
	YY	言语能力	90.00
	SX	数学能力	76.00
	KJ	空间推理能力	80.00
	ZJ	知觉能力	88.00
	CX	抽象推理能力	82.00
	LJ	逻辑推理能力	95.00
	JX	机械推理能力	85.00

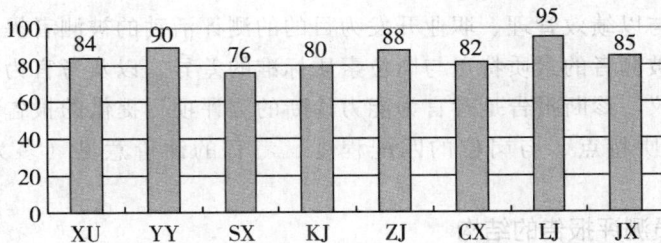

图10-3 多重职业能力倾向测评得分的图形表述

图形表述法也是一种定量表述法，数据客观准确，简明扼要，形象生动，一目了然，具有很强的直观性，阅读者的阅读不会像表格表述法有时那么困难，也不会像文字表述法那样容易造成阅读误解。因此，图形表述法在人员测评中被普遍采用。一般而言，比较常见的有折线图、柱形图、环形图、坐标图等。

4）综合表述法

综合表述法就是运用文字表述的同时，结合表格或图形的引用，发挥不同表述方法的长处，形成一份既直观明了又丰富翔实的人员测评报告。事实上，可以全部用文字来撰写报告，却很少见到仅靠表格或图形来完成一份报告。表格和图形有其表述上的不完整性，而对某种维度上的测评数据常常需要做进一步的解释，这种解释就往往需要文字来做额外的补充。所以，在人员测评报告的撰写上，更多的是采用综合表述法。

10.2.3 人员测评报告的种类

1）个人报告与整体报告

从测评报告的对象而言，可以分为个人报告与整体报告。个人报告是针对每个被测者参与的测试项目、测试维度、测试结果的说明。基于不同的测试目的，个人报告要求不同，报告的结构与内容也有所不同。但个人报告必须说明被测者的素质特点，以便于领导根据报告提供的信息进行正确的人力资源管理决策。整体报告是在对同一组织内被测者的素质状况进行统计分析的基础上，对该组织人员素质特点进行的说明，以及考官根据报告得出的结论提出的相关建议。整体报告对于企业的人力资源管理开发具有重要意义。

2）单项报告与综合报告

从测评报告的项目而言，可以分为单项报告与综合报告。单项报告是考官对被测者参与的一项测评所做出的分析说明，如16PF测验报告、管理能力测验报告等。综合报告是指考官对被测者参与的所有测评项目的数据进行综合分析后，按照不同的测评项目或者维度表述出来，并加以评价的综合性报告。综合报告不仅能够体现被测者在测评活动中参与的全部测验，还能够体现被测者在每项指标上的具体表现以及考官对被测者做出的整体性评价意见（如胜任情况）等。

3）选拔报告与开发报告、诊断报告

从测评报告的功能而言，可以分为选拔报告与开发报告、诊断报告。选拔报告是考官为参与以选拔为目的的测评活动的被测者提供的报告。选拔报告重点体现了被测者的素质特点及其与岗位标准的匹配程度，以便于决策者利用选拔报告决定最终人选。开发报告是考官为参与以绩效管理、职业开发为目的的测评活动的被测者提供的报告。开发报告侧重于体现被测者的素质特点与岗位素质标准的差异，以及考官为被测者提出的素质提升与发展建议。诊断报告是考官为能力诊断的测评项目提供的报告。诊断报告主要体现被测者的素质特点、与岗位的匹配程度、考官的评价意见（多为被测者使用的意见）。

10.2.4　人员测评报告的结构

测评报告的功能与对象直接决定着测评报告的结构。但除整体报告以外，其他针对被测者个人的测评报告的结构基本相同。一般情况下，测评报告包含如下主要内容：

1）前言

每次测评都有它的目的和要求，前言就是对本次测评的总体说明，特别是一些相关的基础理论的发展过程、运用情况，以及在本次测评中起到的作用等。

2）测评信息

（1）测评基本信息。测评基本信息主要有测评编号、测评场次、测评机构名称、测评日期等，提交这些信息主要是为了便于归类存档，方便以后查询，也有利于测评机构树立自己的专业形象。

（2）被测者信息。被测者信息主要包括姓名、性别、身份证号码、受教育程度、职业取向、个性爱好等，这些信息有利于掌握被测者的基本情况，为测评项目的选择、实施及以后对此项目的样本研究提供一些基础资料。

3）测评项目

测评项目的确立是测评过程中的关键步骤，测评机构的专业人员可根据企业的要求、工作分析后的工作说明书以及被测者的基本信息，选择合适的测评项目。

4）测评结果及其分析

测评结果及其分析是被测者对测评项目做出相应反应后所得到的一系列对应的结果，以及测评机构对这些结果的分析综述，包括文字表述、数据表述和图表表述。这一部分是测评报告中最重要的一环，要求结果一定要客观、实际，表述一定要清楚、易懂，分析解释力求精确适度、完整而不主观。

5）总评和建议

总评是测评机构对此次测评过程各个环节的整体评价，主要包括项目设计的合理性评价，测评实施过程的严谨性和规则性评价，测评结果分析的科学性、客观性和准确性评价等。建议是测评机构根据此次测评得到的具体结果，结合企业的要求、工作分析后的工作说明书以及分析被测者的各类相关信息而提出的中肯而客观的建设性意见，主要包括对企业的建议和对被测者的建议两大类。

总评和建议这一部分也具体反映了测评机构的实力，是测评机构科研和社会运用相结合的集中反映，直接为企业提供了是否获取这些人才的客观依据，以及获取后如何开发使用的发展趋势；也为被测者更科学、更客观地了解自己的优缺点以及自己的发展潜能，为自己的人生选择和职业规划提供最为切实有用的科学建议。

6）测评机构的信息和说明

测评机构的信息和说明是人员测评报告的最后一环，主要包括免责说明和测评机构的地址、网址等联系方式等。

免责说明是人员测评报告这个整体中不可缺少的一部分，主要是为了规避由测评报告而引发的各类纠纷和风险冲突，合理阻止利用测评报告进行一切违法活动的企图。免责说明虽然简单，但意义重大，作为一个严谨规范的人员测评机构，千万不能掉以轻心，而忽略了这一部分的撰写。

测评机构的信息是指在人员测评报告的最后署上的自己的名称、网址、地址以及电话号码、主要联系人等，以方便被测者以后做咨询，也有利于测评机构开展工作、树立形象、提高知名度。

10.2.5　人员测评报告范例

常用的人员测评报告主要有人机对话测评报告、面试报告、公文筐测评报告、无领导小组讨论测评报告和整体测评报告。报告的阅读对象分为被测者个人和企业组织。同一人员测评机构出示的人员测评报告要保持格式、表述的一致性。人员测评的基本结构我们前面已经介绍过了，以下主要介绍常用的几种测评报告。

1）人机对话测评报告样本

人机对话测评报告

前言

此项测评是根据某企业招聘财务经理一职的具体要求，经过严格的工作分析而确定的，目的是对被测者的基本素质有一个比较全面的了解。

个人信息

被测者编号：2020060030　　　　　　姓　名：张××

测评场次：2020060001　　　　　　　性　别：男

身份证号：310103××××××××××××× 年龄：38

教育程度：硕士 测评岗位：财务经理

测评次数：1 测评门类：电脑上机测评

测评时间：2020-06-30

测评机构：××大学人才测评与考试研究所

测评的项目

测评内容：价值取向，性格特征，情绪稳定性及挫折承受能力

测评项目：职业价值取向测评，工作风格测评，情商测评

测评时间：60分钟

测评结果得分见表10-12。

表10-12   测评结果得分

测评要素	情商							职业价值取向						工作风格			
	情绪控制能力	情绪稳定性	情绪平衡性	挫折承受能力	情绪应付能力	生活调节能力	社会适应能力	自由取向	自尊取向	支配取向	自我实现取向	志愿取向	技术取向	外向/内向	感觉/知觉	思维/情感	判断/知觉
分值	10	9	10	10	10	4	10	7	6	4	6	7	6	5	7	10	10

一、情商测评结果分析

1.情绪控制能力

有很强的情绪控制能力，对绝大部分问题都能迅速地做出正确的决定；对于自己的失误，能很快地意识到并采取措施予以补救和改正，不顽固地维护自己的尊严。

2.情绪稳定性

情绪稳定，自信心强，具有较好的道德感和理智感；能理解周围人的心情，顾全大局，性情爽朗，受人欢迎。

3.情绪平衡性

遇到事情不慌不忙，很冷静，不动声色；平时不易激动，不轻易流露感情，善于自我控制；但有时会显得有些冷漠，不近人情。

4.挫折承受能力

耐冲击能力较强，有耐性，富有修养，尊重别人，具有良好的风度，对任何身份的人都能彬彬有礼；能临危不惧，承受困境的能力强。

5.情绪应付能力

独立处理突发事件的能力较强，善于较好地应对各种问题，而不被困难所干扰；能较好地处理意外事件，懂得人情世故，有自我控制能力。

6.生活调节能力

生活节奏过快，总是处在紧张状态，以致无暇顾及其他；体力和心理都可能会难以承受这样快的生活节奏。

7.社会适应能力

社会适应能力较强，能很快地适应新的学习、工作、生活环境，与人交往轻松、大

方，给人的印象良好；无论进入什么样的环境，都能应付自如、左右逢源。

二、职业价值取向测评结果分析

1.自由取向

不受别人的指使，看重自由和独立，凭自己的能力拥有自己的小"城堡"，不愿受人干涉，希望能充分施展本领。

2.自尊取向

关心地位、声誉和头衔，受尊敬欲望很强，追求虚荣，优越感也很强；很渴望能有社会地位和名誉，希望经常受到众人尊敬；欲望得不到满足时，可能会由于自我意识过于强烈，反而导致自卑。

3.支配取向

希望当领导及控制别人的欲望并不是特别强烈，比较喜欢解决问题，对别人想法的关注并不很主动。

4.自我实现取向

不大考虑收入、地位及他人对自己的看法，尽力挖掘自己的潜力，施展自己的本领，并视此为有意义的生活。

5.志愿取向

富于同情心、乐于助人，常把他人的痛苦视为自己的痛苦，不愿做表面上哗众取宠的事，把默默地帮助不幸的人视作无比快乐的事，是公益事业的热心人。

6.技术取向

比较看重一技之长，愿意钻研一门技术，认为靠技术吃饭稳当、可靠。

三、工作风格测评结果分析

1.基本倾向

外向。

2.基本特征

很善于完成任务，喜欢操纵局势和推动事态的发展，具有责任感，勤勤恳恳，信守承诺；及时和尽可能高效率地、系统地达到目标；常常以自己过去的经历为基础得出结论；比较客观、有条理性和分析能力，以及很强的推理能力，又很现实，有头脑，讲求实际；更感兴趣的是客观实在的事物，而不是诸如抽象的想法和理论等无形的东西；生活有规律、有原则，具有坚持不懈的品质，是值得依赖的；思想传统，有兴趣维护现存的制度，对于亲情关系固守不变；不但能很轻松地判断别人，而且是条理分明的纪律执行者；直爽坦率，友善合群。

可能具有的优点：非常务实，对既定目标坚忍不拔；善于了解并重视集体的目标，擅长做出客观的决定。在推销或谈判时非常有说服力，立场坚定；善于看到工作中不合逻辑的、不协调的、不切合实际的和无效的部分。

可能具有的缺点：对不遵守程序的人或对重要细节不加重视的人可能会缺乏耐心；不太能忍受没有效率的工作；追求目标时总想超越别人；不太善于听取反面意见；做决定比较匆忙，讲效率而全面性考虑不够；将严格的标准强加于别人，可能会伤害别人的情感。

四、总评和建议

　　该被测者有较高的情商，在情绪控制、情绪稳定、挫折承受等方面均能做得很好；适应各种新的环境；三种测验均显示出该被测者善于与人交往，富有同情心，总能与人愉快相处，这与这一职位的要求相吻合；做事风格偏向执行者，喜欢按规则做事，责任心强，处理问题条理清楚，分析能力强，能高效率地完成目标任务；喜欢挖掘自己的潜力，施展才华，并将此视为值得追求的事。

　　从各方面来看，该被测者比较符合财务经理职位要求，建议考虑聘用。

　　2）面试报告样本

××人才咨询公司招聘面试评价报告

　　本报告用以××旅行社的人员招聘，请注意妥善保存，未经授权及本人同意不得对外泄露应聘者的个人信息。

　　应聘者李×的面试评价报告见表10-13。

表10-13　　　　　　　　　　　　　面试评价报告

用人单位：××旅行社				应聘职位：前台接待	
应聘个人基本情况					
姓名：李×	出生年月：1998.6		最后学历：大专	毕业学校：××大学	
基于胜任能力的面试评价说明					
胜任能力要求	评分（1~5）	权重	得分	说明	总分
礼仪风度	4	15%	0.6	从坐姿看出该应聘者没有经过规范的礼仪训练，但其他表现尚可，举止大方，语速适中	
情绪稳定	4	20%	0.8	对于本岗位困难性的提问反应平静自然，整场面试过程中能保持良好的情绪稳定性，但通过其对过去挫折经历的描述表明应聘者内在的情绪稳定性方面还有待加强	
人际关系	3.2	5%	0.16	通过其对大学同学人际交往的描述可以看出应聘者待人热情坦率，人缘颇佳，但在处理人际关系的方式上存在太过坦率的问题，容易在交往中遇到困境	
工作动机与愿望	2.6	5%	0.13	在回答应聘本岗位的理由陈述中，表现出面试者兴趣与薪酬的矛盾。个人职业生涯规划也比较模糊	3.68
表达能力	4.2	10%	0.42	整个面试过程中，应聘者能轻松地表达自己的想法，口齿清楚，条理清晰，加之拥有一定的文学功底，用词用语也颇为恰当	
工作责任心	3.8	10%	0.38	通过其大学期间所担任的职务及经历，表明应聘者做事认真负责，且诚实可靠。在应答中宁愿牺牲个人利益也要处理好工作，但在工作主动性方面还需进一步加强	

胜任能力要求	评分（1~5）	权重	得分	说明	总分
配合协作性	3.6	5%	0.18	根据大学期间参加辩论赛的经历可以了解到应聘者甘当绿叶，愿意协助他人把工作做好，有较好的配合协作意识，但从对团队所做的贡献来看，应聘者还需加强配合协作的能力	
客户服务导向	3.8	15%	0.57	整个面试过程中应聘者表现出良好的态度与情绪控制力，在处理客户关系的问题上也能体现出"客户至上"的精神，敢于主动承认错误，但可以观察到其内在情绪的不稳定性，可能影响到以后办事的效果与积极性	3.68
解决问题能力	3.2	10%	0.32	在应对处理紧急事务的假设性问题时，应聘者表现沉着冷静、有条不紊，但宁可自己掏钱去解决问题的行为选择，固然精神可嘉，实际上是对通过自身能力这一途径来化解争端的否定	
外语水平	2.4	5%	0.12	通过CET-6表明其拥有良好的英语阅读、书写能力，但通过运用英语进行的自我介绍，可以看出其在口语表达上还有欠缺	

面试综合评价

优点	举止稳重大方，表达能力强，思维敏捷，反应迅速，并能在一定程度上控制表面情绪；对人坦诚热情，工作认真，具有责任意识；沟通协调能力较强，乐于帮助他人，并具备自我认知能力和积极向上的精神
缺点	缺乏工作经验和社会阅历，对旅游业相关知识熟悉程度有限；工作主动性欠缺；处理人际关系方式不老练，缺乏个性与领导能力；内在情绪稳定性一般，容易受环境变化而影响个人心情；不擅长自我职业设计，求职动机不明确
录用意见	1.立即录用（ ）原因： 2.有条件录用（√）原因： 该应聘者虽然在许多方面超过了该岗位的基本胜任要求，但在诸如情绪稳定、客户服务导向等重要的胜任力方面还有一定的差距。考虑作为应届生，可塑性强，故建议给予一定的培训与适应时间，在试用期间注意其在本岗位的发展潜力 3.拒绝（ ）原因：

面试考官签名：李×× 王×× 路×× 日期：2020年7月

公司地址：（略） 咨询电话：6503××××

　　面试评价报告大部分内容的填写应根据面试考官在面试时的记录，面试结束之后应该马上讨论填写，以保证评价的准确性。

与其他测评形式不同的是，面试是考官直接面对应聘者的交流，因此容易受到应聘者外在因素的影响，如应聘者的外貌、穿着、打扮、言谈举止等。如对一个人的言谈举止很欣赏，可能在撰写报告时会在其他考查指标上给予过好评价；反之，则过分贬低，尽管言谈举止并不是此次面试所需要的考查指标。对应聘者的评价，最好由多名考官共同讨论进行，这种讨论评价应该紧紧围绕岗位胜任能力指标，让评价结果尽量客观化、标准化。

3）无领导小组讨论测评报告样本

无领导小组讨论测评报告

测评编号：2020060030
姓　　名：冯××

前言

本次测评的目的是了解被测者在沟通能力、合作意识、分析能力和组织协调能力四个方面的表现，为以后的培训发展掌握基本的信息。

一、测评项目

无领导小组讨论是一种可信度较高的测评形式，经常用于人才招聘与培训中。通过这样一种对真实情境的模拟测评，能够考察被测者某些能力所达到的程度，如影响力、组织能力、决策能力、表达能力、沟通能力、合作意识等。

二、测评分数与分析

根据被测者在此次无领导小组讨论中的行为表现，所得分数如图10-4所示。

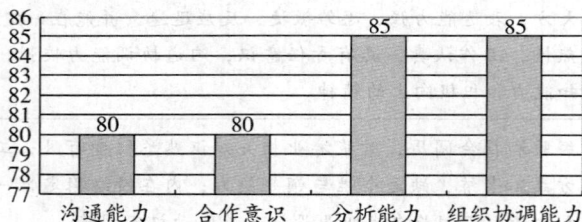

图10-4　测评结果分析图

1.沟通能力

言语表达准确，用词符合人际沟通环境，发言积极主动，能积极提出自己主张，肯定别人意见，但说服技巧尚有欠缺，发言虽多但有效发言比率还应提高。

2.合作意识

注意倾听别人意见，不随意打断，较好地处理讨论分歧，言语有一定的亲和力，能顾全大局放弃自己的观点。对他人的意见有时没有足够重视及理解，出现了几次误解。

3.分析能力

陈述观点时有理由，阐述理由时较全面，有大局观。当讨论出现分歧时，能分析各方利益点，提出解决问题的方法，但对问题的分析深度尚嫌不够，相关专业的知识面还需进一步拓展。

4.组织协调能力

保持讨论和谐进行，主动协调各方意见，有控制时间的意识，对目标实现起到核心组织作用，但自主意识过强，没能很好采纳各方面的意见，影响了完成任务的效率。

三、结论

被测者在小组讨论中的能力表现属于良好水平，很自信，整体观念强，在讨论中发挥了很好的组织协调作用。但在与人沟通时不够成熟，自我为主的意识较强。建议增加人际沟通与业务管理两方面的技巧培训。

声明

所得成绩来源于被测者在测评中的基本表现、与他人的比较及现场参与程度，由于各种原因可能会影响被测者的表现。本次测评结果仅供参考。

本报告所含信息属于保密，未经被测者本人同意不得泄露给其他人员。

如需进一步咨询，请与本公司联系。

电话：6504××××

咨询人：李老师

撰写无领导小组讨论测评报告的依据主要来自讨论现场的观察及记录。讨论结束后，应该在最短的时间内对被测者进行评价，此时考官的现场记忆还十分清晰。如果限于测评现场状况而无法进行及时评价，那就应该对每一场无领导小组讨论进行录像，为以后的评价提供画面回放，使评价保持准确性。

4）公文筐测评报告样本

公文筐测评报告样本见表10-14。

表10-14　　　　　　　　　　　**公文筐测评报告样本**

测评编号	被测者	性别	年龄	受教育程度	测评时间
LXF060307	张×	男	30	硕士	2020-06-30

本次测评的目的是为××公司招聘财务经理，测评指标根据职位胜任能力分析设定。针对指标有执行能力、组织协调能力、决策与授权能力、团队管理能力、人际沟通能力、财务管理知识与能力。

本测评可以通过对管理工作实际内容的模拟，考查被测者在处理具体业务中的表现，可在很短的时间内全面、准确地掌握管理者的能力、潜能以及个性心理特征。

本测评报告所显示的结果可作为招聘决策的参考，建议结合履历分析、面试、无领导小组讨论等测评方式综合考虑。测评结果见表10-15和测评结果分析见表10-16。

表10-15　　　　　　　　　　　　　**测评结果**

指标得分						加权总分
组织协调能力	人际沟通能力	团队管理能力	执行能力	决策与授权能力	财务管理知识与能力	8.02
7.90	7.65	7.60	8.60	8.90	8.20	

表10-16   测评结果分析

被测者对于财务经理职位							
最适合		适合	✓	较适合		不适合	

录用建议

说明：

　　该被测者的执行能力、决策与授权能力和财务管理知识与能力均表现良好，组织协调能力、人际沟通能力、团队管理能力符合职位的基本要求；作为财务经理，还需要进一步提升沟通技巧，提高人力资源管理能力。如果录用，建议上岗前给予有针对性的培训

××职业咨询公司

　　　　　　公司地址：（略）　　　咨询电话：5418××××

　　本报告注意保存，未经授权及本人同意不得传阅，以免产生不必要的法律问题。

　　该被测者的组织协调能力良好，能理解相关职能部门的职责，并加以组织规划，协调时注意组织形象，适当调用各资源，但对协调后的跟踪和反馈力度不够。

　　人际沟通意识较强，语言表达能促成有效沟通，同时注重对信息做出相应的反馈。有一定的危机意识，注意内外部沟通的有效性和长远性，但沟通技巧不够完美。

　　有较好的团队管理能力，团队目标明确，适时纠正团队存在的问题，并能从事实出发，采取一定的措施，但力度不够，没能很好关注团队管理措施实施的成效。

　　执行能力表现良好，能把握文件的轻重缓急，提出可行性方案并加以执行，执行的有效性和灵活性强，善于控制时间节点，有监督计划实施的具体方法。

　　决策与授权能力出色，分析透彻，决策果断，有完整的决策程序，授权意识强，能为下属提供明确的指导性建议并提出相应的监督措施。

　　具备良好的财务管理知识与能力，基础扎实，运用灵活，判断准确，既注重原则又不脱离实际。

　　公文筐测评报告的撰写主要依据被测者对每个文件进行处理的意见及理由，然后对照"公文筐测评维度评分表"进行评分。相对于其他测评形式，对公文筐测评的评分难度更大些，主观性也更强。这是因为每个被测者处理的意见及理由不尽相同，对此判断需要依赖主观思考。不同考评官对同一被测者处理的意见及理由的看法存在差异，影响到评分的一致性。这也是公文筐测评面临的一个最大问题。所以，对公文筐测评的评分需要更多考评者对同一被测者进行共同评分，以减少误差，保证测评报告的准确性。

　　5）整体测评报告样本

　　在人员测评实践过程中，都是采用多种测评技术而非单一的技术来考察一个人的各项素质特点。下面介绍两例通过多种测评技术对人员进行评价的整体性报告。

××公司管理人员人才测评报告

　　此文档仅供××公司内部使用，未经本公司书面许可，其他机构或个人不得擅自传阅、引用或复制。本报告内容仅供××公司参考，不建议作为人力资源决策的全部依据，详细解释请咨询专业人员。

一、被测人员基本情况

单位：××××　　　　机关部门：政工部　　　岗位：纪委书记

姓名：王××　　　　性别：男　　　　　　年龄：37

学历：本科　　　　　专业：财经类

二、本次人员测评简介

本次人员测评主要目的是基于该公司目前的人力资源状况，对公司科级以上管理人员的素质特征、潜能等进行测试并对测试结果进行评价分析，从而帮助该公司更加科学、准确地把握科级以上管理人员的素质特点。为了更加科学全面地描述本次测评对象的职业素质特征，测评报告分别从能力、动力、人格三方面，选择多种指标，对公司科级以上管理人员进行职业素质特征的全方位评价，并提出相应的测评结果应用建议。

本次测评将职业素质特征分为能力特征、动力特征、人格特征三大类，如图10-5所示。

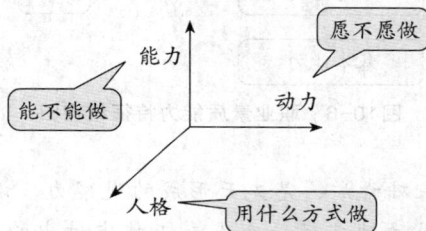

图10-5　职业素质特征图示

1.能力特征

能力特征是指人从事某项工作所应该具备的智力和经验的综合，能力特征决定了一个人能够承担的工作难度和工作种类。本次测评报告共从基本能力、职业态度、职业素质、管理潜能、领导潜能五个方面评价被测者的能力特征。其中基本能力是被测者与生俱来的综合素质基础；职业态度反映了被测者对待工作的态度；职业素质显示出被测者最优秀（或最欠缺）的职业素质方向；管理潜能反映了被测者作为管理者的潜质；领导潜能反映了被测者成为高层领导的潜质。

2.动力特征

动力特征指驱使被测者职业行为的素质特征，即是什么驱使被测者努力工作。本次测评主要分析被测者在职业上的价值观以及职业上的一些倾向，包话工作内容的倾向和工作方式的倾向。此外，还给出被测者的职业兴趣，但由于兴趣是动力因素中层次最低的因素，参考价值相对较低。

3.人格特征

人格特征是指人的性格、个性，包括情绪、性格、气质等。人格没有高低之分，只有差异，人格特征决定了人思考和解决问题的方法，因此决定了人的行为风格。

三、测评报告可信度

每个人在进行测评时的心态都是不一样的，较坦诚的人会选择真正与自己相符的答案，但有的人会为了美化自己的形象而选择他认为更加体现一个人优点的答案而不是真正与自己相符的答案。这种倾向本身是人之常情，但是这种倾向会影响测评结果的真实性，所以我们给出可信度这个指标，用以说明测评报告的可参考价值。经过我们的仔细分析，本份测评报告的被测者在参加测评时，基本能够真实、客观地做出选择，故本份测评报告的可信度较高。

四、能力特征评价

本测评报告主要从五个方面评价被测者的能力特征，评价模型结构图如图10-6所示。

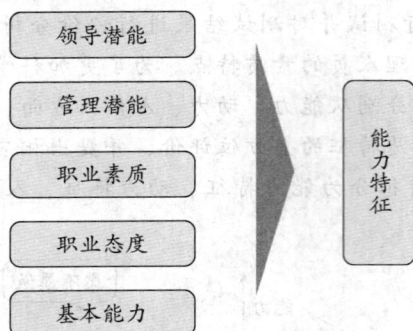

图10-6　职业素质能力特征结构图

1. 基本能力

基本能力是一个人的基础素质，是先天形成的观察力、记忆力、思维力、注意力、创造力的综合结果。基本能力决定了一个人在工作中付出的努力和成果之间的比例关系，"笨鸟先飞，慧人先觉"，就是这样的道理。但是基本能力并不能决定最终的工作绩效，只能说明一个人的基础素质。图10-7表示的是被测者的基本能力水平。

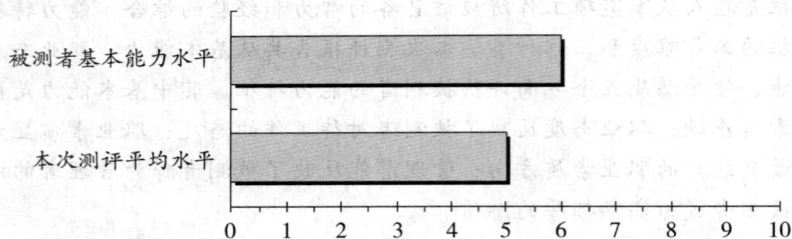

图10-7　被测者基本能力水平示意图

据图10-7可知，被测者的基本能力得分为6，属于中等水平，相当于本次测评范围的平均水平，属于人群总体中的基本能力平均水平的64.5%。被测者虽然不算聪明，但是可以承担普通难度的任务。经过努力，也可以完成高难度的工作。

2. 职业态度

每一项能力的高低从某种程度上都会影响被测者最终的工作绩效，而比能力更为重要的是对待工作的态度。能力再强，没有积极主动、认真负责的职业态度，只会给工作带来负面的影响。而职业态度又可以从两个方面去衡量：一个是对于自身工作的责任感；另一个是对于自身工作的积极主动性。前者决定了被测者是否能够尽力完成自己的工作职责；后者决定了被测者在完成工作时的主观能动性，即能否积极主动地承担自身职责要求之外的工作。

从测评结果分析，被测者对自己的职责很了解，对工作的责任感较强，总是很努力地去完成自己的工作，而且大部分时候都能够尽职尽责地完成，凡事都会以工作为重。对工作有一定主动性，希望通过自己的主观能动性把工作做得更好，有时即使不是本人职责范围内的工作，如果有可以提升自我能力机会，也会积极参与，属于有进取心的人。

3.职业素质

每个职业人由于经历、受教育程度甚至是天资的不同，都会表现出不同的职业素质结构，这种不同的素质结构，决定了被测者在具体工作中的不同表现以及被测者职业发展过程中欠缺的锻炼与培训。

从测评结果分析，被测者的职业素质在整体上比较平衡，没有相对于大多数人非常突出的方面，但是相对来说略强的是适应能力，能够适应新的环境和条件，很随和，不是特别在意外部的条件，更加关注自身的灵活适应，进入角色比常人略快。被测者相对比较欠缺的职业素质是开拓能力，对新的领域或者事务的把握能力不足，面对新的挑战，容易考虑过多，导致信心不足，长于谨慎，失于保守。同时被测者文字表达能力稍微欠缺，在文字表达时对前后的连贯性和逻辑性的关注略显不够，可以考虑对写作水平加以适当的训练。

4.管理潜能

管理潜能显示了被测者是否能够胜任管理者的角色，管理者往往需要安排整个工作团队的日常工作，故管理者的计划、组织、控制等方面的能力可以说直接决定了整个团队的工作是否能够有序地开展。

从测评结果分析，被测者对工作的计划能力不是很强，不是很注意对自己工作时间的安排，有时会由于计划安排的不当影响工作的开展，应该拿出更多的时间去关注事前的计划，这样会对提高管理的效率有一定的帮助。在测评中还发现，被测者组织能力相对较弱，不太善于组织和运用现有人力和其他资源来完成一个工作任务，简单的工作还勉强可以协调和组织，一旦需要承担起复杂的需要更多人协调配合的工作时，就会有些捉襟见肘。在日常的工作过程中，被测者作为一个管理者，工作的控制能力较强，既能够适当授权，给予下级合作者一定的激励，也会随时关注他们的工作进度和质量，通过对过程的随时监控和检查，保证工作的结果。

上述分析结果表明，相对于大多数人，被测者作为一个管理者，在工作任务的实施过程中，控制能力显著突出，能够较好地把握工作进度，对过程中出现的问题有较敏锐的关注并能采取有针对性的应对措施。但是整体组织能力相对较弱，针对既定目标，结合下属工作能力特点，有效分配工作任务的能力略显欠缺，需要加强。此外，计划能力不足，面对既定的工作任务，虽然能考虑各个步骤的轻重缓急，但是缺乏系统的事前规划，侧重尽快实施，因此对事前的规划需要提起重视并加以强化。

5.领导潜能

一个管理潜能很突出的职业人往往能够胜任一个中等规模的团队的管理者角色，但是一个相对独立、复杂、大型的组织的管理者不但要有突出的管理潜能，还需要有一种领导者的气质和能力。面对一个有一定规模的组织，领导者需要有杰出的统筹规划能力，需要有快速准确的分析并解决问题的决策能力，还需要具备凝聚下属的集体力量并指导下属工作的能力，即领导力。

从测评结果分析，被测者有一定的统筹能力，能有意识地对工作进行合理安排和规划，也会有意识地协调各方的意见，考虑还算全面，因此工作相对比较稳健，不会出现大的问题。

被测者决策能力较为突出，表现出较强的决断力，能够根据需要确定多个标准，对问题进行轻重缓急的判断，并能抓住主要问题迅速采取行动，决策时能够做到周密考虑，基本上是个优秀的决策者。

被测者作为一个团队的领导者，已经意识到自己作为一个领导不但应该管理好具体的工作，还应该有能力建立一支有战斗力的队伍，在管理的过程中能够有意识地去增强团队的凝聚力，也经常关注下属的成长，有一定领导的气质。

上述分析结果表明，相对于大多数人，被测者作为一名领导，具有突出的决策能力，能够通过多个标准对面临的问题进行轻重缓急的判断，抓住主要问题迅速采取行动，敢于承担责任；也有一定的统筹能力，在管理活动中能够有意识地对事务进行判断、分析和综合规划；领导能力尚可，有工作目标和可行的工作方法，工作过程中能够注意到与下级和同事较好沟通。

五、动力特征评价

动力特征的测评主要是考查被测者在职业生涯中的职业价值观、倾向的工作方式和工作内容，以及职业选择方面的兴趣等。

1.职业价值观

在职业生涯中，每个任职者都有自己相对稳定的价值观，也就是工作目标。工作目标的形成是一个过程，将随着时间的延续，特别是职业生涯的发展发生某些变化，但在某个具体阶段是相对稳定的。职业价值观共分为四种：影响意义导向型、名誉地位导向型、领导权力导向型、物质报酬导向型。

对测评数据的综合分析表明，被测者在职业价值观方面，对各种价值取向都比较敏感，反映出被测者的职业生涯有较强的目的性，是一个有目标、有追求的人。相对而言，被测者的职业价值观倾向于名誉地位导向型，也存在一定程度的影响意义导向和物质报酬导向。解释如下：

被测者职业价值观中，最显著的因素是工作所带来的声望、地位，重视工作对个人名誉、地位的影响，希望通过职业的发展来达到一个自己理想中的地位，重视事业的发展前景；同时，比较重视工作本身能给个人带来的成就感，希望自身工作能够给所在组织带来明显的价值并获得承认；此外，被测者在一定程度上，对工作给自身带来的物质报酬是否满意也有所关注。

2.职业倾向

职业倾向是指被测者更加喜欢什么样的工作，包括工作的内容、方式等。对工作内容、方式的不同偏好是现代职业分工的日益细化与职业人士自身个性的多样性相对应下反映出来的，反映了职业活动特点和人的个性特点之间的匹配关系。

测评结果显示，被测者对所从事工作的内容，没有明显的偏好和要求，对工作内容有一定的包容性和适应性。但是在兴趣倾向上，相对来说对纯任务性的工作有所偏好，倾向于不受干扰地完成既定任务，内心不愿让工作受到太多人情世故的干扰。

3.职业兴趣

职业兴趣是被测者在毫无压力和其他外界因素影响时，比较偏好的职业类型。由于现代社会各种压力较大，再加上职业价值观和职业倾向的影响，职业兴趣往往只是一个人的憧憬和向往。但事实上，每选择一种职业，都必须要同时承受这种职业给生活带来的很多其他影响，所以职业兴趣对于职业人来说，参考的实际意义不大。

测评分析表明，从职业兴趣角度分析，被测者内心不大喜欢长久拘束于办公室的工作类型，同时被测者对需要经常说服他人的工作类型显示出较强适应性。此外，被测者不大喜欢需要创意和直觉判断能力且较少有明确标准与规范的工作类型，如艺术类工作。

六、人格特征评价

人格特征主要指被测者的个性与性格，是被测者相对稳定的思维方式和行为风格，贯穿于被测者的整个心理，是被测者独特性的整体写照。优良的人格特征会促进被测者的能力发展；相反，不良的人格特征则会影响甚至阻碍被测者的能力发展。人格的评价维度非常多，通过对测评结果的分析，本报告认为被测者以下几个人格特征表现得最为显著：

其一，对外界的变化非常敏感，富有想象力，心地善良，容易被别人说服或打动，是个重感情的人，但有时可能会因为心肠太软而影响了对原则的坚持。

其二，对人非常热情，性格外向，对人际交往有明显的兴趣，能够很快地融入团体中，不太喜欢独处，更喜欢协作性的工作。

其三，考虑问题相对直接，为人坦率，人际交往中不会过多考虑他人动机，显得质朴率真，亲和力强。

七、应用建议

1.管理建议

被测者对工作的过程控制能力很强，能够有效地对实施过程进行监控。同时，在对所承担任务的具体实施中，具备较好的决策能力，目标明确，考虑全面。但是在工作方式上侧重稳定规范，较少在自身职责范围内超规则自我发挥。因此，被测者的工作特点总体体现为较强的执行力。在对他的管理方法上，建议侧重于方针、方向、目标的指导，并对任务的实施给予一定的自主空间。

2.团队建议

被测者有较好的人际关系倾向，与人交往宽容热情，有容纳力。在工作方式上，一方面具有一定的独立性，因此在团队中既能和多数人保持较好的合作，也能够提供建设性的思路、观点，基本上能够和各种类型的人保持较和谐的工作关系；另一方面倾向于稳定规范，侧重执行而不是创新，因此创新意识、挑战意识很强的人较难获得他的良好配合。

3.职业发展建议

被测者管理素质总体上比较均衡，但不突出，管理和领导潜能方面表现出较强的执行能力，但是开拓能力较弱，应付挑战的信心和能力不足。能够承担工作任务不是很复杂、工作方式规范性较强的管理工作，并能表现出较好的绩效，但是不适合领导工作任务较为复杂、挑战性较强的部门或者团队，如欲实现进一步的发展需要进一步强化计划、组织和控制能力。

4.激励建议

被测者对权力和地位比较看重，因此职位晋升、适度授权、领导的公开肯定和表扬等方式，都能够有效地推动他的工作绩效，物质鼓励也是较为有效的激励手段。

测评事业部

资料来源　根据华南师范大学人才测评与考试研究所的资料改编.

××有限公司人员测评报告

本报告的阅读权仅限于被测者上级或公司人力资源专家，用作被测者选拔/晋升等人事决策的参考。不建议向被测者提供本报告。建议整体看待测评结果，不应过分强调局部测评结果。为减少决策失误，建议将测评结果与其他个人信息和岗位特征以及公司战略相结合，作为人事决策的基础。

本次测评采用某测评技术有限公司提供的锐途管理人员素质测评系统，并由该公司测评专家提供整合分析报告。此次测评采用高层管理人员访谈、测评数据收集、参测人员简历分析、公司资料分析等方法进行企业的基础信息调研，同时根据公司的企业文化、价值观等提取出两大类参测人员（储备人员和主管人员）的核心胜任素质要求，并通过心理测验的测评方法对候选人的综合素质进行考查，全面了解其胜任力特征，并提供决策建议。下面选取一位人员的测评结果，具体如下：

个人测评结果——严××

个人信息：

姓　　名：严××	毕业院校：××大学
性　　别：男	文化程度：大专
年　　龄：28	测试日期：20××年8月

测评结果如图10-8所示。

考查素质	得分	图示 1~4	图示 4~8	图示 8~10	维度界定
追求卓越	6.20				指对自己有较高的要求，主动向高标准、有挑战性的工作目标奋斗，采取创新的工作方法，希望能获得出色的业绩
人际导向	7.70				指对他人的情绪反应比较敏感，除了正常的工作关系之外，还希望能与他人建立友好融洽的人际关系
领导潜质	4.62				主要考查受测者成为一名领导者的潜质，包括是否果断、是否具有一定的人格魅力、是否有成为领导者的愿望等
团队合作意识	5.27				指与他人一起工作时所表现出来的合作意识，表现在信赖别人、配合工作，能够在团队成员的互动中得到成长，共同进步
问题解决能力	6.71				指在面临困难或问题时的准备状态、实际表现出来的采用策略灵活解决问题的能力，以及此过程中表现出的情绪调控能力
学习能力	5.21				考查被测者的基本能力状况，包括言语理解、逻辑推理、资料分析、问题解决，考查其是否具备进一步学习提升的能力

图10-8　测评结果

注：本次评价采用10分制，1分表示个体在该维度上表现不佳，10分表示个体在该维度上表现优异。

基本分析：

总体来看，严××具备一定的问题解决能力，能够正确处理自己所面临的问题，但欠缺成为领导者的特质。

严××有很强的责任心，这使他在接到上级安排的工作任务时能够认真对待，并负责任地完成。但是，他自发工作、追求卓越的动机却比较弱，对自己的要求也不高，工作的主动性较差，除了工作职责规定的任务外，很少主动承担更多的工作，或超出预期地完成工作任务。

严××在人际导向方面表现比较符合公司的要求，与人建立亲密关系的要求处在中等水平，对别人的感受也有一定的敏感性，这种中等的人际亲和要求比较适合制造型企业。

在领导潜质上，严××的表现一般，从测评细项的分布上来看，他不太愿意影响或控制别人，支配欲低，而且他的自信心水平比较低，对自己的顾虑较多，不敢直面挑战，在遇到较大的压力时常犹豫不决，不能快速做出决定。相对而言，他更喜欢独立开展工作，在需要进行团队协作时，他可能会因自己的合作意识不足而影响到整个团队的工作推进。

严××具备一定的问题解决能力，在大多数情况之下，他能够提前意识到问题或困难所在，并做好准备。在这种情况下，当问题或困难出现之后，他能相对从容地将问题解决掉，但如果是他未能预料到的困难时，他会感受到非常大的压力，出现较大的情绪波动，而且处理问题的效率会变低。

严××的学习能力处在中等水平，在语言理解方面表现最差，表明他难以理解较复杂的文字材料，语言概念不清晰，将来在工作内容的调整上可以重点考虑不与文字材料打交道的工作，如与数字或图表打交道更多的工作岗位；但结合其他部分的得分，此部分得分偏离巨大，可能存在作答过程中的操作失误，因此可以进一步了解其作答详情，以判定其能力水平。

从忠诚度、诚信度、职业价值观三方面综合来看，严××更看重在工作中实践自己的专业技术才能，其次他看重工作的稳定性；他对公司的忠诚度在中等水平，他对公司的忠诚度主要体现在规范承诺上，也就是说严××对公司有责任感，认为自己应当为公司尽自己应尽的责任和义务，这与他的高责任心是分不开的。但应当注意到，他对单位的感情承诺并不高，而且机会承诺偏高。因此，综合来看，他在公司继续工作的可能性将比较大。

综合建议：

通过上面的分析可以看出，严××具备较高的责任心和一定的解决问题的能力，但在管理潜质上比较欠缺，缺乏成为一名领导者的动机，而且对自己的要求较低，没有主动进取的动机，而且他比较看重在技术道路上的发展及工作的稳定性。鉴于公司对储备人员的要求，不建议将他列入储备人员之中。

综合得分：60 储备人才归类：不适合

10.3 测评结果的应用

从根本上讲，企业人员测评工作就是为了其结果的使用。人员测评本身不是目的，因此应当特别注意测评结果的运用。测评结果可以提供大量有用的信息，主要包括：①从各个角度为人事决策如任用、晋升、培训等提供依据。这时，应当妥善利用测评结果。态度测评是体现管理上的需要，以此确定给予员工的任用和报酬，例如忠诚，对于会计人员就是决定性指标，其他指标再好也枉然。能力测评是以此确定加薪和晋升，鼓励员工发挥自己的创造性和技能。业绩测评是反映员工贡献大小和成果的客观状况，以此确定报酬的多寡，给予员工相应的奖励。②通过向员工反馈测评结果，帮助员工改进绩效，如能结合目标管理，则效果更佳。③检查企业管理各项政策，如企业在人员配置、员工培训等方面是否有失误、是否有效。例如，对在职员工的已发挥能力、潜在能力、工作适应性和工作态度均做出全面的了解与分析，形成的结果就是人事调整的基础资料。根据企业人员测评的结果，可以针对存在的不足进行改善培训，按照某种需要进行再提高的开发。④考评的结果也可为企业人力资源规划与招聘提供反馈信息。

10.3.1　结果应用

1）内部申请者

倡导以人为本的企业，非常重视员工与企业的共同发展，注重为员工提供公平的晋升与发展机会。在人员测评的过程中，对内部申请者进行测评结果反馈同样可以体现企业以人为本的企业文化。一般情况下，都是由考官对内部申请者进行测评结果反馈，反馈的内容包括四个方面：被测者参与测评过程的回顾；被测者的具体表现及优缺点概括；被测者实际的素质特点与岗位素质标准之间的差异；被测者未来改进的方向。考官要态度公正、观点客观，这对于被测者理智地接受测评结果具有很大的帮助。

2）寻求能力提升的个体

企业基于绩效管理与能力诊断的目的对个体的能力进行改进。员工在了解企业开展测评活动的真正目的以后，对测评结果往往会有很强的期待感，因此确保测评结果反馈的及时性和有效性是非常重要的。对于寻求能力改进的员工进行反馈，需要考官与主管共同参与，考官与主管在正式反馈之前必须对被测者的评价达成共识。反馈内容包括向被测者解释测试的维度及其内涵、说明岗位的素质标准、被测者自我评估、考官反馈被测者在各测评项目的结果、提出发展建议五项内容。需要说明的是，被测者通过考官的介绍，一般情况下都能够对自己的特点进行比较客观的自我评价，考官可以在被测者自评的基础上进行补充与完善。主管参与反馈的价值在于，考官对被测者的发展建议对主管以后对被测者的培养有很大的相关度。考官、被测者及其主管共同为被测者制订一个简单的能力改善计划，这就是绩效管理中为员工制订绩效改善计划的过程。

3）对企业领导者的反馈

测评机构需要将整体测评的情况对企业领导者进行说明，说明的内容包括：当前的人事决策安排是否恰当或者职位申请者的测试情况等。

10.3.2　结果的跟踪检验与反馈

多数情况下需要对测评结果的应用情况进行跟踪检验。一方面可以验证测评的效果，对测评的结果进行评估；另一方面也对测评过程的得失进行总结，为今后进一步改进、提高测评水平提供依据。

在应用人员测评的过程中应该注意：人员测评获得的个人信息只是决策信息的一部分，在决策时，参考测评信息的同时，要综合参考其他信息。对待人员测评，要抱科学的态度。既要尊重科学，推动人员测评在实际工作中的运用，又要合理地看待人员测评结果的可靠性和有效性，不宜过分夸大它的精确度和适用范围。

情境模拟 10-1

场景：某医疗器械公司需要招聘一名销售主管，现有若干名应聘者进入面试阶段，面试完毕后要对面试进行分析，做出人事决策。

操作：将全班同学分成若干组，每组的人员构成：3~4人扮演应聘者；4~5人扮演考官；2~3人扮演活动的监督者。

（1）对应聘者的要求。①明确应聘岗位和了解自己的个性、能力；②做好面试的准备。

（2）对考官的要求。①了解需要测评的素质指标，根据之前章节所学的知识设计面试的问题，表10-17可做参考；②制定评价标准，设计面试测评报告表格；③面试完毕后进行结果分析和撰写报告。

（3）对监督者的要求。①对活动过程进行监督和记录；②对应聘者和考官进行观察和评价；③对应聘者和考官在这次活动中的表现提出建议和意见。

小结：每位人员根据自己在活动中所扮演的角色，谈谈自己的收获和受到的启发，自己运用了哪些知识。假如自己担任别人的角色时，会对测评程序做哪些方面调整？

表10-17　　　　　　　　　　　　面试问题样例

面试项目	评价举例	提问举例
举止仪表	穿着打扮、精神面貌、文化修养、体格外貌	观察
工作经历	近年来的工作经历、从事某项工作的经验及丰富程度、工作成就、职务的升迁等状况	1.你最近所做的工作，其职责是什么？担任什么职务 2.谈谈你在××单位的工作情况和受到的奖励与惩罚
工作态度和工作动机	过去和现在对工作的态度，对所从事工作的评价，离职原因，求职的目的等	1.请谈谈你现在的工作情况，包括待遇、工作性质、工作满意度等 2.你为什么决定调换工作？你认为原单位有什么缺点？你认为什么样的工作比较适合你？
应变能力与反应能力	头脑的机敏程度，对突发事件或意外事件的应急处理能力	1.请你谈谈蚊子和老虎的共同之处 2.案例：你的上司平时不苟言笑，没人不怕他。一天，你正和同事议论他，谈完一转身发现上司站在你们身边，此时你会怎么办？

▰▰▰▶ **知识掌握** ▰▰▰

1. 什么是人员测评报告？
2. 人员测评报告的种类有哪些？
3. 人员测评报告的内容包括哪些？
4. 人员测评报告有哪些应用？

▰▰▰▶ **知识应用** ▰▰▰

☐ **案例分析**

广州××心理咨询公司专门为企业员工提供心理辅导、培训课程、生活资讯服务，使得员工在工作与家庭之间达到平衡，保持较好的工作效率。由于该公司人事变动的原因，现在需要招聘一名心理辅导顾问，人事部根据人才的素质要求制订了招聘计划，对若干名符合应聘条件的应聘者实施了人格测验和面试的测评技术。人事部的工作人员收集了每名应聘者的测评数据，根据事先设计好的记分方法，对每名应聘者都撰写了他的结果分析。每名应聘者结果分析的内容包括：应聘者的基本信息；人格测验的结果分析；面试的结果分析；主要优缺点概括；考官的建议等。然后考官将每名应聘者的资料提供给领导，让领导根据结果分析来做出人员录用决定。同时由于某些应聘者想了解自己在应聘过程的表现如何和人格测验结果，所以他们恳求人事部的工作人员向其提供最后的测评报告，以帮助其认识自己和提升个人的素质。

案例分析

分析提示

问题：在测评报告阶段存在什么问题？应该如何改进？

☐ **实践训练**

如果你是考官，根据以上的分析提示，你如何完善案例中测评报告的撰写和应用呢？

要求：请你写下你的撰写计划和要注意的问题。

第11章 测评综合实例

▬▬▬➡ **学习目标** ▬▬▬

在学习完本章之后，你应该能够：

1.熟知各种不同类型案例中人员测评项目设计、组织实施、结果分析的全过程；

2.掌握不同类型人员测评设计技巧、实施策略和结果的应用。

11.1 ××银行对新招聘毕业生的综合素质测评报告

××银行20××年在全国范围内招聘了477名毕业生，为了了解新招聘的毕业生与岗位的匹配程度和他们自身的综合素质，该银行委托了某人才市场的测评中心对这批人员进行基本职业能力、职业个性和工作风格等方面的测评。具体实施结果如下：

1）全体受测人员能力、素质总体分析

首先，为了对该批受测人员的各项素质的水平和相互之间的差异有一个全局的了解，通过对测评数据的统计分析，得出以下结果：

（1）综合心理素质。

受测人员综合心理素质如图11-1所示。

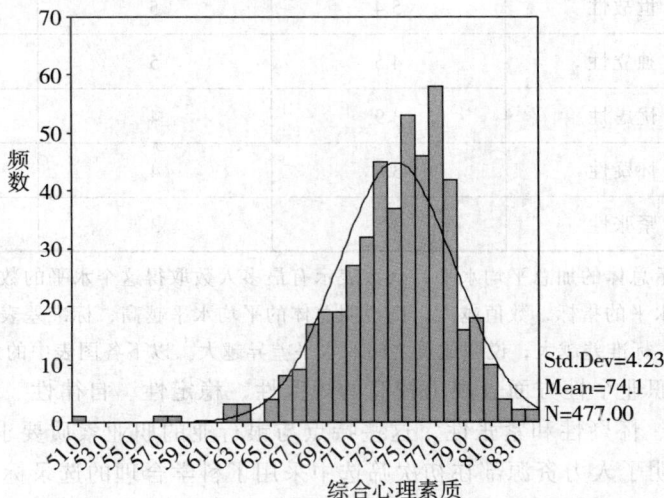

图11-1 综合心理素质

从图11-1可以看到，这批毕业生综合心理素质的平均得分为74.10，标准差为4.23，说明受测人员的总体心理素质较好，同时表明人力资源部的初次筛选取得了较好的效果，淘汰了综合心理素质较差的应聘者。

（2）职业个性。

表11-1为受测人员职业个性测量数据表。图11-2为受测人员职业个性测量分布图。

表11-1　　　　　　　　　　　　　　　**受测人员职业个性测量数据表**

类别	因素	平均数	众数	标准差
职业个性	稳定性	7.4	8	1.3
	规范性	7.4	7	1.4
	敢为性	7.2	7	1.6
	活泼性	6.9	7	1.7
	自律性	6.9	7	1.3
	乐群性	6.7	7	1.7
	支配性	6.7	7	1.5
	管理潜能	6.7	7	1.1
	心理素质	6.6	7	1.1
	想象性	6.2	6	1.4
	敏感性	5.9	6	1.5
	变革性	5.6	6	1.3
	世故性	5.4	5	1.4
	独立性	4.5	5	1.1
	忧虑性	3.9	4	1.6
	怀疑性	3.8	4	1.4
	紧张性	3.5	3	1.4

注：平均数表示总体的加总平均水平；众数表示有最多人数取得这个水平的数值；平均数和众数都是考查总体平均水平的指标，数值越大，则说明总体的平均水平越高；标准差表明总体中各成员之间的水平差异程度，标准差越大，说明成员之间的水平差异越大。以下各图表中的意义相同。

受测人员在职业个性方面表现出较高的规范性、稳定性、自律性、活泼性、乐群性和较低的忧虑性、怀疑性和紧张性，这些特点与银行业的职业素质要求是非常符合的。这一结果再次说明了人力资源部在初次筛选中采用了科学合理的选录标准，使得入围人员的职业素质基本达到了银行业的职业素质要求。

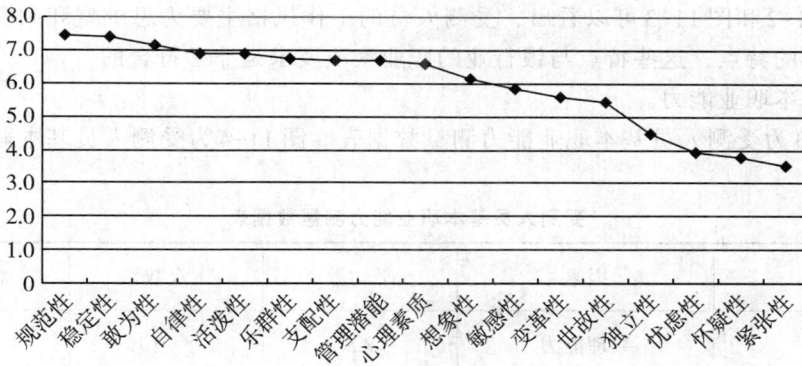

图11-2　受测人员职业个性测量分布图

（3）工作风格。

表11-2为受测人员工作风格测量数据表。图11-3为受测人员工作风格测量分布图。

表11-2　　　　　　　　　　　　　受测人员工作风格测量数据表

类别	因素	平均数	众数	标准差
工作风格	思维	8.3	9	1.2
	判断	7.8	8	1.6
	外倾	5.6	6	2.3
	感觉	5.2	6	2.4
	直觉	4.8	4	2.4
	内倾	4.4	4	2.3
	感知	2.2	2	1.6
	情感	1.7	1	1.1

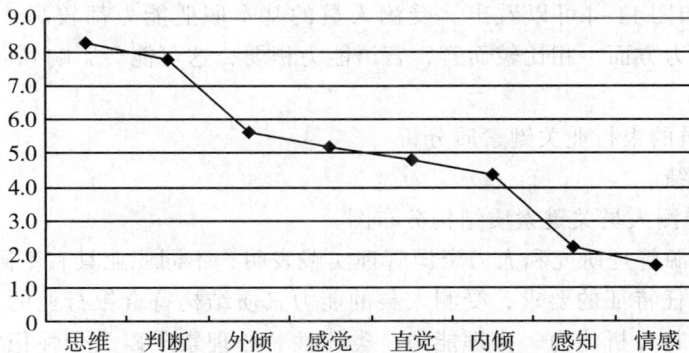

图11-3　受测人员工作风格测量分布图

从表11-2和图11-3可以看出，受测人员的工作风格主要为思维型和判断型，具有稳健、沉着的特点，这些特点与银行业的职业素质要求是非常符合的。

（4）基本职业能力。

表11-3为受测人员基本职业能力测量数据表。图11-4为受测人员基本职业能力分布图。

表11-3 受测人员基本职业能力测量数据表

类别	因素	平均数	众数	标准差
基本职业能力	数理能力	8.5	9	1.2
	资料分析能力	8	10	3.3
	推理能力	7.3	7	1.2
	类比性	7.3	8	1.3
	常识	7	7	1.7
	言语能力	5.4	5	1.2

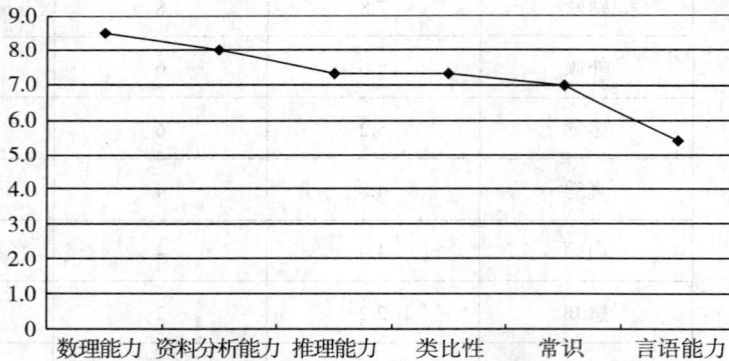

图11-4 受测人员基本职业能力分布图

从表11-3和图11-4可以看出，受测人员的基本职业能力都较高，尤其在数理能力、资料分析能力方面。相比较而言，言语能力稍弱，这可能会影响到向综合管理人员方向的发展。

2）受测人员的银行业关键素质分析

（1）综合成绩。

图11-5为受测人员关键素质结构分布图。

现代人力资源管理研究和人力资源管理实践表明，不同职业具有不同的关键素质结构，根据岗位胜任特征的要求，受测人员的能力素质结构符合银行业的关键素质结构，在数理能力、资料分析能力、推理能力、类比性、心理素质以及个性稳定性、规范性、自律性等方面都表现出较高的水平。

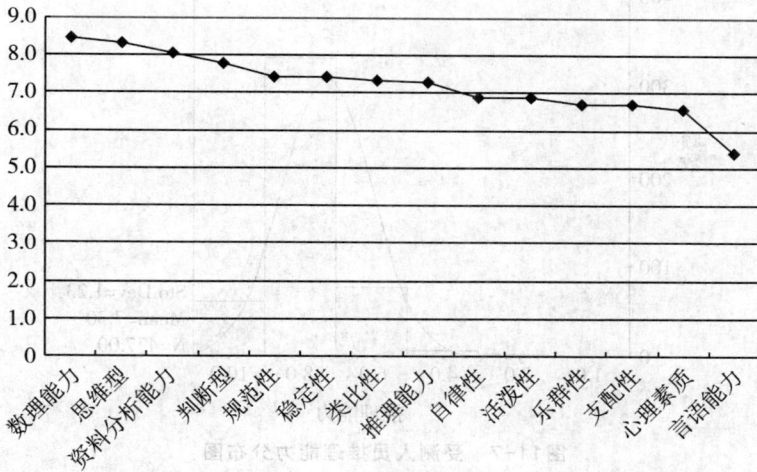

图11-5 受测人员关键素质结构分布图

（2）数理能力。

图11-6为受测人员数理能力分布图。

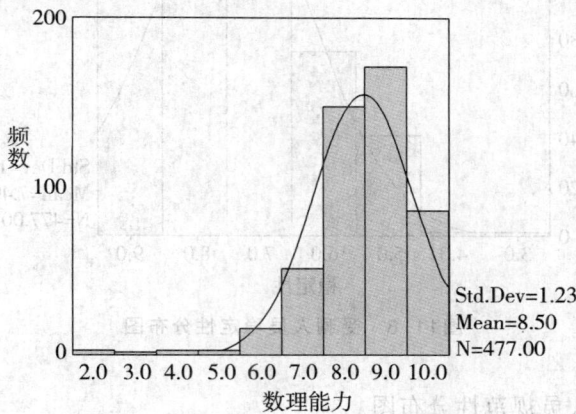

图11-6 受测人员数理能力分布图

数理能力是指数字推理、数学运算以及数学敏感性方面的基本能力。数理能力是银行工作人员必须具备的重要能力之一。受测人员数理能力的平均数为8.50，处于很高水平，符合银行工作的要求。

（3）推理能力。

图11-7为受测人员推理能力分布图。

推理能力是根据已有的信息、资料等做出正确判断的能力，是风险控制和营销拓展等工作中必备的能力。从图11-7可以看出，全体受测人员具有较高的推理能力。

（4）稳定性。

图11-8为受测人员稳定性分布图。

稳定性的平均数为7.40，处于较好的水平。从图11-8可以看出，受测人员稳定性呈正偏态分布，更多的人向高分区靠近；稳定性得分等级越高，则说明情绪稳定性越高。

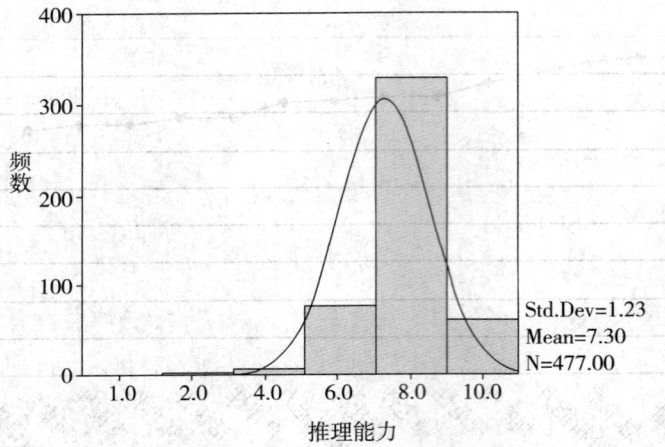

图11-7 受测人员推理能力分布图

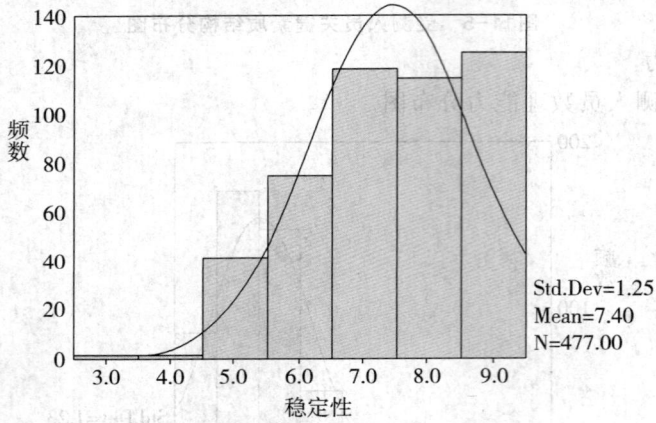

图11-8 受测人员稳定性分布图

（5）规范性。

图11-9为受测人员规范性分布图。

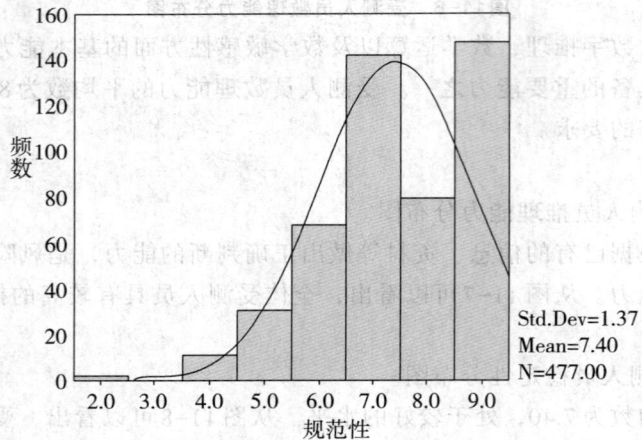

图11-9 受测人员规范性分布图

规范性的平均数为7.40，处于较好水平。从图11-9可以看出，全体人员得分基本呈正偏态分布；规范性得分等级越高，则说明做事的责任心、原则性越强。

（6）自律性。

图11-10为受测人员自律性分布图。

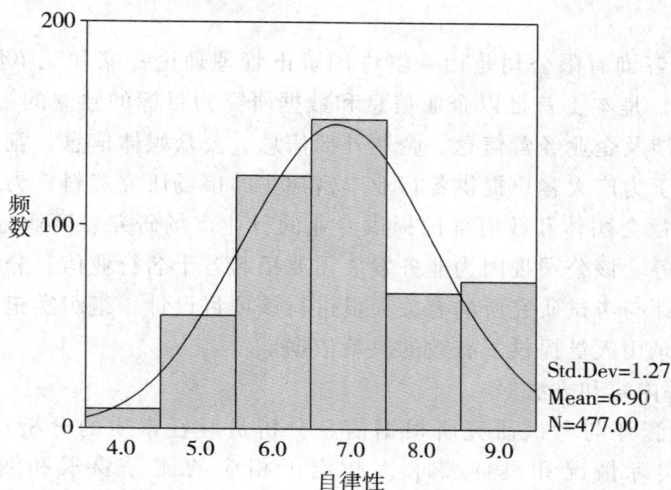

图11-10　受测人员自律性分布图

自律性的平均数为6.90，处于中上水平。从图11-10可以看出，全体人员得分基本符合正态分布；自律性得分等级越高，则说明自我控制越严格。

3）参考建议

通过对上述受测人员数据的分析，我们能清晰地看出此次招聘人员的素质情况。就数据分析来看，我们提出以下工作建议：

（1）此次受测人员总体素质较强，普通入职要求基本达到，实际缺乏的是一定的工作经验，因此前期人员培训希望规范进行，针对性强，使这些人员短时间内能在工作中掌握工作技巧，发挥出各自的价值。

（2）招聘人员素质较高，会对现有员工带来一定冲击和压力，招聘人员的岗位安排是下一步人力资源工作的重点，要关注压力及员工关系。

（3）尽可能缩短招聘周期，提高招聘效率，抓住人才。

（4）企业整体管理水平相应地要提高（企业文化、组织发展架构、管理制度、管理方式、工作流程及再造、薪酬福利等），以适应高素质人才的发展要求。

（5）要实现人才招聘、引进等人力资源工作的标准化、专业化的要求，入口是关键，也是现代企业竞争力的基础。

通过上述分析，我们认为，本次受测的人员中，大部分都有较好的综合素质和心理素质，并且都与待任岗位具有较好的岗位匹配度，估计能够较好地胜任工作。受测人员总体性格倾向比例均衡，内向和外向者大致持平，同时每个受测人员有鲜明的个性特征，这对保持人员总体个性结构均衡、促进团队活力具有积极的作用。此外，受测人员都表现出稳定、规范、自律等银行职业所要求的个性特点，使得他们可能在工作岗位上可以很快地适应。但受测人员大都缺乏实际工作经验，若能增加锻炼和实践的机会，则可能在磨炼中提高专业技能和完善自身个性，从而取得更大的成就。

11.2 ××信息咨询有限公司行业信息分析员选拔综合测评

某市××信息咨询有限公司是由一群中国资讯管理理论专家和竞争情报实战派携手创建的咨询机构，是本土首批以企业信息和数据研究为目标的独立的第三方服务机构。信息研究的范围涉及企业经营信息、企业外部信息、公众媒体信息、竞争对手企业信息等，该公司致力于为广大客户提供各行业丰富翔实的市场研究资料，为国内外的行业企业、研究机构、社会团体和政府部门提供专业的行业市场研究、商业分析、投资咨询、市场战略咨询服务。该公司现因为业务发展需要招聘若干名行业信息分析员，该公司委托某高校人才测评与考试研究所的有关人员进行该项目设计、组织实施，该项目的测评结果为公司选拔录用人员提供了有效的决策依据。

1）具体测评内容和方法

某高校人才测评与考试研究所根据信息分析员胜任素质的分析，结合××信息咨询有限公司的实际情况和具体要求，制定了相应的测评要素和测评方法，见表11-4。

表11-4　　　　××信息咨询有限公司行业信息分析人员测评要素和方法

测评要素	测评方法
信息调研能力	纸笔
信息收集能力	纸笔
信息分析、挖掘和概括能力	纸笔（案例分析）
信息表达能力	纸笔+面试
信息分析基本技能	纸笔
信息敏感性	纸笔
求职意向、职业倾向	纸笔+面试
……	……

2）测评所采用的材料

下面是部分材料。

××信息咨询有限公司测评问卷

姓名：_____所属机构/部门：_____职位：_____

测评说明：

1.请独立、认真、如实地按要求进行回答。

2.测评时间为120分钟。

3.测试完成后请将问卷交给工作人员。

4.祝你顺利！

第一部分　时间30分钟

说明：1.根据相应的要求进行作答。

2.本部分要求每道题都要做出选择，否则会影响你的测评结果。

一、下面每道题中都有A、B、C三项描述，请考虑这些描述与你的实际情况的符合程度，然后对它们进行排序，把最符合你的实际情况的选项排在第一位，最不符合你的实际情况的排在最后一位。

例题：

A.我宁愿辞职，也不愿意被升迁到非我所长的领域工作

B.我适合从事不受束缚的工作

C.我喜欢从事为别人服务的工作

如果B最符合你的实际情况，C最不符合你的实际情况，则你的排序应为：（BAC）。

（　　）1.A.我宁愿辞职，也不愿意被升迁到非我所长的领域工作

　　　　　　B.我适合从事不受束缚的工作

　　　　　　C.我喜欢从事为别人服务的工作

（　　）2.A.我希望自己能成为某一方面的专家

　　　　　　B.我很重视工作中的自主权

　　　　　　C.我希望能留在本地，即使被升迁我也不愿意去外地

（　　）3.A.我只会接受自己专业领域内的管理职位

　　　　　　B.能尽自己的能力为别人提供服务对我来说很有意义

　　　　　　C.我希望工作上能不断有新挑战出现

（　　）4.A.留在自己的专业领域比因升迁而调至其他专业领域更为重要

　　　　　　B.同时涉足不同的工作领域对我很有吸引力

　　　　　　C.我宁愿待在原地，也不愿意因升迁或调薪而迁移至外地

（　　）5.A.我的兴趣在于钻研自己的专业领域

　　　　　　B.我希望能在管理工作中发展

　　　　　　C.我希望通过人际技巧去帮助别人

（　　）6.A.我宁愿辞职，也不愿意被升迁去从事非我所长的工作

　　　　　　B.我希望自己能成为出色的管理者

　　　　　　C.工作能提供长期保障，对我而言很重要

……

二、请选择最符合你的情况的一个。

（　　）1.A.大家都认为我工作很勤奋

　　　　　　B.我很少感情用事

（　　）2.A.我觉得一个人应该宁当兵头，也不要做将尾

　　　　　　B.我会把我的工作处理得很有条理

（　　　）3.A.人们都说我反应敏捷，头脑机智

　　　　　　　B.我做事喜欢精益求精

（　　　）4.A.我是个闲不住的人

　　　　　　　B.我喜欢阅读科学方面的书

（　　　）5.A.不容易疲倦

　　　　　　　B.我善于和人交往

（　　　）6.A.做事总是尽最大的努力

　　　　　　　B.我很有条理，东西都摆在适当的位置

（　　　）7.A.喜欢发号施令，推动工作的开展

　　　　　　　B.身体非常健康，很少生病

（　　　）8.A.敢于对事情做出决定

　　　　　　　B.经常参加一些理论研讨会

（　　　）9.A.做事又快又稳

　　　　　　　B.善于观察事物的细节

……

第二部分　　时间30分钟

1.请列出你所知道的数据处理的工具或软件：

你使用过的有：

2.请列出你所知道的搜索引擎网站：

你使用过的有：

3.如果要了解农资方面的有关信息，可以通过哪些方式和方法？

4.如果想从网站上了解与××公司的经营发展有关的农资方面的信息，可以用哪些关键词搜索？

5.如果想了解有关农资方面比较深入、专业的信息，可以通过哪些途径？

……

半结构化诊断面谈题目

1.谈谈你对××行业发展现状及发展前景的看法，××在行业发展中有哪些优势和弱势（需要改进的地方）？（行业认知认同，组织认知认同，职业倾向）

2.如果你当分公司经理，你觉得在哪些方面需要提高？（自我认知，职位认知，自信心，成就动机）（综合评估：亲和力，社会成熟度，言语表达能力，举止仪表，管理气质）

……

3）测评结果（部分结果样例）

（1）信息分析处理能力。这主要考查信息分析处理所需要的基本技能、方法和能力。

数据来源：纸笔测验（问卷、行为事件技术、案例分析）。

表11-5为信息分析处理能力分析表。

表11-5　　　　　　　　　　　　　　信息分析处理能力分析表

	数据处理技能	信息收集技能	信息调研能力	信息挖掘能力	信息概括能力	信息表达能力	信息分析基本技能	信息敏感性	合计
分值	5	30	15	10	10	10	10	10	100
人员1	4.75	24.75	12.5	7.5	8.5	9.25	8.5	7.5	83.25
人员2	3.75	27.5	12.75	8	7.5	7.5	7.5	8.5	83
人员3	3.5	25.5	13	7.5	8	9	8.5	7	82
人员4	2.5	22.5	12	8.75	8.5	9	7.75	8.5	79.5
人员5	3.5	25.25	12.5	7.75	7.25	7	7.5	6.75	77.5
人员6	5	22.75	13.25	6.5	8	6.5	6.5	7	75
人员7	3.75	25.25	11	6	7.5	6	6	6.5	72
人员8	2.75	22.5	9	7.75	7	6.5	7	8.25	70.75
人员9	3.5	24.75	10.75	6.25	6	5.75	7	5.5	69.5
人员10	3	24	10.5	6	6	5.5	5.5	5.5	66
人员11	2.5	22.5	9.5	6.5	7.5	6	5.5	5.5	65.5
人员12	2.5	20.5	11	6.5	6	6	6.5	6	65

（2）职业素质。本报告中的职业素质是指对自我和应聘职位的正确认知以及职业成功所需的基本素质，如自信心、亲和力、社会成熟度、言语表达能力、举止仪表、管理气质和成就动机等。

数据来源：半结构化面试。

表11-6为人员职业素质分析表。

表11-6　　　　　　　　　　　　　人员职业素质分析表

	自我认知	职位认知	自信心	亲和力	社会成熟度	言语表达能力	举止仪表	管理气质	成就动机
人员1	7	6	7	7	6.5	7	7.5	7	7.5
人员2	7.5	5.5	5.5	6.5	6	7	7	7.5	6.5
人员3	7	6	7.5	6.5	5.5	8	7	6	7.5
人员4	7.5	7	8.5	8	8	8.5	8	8.5	7.5
人员5	9	9	9	9	8	8.5	8	8.5	9.5
人员6	8	7.5	8	8	8	8	7.5	8	8
人员7	8	8	8	8	8	8	8	8	8
人员8	7.5	7.5	8	8	8	8.5	7.5	7.5	8
人员9	8	8	8	7	7	7	7	7	7.5
人员10	6.5	6	6	5.5	4.5	6	6.5	4.5	6.5

（3）职业价值观和工作模式。职业价值观主要反映的是个体工作或职业追求的价值目标，不同的职业价值观有相应的工作模式。了解员工的职业价值观将更有助于有效的

管理和考核激励。

专长：指追求个人能力的发挥和专业的发展，力图形成自己的特定优势。

稳定：指寻求稳定、风险小的工作环境以及可预测的未来。

自由：指追求工作中的自主和独立，不愿受到各种束缚和制约。

服务：指乐于从事有社会意义和价值的工作，乐于帮助他人，不计较回报和利益。

名望：指追求社会地位，希望所从事的工作和所在的组织被社会认可、钦佩、尊敬。

创造：指希望从事有挑战性和创意的工作。

变动：指希望从事一些非事务性或程序化的工作，喜欢不断变化的工作节奏和工作环境。

管理：指希望寻求控制他人及事物。

数据来源：心理测验。

图11-11为职业价值观和工作模式分析图。

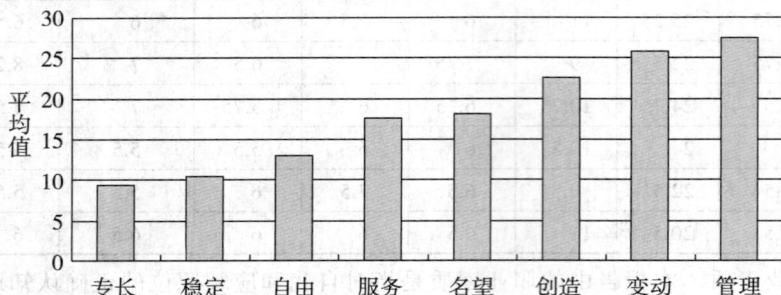

图11-11　职业价值观和工作模式分析图

……

人才测评与考试研究所根据以上受测人员数据的分析结果，提出以下参考建议：①此次受测人员总体素质较强，大多数达到该岗位的基本要求，实际缺乏的是一定的行业工作经验和行业敏感度，因此在使用前期仍需要更广泛地熟悉农资行业的产品、市场等方面的规律以及对公司文化和公司经营发展战略更深层次地了解与把握，以便能将所具有的能力和技能充分体现到相应的工作之中，为公司的发展提供坚实的基础；②为了有效地留住有价值和潜力的人才，需要在一些方面做进一步的完善，如管理方式、企业文化渗透、考核体系、薪酬福利等。

（4）个性特征及发展中的注意点。主要测查的是潜在的个性特征及行为风格。

数据来源：心理测验。

人员1：张×

突出特质：

□ 往往把注意力集中在外部世界的人和事上，并且从外部的事情、经验和人际关系等获得能力。①适应外部环境；②从行动或讨论中学习得最好；③兴趣广泛；④倾向于先说，然后反应；⑤好交际，善于表达；⑥工作和人际关系中采取主动。

□ 理性地适应外界环境：往往生活按部就班、有条不紊，希望把生活安排得有条理，能够把握生活。①有条理；②系统性强；③做事有条不紊；④有计划；⑤避免到最后压力重重。

主要特征：

直率、果断。好奇心重，善于观察，探求新的观点，喜欢复杂的问题。主要是经过思考去设想事情的各种可能性，并洞察周围的事物，做出决策和计划。喜欢用整体方案去解决实际问题。善于从事需要论据和机智的谈吐的工作，如公开演讲之类。往往很有学识并喜好增加其知识。

发展中的注意点：

个人发展不顺利时，会：①过于客观、吹毛求疵；②强加于人，指手画脚，发号施令而不听别人意见；③变得易伤人，言辞很冒犯。

人员2：吴×

突出特质：

情感性决策：往往考虑什么于己于人都很重要，因此决策是基于以人为中心的价值之上，以和睦和赏识个人为目标。长处包括：①理解、赞赏并帮助他人；②有同情心；③受个人价值观的支配；④有"恻隐之心"；⑤追求和睦与个人的被承认；⑥易受他人影响。

主要特征：

少言，友善，负责，认真；尽心地工作以尽职责；可以使任何项目和群体更加稳定；周到，刻苦，准确；对技术性东西不太感兴趣；能耐心对待细节性问题；体谅人，有洞察力，关心别人的想法。

发展中的注意点：

个人发展不顺利时，会：①强烈支持等级、权威和程序；②感到不被赏识、愤懑、满腹牢骚；③过多注意自己的决定对人们的直接影响。

……

（5）岗位匹配度诊断。岗位匹配度指备选对象在能力水平和能力特点、个性特点、行业认知和认同、组织及组织文化认知和认同、职业价值观等全方位综合素质与岗位的匹配程度。

数据来源：本项目各项测评指标，按不同权重合成。

表11-7为人员岗位匹配度诊断分析表。

表11-7 　　　　　　　　　　　　　**人员岗位匹配度诊断分析表**

姓名	岗位匹配度	建议	各项特点	总体评价
人员1	86.3	可接受	个性匹配性：是一个很稳健、服从的人，性格活泼稳健，心理素质良好 思维风格：思维清晰，条理性较好，有较强的概括分析能力 求职意向：组织认同感较强，但对目前工作自我评价不是很满意（不满意因素包括报酬、工作认可、工作稳定性），发挥自己能力的机会不是很多（工作满意度） 职业倾向：研究+现实型，是一个比较实在的信息分析人员 信息分析、挖掘和概括能力：比较好的市场把握能力 发展注意点：如果是作为信息分析员的话，报告的表达水平需要提高	综合素质较强，信息分析专业能力过硬，组织认同和岗位性格匹配均佳

姓名	岗位匹配度	建议	各项特点	总体评价
人员2	85.5	可接受	思维风格：直觉型获取信息、了解事物，善于抓住模式，可以清楚地看到未来的可能性，重视知识 求职意向：组织认同感较高 信息分析、挖掘和概括能力：善于对信息进行概括分析 发展注意点：管理能力有待提高	有思想，成就动机强，善于表达，有潜质，组织认同感佳，但较理想化，较强调自我
人员3	78.1		（没有参加综合素质测评） 信息分析、挖掘和概括能力：有较好的信息分析技能，理论功底较扎实，文字表达能力较好 求职意向：组织认同感有待提高 职业倾向：职业倾向不明朗	有较好的信息分析技能，理论功底较扎实，文字表达能力较好，但组织认同感仍待提高，职业倾向不明朗
人员4	78.1	可培养	个性匹配性：自信，自我期望较高 求职意向：追求成为有地位的管理者 思维风格：思维周密，逻辑性较强，关注细节 职业倾向：研究型，倾向于从事探究事物发展规律的工作 发展注意点：加强对公司政策意图的理解	思维较为清晰，有条不紊，但领悟公司政策意图方面的能力尚待加强
人员5	76.9		个性匹配性：支配型，比较感性 思维风格：直觉型获取信息、了解事物，即喜欢通过宏观观察和集中注意事实之间的关系与联系，去获得信息，但关注细节不足 职业倾向：传统+管理型，喜欢从事重复性、常规性工作 发展注意点：开拓创新能力需加强	宏观思维较好，但关注细节有待提高
人员6	74.9	拒绝	个性匹配性：外向，精力和注意力都面向外部，喜欢交际 思维风格：情感型决策。往往考虑什么于己于人都很重要，因此决策是基于以人为中心的价值之上 信息分析、挖掘与概括能力：信息分析基本功一般，达不到该职位的基本要求 职业倾向：不喜欢做需要掌握抽象观点或客观分析的工作	有较好的综合素质，但信息分析处理的基本功较一般，达不到该岗位的要求
人员7	73.7		思维风格：创新气质不足 信息分析、挖掘与概括能力：信息敏感度、信息吸收和信息挖掘能力尚不能达到职位基本要求	信息吸收和信息挖掘能力尚不能达到要求

11.3　××集团管理人员晋升选拔测评

　　××集团成立于1961年，是以经营大型综合超市为主的国际商业集团，它的主要业态为大型超级市场、超级市场、便利店，同时涉足加工生产和金融业。该集团以把"自选、廉价和服务"聚集在同一建筑物内作为其经营特色，实现单位面积最高营业率和商品最低价销售的有机统一，其经销商品多达数万种，具有广泛的国际营销网络、一流的管理水平和科学的经营机制，在世界商贸零售业享有较高的声誉。

1）背景资料

（1）××在中国的发展。

××在亚洲的发展始于 20 世纪 90 年代中期。经过一系列的筹划和详细的市场调研，××将亚洲发展的重点放在中国。1997 年 4 月上海××超市有限公司正式成立，这是一家以经营大型综合超市为主的中外合作企业。1998 年，××将其亚洲总部迁至上海。1999 年 7 月 18 日，在上海的中原小区开设了中国第一家、世界上第 209 家特大型综合超市，从而揭开了××集团在中国发展的序幕。为了进一步加快××在上海和中国其他地区的发展，××在上海的第二家大型综合超市——××长阳店于 2001 年 9 月底隆重开业。该店位于杨浦区长阳路、临青路口，由 2 幢厂房改建而成，总建筑面积 32 000 平方米，营业面积达到 10 000 平方米。店面一楼为宽敞明亮的商业长廊和配套的各类专卖店、中外快餐店，并设有收货区、仓库及停车场；二楼设有 60 个收银台。截至 2004 年年底，××集团已在中国开出 13 家分店。在未来，××集团希望能在华东、华北、西南等大区开设更多的分店。

（2）面临的挑战。

随着××在中国的快速发展，它所面临的最大挑战是管理人员本地化的问题，一方面外派人员成本过高，已经成为以低价取胜策略的一大阻碍。在××，一个外派经理人员的费用相当于本土经理人员的 8 倍。在公司进入中国的早期，从法国派往中国的经理人员包括店长和经理，每个店需要 8~10 人。这些外派经理人员把公司的先进管理理念和制度、方法带入到中国公司，他们对于中国本土员工的成长起到了很好的引领作用。随着中国员工对先进管理制度和方法的掌握，外派经理人员的示范引导作用逐渐下降，而且外派人员对本地市场的熟悉程度往往不如本土的经理人员。另一方面，由于××在全球的迅速发展，从母国寻找外派经理人员到中国已经越来越困难了。因此，实行管理人员的本土化是××别无选择的事情。为了使××能够在中国快速而稳定地发展，××高层决定实施管理人员本土化的战略。

（3）应对措施。

公司采取的第一个措施就是大量地从现有员工中选拔有潜力的人员补充到新的管理岗位。在××，除了先开的几个店大规模从外部招聘管理人员外，从 2002 年就开始在已有店中选拔新店的管理人员。采用此种方式的优点是对一线员工有很强的激励作用，每一个员工只要自己努力都有向上发展的机会。第二个措施是建立第三方独立评价机制。××管理层认为，仅有制度是不够的，还必须从流程上做到公平、公正，在方法上讲求科学，只有好的制度配合良好的机制、方法流程才能够达到预期的效果。因此，××的内部人员的晋升选拔，是聘请第三方测评咨询公司进行独立评价的，公司根据测评咨询公司的评价结论与自己掌握的信息进行综合判断，决定人员的录用。所以，公司聘请了法国一家测评咨询公司在上海的代表处作为其在中国的人才测评服务商。这家测评咨询公司一直是××的战略合作伙伴，帮助××建立起了一套人员选拔的流程和工具方法，并一直为法国××提供测评服务。

2）公司本土管理人员测评与选拔流程

公司的本土管理人员选拔评估研究经历了3个阶段，即调研准备阶段、选拔实施阶段、反馈应用阶段，如图11-12所示。

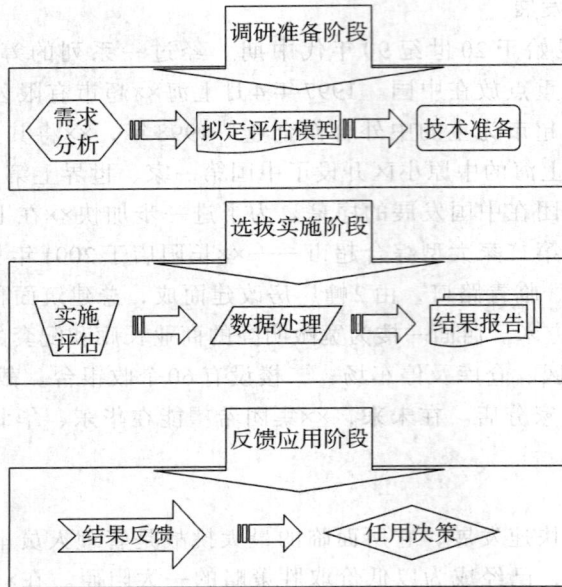

图11-12　公司测评流程示意图

（1）需求分析。

承接项目后的第一项工作是进行需求分析。××作为一家大型超市集团，它的组织结构是什么样的？各级管理层的权限和相互关系如何？需要评估的对象包括哪些？他们的工作内容和职责范围各有什么特点？成功的本土管理人员与失败的本土管理人员有何差别？在需求分析的过程中，我们采用了访谈法。访谈的对象包括3部分：一是××（中国区）人力资源总监、人力资源部经理。二是部分店店长，包括长阳店、中原店、苏州店、杭州店等店的外籍店长。三是时任各店的分部经理8位。最后通过分析得出，需要选拔评估的对象包括：①由分部经理晋升为店长；②由部门经理（section manager，SM）晋升为分部经理。

（2）拟定评估模型。

在访谈调研的基础上形成了初步的评估模型，在形成模型的过程中，我们没有参考他们在法国的评估模型，而当我们的评估模型初步确定后，再与外方沟通交流讨论。这一模型是通过双方（××方主要是他们中国区的人力资源部）充分的沟通和讨论最后确定下来的。

（3）技术准备。

技术准备是指测评工具和方法以及测评所用的道具材料的准备。根据拟定的评估模型，我们决定采用包括标准化测验、评价中心和投射测验三大类评估方法。在标准化测验中，主要选用了我们自行研究开发的标准化测评工具，如基本潜能测验，个性测验，核心能力测验（包括创新能力测验、人际沟通能力测验、团队合作能力测验、学习能力测验、问题解决能力测验），管理能力测验。在评价中心方法中，我们采用的形式主要有无领导小组讨论、行为事件面谈、公文筐测验、案例分析。评价中心的方法所用的材料都是我们根据××的实际设计的，可以说是完全本土化的。而投射测验我们采用的是经过修订的主题统觉测验（TAT）和句子完成测验（SCT）。另外，在评估分部经理至店长时，我们还采用了UK心理测验法来评估被试者的注意稳定性和精力水平及耐力状况。

（4）实施测评。

对这些对象的评估是分期分批进行的，最多时25人，最少时6人，如果测试人数多，就分组进行，一般以6人为一个小组，主要是为小组讨论的方便而设计。测评的流程一般是先做无领导小组讨论，然后是文件筐测验和案例分析，行为事件面谈和标准化测验及投射测验则根据场地及评委情况进行灵活安排。测评的地点则以对象相对集中为原则，曾测试过的地点包括：上海长阳店（中国区总部）、北京、杭州、成都，以及四达测评中心上海站。具体实施的形式主要分为4种：无领导小组讨论（群体活动），一般有5位左右的专家做评委（包含××方面的1位，测评中心3位，另外一位则为外聘专家），对各位测评对象在讨论过程中的表现进行评分；行为事件面谈（一对一面谈，每次面谈时都有专门的记录员记录面谈的内容），时间在1个小时到1个半小时之间；标准化测验，完全采用电脑人机对话的方式测试；公文筐测验和案例分析，采用笔试的方式进行。一般来说，这些测试在1天内完成。

（5）数据处理。

现场测试完成后，接下来就是对测试过程中采集到的数据进行综合处理。数据处理包括：文件筐测验和案例分析笔试的评分；无领导小组讨论和行为事件面谈的分数计算（取评委的算术平均数）；人机测试原始分数的整理，要与通用群体比较，如果有差异的话就需要重要制定常模来导出标准分数，如果没有差异则直接导出标准分。在此基础上对各测评要素的分数进行合并，得到大类指标的分数。最后要对评估模型中的一级评估指标和二级评估指标评定分数，这个过程一般由3~5名专家通过讨论来确定。最后专家组要根据被评者的得分情况和岗位对能力素质的要求进行匹配度评估，对被评者提出推荐等级。推荐的等级包括5个等级：第五级为优秀级，即被评者的素质和能力远高于岗位的要求；第四级为优良级，即被评者的素质和能力略高于岗位的要求；第三级为合格级，即被评者的素质和能力与岗位的要求基本匹配；第二级为慎重使用级，即被评者的素质和能力与岗位的要求有一定差距，可能是能力方面，也可能是个性方面，对这类对象的任用要慎重，需要进行进一步的培养才能安排到相应的岗位上去；第一级为拒绝级，即被评者的素质和能力远低于岗位的要求，完全不能胜任，短期内的训练和培养也不可能达到要求。

（6）结果报告。

我们要把测评的结果以书面报告的形式呈现给××的决策层，这份报告要有明确的推荐任用建议。另外，作为一种兼有发展性的评估，应将测评的结果反馈给被评者本人，即还要撰写一份可供被评者本人参阅的测评报告。××的评估报告有以下几个特点：①报告要采用中英文对照方式书写，因为中国区的高层管理者多数都是法国人，他们不能阅读中文但可以看懂英文报告。②要用图表将测验结果直观而形象地表示出来，便于他们对测验结果的理解。③要分成总报告和分报告两个部分，总报告即指按评估模型获得的评价结果，分报告是指按测试内容和方式获得的数据及其解释。④要有个人反馈报告和对公司高层反馈报告两种。

（7）结果反馈。

结果反馈对象有3种：第一种是××中国区的人力资源总监和人力资源部经理。他们需要了解被评者的整体情况，以及他们重点关注对象的测评结果，为他们的任用决策提供支持。第二种是各个门店的店长和该店的人力资源部经理，以及被评估者的直接上司。他们获得被评者的测评结果有两种考虑：一是检验测评结果与他们的实际观察是否有吻合度，即考查测评结果的有效性；二是他们也想通过测评所获得的信息来了解他们不了解的方面，为他们培养和使用下属做参考。第三种即被评者本人。对他们的反馈由测评专家亲自进行，一方面，利用专家的权威性来解释测评的结果，可以给他们提出改进的意见，也对他们提供合适的发展建议，并能解释一些测试和工作中的疑惑，利用心理咨询的技术缓释他们内心的压力；另一方面，把结果直接反馈给被评者可以营造一种公开透明的文化气氛，让被评者感觉到公司对他们的尊重和爱护，如果他们对此测评结果有异议，也有一个沟通申诉的渠道。所以，被评者对这种反馈方式特别欢迎，他们对测评的结果都给予肯定，而且认为测评结果为帮助他们认识自己提供了更为科学、更为全面的信息，对他们个人确定人生发展目标有很大的帮助。同时，他们会主动提出很多测评以外的问题与测评专家沟通交流。可以说，这种方式是很成功的。

（8）任用决策。

截至2004年年底，××共有62人接受了测评，其中有29人（占47%）已经根据测评的结果提拔到了新的高级岗位，这些人在岗位上发挥了很好的作用，公司对他们的表现都很满意。这说明，这种方法对于××选拔本土化的人才是有效的。

3）测评结果分析

（1）测评对象基本情况。

截至2004年年底，××公司中国13家门店共有62名候选人接受了测评，其中30岁以上的27人（占总人数的44%），30岁以下的35人（占总人数的56%）；男42人（占总人数的68%），女20人（占总人数的32%）；在学历方面，大专和中专有34人（占总人数的55%），本科有28人（占总人数的45%）；从岗位上看，以部门经理为主，有52人，占总人数的84%，而分部经理仅10人，占总人数的16%。限于篇幅，下面列举部分测评的总体情况予以说明。

（2）综合推荐等级分析。

测评结束后，我们要根据目标岗位的要求对被评者的各项测试数据进行综合的分析，对候选人的素质与岗位胜任要求的匹配性做出判断。最后的判断分为5级。第五级为优秀级，即被评者各方面都表现很好；第四级为优良级，总体上来说不错，但不是处于最高级；第三级为合格级，即被评者的素质与岗位要求基本相符，能够胜任岗位的工作；第二级为慎重使用级，这个等级的被评者说明他们在某一个方面的素质与岗位的要求还有一定的距离，需要培养或还需要一段时间的锻炼成长；第一级为拒绝级，即这种被评者与岗位要求相差太远，也不是短时期内能够培养和发展出来的，故建议不要考虑他们。下面将具体说明某些指标的测评结果。

（3）管理发展潜力结果示例。

如图11-13所示，我们将图中所标的6项能力统称为管理发展潜力。问题解决能力（3.46）、人际沟通能力（3.38）和压力承受能力（3.32）3项的综合平均等级相对较高，说明外资企业管理人员的特点是人际沟通能力和问题解决能力较强。而压力承受能力强这一特点也反映了零售业的行业特征，这一行业的压力非常大，需要有很强的竞争意识，故团队合作能力相对较低（2.79）。候选人担任部门经理的时间并不长，因此在团队领导能力方面都还有待提升（2.68）。作为商业机构来说，它对创新能力应该是有很高的要求的，因为经常要做一些营销策划活动，但他们这一层级的管理人员最主要的职能还是执行，创造性的劳动成分相对较少，反映到测试结果上就是创新能力得分较低（2.62）。

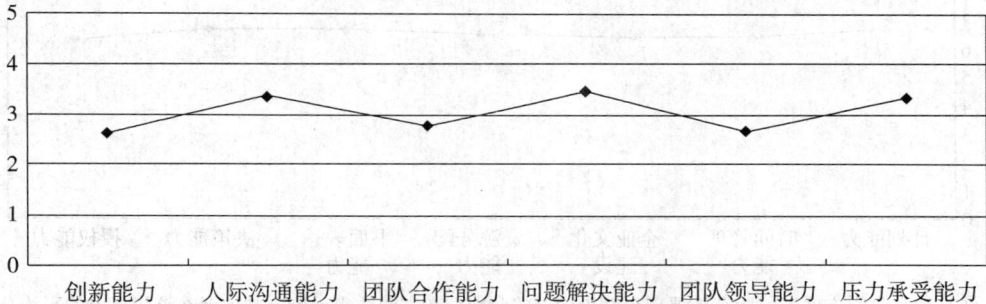

图11-13　销售部经理管理发展潜力分布图

（4）无领导小组讨论活动示例。

销售部经理在无领导小组讨论活动中的成绩分布如图11-14所示。

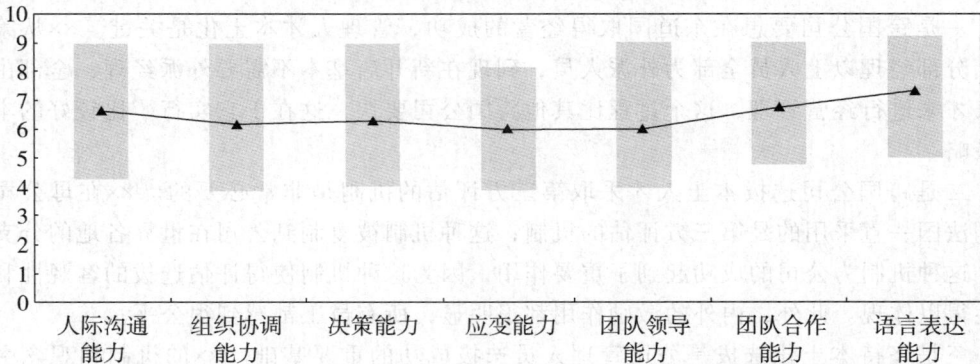

注：带有阴影方框表示所有被评者在该指标上的分数分布，曲线表示所有被评者在该指标上的平均分。

图11-14　销售部经理无领导小组讨论评估结果

如图11-14所示，在销售部经理的无领导小组讨论评估中，语言表达能力的平均得分最高（7.27），且最高得分达9.14；其余平均得分由高到低分别为团队合作能力、人际沟通能力、决策能力、组织协调能力，平均得分在6.00~7.00之间；而应变能力和团队领导能力的平均得分最低（仅5.98和5.96分）。从图11-14中我们还可以看到部门经理在各项能力方面的差异是比较大的，尤其是在人际沟通能力、组织协调能力、决策能力和团队领导能力方面差异较大。

（5）文件筐测验结果示例。

图11-15中所示的是销售部经理文件筐测验评估结果。这里所用的文件筐是我们专门针对××的情况而设计的，事先走访调查了××中国区人力资源总监、3名门店店长和5名分部经理。在销售部经理文件筐测验评估中，计划能力、书面表达能力和决策能力的平均得分最高，均为6.70分，平均得分最低的为授权能力，为6.30分，且在授权能力上的得分分布最广，最高为8.00，最低为4.50分。我们还可以看到，在这10名部门经理中，他们在文件筐测验所考查的能力方面总体差异不大，差异稍大的是授权能力和计划能力。

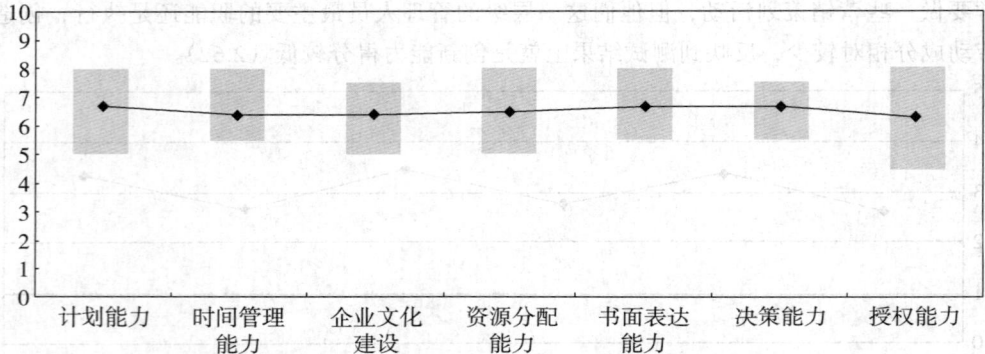

注：带有阴影方框表示所有被评者在该指标上的分数分布，曲线表示所有被评者在该指标上的平均分。

图11-15　销售部经理文件筐测评结果

4）结论

通过××案例的分析，我们可以得出以下几个结论：

一是跨国公司要想在东道国取得经营的成功，管理人才本土化是关键。××从第一家店分部经理以上人员全部为外派人员，到现在新开店基本不需要外派经理，全部由本土人才来进行经营管理，这个过程比其他跨国公司要快，这在于它实行了比较好的本土化策略。

二是跨国公司选拔本土人才采取第三方评估的机制是非常必要的。××在母公司所在国法国一直采用的是第三方评估的机制，这种机制被复制到公司在世界各地的分支机构。这种机制为公司的成功起到了重要作用，因为这种机制使得评估选拔的客观性和公正性得以体现。此外，内外的激励作用都很明显，所有员工都感到很公平。

三是坚持本土化选拔是公司管理人员选拔成功的重要基础。××的机制和观念引入中国后，他们最早开始选择的测评服务提供商是一家法国的测评咨询公司，且这家测评咨询公司本身就是总部的长期合作伙伴，进入中国后，法国这家测评咨询公司在选拔中国的本土人才时，所采用的标准和方法基本上都还是沿用法国公司那一套。由于文化、观念、传统等各方面的差异，导致他们的方法失效，测评结果的准确性降低。在选择该测评咨询在上海的代表处作为其在中国的人才测评服务提供商后，新的测评公司对他们的企业管理层做了大量的调研，制定了适合××的评估模型，并有针对性地开发了测评工具，如文件筐测验和无领导小组讨论等，而这些工具（如标准化测验）和方法都是基于中国文化背景开发设计的。这一事例证明了选拔本土化的人才必须坚持本土化的选拔方法和技术及标准。

四是采用多样化评价方法与手段是××本土化选拔成功的重要保证。由案例分析中我们可以了解到，公司的管理人员选拔采用标准化测验、无领导小组讨论、文件筐测验、行为事件面谈、投射测验等多种方法。因为每种方法都偏重采集被评者在某一方面的信息，而选拔决策希望建立在信息全面的基础上，故多种方法结合肯定会提供更多的信息，而且这些方法的专业性很强，能够提供一般情况下无法获得的信息，因此对提高决策的准确性有很大帮助。当然采用多种方法，特别是采用如此多的专业性、技术性很强的方法会使选拔的成本增加。如果能够看到成本和效益之间的比例的话，我们相信绝大多数企业决策者都会做出相同的判断。

五是评估结果的反馈利用是公司对本土化选拔价值的最大利用。评估结果如果只用于选拔和任用决策，其作用只发挥到 1/3。公司另一个成功之处在于他们充分地利用了测评结果反馈这个机会，不仅让被评者有机会看到自己测评的结果，了解到自己的优势与不足，而且让所有员工都看到了公司对他们的一种开放的、信任的态度，这样一种姿态使员工更加了解公司、理解公司、信任公司，对所有的员工都产生了很强的正面激励作用。

六是公司的成功案例再一次证明了：管理人员选拔从来都是本土化的。跨国公司在选拔东道国本土人才时，最好选择本土的测评服务提供商。因为本土测评服务提供商最了解本地的人才，只有他们的评价结果才是最有效的，当然，其前提是本土测评服务提供商具备相应的服务能力。

11.4　GY 集团公司中层管理人员素质测评方案设计

GY 集团公司是一家从事道路桥梁建设的大型企业，总部设在南京。目前，公司已获得工程总承包特级、公路工程总承包、市政公用工程施工总承包一级，水利水电工程施工总承包二级等资质，年施工能力达百亿元。公司下辖多个子公司，员工总数 1 万余人。面对市场的竞争和路政建设的发展趋势，集团公司领导班子改革意识较强，思想观念较新，提出了在生产经营和产值上保持年平均递增 20% 的速度，5 年产值提升到近百亿元的奋斗目标。集团公司要想实现远大目标，高效的中层管理人员队伍是关键，而对中层管理人员的有效认识手段就是进行科学的测评。

1）测评的总体思路和流程

（1）总体思路。

素质测评的最终目标，是要通过测评促进企业人力资源的整合，驱动企业核心能力的形成与保持。因此测评方案的设计，必须基于两种基本思路：一是基于对企业的使命追求和对企业组织与系统的深入认识，决定企业需要什么样的人来完成什么样的工作；二是基于对人的价值、内在需求和内在能力结构与特征的深刻把握，决定企业应该如何了解员工能力素质，有效激发员工的内在潜能，从而使其能够支撑企业的使命和目标。基于此，GY集团公司提出了此次测评的总体思路，即通过定性与定量相结合的方法，对中层管理人员的能力、个人特点和行为进行系统的、客观的测量与评估，发现并鉴定中层管理人员是否具有适合当前岗位的综合素质，以及具备这些素质的程度，为公司合理科学用人，实现人职匹配提供决策依据。

（2）工作流程。

GY集团公司此次中层管理人员素质测评的流程如下：准备阶段—确定测评指标体系—制订实施计划，选择合适的测评方法—测评的具体实施—数据的整理及分析—测评质量分析—做出测评报告。

2）前期准备工作

（1）明确测评目的，统一思想认识。

公司党委讨论研究认为，此次测评应侧重于综合评价中层管理人员的基本素质、个性特点、管理能力和业务能力等要素，摸清中层管理人员队伍状况。希望通过科学的人员素质测评，达到3个方面的目的：一是对中层管理人员的能力素质进行一次全面公正的评价，为公司下一步调整和配置中层管理人员队伍提供客观、翔实的参考依据；二是能够发现一些具有发展潜力的人才，以便公司重点培养和加以重用；三是使中层管理人员通过测评能够更好地认识自己，以便在以后的工作中改进工作绩效。此意见也得到了董事会成员的一致认同。

（2）成立工作领导小组，制订工作计划。

根据公司的实际情况，公司成立了以公司党委书记为组长，人力资源部、党委工作部、办公室负责人为成员的测评工作领导小组。领导小组共同讨论制订了此次测评的工作计划，内容包括测评的主要工作、各单位的分工和协作、主要工作的时间进度、注意事项等。

（3）确定测评对象和内容。

此次被测评的中层管理人员，涉及集团公司总部及各分公司的管理人员，共计50人。因为是综合性的测评，所以在测评对象上以中层管理岗位的胜任特征为一个整体建立素质模型进行测评。测评内容上，根据中层管理人员既强调职务技能和经验，又强调管理职能的特点，涵盖了以下4个大的方面：

① 思想素质。其中包括个性倾向、思维风格、工作态度等要素。该企业对管理人员的思想素质要求还参照党政机关干部的思想道德要求标准，测评其政治素养和思想品质。

② 能力。这主要是测评中层管理人员结构化地运用知识完成某项具体工作的能力，即对于中层管理岗位所需技能的掌握情况。其中包括思维的灵活性和严密性、理解能力、判断能力、组织协调能力、管理能力、沟通能力以及分析处理复杂信息的应变能力和发展潜力等。

③ 知识经验。测评其所拥有的对于管理岗位的事实型和经验型的信息，包括知识

水平和工作经验等。

④工作绩效。如前所述，根据素质的投入产出之间的因果关系，工作绩效是通过素质内在要素之间的驱动以及素质与行为的相互作用而产生的。因此考查管理人员的工作绩效也就可以更清晰地观察和有根据地评价其内在素质和行为特征。

3）构建素质测评标准体系

（1）测评标准体系。

构建素质测评标准体系是素质测评中极为关键的部分。它是为了解决两个基本问题：一是对需要测评人员素质的要素进行分解，这是标准体系的横向结构；二是将每个要素用规范化的行为特征或表征进行描述与规定，这是标准体系的纵向结构。这两个基本问题既相互交叉，又相互区别。素质测评标准体系对素质测评对象的数量与质量的测评起着"标尺"作用。素质的特征只有通过测评标准体系，才能表现出它的相对水平和内在价值，测评标准体系的构建过程就是将测评的内容标准化的过程，即把抽象与广泛的测评内容转化为具体可操作的标准体系。

（2）构建测评标准体系的操作步骤。

此次公司素质测评目的是为企业找到人岗匹配的最佳组合，做到人尽其才，而做到人岗匹配的最佳组合的一个环节是建立素质模型，即是为了完成某项工作，达成某一绩效目标，要求任职者具备的一系列不同素质要素的组合，其通常由与工作绩效最密切相关的几项要素内容组成。通过素质模型，可以比较准确地反映企业对从事不同工作岗位和内容的任职者的素质要求，为开展素质测评提供依据和参考。构建素质模型是一项系统的工作，但其操作程序与素质测评指标体系的构建过程相互关联。在本次测评中，我们将中层管理人员的胜任素质模型构建过程与素质测评指标体系的设计过程相结合，并以素质模型为基础选择测评方法和确定相应的权重，最后形成测评指标体系，尽量避免了不同工作性质和工作内容部门间的差异性，力求从企业层面评价中层管理人员所掌握的核心专长和技能能否契合企业愿景与战略的实现。

①进行需求分析。

需求分析是对岗位信息进行收集、整理、分析与综合的一个系统性的过程。通过需求分析，明确岗位的具体要求，提炼出岗位胜任的一般标准。需求分析需要收集的信息类型，有3个方面：工作的外部环境信息、与工作相关的信息和与任职者相关的信息。

②进行指标要素调查。

素质测评指标是表征测评对象特征状态的一种形式，是测评人员进行素质测评时所依据的统一准则。在工作分析的基础上，进行指标调查，目的是将调查所得的指标要素与工作分析所得的要素进行综合，得到人员素质的基本要素，这也是素质模型的基本内容之一。

③确定标准体系结构。

通过前阶段的需求分析与要素调查，各项指标要素的胜任特征已经比较明确。这个阶段需要将指标要素进行分类，构建测评指标结构。测评标准体系由横向和纵向两个方面内容构成。在横向上要将测评对象的素质分解为几个部分，确定测评的主要内容，构建测评标准体系的横向结构；同时需要将这些内容按照测评内容（一级指标）—测评目标（二级指标）—测评指标（三级指标）的层次，进行细化，形成测评标准体系的纵向结构，建立起测评标准体系结构。

④进行指标的分析与简化。

根据提炼出的岗位胜任特征，对素质指标认真分析归类，界定其内涵和外延，并给以清楚、准确的表述，使测评者、受测者以及第三者都能明确指标的含义。经过上述步骤，建立该公司中层管理人员基本素质模型。

⑤测评指标的量化。

结合素质测评的实际需求，对素质指标进行量化，确定各项指标的权重和计量方法。

⑥指标的检验。

在以上制定的测评标准体系中，不排除有主观因素和理想条件的存在，指标的客观性、准确性和可行性需要经过实践的检验。因此，测评小组在测评标准体系正式使用前，在集团公司总部的管理人员中进行了小范围测试，根据反馈的情况进行了一些修改、调整。

4）制订素质测评的具体实施计划

（1）确定测评人员。

测评人员是测评工作的具体实施者，其质量和数量对整个测评工作有着举足轻重的作用。合理的人员搭配和人数的确定，能使测评的标准体系发挥预定的效用，达到最佳效益。

（2）培训测评人员。

测评人员作为测评的具体实施者，必须对测评的每个环节、每项内容都非常熟悉，知道该如何应付测评过程中出现的突发事件。虽然公司确定的测评小组成员中有专家，但其对公司的基本情况和运作程序不太熟悉，而小组中的公司领导对人员素质测评也不太了解，所以需要对测评人员进行培训。培训内容包括测评纪律及其监控、测评的方法、测评的具体过程、具体的操作方法和程序步骤、本次测评有可能出现的事件及应对办法等。

（3）选择测评方法。

根据公司实际情况，考虑采取以下几种方法：①档案履历分析；②笔试和机考；③面试；④情境模拟。

5）公司中层管理人员素质测评的实施

测评的实施包括准备阶段（测评前的动员、评委的组织、试题的制作等测评的基础准备）、操作实施阶段（测评指标、具体操作等）和分析处理阶段（分析数据、做出报告等）。

（1）准备阶段。

①广泛进行宣传动员。

中层管理人员的素质测评涉及公司所有中层管理岗位，在公司员工中必将引起广泛关注，在管理人员队伍中也会产生较大影响，因此有必要在开展正式测评前，对公司员工进行宣传动员，明确测评目的，取得员工的理解和支持。

②组织专家评委。

情境模拟、面试等都需要评委来评分。在测评的具体操作中，必须由评委对被测人员的表现进行评判。评委素质和结构对测评的质量至关重要。专家评委的组织有两个方面的内容：一是选择评委组成员；二是对评委进行培训。在测评开始前，对评委进行培训，统一评定标准、尺度和操作步骤。

③制作试题。

测评中运用的试题比较多，形式和编制都不相同，必须提前准备。

④确定测评日程安排。

测评的日程安排要考虑公司的工作安排，以不干扰公司正常工作为宜。公司内部每周有固定的工作会议和集中学习时间。测评小组在与公司领导充分沟通后，制定了测评日程安排表。

（2）操作实施阶段。

①测评指导。

在测评具体操作前，由测评主持人向全体参与测评的人员告知测评目的和填表说明，明确数据保密等事宜。目的是使测评人员能正确地填写人员素质测评表，消除顾虑，客观准确地对被测人员进行测评，被测人员能较好地参与测评。指导语包括以下内容：

A.人员素质测评的目的；

B.强调测评与测验的不同；

C.填表前的准备工作与填表要求；

D.举例说明填写要求；

E.测评结果的保密和处理。

②实施测评。

在实施阶段，测评人员严格控制整个测评的实施过程，防止与测评无关的因素干扰，尽量保证实施过程的标准化。

（3）分析处理阶段。

这一阶段的工作成果是写出测评结果报告，它是最后测评数据的分析输出阶段。前面阶段的大量工作就是为最后的决策提供素材。在这一阶段，要将收集到的测评数据进行整理分析，并做出评定。其包括以下几个方面：

①数据收集整理。

在实施人员测评的过程中，施测方会获得各种各样的数据和主观印象。数据收集整理就是将实施测评过程中的相关信息及可能对测评产生影响的细节记录下来，汇集成有用的测评信息，作为决策的辅助材料。例如，被测人员的特殊表现（特殊的个人经历或特长）以及对测评产生影响的特殊因素（外来干扰、身体原因）。由于每种测评方法都是针对相应的测评指标进行的，所以信息处理的第一步就是将各项测评指标得分进行归集得出单项得分。获得了单项指标得分后，就可以按照预定的权重计算得出总得分。需要注意的是，实施过程中获得的测评信息不是百分之百准确的，而是常常会出现不同测评方法获得的信息相互矛盾的情况，这时就需要在信息处理过程中进行适当修正。

②分析测评结果。

对测评结果进行计分、统计和解释。这次测评涉及机考的内容，其测评报告只需在测试完成后打印。而专业性较强的测试，如情境模拟、面试等，须经测评小组的专家进行评估分析。公司中层管理人员部分测评情况如下：

A.管理能力倾向测验。

管理能力倾向测验总分成绩如图11-16所示。

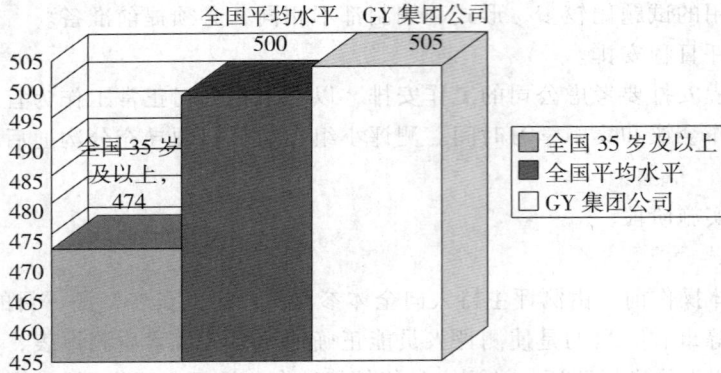

图11-16　管理能力倾向测验总分成绩

管理能力倾向测验单项成绩如图11-17所示。

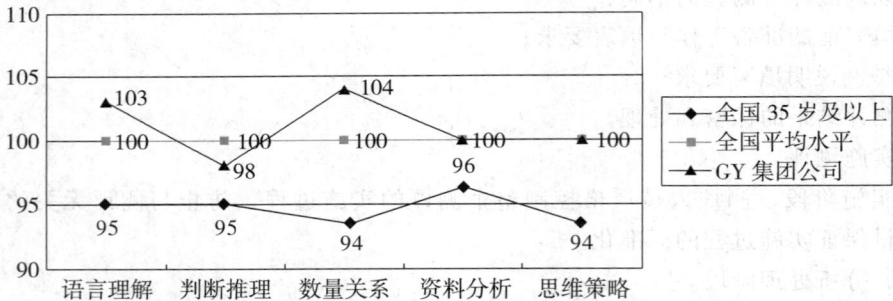

图11-17　管理能力倾向测验单项成绩

第一，上述结果与全国平均水平比较如下：

此次参测人员总分成绩为505分，略高于全国平均水平（500分）。语言理解、数量关系两项指标略高于全国平均水平；判断推理（98分）略低于全国平均水平（100分）。有26人的成绩高于500分，占参测人员的52%。

第二，上述结果与全国35岁及以上中层管理人员平均水平比较如下：

此次参测的50名中层管理人员的总分成绩高于全国35岁及以上的管理人员总分成绩（474分），但差距不是很大。分析认为，公司中层管理人员的整体能力素质一般，基本能够满足正常管理活动和发展的要求。但中层管理人员中的中高端人才缺乏，相当程度上影响了企业整体能力水平。由此容易导致在横向间比较相差不大，水平相当，缺乏进一步提高的认知和愿望，容易故步自封；同时，缺乏高端能力的典范引导和带头，难以形成能力方面新的突破。这样的能力等级结构，很大程度上影响了企业的正常发挥，高效就更难。

B.愿望和动机测评情况。

社会愿望量表测试结果如图11-18所示。

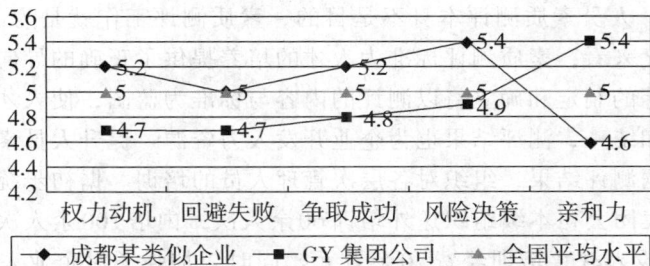

图11-18　社会愿望量表测试结果

第一，与全国平均水平比较如下：

参测人员在亲和力维度上的得分明显高于全国平均水平；在权力动机、争取成功和回避失败3个维度上的得分则显著低于全国平均水平；在风险决策上和全国平均水平无明显差异。

第二，与成都某类似公司相比较如下：

参测人员在权力动机、回避失败、争取成功和风险决策均显著低于成都某类似公司的平均水平，只有亲和力显著高于其平均水平。通过对测验数据进行分析认为，公司此次参测人员的动机结构与理论分布的差距较大，对失败的承受能力较弱，工作的压力感较强；而亲和力显著高于其他动机，也明显高于理论分布的要求。

③测评结果的报告。

根据上述测评结果，测评小组专家将公司中层管理人员队伍素质状况总结为两个方面：一是公司中层管理人员的整体动机结构表现出了较强的工作压力感受和焦虑状态。工作时的顾虑较多，小心谨慎，显现出不自信，相对行动力度较弱；对于难度较大或是过于复杂的工作任务往往表现得比较犹豫和优柔；对于风险、失败的承受能力较弱，遇到矛盾、冲突的问题往往采取回避的态度。二是中层管理人员个人化倾向较重。注重人际交往，追求和谐环境，但工作的配合度较低；大家较为关注自己的事务，本位思想较重；相互之间的协作配合不积极、不紧密；容易在工作中形成相互推诿、责任心不强的现象。有明显的执行倾向，能够完成分配的具体任务，但个人的工作积极性和主动性不高；倾向于按照传统、习惯，并按部就班行事。没有开拓与创造的锐气，表现得比较保守。

专家建议，应从5个方面采取积极的措施提升中层管理人员队伍的能力素质：一是引进新的和先进的理念与方法来冲击现有保守和封闭的体系，并解决现有势力的矛盾和冲突，取得势力上的平衡；二是加强外部复合型人才和专业人才的引进，同时加强内部学习和培训，以进行具体、实际和有效的岗位培训为重点，注重效果；三是充分运用员工对公司的感情和对其前途的担忧，制定切实的激励政策和压力政策，以两面手法激发其工作积极性；四是制定以个人业绩和表现结果考核为核心的激励政策，充分调动员工积极性和主动性，达到"凡事有人负责，有章可循，有案可查"的岗位负责制度；五是制订企业改造和革新计划，注重策略，兼顾稳定与变革，分阶段分步骤，抓住重点解决一系列问题。

6）测评结果的运用

（1）用于人才的培养选拔。

从根本上讲，人员素质测评本身不是目的，素质测评工作就是为了其结果的使用。从培养人才的角度来看，素质测评标准为人才的培养提供了正确的导向，人才培养的目标、内容、方法等的制定和确立将以测评的内容与标准为蓝图，使人才培养与社会现实的需求实现平衡和统一，测评结果也为企业开发人力资源、提升人员素质提供了重要依据。集团公司根据测评结果，组织对各层次管理人员的培训。据初步统计，自测评结束后半年多时间，集团公司本级组织送外培训60余人次，内培100余人次，各子公司自培90余人次。公司投入教育培训经费70余万元。同时，加强了对企业人才需求的前瞻性谋划，选聘了一批高层次和专业类人才；引进了70余名企业急需的各类专业管理人才；招收了大中专毕业生300余人；加大了对企业内部人才的发掘、培养；重新修订完善了各项激励约束机制；建立了较为科学的管理人员绩效考评体系。

（2）用于中层管理岗位的重新配置。

素质测评结果的另一重要运用就是对人力资源进行合理配置。根据测评结果，企业可以按照不同部门的发展状况和需求对人才结构进行调节，使之与一定的技术结构、产业结构和职业结构保持动态的一致，从而使配置需求和发展有机结合。公司根据专家的意见和建议，在企业内部进行了较大幅度的人事改革。对中层管理人员进行轮岗交流，并在部分中层管理岗位推行竞争上岗制度。经过一段时间的调整，约有40%的管理岗位进行了人员交流调整，并对部分核心管理职位实行了竞争上岗。同时，对下属公司的干部队伍管理也进行了大刀阔斧的改革。按照领导班子精干化、项目经理职业化的要求，对下属公司的领导班子和干部队伍实行分类、分系统管理；精减了领导班子人数，缩减了机关编制，并对相近职能的科室实行合并，集中办公。同时，对工程类公司的架构进行了大刀阔斧的改革，采取了矩阵扁平模式，即工程公司取消分公司，设若干项目部，以及与之平行的专业公司。工程公司实行一级管理，两级核算，不设中层管理层，一竿子插到底，实行垂直领导。

（3）用于中层管理人员素质档案的建立。

现代人力资源管理的一个重要标志是建立"人事档案"和"人才信息库"。在人事档案和人才信息库中，人员的德、智、能、绩等方面数据，将作为人事决策的重要依据。公司此次中层管理人员素质测评，从方案的设计到最后测评结果的分析评估，都经过了深入细致的工作，对中层管理人员的工作能力、工作适应性和工作态度做出全面的了解与分析。根据测评得出的信息，公司人力资源部门建立管理人员综合素质档案库，不仅提高了人力资源管理的科学化、规范化程度，更为公司今后人才的招聘、选拔、安置、培训、考核、激励以及实施各种福利和管理措施等提供了大量的、可靠的参考信息。

11.5 ××有限公司后备人员及主管人员测评报告

1）背景简介

尽管公司在发展过程中有比较详细的规划，但实际的发展状况仍然超出了预期，呈现出跨越式的发展。相应地，高速发展对公司人才储备提出了较高的要求，××有限公司希望借助专业的测评公司，甄别公司内合格的后备人员及现任主管人员的胜任状况，为公司的进一步高速发展打好人才储备基础。本次测评采用某测评技术有限公司提供的管理人员素质测评系统，并由有关测评专家提供整合分析报告。此次测评采用高层管理人员访谈、测评数据收集、被测人员简历分析、公司资料分析等方法进行企业的基础信息调研，同时根据公司的企业文化、价值观等提取出两大类参测人员的核心胜任素质要求，并通过心理测验的测评方法对被测人员的综合素质进行考查，全面了解其胜任力特征，并提供决策建议。通过分析，测评专家分别提取出了××有限公司的后备人员与主管人员的核心胜任素质要求，并根据每位被测人员在心理测验上的得分获取后备人员及主管人员的胜任状况。

2）××有限公司后备人员及主管人员测评报告

测评报告分两部分的内容：一部分是若干位后备人员的个人测评结果分析；另一部分是若干位主管人员测评结果的详细分析。报告主要模式包括：一是被测人员的个人信息；二是后备人员素质要求的条目和定义（以数据表形式呈现），以及被测人员在该项胜任素质上所达到的水平（分数）；三是对被测人员的测评结果进行综合、详细的评价分析；四是根据被测人员的综合表现提出最终的决策建议及需要注意的事项。决策建议共分为3类：一是通过，表明此受测人员目前的水平比较适于列入后备人员之中；二是待察，表明还需要对该被测人员做进一步观察，对这类人员，需要在接下来的观察期内就分析报告的综合建议中提及的内容进行重点观察；三是不适合，表明目前该被测人员不具备成为××有限公司的后备人员的基本要求，还需要进行较长时间的努力或自我提升。

3）××有限公司后备人员、主管人员测评报告样例

个人测评结果——黄×

个人信息：

姓名：黄×　　　　　　　　毕业院校：××大学

性别：女　　　　　　　　文化程度：本科

年龄：26　　　　　　　　测试日期：20××年9月

测评结果（如图11-19所示）：

考查素质	得分	图示			维度界定
		1~4	4~8	8~10	
追求卓越	8.94				指对自己有较高的要求，主动向高标准、有挑战性的工作目标奋斗，采取创新的工作方法，希望能获得出色的业绩
人际导向	6.72				指对他人的情绪反应比较敏感，除了正常的工作关系之外，希望能与他人建立友好融洽的人际关系
领导潜质	9.34				主要考查受测者成为一名领导者的潜质，包括是否果断、是否具有一定的人格魅力、是否有成为领导者的愿望等
团队合作意识	9.19				指与他人一起工作时所表现出来的合作意识，表现在信赖别人、配合工作，能够在团队成员的互动中得到成长，共同进步
问题解决能力	7.55				指在面临困难或问题时的准备状态、实际表现出来的采用策略灵活解决问题的能力，以及此过程中表现出的情绪调控能力
学习能力	5.66				考察受测者的基本能力状况，包括语言理解、逻辑推理、资料分析、问题解决，考察其是否具备进一步学习提升的能力

图11-19　测评结果

基本分析：

整体来看，黄×具备比较好的管理素质，但要得到进一步的提升需要付出比别人更多的努力。

黄×做事积极主动，对自己有较高的要求，希望能取得较高的成绩，而且她渴望能对环境、他人施加影响，这种对他人的影响及对自身的高要求超出了与人建立友好关系的要求，导致她有时会表现出不能理解别人的情绪感受。

黄×有出色的领导潜质，她很自信，自我认同感较高，做事也比较果断；她具备一定的人格魅力，对其他人有一定的影响力。她喜欢以团队协作的形式开展工作，乐于分享，能够在与团队成员的互动中提升自我、共同进步。

黄×具备较强的问题解决能力，有很强的洞察力，能够在困难或者问题尚未发生之时就意识到，在问题或困难发生之后，她能对事情进行理性的分析，并灵活地采取相应措施，在较短的时间内就可以解决问题。

在学习能力上，黄×处于中等水平，尤其在语言理解方面，表明她有时不能准确理解较复杂的文字材料，语言概念不够清晰，在文字材料的理解方面还需要提高。在学习能力方面的表现，决定了她将来进入后备人员之列后还需要付出更多的努力，以达到提升的目的。

从诚信度与忠诚度两个方面的测试结果来看，黄×的诚信度水平适中，对组织的忠诚度也较高，而且她的忠诚更多是对公司的感情与责任，而且在公司可以实现自己的理想，而不是由于公司提供的福利待遇等，因为她很自信，对自己的能力有较强的认同，她并不担心离开公司会对自己造成太大的影响。

从职业价值观来看，黄×更看重实践自己的技术才能，其次才是管理影响他人，因此将来可以提拔到有更多设备、资源、经费、技术或人员支持的职能经理方向。

综合建议：

通过上面的分析，黄×已经具备了比较好的管理潜质，而且她比较看重在技术道路与管理方面的发展，因此建议将她列入技术型管理者的后备人员中。但是鉴于之前她并没有管理下属的经验，需要对她进行管理技能方面的专项培训（所有管理类后备人员都需要相关的管理实践技能培训）。经过一定的培训之后，她可以胜任管理者的工作岗位，但在培训过程中，她需要付出更多的努力。需要注意到，她的机会承诺偏低，如果在待遇方面有所提升，将能够大幅提高其对公司的忠诚度。

综合得分：78分。

个人测评结果——刘××

个人信息：

姓名：刘××	毕业院校：××大学
性别：男	文化程度：本科
年龄：32	测试日期：20××年7月

测评结果（如图11-20所示）：

考查素质	得分	图示			维度界定
		1~4	4~8	8~10	
追求卓越	8.72				指对自己有较高的要求，主动向高标准、有挑战性的工作目标奋斗，采取创新的工作方法，希望能获得出色的业绩
人际导向	3.06				指对他人的情绪反应比较敏感，除了正常的工作关系之外，希望能与他人建立友好融洽的人际关系
领导魅力	7.33				主要考察受测者具有的领导魅力，这是决定受测者只能成为普通的管理人员还是成为领导者的指标
管理能力	6.43				指受测者在工作中行使组织、领导、控制，带领团队达成绩效目标，完成任务的能力
团队合作意识	1.00				指与他人一起工作时所表现出来的合作意识，表现在信赖别人、配合工作，能够在团队成员的互动中得到成长，共同进步
问题解决能力	4.49				指在面临困难或问题时的准备状态、实际表现出来的采用策略灵活解决问题的能力，以及此过程中表现出的情绪调控能力
学习能力	6.30				考察受测者的基本能力状况，包括语言理解、逻辑推理、资料分析、问题解决，考察其是否具备进一步学习提升的能力

图 11-20　测评结果

基本分析：

整体来看，刘××具备成为优秀管理人员的潜质，管理技能水平较高，学习能力强，但是各项管理技能水平发展不均衡，仍有一定的提升空间。刘××工作态度积极主动，追求工作任务和目标的完成，有主动探索各种问题解决方式的意识，这些特点决定他的任务导向的特点。刘××对他人行为和意图的理解能力较弱，与他人共同完成工作的意识非常弱，主动与他人建立关系的能力也一般，这表明他适合独立作业的工作胜过团队作业。而目前的工作决定了他必须独立处理很多事务，令他丧失了部分与他人相处、合作和处理人际问题的机会，如面对复杂人际问题，难免会遇到一些困难。

刘××自信，情绪稳定性和感召力中等，能够让一部分人群感受到他的领导魅力，但是将个人想法和意图传达给别人的能力一般，可能会出现无法说服别人而导致误会的情况。他的决断力强，能够在处理问题时快速果断地做决定。刘××具备一定的管理能力，但是长短板都较为明显。他对问题做出准确判断和完成决策的能力非常强，配合他能够快速做出决定的倾向，在处理各种工作问题时有非常强的优势。相比决策判断能力，他的团队领导和管理能力稍弱，处于中等水平，相对突出的弱势是对团队成员的绩效关注和考核的能力有所欠缺，可能会由于缺乏督促团队成员完成目标的有效方式而出现亲力亲为的情况。刘××对问题的洞察能力、抗压能力和灵活处理问题的能力都属于中等水平。

刘××学习能力较强，其中理解复杂文字材料、对文字图表数据进行分析判断、思维策略的严谨性和灵活性都表现优异，表明他能快速适应各种工作环境、学习管理知识、掌握管理技能，这是成为优秀的管理人员的重要条件。

从工作职责来看，刘××目前的工作内容技术性（德语）较强，为追求工作的卓越表现，他在专业上的追求表现为技术职能型的职业价值观。然而，目前的工作内容较为单一，挑战性和变化性较弱，这是他在忠诚度测验中理想承诺分数较低的原因。换句话说，目前刘××做的具体工作对实现他个人职业理想帮助不大，组织为他提供的发展平台无法满足他个人对事业的追求。但是他对企业的感情深厚，这是联系他和企业之间最结实的纽带。他的诚信度处于中等水平，具备基本的诚信观念。

综合建议：

通过上面的分析，建议在他能够保质保量完成本职工作的情况下，赋予他一些管理职能，一方面是对他与人合作的主观能动性和管理他人能力的考验与锻炼；另一方面为他的常规工作加入变化和刺激，提高工作新鲜感和挑战性。在条件允许的情况下，可以让他适当参加沟通能力方面的培训，并且为他创造需要主动与其他部门和人员沟通协调的机会，避免使人际能力变成他成长为优秀的管理人员的巨大障碍。

综合得分：60分。

▶ 知识掌握

1. 谈谈你对××银行新招聘毕业生心理综合素质测评报告的认识。

2. 你认为××信息咨询有限公司行业信息分析员选拔综合测评中测评指标合理吗？为什么？假如公司请你来设计指标，你会怎么做？

3. 请谈谈你对人格测量的认识。

▶ 知识应用

□ 案例分析

无领导小组讨论的评价

无领导小组讨论的实例：

一个人要想拥有良好的人际关系，可能取决于许多重要的因素。例如，在人际交往中表现得比较主动，待人热情，为人老实，办事能力强，拥有较高的社会地位，兴趣爱好广泛，乐于帮助别人，对他人的内心世界有很好的洞察力，豁达，不在小事上斤斤计较，健谈，幽默，为了朋友能够牺牲个人利益，言谈举止有风度，情绪稳定性好，独立，有主见。

请你分别从上面所列出的这些因素中选择一个你认为是最重要的因素和一个最不重要的因素。

首先给你10分钟的时间考虑，然后将你的答案写在纸上。然后，你们将会有45分钟的时间对这个问题展开讨论。你们必须拿出一个一致性的意见，即得出一个你们共同认为的最重要的因素和最不重要的因素。然后派出一个代表来汇报你们的意见，并阐述你们做出这种选择的原因。

主持人把6名应聘者集合起来，先听每个人简单介绍了一下，然后把指导语发给大家，便在一旁观察他们的讨论过程。他发现大家开始显得比较沉默，可能因为互相之间都不熟悉。等到有一个人开始发言，才慢慢地带动其他人讨论起来。讨论之后，主持人也没有过多的考虑，就决定录用那个发言最积极的。

案例分析

分析提示

问题：你认为这次无领导小组讨论组织实施合理吗？为什么？

□ **实践训练**

请你利用假期调查一个企业的生产经营和人力资源管理情况，然后在此基础上为企业设计一份该企业后备经理综合素质测评方案。

要求：

（1）针对企业具体情况选择测评指标。

（2）设计后备经理综合素质测评方案。

（3）精心组织实施测评以及处理相关数据、分析结果。

（4）为公司人事决策提供参考意见。

主要参考资料

一、著作类

[1] 萧鸣政. 人员测评理论与方法 [M]. 4版. 北京：中国劳动社会保障出版社，2021.

[2] 侯典牧. 人员测评原理与方法 [M]. 3版. 北京：中国人民大学出版社，2021.

[3] 边文霞. 人事测评技术 [M]. 北京：中国劳动社会保障出版社，2021.

[4] 赵曙明，赵宜萱. 人才测评：理论、方法、实务 [M]. 北京：人民邮电出版社，2019.

[5] 王丽娟. 招聘与配置 [M]. 北京：中国人民大学出版社，2020.

[6] 刘远我. 人才测评：方法与应用 [M]. 4版. 北京：电子工业出版社，2020.

[7] 凌文辁，柳士顺，谢衡晓，等. 人员测评——理论、技术与应用 [M]. 北京：科学出版社，2010.

[8] 徐世勇，李英武. 人才素质测评 [M]. 北京：中国人民大学出版社，2017.

[9] 萧鸣政. 人员素质测评 [M]. 4版. 北京：高等教育出版社，2020.

[10] 姚裕群. 招聘与配置 [M]. 4版. 大连：东北财经大学出版社，2019.

[11] 王楠. 人员招聘面试测评与录用实务手册 [M]. 北京：化学工业出版社，2018.

[12] 桂萍，彭华涛. 人员测评与选拔 [M]. 北京：科学出版社，2019.

[13] 邵芳. 招聘与人员测评 [M]. 西安：西安电子科技大学出版社，2019.

[14] 水藏玺，向荣，刘洪良. 胜任力模型开发与应用 [M]. 北京：中国经济出版社，2019.

[15] 梁勤. 人员素质测评理论与方法模拟试题集 [M]. 成都：西南财经大学出版社，2018.

[16] 刘琦. 人员素质测评 [M]. 北京：经济科学出版社，2018.

[17] 田效勋，柯学民，张登印. 过去预测未来：行为面试法 [M]. 3版. 北京：中国轻工业出版社，2018.

[18] 北森人才管理研究院. 360度评估反馈法：人才管理的关键技术 [M]. 北京：中国经济出版社，2013.

［19］李常仓，赵实．人才盘点：创建人才驱动型组织［M］．2版．北京：机械工业出版社，2018.

［20］田辉．人员素质测评实训教程［M］．4版．北京：清华大学出版社，北京交通大学出版社，2018.

［21］孙宗虎，庄俊岩．人员测评实务手册［M］．4版．北京：人民邮电出版社，2017.

［22］许玲燕．人员素质测评模拟实训教程［M］．镇江：江苏大学出版社，2017.

［23］王淑红．人员素质测评［M］．2版．北京：北京大学出版社，2017.

［24］郑日昌，蔡永红，周益群．心理测量学［M］．北京：人民教育出版社，1999.

［25］苏永华．全面人才评价［M］．北京：经济日报出版社，2017.

［26］张艳萍，刘艳红．人员素质与能力测评［M］．北京：电子工业出版社，2017.

［27］许明月．招聘与人才测评综合实践［M］．天津：天津大学出版社，2017.

［28］赵曙明，赵宜萱．绩效考核与管理——理论、方法、工具、实务［M］．2版．北京：人民邮电出版社，2019.

［29］任正臣．人员素质测评理论与方法［M］．南京：江苏凤凰科学技术出版社，2017.

［30］唐宁玉．人事测评理论与方法［M］．4版．大连：东北财经大学出版社，2016.

［31］苏永华．人才测评概论［M］．2版．北京：中国人民大学出版社，2016.

［32］徐学英，余滢．现代人事测评操作实务［M］．武汉：武汉大学出版社，2016.

［33］高日光，郭英．人员测评理论与技术［M］．上海：复旦大学出版社，2014.

［34］杨雪．员工胜任素质模型与任职资格全案［M］．北京：人民邮电出版社，2014.

二、网站类

［1］全国人才测评网，http：//www.chinarccp.org.

［2］中国国家人才测评网，http：//www.chinatast.com.cn.

［3］中国国家人才网，http：//www.newjobs.com.cn.

［4］中国人力资源开发网，http：//www.chinahrd.net.

［5］北森，http：//www.beisen.com.

［6］诺姆四达，http：//www.normstar.com.